A Nova Lei de Licitações

A Nova Lei de Licitações

2021

Coordenadores
Wesley Rocha
Fábio Scopel Vanin
Pedro Henrique Poli de Figueiredo

ALMEDINA

A NOVA LEI DE LICITAÇÕES
© ALMEDINA, 2021

COORDENADORES: Wesley Rocha, Fábio Scopel Vanin, Pedro Henrique Poli de Figueiredo

DIRETOR ALMEDINA BRASIL: Rodrigo Mentz
EDITORA JURÍDICA: Manuella Santos de Castro
EDITOR DE DESENVOLVIMENTO: Aurélio Cesar Nogueira
ASSISTENTES EDITORIAIS: Isabela Leite e Larissa Nogueira

DIAGRAMAÇÃO: Almedina
DESIGN DE CAPA: FBA
ISBN: 9786556273495
Novembro, 2021

Dados Internacionais de Catalogação na Publicação (CIP)
(Câmara Brasileira do Livro, SP, Brasil)

LA Nova lei de licitações
Coordenadores Wesley Rocha, Fábio Scopel Vanin,
Pedro Henrique Poli de Figueiredo. – São Paulo: Almedina, 2021.
Vários autores.

Bibliografia.
ISBN 978-65-5627-349-5

1. Licitações 2. Licitações – Brasil 3. Licitações – Leis e legislação – Brasil
I. Rocha, Wesley. II. Vanin, Fábio Scopel. III. Figueiredo, Pedro Henrique Poli de.

21-77591 CDU-351.712.2.032.3(81)(094)

Índices para catálogo sistemático:

1. Brasil : Leis : Licitações : Direito administrativo 351.712.2.032.3(81)(094)
2. Leis : Licitações : Brasil : Direito administrativo 351.712.2.032.3(81)(094)

Cibele Maria Dias – Bibliotecária – CRB-8/9427

Este livro segue as regras do novo Acordo Ortográfico da Língua Portuguesa (1990).

EDITORA: Almedina Brasil
Rua José Maria Lisboa, 860, Conj. 131 e 132, Jardim Paulista | 01423-001 São Paulo | Brasil
editora@almedina.com.br
www.almedina.com.br

SOBRE OS COORDENADORES

Wesley Rocha
Mestrando em Direito. Professor de Pós-graduação. Conselheiro do CARF.

Fábio Scopel Vanin
Doutor em Direito pela UNISC. Mestre em Direito pela UCS. Professor e Coordenador de Curso no Centro Universitário da Serra Gaúcha-FSG. Advogado e Sócio Vanin Advogados.

Pedro Henrique Poli de Figueiredo
Doutor em Direito pela UFRGS. Mestre em Direito pela UFRGS. Professor de Direito Administrativo e Direito Regulatório. Advogado. Ex Vice-Presidente do TCE-RS.

SOBRE OS AUTORES

Alexandre Pasqualini
Mestre em Direito do Estado (PUCRS).

Alexandre Schubert Curvelo
Doutor em Direito (PUCRS). Mestre em Direito (PUCRS). Advogado.

Ariane Shermam
Mestra e doutoranda em Direito e Administração Pública pela Universidade Federal de Minas Gerais (UFMG). Assessora de Conselheiro no Tribunal de Contas do Estado de Minas Gerais (TCE-MG). Advogada.

Bruno Miragem
Professor Associado da Universidade Federal do Rio Grande do Sul. Advogado e parecerista.

Caroline Muller Bitencourt
Doutora em Direito pela Unisc. Mestre em Direito Unisinos. Professora da Universidade de Santa Cruz do Sul. Advogada.

Cesar Santolim
Mestre e Doutor em Direito pela UFRGS. Pós-doutorado pela Universidade de Lisboa. Professor Titular da Faculdade de Direito da UFRGS. Advogado e Economista.

Fabio Henrique Di Lallo Dias
Doutor e Mestre em Direito pela USP. Advogado.

Fábio Lima Quintas
Pós-doutorando em Ciências Jurídico-Processuais pela Faculdade de Direito da Universidade de Coimbra. Doutor em Direito do Estado (Direito Constitucional) pela Universidade de São Paulo. Professor do IDP.

Fábio Scopel Vanin
Doutor em Direito pela UNISC. Mestre em Direito pela UCS. Professor e Coordenador de Curso no Centro Universitário da Serra Gaúcha-FSG. Advogado e Sócio Vanin Advogados.

Francisco Eduardo Carrilho Chaves
Pós-graduado em Direito Constitucional pelo Instituto Brasiliense de Direito Público. Pós-graduado pela Fundação Escola do Ministério Público do Distrito Federal e Territórios. Consultor Legislativo do Senado Federal. Advogado.

Francisco Monteiro Rocha Jr.
Professor Adjunto do Departamento de Direito Penal e Processual Penal da Universidade Federal do Paraná (UFPR). Doutor e Mestre em Direito (UFPR). Coordenador dos cursos de pós-graduação de Direito Penal e Processo Penal da ABDCONST (Academia Brasileira de Direito Constitucional).

Ilton Norberto Robl Filho
Doutor e Mestre em Direito pela Universidade Federal do Paraná (UFPR), com estudos doutorais (sanduíche) na Faculdade de Direito da Universidade de Toronto. Professor da Faculdade de Direito da UFPR e do Instituto Brasileiro de Ensino, Desenvolvimento e Pesquisa (IDP – Brasília). Advogado, sócio do escritório Marrafon, Robl & Grandinetti Advocacia.

Janriê Rodrigues Reck
Doutor em Direito pela Unisinos. Mestre em Direito Unisc. Professor da Universidade de Santa Cruz do Sul. Procurador Federal.

João Trindade Cavalcante Filho
Consultor Legislativo do Senado Federal. Mestre (IDP) e Doutorando (USP) em Direito Constitucional. Advogado.

José Trindade Monteiro Neto
Mestre em Direito pelo Instituto Brasileiro de Ensino, Desenvolvimento e Pesquisa – IDP. Assessor Jurídico na Procuradoria-Geral da República. Professor universitário.

Leonardo de Camargo Subtil
Doutor em Direito Internacional pela Universidade Federal do Rio Grande do Sul (UFRGS), com período anual de estudos junto à Universidade de Genebra. Professor no Programa de Pós-Graduação em Direito da Universidade de Caxias do Sul (Mestrado/Doutorado).

Licurgo Mourão
Doutor em Direito Econômico, Financeiro e Tributário pela Universidade de São Paulo (USP), Professor, Escritor e Palestrante, *Certified Compliance & Ethics Professional International* – CCEP-I pela SCCE (USA), Conselheiro substituto do TCE-MG. Realizou extensões na Hong Kong University, HKU; na California Western School of Law; na Université Paris 1 Pantheon-Sorbonne; na The George Washington University; na Fundação Dom Cabral; na Universidad del Museo Social Argentino. Mestre em Direito Econômico (UFPB), pós-graduado em Direito Administrativo, Contabilidade Pública e Controladoria Governamental (UFPE).

Luís Carlos Cazetta
Graduado em Direito pela Universidade de São Paulo. Advogado.

Marco Aurélio Marrafon
Doutor e Mestre em Direito pela UFPR, com estudos doutorais (sanduíche) na Università degli Studi di ROMA TRE. Professor da Faculdade de Direito da Universidade do Estado do Rio de Janeiro (UERJ). Advogado, sócio do escritório Marrafon, Robl & Grandinetti Advocacia.

Marcos Nóbrega
Professor Adjunto de Direito da Faculdade de Direito do Recife (UFPE). Doutor em Direito (UFPE), *Visiting Scholar* na Harvard Law School,

Harvard Kennedy School of Government e Massachusetts Institute of Technology (MIT). Conselheiro Substituto do Tribunal de Contas de Pernambuco (TCE-PE).

Mariana Bueno
Mestra em Direito Administrativo pela Universidade Federal de Minas Gerais (UFMG). Assessora de Conselheiro no Tribunal de Contas do Estado de Minas Gerais (TCE-MG). Advogada e professora.

Mariana Campos de Carvalho
Mestre em Direito da Cidade pela UERJ. Pós-graduada em Direito Ambiental Brasileiro pela PUC-RJ. Advogada na área de Direito Administrativo e Regulatório no Souto Correa Advogados.

Mártin Haeberlin
Pós-doutor em Economia (UFRGS). Doutor em Direito (PUCRS). Professor da Graduação e do Mestrado em Direito (UniRitter).

Pedro Dias de Oliveira Netto
Doutorando em Direito (UFPE). Advogado.

Pedro Henrique Poli de Figueiredo
Doutor em Direito pela UFRGS. Mestre em Direito pela UFRGS. Professor de Direito Administrativo e Direito Regulatório. Advogado. Ex Vice-Presidente do TCE-RS.

Rafael Maffini
Mestre e Doutor em Direito pela Universidade Federal do Rio Grande do Sul (UFRGS). Professor Adjunto de Direito Administrativo e Notarial do Departamento de Direito Público e Filosofia do Direito da UFRGS. Juiz Substituto do Tribunal Regional Eleitoral do Rio Grande do Sul, nos biênios 2016/2018 e 2018/2020.

Rafael Rodrigues Pessoa de Melo Camara
Mestrando em Direito pela UnB. Consultor Legislativo do Senado Federal. Advogado.

Renato Luís Bordin de Azeredo
Conselheiro do Tribunal de Contas do Estado do Rio Grande do Sul. Mestre em Direito pela Universidade de Caxias do Sul. Professor da Faculdade Estácio de Porto Alegre.

Roberto Debacco Loureiro
Conselheiro-Substituto do Tribunal de Contas do Estado do Rio Grande do Sul. Especialista em Direito Público pela Universidade Anhanguera-Uniderp.

Rodrigo Führ de Oliveira
Mestre em Direito (UFRGS). Advogado.

Rodrigo Luís Kanayama
Advogado. Professor Associado da Faculdade de Direito da UFPR.

Victor Aguiar Jardim de Amorim
Doutorando em Constituição, Direito e Estado pela UnB. Coordenador do Curso de Pós-graduação IGD. Advogado.

Wesley Bento
Procurador do Distrito Federal. Mestrando em Direito Constitucional, pelo IDP. Presidente do Conselho de Administração da DF Gestão de Ativos.

Wesley Rocha
Mestrando em Direito. Professor de Pós-graduação. Conselheiro do CARF.

APRESENTAÇÃO

Este livro é uma produção coletiva de juristas brasileiros, em especial, de Direito Público, desenvolvida com o objetivo de comentar a Lei n. 14.133, de 1º de abril de 2021, que disciplina o regime jurídico das Licitações e dos Contratos Administrativos no país.

O propósito central da obra é apresentar a nova norma, seus aspectos inovadores, com enfoque para as mudanças em comparação a Lei 8.666, de 21 de junho de 1993, e apontar as eventuais controvérsias jurídicas que irão decorrer da interpretação e da aplicação do diploma legal.

As Licitações e Contratos Administrativos têm enorme relevância para a consecução dos princípios constitucionais da administração pública. Os procedimentos utilizados para assegurar a seleção da melhor proposta e segurança na contratação, regulados pela nova lei, precisam ser compreendidos com precisão, possibilitando uma atuação da administração pública com critérios objetivos e impessoais.

Para permitir uma visão ampla do tema, o livro conta com artigos de autores que desempenham diferentes funções relacionadas ao direito público: Conselheiros de Tribunais de Contas, Consultores do Congresso Nacional, Auditores, Consultores e Advogados da área do direito administrativo, além de professores de universidades de diversas localidades do país.

A abordagem multifacetada da obra visa permitir aos leitores – como advogados, servidores públicos, estudantes de graduação e pós-graduação, profissionais da área jurídica, administração pública, empresas e profissionais que contratam com o governo – uma visão completa e diversificada da nova lei, sob diferentes enfoques, atentos às peculiaridades do texto.

Ao longo dos 22 capítulos do livro, estão contemplados os 5 Títulos e 194 artigos da Lei de Licitações e Contratos Administrativos, com alguns enfoques diferenciados, em capítulos específicos, ligados a novos temas, como: o diálogo competitivo; as licitações internacionais; a transparência e o portal de contratação pública; aos procedimentos auxiliares à licitação; as possiblidades de uso de meios alternativos; e as mudanças nas infrações administrativas e no Direito Penal, advindas da nova lei.

Temas tradicionais em Licitação e dos Contratos Administrativos, com as devidas atualizações, também estão presentes ao longo da obra: as etapas do processo licitatório; as modalidades de licitação; os critérios de julgamento; as possiblidades de contratação direta; os aspectos do edital; e os diferentes elementos dos contratos como prerrogativas, garantias, duração, riscos, extinção, nulidades, entre outros.

Os capítulos foram sequenciados de maneira didática, não seguindo, necessariamente, a ordem numérica da legislação. Tal formato permite ao leitor um avanço natural na leitura, de modo a que possa compreender de maneira ampla o conteúdo do novo diploma legal e seus diferentes institutos jurídicos.

Como forma de respaldar seu conteúdo atual e abrangente, o livro recebe o valioso prefácio do Excelentíssimo Dr. Benjamin Zymler, Ministro do TCU, em texto que contribui de maneira significativa nas reflexões sobre o tema.

As novas regras da Licitação e dos Contratos Administrativos são um tema relevante e atual, que têm impacto direito e imediato em toda a administração pública brasileira. O livro contribui ao esclarecer seus principais dispositivos, com ênfase na manutenção e mudança do conteúdo normativo vigente.

Os Coordenadores Wesley Rocha; Fábio Scopel Vanin e Pedro Henrique Poli de Figueiredo agradecem imensamente o seleto grupo de juristas, pela inspiração, dedicação e confiança, que foram fundamentais e contribuíram de maneira singular e definitiva na construção desta obra original e atualíssima, que se soma aos relevantes estudos de direito público do Brasil.

WESLEY ROCHA
FÁBIO SCOPEL VANIN
PEDRO HENRIQUE POLI DE FIGUEIREDO

PREFÁCIO

É sempre um prazer escrever um prefácio para uma obra que nos fala tão proximamente. É este o caso, em que os autores nos convidam a estudar a **"Nova Lei de Licitações"**, obra coletiva em que se reflete sobre as mudanças introduzidas pela novel Lei 14.133, editada em 1º de abril de 2021.

Cuidadosamente produzido sob a coordenação de Pedro Henrique Poli de Figueiredo, Wesley Rocha e Fábio Scopel Vanin, o presente trabalho é fruto da experiência profissional e do estudo de grandes profissionais do direito público brasileiro.

É inegável que os 194 artigos da norma exigirão uma longa curva de aprendizado dos agentes públicos que irão operar a nova legislação. Além disso, não é simples produzir um texto legal que atenda satisfatoriamente à grande diversidade de objetos contratados pela administração pública, desde simples compras de material de expediente até obras extremamente complexas e vultosas. Afinal, trata-se de uma lei que será aplicada tanto pela elite do funcionalismo público federal quanto pelo gestor municipal de rincões do Brasil. Nesse sentido, os textos ora reunidos assumem a relevante função de clarificar temas por vezes controversos e desafiadores relacionados à matéria.

Digno de nota é a forma didática com que os autores discorrem sobre a nova lei, que, assim como a Lei 8.666/1993, ainda se apresenta por meio de longo texto. Isso reforça o cuidado com a assimilação dos leitores e permite a compreensão da matéria com a inteireza e a profundidade que o seu conteúdo requer.

Conforme poderá ser observado ao longo da obra, a Lei 14.133/2021, além de consolidar as melhores práticas da Lei 8.666/1993 e da Lei 10.520/2002 (Lei do Pregão), trouxe diversas inovações, repetindo, em grande parte, os novos institutos que foram trazidos pela Lei 12.462/2011, que instituiu o Regime Diferenciado de Contratações Públicas, tais como a inversão e "desinversão" de fases, o orçamento sigiloso, a contratação integrada, a matriz de riscos, a fase de lance, a remuneração variável, dentre outros.

Ademais, a nova lei de licitações e contratos administrativos incorporou vários institutos e procedimentos que foram manejados, inicialmente, na jurisprudência do Tribunal de Contas da União. A título de exemplo, cabe citar as definições de superfaturamento e sobrepreço (Roteiro de Auditoria de Obras Públicas); a imposição de práticas de planejamento, gestão de riscos e melhor governança nas contratações públicas (Acórdão 2.622/2015-Plenário); a especificação de fontes de pesquisa de preço para estimativa do valor da licitação para aquisição de bens e contratação de serviços em geral (Acórdão 2.170/2007-Plenário); o credenciamento (Acórdão 351/2010-Plenário); a possibilidade de indicação de marca, desde que circunstancialmente motivada (Acórdão 1.521/2003-Plenário); e o uso do sistema de registro de preços para serviços comuns de engenharia (Acórdão 3.605/2014-Plenário).

Outro diferencial da obra é o fato de advir da incursão de variada gama de autores (conselheiros de tribunais de contas, consultores do Congresso Nacional, auditores, consultores e advogados da área do direito administrativo e professores de faculdades diversas) na doutrina, na jurisprudência e no cotidiano de seus trabalhos, em que muitos dos temas abordados são examinados. Essa experiência lhes permitiu desenvolver textos a partir de uma visão própria e pragmática.

É com alegria, portanto, que prefacio uma obra que, ao mesmo tempo em que se caracteriza como referência para todos aqueles que atuam ou encontram-se envolvidos de alguma forma com processos de licitações e aquisições públicas, serve de valioso guia para quem pretende desenvolver um estudo sistemático do Direito Administrativo ou, quem sabe, apenas elucidar dúvidas pontuais.

BENJAMIN ZYMLER
Ministro do Tribunal de Contas da União

SUMÁRIO

1.
Visão Geral sobre a Gênese e a Vigência da Nova Lei de Licitações

João Trindade Cavalcante Filho
José Trindade Monteiro Neto

Estudar a origem da Lei nº 14.133, de 1º de abril de 2021 (Nova Lei de Licitações) é algo essencial para entender o porquê de se ter feito uma *nova* lei, e não apenas reformado ou reformulado a *velha* Lei nº 8.666, de 21 de junho de 1993. Esse estudo pode servir também para explicar por que se adotou um regime de transição tão peculiar, sem a previsão específica de *vacatio legis* propriamente dita, mas, de forma diversa, estabelecendo a convivência de dois blocos normativos (14.133 *vs* 8.666) por dois anos. Elucidar essas questões constitui o objetivo principal deste artigo.

Em primeiro lugar, é preciso dizer que a Lei nº 8.666, de 1993, fracassou em seus dois principais objetivos. Idealizada para combater a corrupção e tornar as contratações públicas mais eficazes (esta segunda diretriz traduzida, notadamente, no objetivo expresso de busca pela proposta mais vantajosa para a Administração Pública), a Lei infelizmente não conseguiu alcançar nem um nem outro intento.

Sob sua égide, continuaram a grassar notícias de casos de corrupção envolvendo especialmente (mas não somente) a contratação de obras e serviços. Por outro lado, o excesso de procedimentos e formalidades (como, por exemplo, a vedação quase absoluta à participação do autor do projeto na execução das obras por ele projetadas – artigo 9º, inciso I – e a verificação de todo o acervo documental referente à habilitação de todos os licitantes, antes de se processar à análise do conteúdo das propostas – artigo 43, incisos I a III), o grande número de cláusulas exorbitantes muitas vezes injustificadas (caso da mitigação, em favor da Administração Pública, da exceção do contrato não cumprido, autorizando verdadeiro calote público não superior a noventa dias – artigo 78, inciso XV) e a presença de mecanismos rígidos – e, muitas vezes, irracionais – de controles procedimentais (vide a sistemática dos recursos no curso do procedimento licitatório, muitos deles dotados de efeito suspensivo *ex lege*) acabou resultando num cenário em que só pessoas de muita fé se arrisca(va)m a contratar com o poder público, o que levou a que se praticassem preços, em média, bem maiores do que os das contratações no setor privado, conforme reconhecido inclusive em acórdão do Tribunal de Contas da União[1].

E não foi apenas aos particulares que desejavam contratar com a Administração Pública que a "velha sistemática" acarretou complicações. Os próprios agentes públicos responsáveis por conduzir procedimentos licitatórios e por fiscalizar execução de contratos padeciam, seja pela dificuldade imposta pela complexa teia de procedimentos estabelecidos em lei (vide a inexplicável dificuldade para se determinar, com precisão, quando uma alienação deveria ser realizada por leilão ou por concorrência – artigos 19; 22, parágrafo 5º; e 23, parágrafo 3º – ou, ainda, o paradoxal e irracional critério de julgamento da "melhor técnica", no qual o licitante que apresentasse a proposta técnica mais bem avaliada somente seria de fato o vencedor do certame caso aceitasse o menor preço ofertado dentre todos os classificados na licitação – artigo 46, parágrafo 1º), seja pelo risco iminente de sofrerem fortes punições por suas escolhas administrativas (caso, por exemplo, do espectro da responsabilidade solidária que pairava sobre todos os membros da comissão de licitação, por qualquer ato praticado por esse colegiado – artigo 51, parágrafo terceiro).

A verdade é que, aos licitantes, a "velha lei" impunha receio, incerteza, insegurança e pouca atratividade; aos agentes públicos, dificuldades na aplicação prática e medo; à administração pública, desvantagem, morosidade e pouca efetividade no combate a malfeitos de toda ordem.

Esse fracasso da Lei nº 8.666, de 1993, contudo, demorou um pouco a ser plenamente reconhecido. Foi-se gradualmente fazendo modificações pontuais no sistema, em vez de adotar todo um novo regime. Foi assim com a Lei do Pregão (Lei nº 10.520, de 2002), que inovou ao trazer a

[1] Brasil. Tribunal de Contas da União. Plenário. Tomada de Contas Especial nº 028.533/2017-8. Acórdão nº 2928/2019. Relator: Min. Benjamin Zymler. Brasília, 30 de outubro de 2019.

inversão das fases de habilitação e julgamento e logo virou a "queridinha" da Administração, tornando praticamente sem eficácia as disposições da Lei nº 8.666/1993 sobre modalidades licitatórias como o convite e a tomada de preços.

Verificou-se o mesmo com a lei que instituiu Regime Diferenciado de Contratações Públicas - RDC (Lei nº 12.462, de 2011), inicialmente desenhada apenas para obras vinculadas à realização da Copa do Mundo FIFA 2014 e depois ampliada até mesmo para a construção de presídios e a dragagem portuária.

Vale pontuar, aqui, que a Lei do RDC foi aprovada às pressas, fruto da questionável prática do contrabando legislativo (inserção, no curso do processo de conversão da Medida Provisória em lei, de temas estranhos à redação inicial da Medida, como forma de reduzir o debate e as discussões sobre as alterações introduzidas, encurtando e facilitando o caminho para aprovação de temas polêmicos), posteriormente declarada inconstitucional pelo Supremo Tribunal Federal no julgamento da Ação Direta de Inconstitucionalidade - ADI nº 5.127[2], cujos efeitos não atingiram a mencionada Lei nº 12.462, de 2011. Essa pressa em aprovar o regime diferenciado se deu, justamente, em face da conjunção de dois fatores bastante sintomáticos do que ora se sustenta: a proximidade da realização de grandes eventos, como Copa das Confederações e Copa do Mundo da FIFA, que tornava imperiosa a adoção de mecanismos céleres de contratação e execução de obras públicas, aliado à incapacidade do regime até então existente - capitaneado pela Lei nº 8.666, de 1993 - de conferir a esses procedimentos a celeridade necessária.

Outro exemplo de modificações graduais do sistema normativo das licitações e contratações públicas foi a adoção, na prática administrativa, de procedimentos originalmente sem previsão em nível legal, como o procedimento de manifestação de interesse (PMI) e o credenciamento, hoje finalmente "legalizados".

[2] Brasil. Supremo Tribunal Federal. Tribunal Pleno. Ação Direta de Inconstitucionalidade nº 5127. Relatora: Min. Rosa Weber. Redator do Acórdão: Min. Edson Fachin. Brasília, 15 de outubro de 2015. Disponível em: <https://jurisprudencia.stf.jus.br/pages/search?classeNumeroIncidente=%22ADI%205127%22&base=acordaos&sinonimo=true&plural=true&page=1&pageSize=10&sort=_score&sortBy=desc&isAdvanced=true>)

Depois de tantos subsistemas e microssistemas, enfim percebeu-se aquilo que hoje parece óbvio: a Lei nº 8.666, de 1993, morrera; faltava apenas a certidão de óbito – e o inventário.

Foi diante desse cenário que o Senado Federal instalou uma comissão especial – a Comissão Especial para o Desenvolvimento Nacional (CDN) – que, em 2013, apresentou à Casa o Projeto de Lei do Senado (PLS) nº 559, de 2013, que deu origem à Lei nº 14.133, de 2021. Pode-se mesmo dizer que aquele foi um divisor de águas no debate sobre a legislação de licitações brasileira, uma vez que, até aquele momento, eram mais comuns projetos de lei de *reforma* da Lei nº 8.666, de 1993, do que de sua substituição/revogação. Com a apresentação do PLS nº 559, de 2013, pode-se dizer que houve, pela vez primeira, um reconhecimento formal do Legislativo brasileiro de que era preciso pensar num novo marco regulatório das licitações e contratos.

No início, as discussões se encaminharam no sentido de adotar um referencial completamente distinto do adotado pela Lei nº 8.666, de 1993: em vez de realizar o controle das contratações com base em *procedimentos*, deveria o modelo brasileiro aproximar-se mais do sistema americano, do controle por *resultados*. Todavia, a eclosão em 2014/15 do escândalo do "Petrolão" – desvios bilionários de recursos públicos em contratações da Petrobras, que adotava um regulamento simplificado de contratações, com lastro no art. 173 da Constituição Federal (CF) –, junto com a (legítima) pressão de órgãos de controle, parece ter feito com que esse debate fosse deixado de lado. Ao fim e ao cabo, o que o Plenário do Senado Federal aprovou foi muito mais uma "evolução" do modelo de contratações aperfeiçoado ao longo das décadas de 90 e seguintes, com alguns acréscimos de positivação de ensinamentos doutrinários e da jurisprudência de órgãos de controle.

Aprovado pelo Plenário do Senado Federal, o projeto foi remetido à Câmara dos Deputados, para que o apreciasse, na qualidade de Casa Revisora (CF, art. 65, *caput*). Lá, foi aprovado substitutivo (emenda substitutiva global), que, depois de remetido ao Senado Federal (CF, art. 65, parágrafo único), integralmente aprovado e, depois de sancionado, transformado em norma jurídica. Foram apostos vetos parciais (CF, art. 66, § 1º), alguns mantidos pelo Congresso Nacional, outros rejeitados – o que resultou na promulgação do texto das novas normas. Assim, em verdade, a *maior parte* da Lei nº 14.133 entrou em vigor me 1º de abril de

2021, mas alguns de seus dispositivos só foram promulgados e publicados posteriormente.

Mas em que isso interessa ao intérprete da Lei?

Na verdade, isso é a chave para a interpretação adequada da nova Lei. Se o intérprete – o que inclui os órgãos de controle – continuar a ler a Lei nº 14.133, de 2021, sob os mesmos pressupostos que embasavam a Lei nº 8.666, de 1993, estará cometendo não só um anacronismo como também um verdadeiro crime hermenêutico. Trata-se de um novo objeto, que precisa ser analisado sob um novo viés interpretativo.

Embora não pareça, à primeira vista, uma mudança tão brusca no sistema de contratações públicas, é preciso reiterar que: a) a Lei nº 14.133, de 2021, não é uma *reforma* do sistema licitatório, mas sim um *novo sistema* a ser instituído; b) a finalidade declarada da nova Lei é dar mais flexibilidade para os gestores, a fim de encontrar critérios para a seleção da melhor proposta (algo em que a Lei nº 8.666, de 1993, flagrantemente falhou, conforme dito), e isso deve ser levado em conta pelos órgãos de controle ao evitarem substituir o seu critério de melhor proposta por aquele adotado pelo gestor "na ponta".

Em suma: temos que ter aprendido algo com o fracasso da Lei nº 8.666, de 1993, cuja rigidez procedimental e de controle não foi acompanhada pela eficácia na escolha da melhor proposta, criando um sistema em que conviveu o pior dos dois mundos (burocracia e sobrepreço). E o objetivo de superação desse cenário indesejado fica evidenciado não apenas pela inclusão expressa no novo texto legal dos princípios da eficiência, da eficácia, da economicidade e da celeridade (artigo 6º da Lei nº 14.133, de 2021), como também pela previsão de regras específicas que visam a traduzir essas diretrizes, reduzindo a burocracia e a complexidade procedimental.

É claro que isso está longe de significar que a Lei nº 14.133, de 2021, é perfeita ou irretocável. Conforme dito, ela ainda se apega muito a um regime de fiscalização com base no procedimento, e não no resultado, mas é o que temos para hoje.

Mais ainda: a Lei guarda em si algumas contradições aparentemente insolúveis, como um certo comportamento bipolar em relação ao gestor. Ao mesmo tempo em que a parte cível/administrativa da Lei traz ao administrador maior flexibilidade – com instrumentos como diálogo competitivo (artigo 28, V, e outros), PMI (artigo 78, III, e outros), etc. – e maior ressalva quanto à aplicação de sanções – responsabilidade do agente público pela contratação direta indevida apenas nos casos de dolo, fraude ou erro grosseiro (artigo 73) –, a parte penal é, em geral, duríssima, prevendo, em alguns casos, tipos abertos (o que vem a ser "dar causa à contratação direta fora das hipóteses da lei" – Código Penal, art. 337-E? Qualquer contratação ilegal – lembrando que não se exige especial fim de agir – já configura crime?) e cujas penas foram quase todas aumentadas quantitativa e qualitativamente (todas as penas, praticamente, foram agravadas para reclusão, a fim de atender ao desejo do Ministério Público de requerer interceptação telefônica para a investigação desses delitos – Lei nº 9.296, de 24 de julho de 1996, art. 2º, III).

Afinal de contas, a Lei nº 14.133, de 2021, quis flexibilizar a vida administrativa do gestor, mas o expôs a um risco de persecução penal altíssimo. Não é de se estranhar que, doravante, os gestores consigam evitar responsabilizações administrativas, mas tenham que se ver às voltas com processos penais derivados dos mesmos fatos...

Também se pode criticar – ou, ao menos, tecer ressalvas, apesar da gritante evolução em relação ao modelo anterior – o tratamento dado às sanções administrativas que incidem sobre os licitantes ou contratados acusados de praticarem infrações no âmbito da licitação ou da execução contratual.

Se, por um lado, foi conferida ao princípio da proporcionalidade uma louvável concretude, estabelecendo-se claramente uma gradação de sanções, com critérios bem mais precisos ante a sistemática anterior (se é que se pode falar na existência de critérios de aplicação das sanções na sistemática da Lei nº 8.666, de 1993, excessivamente sucinta quanto ao tema), por outro, pode-se dizer que restaram algumas "pontas soltas", sobre as quais o legislador poderia ter tido um pouco mais de cuidado.

É o caso, por exemplo, de alguns pontos relativos à aplicação da sanção de declaração de inidoneidade para licitar ou contratar. Primeiramente, parece estranho – e violador do princípio federativo – que uma sanção aplicada por ministro de Estado, secretário estadual ou secretário municipal, por exemplo (artigo 156, parágrafo 6º, da Lei nº 14.133, de 2021) possa impedir o sancionado de "licitar ou contratar no âmbito da Administração Pública direta e indireta de **todos os entes federativos**" (artigo 156, parágrafo 5º, parte final – destacou-se). Também parece desproporcional que qualquer ato lesivo previsto no art. 5º da Lei nº 12.846, de 2013 (Lei

Anticorrupção), inclusive a conduta de "perturbar [...] a realização de qualquer ato de procedimento licitatório público" – seja lá o que isso signifique –, possa resultar na aplicação da mais grave das sanções (artigos 155, inciso XII, e 156, § 5º, da Lei nº 14.133, de 2021).

De qualquer sorte, a Lei nº 14.133, de 2021, deve ser interpretada em conjunto com outra Lei: a Lei nº 13.655, de 25 de abril de 2018, que alterou a Lei de Introdução às Normas do Direito Brasileiro (LINDB) a fim de nela incluir diretrizes sobre Direito Público. Assim, por exemplo, na interpretação da nova Lei de Licitações – especialmente pelos órgãos de controle – "serão considerados os obstáculos e as dificuldades reais do gestor e as exigências das políticas públicas a seu cargo, sem prejuízo dos direitos dos administrados" (LINDB, art. 22, *caput*), sem contar que "A revisão, nas esferas administrativa, controladora ou judicial, quanto à validade de ato, contrato, ajuste, processo ou norma administrativa cuja produção já se houver completado levará em conta as orientações gerais da época, sendo vedado que, com base em mudança posterior de orientação geral, se declarem inválidas situações plenamente constituídas" (LINDB, art. 24, *caput*). Assim, é preciso registrar que a Lei nº 14.133, de 2021, deve ser considerada um *continuum* em relação às modificações trazidas pela reforma da LINDB, a fim de evitar que excessos de órgãos de controle engessem a já difícil e árdua vida do gestor público brasileiro[3].

Mas nem só de positivação de jurisprudência e continuação de movimentos preexistentes vive a Lei nº 14.133, de 2021. Ela também traz relevantes inovações, ou gestadas em seu bojo, ou dela decorrentes. Nesse contexto, merece destaque, por exemplo, a Lei Complementar nº 182, de 1º de junho de 2021, que institui o marco legal das *startups* e que, nos arts. 12 e seguintes, traz prescrições interessantes sobre a contratação de soluções inovadoras pelo Estado. Será que a convivência de várias leis sobre licitações e contratos, vivenciada sob a égide da Lei nº 8.666, de 1993, já começou?

Outra inovação – essa propriamente da Lei nº 14.133, de 2021 – está em seu regime de transição. Tradicionalmente, a legislação brasileira opta,

[3] DINIZ, Maria Helena. **ARTIGOS 20 A 30 DA LINDB COMO NOVOS PARADIGMAS HERMENÊUTICOS DO DIREITO PÚBLICO, VOLTADOS À SEGURANÇA JURÍDICA E À EFICIÊNCIA ADMINISTRATIVA.** Revista Argumentum, eISSN 2359-6889, Marília/SP, V. 19, N. 2, pp. 305-318, Mai.-Ago. 2018, p. 311.

quando da reforma de marcos legais relevantes, pelo estabelecimento de um período de *vacatio legis* de um ou dois anos (vide, por exemplo, os casos do Código Civil – Lei nº 10.406, de 10 de janeiro de 2002 e do Código de Processo Civil – Lei nº 13.105, de 16 de março de 2015). Isso se faz, inclusive, para atender ao mandamento do *caput* do art. 8º da lei Complementar de Técnica Legislativa (LC nº 95, de 26 de fevereiro de 1998), segundo o qual "A vigência da lei será indicada de forma expressa e de modo a contemplar prazo razoável para que dela se tenha amplo conhecimento, reservada a cláusula 'entra em vigor na data de sua publicação' para as leis de pequena repercussão.".

A cláusula de vigência, que normalmente não é objeto de muita atenção durante os debates, precisa ser fixada com bastante cautela, de forma que o tempo de *vacatio legis* seja suficiente para a sociedade: a) saber da mudança da lei; b) conhecer o conteúdo da lei; c) discutir o conteúdo da lei; e d) implementar as mudanças exigidas pela lei. Com efeito, a doutrina registra que "a técnica legislativa exige que a lei deva estabelecer a sua cláusula de vigência de modo a contemplar prazo razoável para que dela se tenha amplo conhecimento"[4]

Na realidade, trata-se mesmo de uma concretização do direito fundamental à segurança jurídica (CF, art. 5º, *caput*), que impõe ao Estado o dever de instituir uma transição justa e equânime quando da alteração de marcos normativos, inclusive por derivação dos seus aspectos de não surpresa e de proteção da confiança[5], conforme inclusive já reconhecido pelo STF:

[4] FERRAZ, Sérgio Valladão. **Curso de Direito Legislativo.** Rio de Janeiro: Elsevier, 2007, p. 172.

[5] Sobre o conteúdo do princípio constitucional da segurança jurídica, cf. o que defende Marilda de Paula Silveira em tese de doutorado defendida perante a Universidade Federal de Minas Gerais (UFMG): "a segurança jurídica se desdobra em vista da concretização de três distintos elementos: a cognoscibilidade, a confiabilidade e a calculabilidade. Para que a cognoscibilidade seja afirmada, é preciso que os cidadãos, a partir do delineamento de um caso concreto, consigam identificar de antemão que alternativas lhe são disponíveis, de modo a delimitarem o que podem ou não fazer, com as respectivas consequências das suas opções. A confiabilidade, por seu turno, é a face do princípio da segurança jurídica que visa a assegurar a racionalidade do processo de mudança. Reconhecendo-se que as transformações são indispensáveis ao aprimoramento e à própria manutenção do Estado Democrático de Direito, a confiabilidade está relacionada à preocupação com que as mudanças não ocorram de forma abrupta, donde seus instrumentos estariam destinados a evitar 'alterações violentas'.

A ausência de regras de transição para disciplinar situações fáticas não abrangidas pelo novo regime jurídico instituído por emenda constitucional demanda a análise de cada caso concreto à luz do direito enquanto totalidade.[6]

No mesmo sentido:

"o legislador tem o dever de promover transições razoáveis e estabilizar situações jurídicas consolidadas pela ação do tempo ao edificar novos marcos legislativos, tendo em vista que a Constituição da República consagra como direito fundamental a segurança jurídica (art. 5º, caput)."[7]

Realmente, a doutrina (inclusive estrangeira) aponta que previsão de *vacatio legis* é um instrumento precioso para a proteção da segurança jurídica.

Nesse sentido, José Joaquim Gomes Canotilho afirma que:

> Os instrumentos do direito transitório são vários: confirmação do direito em vigor da lei nova para os casos cujos pressupostos se gerarem e desenvolverem à sombra da lei antiga; entrada gradual em vigor da lei nova; dilatação da *vacatio legis*; disciplina específica para situações, posições ou relações jurídicas imbricadas com as leis velhas e com as leis novas[8]

No caso da Lei nº 14.133, de 2021, foi diferente: optou-se por um regime de transição *sui generis*, em que: a) a parte criminal da Lei nº 8.666, de 1993 (artigos 89 a 108), foi imediatamente revogada em 1º de abril de 2021, com a entrada em vigor imediata (mas em geral sem efeitos retroativos, porque na maior parte prejudicial ao réu, nos termos do art. 5º, XXXIX e XL, da

Por fim, a calculabilidade exige que se tenha a consciência da possibilidade de alteração da norma, e também o conhecimento da extensão de eventual mudança." (SILVEIRA, Marilda de Paula. **Segurança Jurídica e Ato Administrativo: por um regime de transição de avaliação cogente.** Universidade Federal de Minas Gerais [tese de doutorado], 2003, p. 183).

[6] Brasil. Supremo Tribunal Federal. Tribunal Pleno. Mandado de Segurança nº 26.690. Relator: Min. Eros Grau. Brasília, 19 de dezembro de 2008.

[7] Brasil. Supremo Tribunal Federal. Tribunal Pleno. Ação Declaratória de Constitucionalidade nº 42. Relator: Min. Luiz Fux. Brasília, 13 de agosto de 2019.

[8] CANOTILHO, José Joaquim Gomes. **Direito Constitucional e Teoria da Constituição.** Coimbra: Almedina, 2003, p. 263.

CF) dos novos artigos 337-E a 337-P do Código Penal (Lei nº 14.133, de 2021, artigo 193, inciso I); b) a parte cível da Lei nº 14.133, de 2021, entrou em vigor imediatamente em 1º de abril de 2021 – salvo as partes vetadas cujo veto foi rejeitado, e que entraram em vigor depois – (Lei nº 14.133, de 2021, artigo 194), mas sem a revogação imediata do bloco normativo da Lei nº 8.666, de 1993 (8.666, 10.520, etc.), que continua em vigor até 1º de abril de 2023 (Lei nº 14.133, de 2021, artigo 193, inciso II), estabelecendo-se uma inovadora (e, portanto, complexa) convivência de regimes, mais à frente analisada; c) a Administração pode, entre 1º de abril de 2021 e 1º de abril de 2023, optar entre realizar a licitação ou contratação pelo novo regime ou pelo "bloco" da Lei nº 8.666, de 1993, desde que: c.1) não haja combinação entre regimes (não se pode adotar algumas regras da nova Lei e outras da Lei antiga, por exemplo); c.2) a opção seja expressamente prevista no edital, aviso ou instrumento de contratação direta; e c.3) a licitação e a correspondente contratação sejam realizadas pelo mesmo regime.

Em relação especificamente à condição c.3, algumas situações podem surgir e merecem um tratamento mais analítico. Assim, por exemplo:

i) não se pode licitar pela Lei nº 8.666 e contratar pela Lei nº 14.133 (a lei da licitação deve ser a mesma do contrato, sob pena de haver a vedada combinação de leis);
ii) não se pode licitar pela Lei nº 14.133 e contratar pela Lei nº 8.666 (a lei da licitação deve ser a mesma do contrato, sob pena de haver a vedada combinação de leis);
iii) é válido licitar desde já pela Lei nº 14.133 e contratar com base nessa mesma Lei;
iv) é válido, para licitações com instrumento convocatório publicado até 1º de abril de 2023, licitar pela Lei nº 8.666 e celebrar o contrato com base nessa mesma lei.

Em relação à última hipótese, registre-se que a Lei nº 14.133 poderia ter sido mais clara, mas essa nos parece a interpretação mais adequada do art. 191, especialmente à luz do seu parágrafo único. Assim, o termo final de 1º de abril de 2023 refere-se à publicação do instrumento convocatório da licitação, e não ao final da execução contratual. É dizer, optando-se pela adoção da Lei nº 8.666 para a licitação e o contrato, sua aplicação ao caso concreto se dará mesmo se a execução contratual perdurar para além do dia 1º de abril de 2023, ou ainda mesmo que o contrato seja celebrado após essa data – o que importa, portanto, é verificar se o instrumento convocatório da licitação que o embasa tiver optado por esse bloco normativo e tiver sido publicado até 1º de abril de 2023. Em outras palavras: poderemos ver até 2024, por exemplo, contratos serem celebrados ainda sob a égide da (então já revogada) Lei nº 8.666, de 1993, ainda mais se levarmos em conta as possibilidades de prorrogações contratuais.

Claro que – espera-se – em 1º de abril de 2023 a Administração já estará segura o suficiente para licitar apenas com base na Lei nº 14.133, de 2021 (até porque dificilmente haverá alguma modalidade licitatória em que o bloco da Lei nº 8.666, de 1993, seja assim tão mais atrativo que as novas regras), a despeito de algumas dificuldades concretas para sua plena aplicação prática (por exemplo, a exigência de que o agente de contratação seja servidor efetivo – artigo 8º). Mas, de qualquer sorte, existe a possibilidade de vermos a Lei nº 8.666, de 1993, morrer, mas continuar ainda viva por alguns anos.

Nesse contexto, recomenda-se fortemente a adoção pela Administração do instrumento das súmulas administrativas, nos termos do artigo 30 da LINDB, segundo o qual "As autoridades públicas devem atuar para aumentar a segurança jurídica na aplicação das normas, inclusive por meio de regulamentos, súmulas administrativas e respostas a consultas", instrumentos esses que "terão caráter vinculante em relação ao órgão ou entidade a que se destinam, até ulterior revisão". Mais que isso, recomenda-se a instituição de marcos normativos internos que fixem a adoção de um ou de outro regramento.

Por exemplo: pode-se instituir internamente que as licitações realizadas a partir de 1º de junho de 2022 (data arbitrária, apenas para fins de exemplo) devem adotar a Lei nº 14.133, de 2021, ou, como já feito por alguns entes federativos, determinar-se que, desde logo, aplicar-se-á apenas a Lei nº 14.133 para as contratações diretas, ressalvada a possibilidade de escolha para os casos de efetiva realização de procedimento licitatório.

De toda forma, na presença ou na ausência dessas práticas, é imprescindível, antes de tudo, que a Administração Pública se desgarre dos vícios que marcaram a aplicação da velha sistemática, e entenda estar diante de um novo e diverso regime jurídico das licitações e contratações públicas, que, cedo ou tarde, procederá à completa substituição ao antigo – por mais que este teime em resistir.

Referências

Brasil. Supremo Tribunal Federal. Tribunal Pleno. **Ação Declaratória de Constitucionalidade nº 42**. Relator: Min. Luiz Fux. Brasília, 13 de agosto de 2019.

Brasil. Supremo Tribunal Federal. Tribunal Pleno. **Ação Direta de Inconstitucionalidade nº 5127**. Relatora: Min.Rosa Weber. Redator do Acórdão: Min. Edson Fachin. Brasília, 15 de outubro de 2015. Disponível em: <https://jurisprudencia.stf.jus.br/pages/search?classeNumeroIncidente=%22ADI%205127%22&base=acordaos&sinonimo=true&plural=true&page=1&pageSize=10&sort=_score&sortBy=desc&isAdvanced=true>)

Brasil. Supremo Tribunal Federal. Tribunal Pleno. **Mandado de Segurança nº 26.690**. Relator: Min. Eros Grau. Brasília, 19 de dezembro de 2008.

Brasil. Tribunal de Contas da União. Plenário. Tomada de Contas Especial nº 028.533/2017-8. **Acórdão nº 2928/2019**. Relator: Min. Benjamin Zymler. Brasília, 30 de outubro de 2019.

CANOTILHO, José Joaquim Gomes. **Direito Constitucional e Teoria da Constituição.** Coimbra: Almedina, 2003, p. 263

DINIZ, Maria Helena. **Artigos 20 a 30 da LINDB como novos paradigmas hermenêuticos do direito público, voltados à segurança jurídica e à eficiência administrativa.** Revista Argumentum, eISSN 2359-6889, Marília/SP, V. 19, N. 2, pp. 305-318, Mai.-Ago. 2018, p. 311.

FERRAZ, Sérgio Valladão. **Curso de Direito Legislativo.** Rio de Janeiro: Elsevier, 2007, p. 172.

(SILVEIRA, Marilda de Paula. **Segurança Jurídica e Ato Administrativo: por um regime de transição de avaliação cogente.** Universidade Federal de Minas Gerais [tese de doutorado], 2003, p. 183).

2. Aspectos Gerais da Nova Lei de Licitação e Contratação Pública

Rafael Rodrigues Pessoa de Melo Camara

Introdução

Após 27 (vinte e sete) anos regendo as licitações e os contratos administrativos em nosso País, a Lei nº 8.666/1993 começa a ser gradativamente substituída por uma nova lei geral. No dia 1º de abril de 2021, foi publicada a Lei nº 14.133/2021, fruto da conclusão do processo legislativo do Projeto de Lei nº 1.292/1995, que tramitou por 25 (vinte e cinco) anos no Congresso Nacional.

A Nova Lei surge com o objetivo de aumentar a qualidade, eficiência e transparência das compras públicas. Há a percepção generalizada de que a antiga Lei Geral de Licitações e Contratos já não atendia satisfatoriamente às necessidades do processo de contratação, não cumprindo, frequentemente, com o objetivo de selecionar a melhor proposta para a satisfação do interesse público. Dentre as falhas da antiga lei, podem ser mencionadas, exemplificativamente, a: i) incapacidade de evitar corrupção; ii) promoção de compras públicas de produtos e serviços de baixa qualidade; iii) imprevisibilidade dos custos das obras, que se submetem a frequentes aditivos; iv) composição de um ambiente normativo que teve como consequência um elevado número de atrasos e paralisações de obras; v) junção de regras que acarretou elevado índice de litígio entre contratantes e contratados; e vi) adoção de formalismo exagerado que tornou o procedimento de licitação lento e custoso.

Ao longo desses 27 (vinte e sete) anos de vigência da Lei nº 8.666/1993 e com o intuito de conferir maior racionalidade ao procedimento de compras públicas, foram aprovadas leis específicas sobre licitações e contratos, como a Lei do Pregão (Lei nº 10.520/2002 e a Lei do Regime Diferenciado de Contratações (Lei nº 12.462/2011). Com igual objetivo, a Lei nº 8.666/1993 teve 208 (duzentos e oito) dispositivos alterados, revogados ou acrescidos por leis modificadoras. Também se buscou superar as inadequações e lacunas normativas por meio de edição de diplomas infralegais. No âmbito federal, podem-se mencionar, por exemplo, a regulação do credenciamento[1], da conta vinculada[2], e do procedimento de manifestação de interesse (PMI)[3].

O resultado das tentativas difusas de se modernizar o procedimento de compras, alienações e contratos públicos foi a edificação de um emaranhado de leis e regulamentos infralegais, com danos à coerência normativa do sistema. A pluralidade de regras e princípios também dificultou a gestão dos bens e serviços no dia a dia da administração pública, em razão do aumento da complexidade do manuseio do arcabouço normativo.

A Nova Lei de Licitações e Contratos (NLLC) tem, portanto, a tarefa de unificar as normas em uma única lei, conferindo coerência sistêmica e simplicidade ao processo de contratação. Para alcançar esse objetivo, o novo diploma acolhe os entendimentos fixados nas decisões dos tribunais de contas e na jurisprudência dos tribunais superiores e incorpora regras dispostas em normativos legais e infralegais.

Ao conferir status de legalidade a regras infralegais e a entendimentos dos tribunais, a Lei nº 14.133/2021 proporciona maior segurança jurídica às decisões administrativas e maior nível de cumprimento dos contratos públicos.

A NLLC não abandona por completo o modelo anterior. Não se trata de uma norma disruptiva. Ao reverso, o novo diploma mantém, em larga medida, as mesmas linhas mestras do sistema anterior, preservando a maioria dos institutos e das nomenclaturas. Trata-se, em verdade, de um aperfeiçoamento do sistema inaugurado pela Lei nº 8.666/1993.

[1] Instrução Normativa nº 3 de 11 de fevereiro de 2015, do então MPOG.

[2] Instrução Normativa nº 5, de 26 de maio de 2017, do então MPOG.

[3] Decreto nº 8.428, de 2 de abril de 2015.

Mas a Nova Lei não se resume à compilação de regras e princípios existentes em diplomas esparsos ou à legalização de entendimentos jurisprudenciais. É injusto classificá-la como um grande museu de velhas novidades. Há sim inovações importantes.

Com a missão de evitar corrupção, de aumentar a qualidade das compras públicas, de conferir previsibilidade dos custos das contratações, de combater atrasos e paralisações em obras, de reduzir litígio entre contratantes e contratadas, de simplificar procedimentos, e de revigorar a segurança jurídica, a NLLC traz, exemplificativamente, as seguintes novidades:

a) novas regras sobre licenciamento ambiental de obras;
b) a conta vinculada;
c) o Portal Nacional de Contratações Públicas;
d) o procedimento de manifestação de interesse;
e) o diálogo competitivo;
f) a divulgação em sítio de internet da relação de pagamento por ordem cronológica;
g) a regras específicas para o credenciamento;
h) o princípio da segregação de funções;
i) a matriz de risco;
j) o seguro-garantia com cláusula de retomada (performance bond);
k) exigência de que os processos licitatórios se realizem no formato eletrônico;
l) a inversão de fases de julgamento e habilitação passa a ser a regra;
m) municípios com até dez mil habitantes preferencialmente constituirão consórcios públicos para criar centrais de compras;
n) a possibilidade de remuneração variável;
o) a Building Information Management – BIM;
p) a proibição de compras de artigos de luxo; e
q) as regras específicas para contratação de grande vulto.

Serão apresentadas ao longo desta obra as principais características não só dos temas acima elencados, mas de outros tantos temas igualmente importantes.

É preciso reconhecer a justiça de algumas críticas dirigidas à Nova Lei. Em alguma medida, a lei foi tímida. Poderia ter aprofundado as mudanças.

Poderia, por exemplo, ter sido mais ousada na regulação de meios alternativos de resolução de controvérsias, prevendo algumas hipóteses de adoção obrigatória da arbitragem. Poderia prever a obrigatoriedade, para alguns contratos, da existência de Comitê de Prevenção e Solução de Disputas em contratos administrativos ou do verificador independente. Poderia, ainda, ter sido mais contundente na determinação de adoção de sistema de integridade pelos licitantes. Além dessas críticas, é procedente afirmar que a Nova Lei de Licitações e Contratos ainda é bastante burocrática, ao fixar procedimentos formais de maneira analítica, o que seria inadequado para uma lei que deveria ser geral.

Todavia, é preciso igualmente reconhecer que, em comparação às normas anteriores, a NLLC é sim mais adequada. Há inegáveis e significativos avanços. Apesar das imperfeições, tem-se uma norma mais eficiente, moderna e que conferirá maior transparência às licitações e às execuções dos contratos administrativos.

1. Âmbito de aplicação

A Nova Lei tem fundamento de validade no inciso XXVII do art. 22 da Constituição Federal (CF), que dispõe competir privativamente à União legislar sobre normas gerais de licitação e contratação públicas. As regras e os princípios da Lei nº 14.133/2021 são aplicados aos órgãos da administração direta e aos entes da administração indireta de direito público ou de direito privado que sejam prestadores de serviços públicos da União, dos Estados, do Distrito Federal e dos Municípios. A Nova Lei alcança, portanto, todos os entes da Federação e todos os órgãos do Poder Executivo, Legislativo e Judiciário, na atuação administrativa. Trata-se de lei de caráter nacional.

O novo diploma não é destinado a reger as licitações e contratações das empresas públicas, das sociedades de economia mista e de suas subsidiárias que explorem atividade econômica em sentido estrito. Essas entidades se submetem a uma lei específica: Lei nº 13.303/2016.

Todavia, a parte da NLLC que trata dos crimes e das penas incide sobre todas as modalidades de empresas estatais, sejam as exploradoras de atividade econômica sejam as prestadoras de serviços público. De fato, o art. 178 da Nova Lei, que trata dos crimes e das penas em licitações e contratos, também se aplica para as licitações e contratos das empresas públicas e das sociedades de economia mista, tanto as que prestam serviços públicos quanto as que exploram atividade econômica em sentido estrito.

Há divergência doutrinária sobre a aplicação subsidiária da Lei Geral de Licitações e Contratos às empresas públicas, às sociedades de economia mista e suas subsidiárias exploradoras de atividade econômica. Em agosto de 2020, o Centro de Estudos Judiciários do Conselho da Justiça Federal (CEJ/CJF), na I Jornada de Direito Administrativo, aprovou o enunciado nº 17, com o seguinte conteúdo: "[o]s contratos celebrados pelas empresas estatais, regidos pela Lei n. 13.303/2016, não possuem aplicação subsidiária da Lei n. 8.666/1993. Em casos de lacuna contratual, aplicam-se as disposições daquela Lei e as regras e os princípios de direito privado".

Parece-nos, todavia, mais adequado o entendimento de José dos Santos Carvalho Filho (2017, p. 551) e Marçal Justen Filho (2016, p. 288) que defendem a aplicação subsidiária da Lei Geral quando houver lacunas na Lei nº 13.303/2016 e desde que haja identidade de pressupostos e finalidade. Também é esse o entendimento do Tribunal de Contas da União que, em acórdão proferido em abril de 2020, decidiu:

> Nada mais razoável do que complementar as lacunas de um estatuto com as disposições de outro, mais geral, que trata do mesmo assunto, desde que compatíveis. À luz desse critério, é perfeitamente possível que se considere extensível ao regime da Lei 13.303 a restrição da Lei 8.666 à "exigência de comprovação de atividade ou de aptidão com limitações de tempo ou de época ou ainda em locais específicos" como requisito de qualificação técnica. (TCU, Processo nº TC 006.959/2019-9, Acórdão 739/2020, Relator: Benjamin Zymler, data de julgamento: julgado em 1º de abril de 2020, Plenário).

Portanto, como regra, a Nova Lei não se aplica a empresas estatais exploradoras de atividade econômica. Admite-se aplicação apenas de forma subsidiária.

As novas regras e princípios também se aplicam aos fundos especiais e as demais entidades controladas direta ou indiretamente pela Administração Pública.

Assim como a Lei anterior, a NLLC se aplica a universo bastante amplo de procedimentos. Regula os procedimentos para: i) alienação e concessão de direito real de uso de bens; ii) locação; iii) concessão e permissão de uso de bens públicos; iv) prestação de serviços; v) obras e serviços de arquitetura e engenharia e; vi) contratos de bens e serviços de tecnologia da informação e de comunicação.

Não são regidos pela Lei Geral, todavia, os contratos sujeitos à legislação própria e os contratos de operação de crédito, seja interna ou externa; e os contratos de gestão da dívida pública.

Observação importante diz respeito à incidência de regras vantajosas garantidas às micro e pequenas empresas. Os artigos 42 a 49 da Lei Complementar nº 123/2006 elencam regras mais favoráveis a essas empresas em certames licitatórios. Acontece que esses benefícios podiam gerar algumas distorções, como nos casos de licitação com valores vultosos. Poderia uma empresa concorrer na condição de pequeno porte e ganhar uma licitação cujo valor do objeto contratado supera enormemente o valor limite de faturamento para se considerar uma empresa como pequena. Para evitar situações como a narrada, o § 1º do art. 4º da Nova Lei veda a aplicação das regras mais benéficas elencadas na Lei Complementar aos casos de licitação para aquisição de bens ou contratação de serviços em geral ou para contratação de obras ou serviços de engenharia quando o valor estimado da contratação for superior à receita bruta máxima admitida para fins de enquadramento como empresa de pequeno porte.

Outra vedação à aplicação dos benefícios da Lei Complementar incide às hipóteses em que, no mesmo ano da licitação, a empresa já tiver celebrado contratos com a Administração Pública cujos valores estimados superem o limite de faturamento previsto para fins de enquadramento no regime de pequena empresa. Nos casos de contratos com prazo de vigência superior a um ano, deve ser considerado o valor anual da contratação.

2. Vigência e revogações

A Nova Lei revoga a Lei nº 8.666/1993 (antiga Lei Geral de Licitações e Contratos), a Lei nº 10.520/2002 (Lei do Pregão) e os arts. 1º a 47-A da Lei nº 12.461/2011 (Lei do Regime Diferenciado de Contratações). Cabe relembrar que esta última Lei apenas versa sobre licitações em seus arts. 1º ao 47-A. Os demais artigos tratam de outros temas estranhos à licitação. Assim, as normas contidas nas três principais leis sobre licitações e contratos (Lei do Pregão, Lei do Regime Diferenciado de Contratações e a antiga Lei Geral de Licitações e Contratos) passam a estar unificadas em um único diploma.

O art. 194 contém a cláusula de vigência da Nova Lei de Licitações e Contratos: na data de sua publicação. O art. 193 elenca as leis revogadas. Entretanto, as leis mencionadas nesse artigo não serão revogadas de imediato, com exceção dos dispositivos que versam sobre o aspecto penal. Realmente, a parte da Lei nº 8.666/1993 que trata dos crimes e das penas foi imediatamente revogada com a publicação da nova norma. Assim, o aspecto penal já está integral e unicamente regido pela Nova Lei de Licitações e Contratos.

Já os demais dispositivos da antiga Lei Geral de Licitações continuarão em vigor por dois anos após a publicação da Nova Lei. Nesse período de transição, continuarão em vigor a parte não penal da Lei nº 8.666/1993, a Lei do Pregão, e toda a parte da Lei nº 12.462/2011 que versa sobre o Regime Diferenciado de Contratações.

Assim, por força do que dispõe o art. 191, durante dois anos, a Nova Lei conviverá com as três leis antigas que tratam de licitações e contratos. Teremos, nesse período de transição, quatro leis em vigor. Durante esse intervalo, deve a Administração escolher qual lei irá reger as licitações. A opção deve constar no edital, no aviso, ou no instrumento de contratação direta.

No período de transição, não pode haver combinação de leis: ou a licitação é integralmente regida pela Lei nº 8.666/1993 ou integralmente pela Nova Lei Geral. Não pode o Edital escolher alguns artigos da lei antiga e alguns da lei nova. A lei escolhida irá reger toda a licitação, ainda que haja atos administrativos praticados em data posterior aos dois anos de transição.

Sobre esse ponto, observe-se que o momento que determina a escolha do diploma de regência é a data de publicação do edital, do aviso ou da celebração do instrumento de contratação direta. A faculdade de escolha do diploma pode ser exercida entre os dois anos, contados da publicação da Nova Lei (1º de abril de 2021) até a publicação do edital, aviso ou da celebração da contratação direta. Portanto, ainda que haja atos do procedimento licitatório praticados após o período de dois anos da publicação da Nova Lei, será o diploma normativo indicado no edital, aviso ou instrumento de contratação direta, que irá reger toda a licitação ou o contrato.

Pode, portanto, acontecer de a fase interna da licitação se iniciar antes do encerramento do prazo da transição, mas a publicação do edital acontecer após esse período. Reitere-se: a abertura do procedimento administrativo da licitação não é o marco final da escolha facultada pelo art. 191. Logo, devem os agentes envolvidos na preparação da licitação prognosticar a data provável da publicação do edital, para fim de verificar se será possível escolher a norma antiga ou se a Nova Lei será obrigatória. O prognóstico da data de publicação do edital evitará o risco de se iniciar os atos preparatório da licitação, como, por exemplo, a redação da minuta do instrumento convocatório com base na lei antiga e, ao final, ter que se refazer o trabalho, porque a fase externa da licitação ocorreu após o período de transição.

Seria, então, possível que a licitação fosse regida por uma lei e o contrato por outra? Não. Essa possibilidade está expressamente vedada. O parágrafo único do art. 191 determina que, se a Administração optar por licitar de acordo com alguma lei antiga, o contrato respectivo será regido pelas regras nelas previstas durante toda a sua vigência.

Portanto, mesmo depois de revogada, as leis antigas podem continuar regendo tanto atos licitatórios como atos contratuais praticados após os dois anos da publicação da Nova Lei. Trata-se de previsão de ultratividade da lei administrativa.

3. Das alterações legislativas

O Capítulo II do Título V da Nova Lei versa sobre as alterações legislativas. A primeira alteração é no Código de Processo Civil. Nele, é inserido o inciso IV ao art. 1.048, para dispor que os processos em que se discuta a aplicação do disposto nas normas gerais de licitação e contratação deve ter tramitação prioritária em qualquer juízo ou tribunal.

Esse dispositivo tem a finalidade de evitar que discussões judiciais atrasem demasiadamente o curso da licitação ou do contrato. Pretende-se impedir, por exemplo, que obras públicas fiquem anos paralisadas em razão da lentidão da tramitação de processos judiciais.

A Nova Lei promove alterações no Título XI da Parte Especial do Código Penal, para inserir o Capítulo II-B que trata dos Crimes em Licitações e Contratos Administrativos. Até então, esses crimes eram disciplinados pela Lei nº 8.666/1993. Agora, toda a parte penal de licitações e contratos está concentrada no Código Penal.

Em comparação com a lei anterior, o novo diploma trouxe alguns tipos penais novos, como o de crime de omissão grave de dado ou de informação por projetista; alterou a forma de cálculo da multa; e promoveu alterações nas penas cominadas. A quase totalidade das alterações das penas foi para agravá-las, com exceção da pena para o crime de perturbação de processo licitatório, que foi reduzida, e de algumas que foram mantidas nos mesmos patamares.

Houve, também, alterações na Lei nº 8.987/1995 (Leis de Concessões e Permissões de Serviços Públicos) e na Lei nº 11.079/2019 (Lei das Parcerias Público-Privadas). A alteração foi para acrescentar o diálogo competitivo como modalidade licitatória admitida para a concessão de serviço público ou para celebração de Parceria Público-Privada, nos termos do art. 179 da Nova Lei.

4. Dos princípios

A Nova Lei de Licitações e Contratos, em seu art. 5º, elenca vinte e dois princípios. Comparando-se o rol de princípios do novo diploma com os princípios elencados no art. 3º da Lei nº 8.666/1993, constata-se que foram reeditados os princípios da promoção do desenvolvimento nacional sustentável, da legalidade, da impessoalidade, da moralidade, da igualdade, da publicidade, da probidade administrativa, da vinculação ao instrumento convocatório e do julgamento objetivo.

Não foram reproduzidos os princípios da isonomia e da seleção da proposta mais vantajosa. A ausência de previsão expressa desses dois princípios não significa, por óbvio, que a Administração Pública possa tratar de forma não isonômica os licitantes ou que não deve buscar a seleção da proposta mais vantajosa. O tratamento isonômico é decorrência lógica e inafastável dos princípios da impessoalidade, da moralidade, da competitividade, do julgamento objetivo e da igualdade. Por sua vez, a seleção da proposta mais vantajosa decorre dos princípios da moralidade, da eficiência, do interesse público, e do planejamento. Assim, a ausência dos princípios da isonomia e da seleção da proposta mais vantajosa apenas evita redundâncias desnecessárias.

Ainda em comparação com a lei anterior, a Nova Lei de Licitações e Contratos trouxe treze novos princípios, a saber: da eficiência, do interesse público, do planejamento, da transparência, da eficácia, da segregação de funções, da motivação, da segurança jurídica, da razoabilidade, da competitividade, da proporcionalidade, da celeridade, e da economicidade.

O princípio da eficiência está previsto no art. 37 da Constituição Federal; os princípios do interesse público, eficácia, motivação, segurança jurídica e proporcionalidade estão elencados no art. 2º da Lei nº 9.784/1999; e o princípio da economicidade está contido no *caput* do art. 70 da Constituição Federal.

Portanto, novidades mesmo são os princípios do planejamento, da razoabilidade, da transparência, da segregação de funções, da competitividade, e da celeridade. A seguir, serão apresentados breves comentários aos princípios contidos na Nova Lei e que não estavam previstos na Lei nº 8.666/1993.

4.1. Princípios da eficiência e da eficácia

O princípio da eficiência tem previsão no art. 37 da Constituição Federal. Tal princípio impõe que se faça a ponderação entre custos dos instrumentos e os benefícios alcançados. Eficiência é o resultado da relação entre custos e benefícios. Assim, ser eficiente é alcançar os melhores resultados empregando-se os menores custos. O princípio da eficiência impõe aproveitamento ótimo dos recursos públicos. Para Carvalho Filho (2017, p. 31):

> O núcleo do princípio é a procura de produtividade e economicidade e, o que é mais importante, a exigência de reduzir os desperdícios de dinheiro público, o que impõe a execução dos serviços públicos com presteza, perfeição e rendimento funcional.

Segundo Niebuhr (2013, p. 57), a eficiência de uma licitação deve ser aferida sob três aspectos: qualidade, preço e celeridade. A licitação será tão mais eficiente quanto maior for a qualidade e menor for o preço do objeto contratado, após procedimento célere. Vale aqui a máxima popular de que ser eficiente é conseguir comprar produtos bons e baratos. Acrescentamos: e sem que o procedimento dure muito tempo.

Por evidente, a eficiência não deve ser aferida apenas quanto às características do objeto contratado. É preciso que todos os aspectos que envolvem a gestão da coisa pública sejam eficientes. Deve haver níveis adequados de utilização dos recursos públicos: bens de consumo, infraestrutura e força de trabalho.

Já o princípio da eficácia está concentrado na capacidade de se alcançar os resultados pretendidos. Enquanto a eficiência analisa a relação entre custo e benefício, a eficácia se satisfaz com o atingimento dos resultados. Se o objetivo é construir uma boa escola, será atendido o princípio da eficácia se a escola for realmente construída e estiver funcionando. Mas nem tudo que é eficaz é eficiente. No exemplo dado, se a escola for construída por um custo superior ao necessário, o empreendimento não será eficiente, embora eficaz. Assim, uma licitação pode ser eficaz e não eficiente. Todavia, é impossível ser eficiente sem ser eficaz, porquanto não se pode ser eficiente sem que o resultado seja alcançado. Logo, a eficácia é pressuposto da eficiência.

Para Chiavenato (2003, p. 155 apud MAGNO DA SILVA, 2008, p. 76): Eficácia é uma medida do alcance de resultados, enquanto a eficiência é uma medida da utilização dos recursos nesse processo. Para Sandroni (2002, p. 198 apud MAGNO DA SILVA, 2008 p. 76):

> (...) pode-se diferenciar eficiência de eficácia concernindo à eficiência como a forma (meio) de se realizar uma tarefa e à eficácia como o resultado alcançado (objetivo almejado) em decorrência da realização de determinado trabalho. Dentro desse enfoque, compreende-se que eficiência e eficácia são conceitos distintos, estando a eficiência relacionada à melhor maneira de se fazer algo e a eficácia ao alcance do resultado colimado.

Tanto o princípio da eficiência quanto o da eficácia são fundamentais para o sistema de licitações e contratos. É inconcebível se iniciar um processo licitatório e não se alcançar o resultado planejado, bem como não é aceitável que se busque os resultados a qualquer custo. É preciso buscar a eficácia com eficiência.

4.2. Princípio do interesse público

O princípio do interesse público deve ser analisado em contraposição ao interesse privado. Será público o interesse da coletividade, do conjunto da população abstratamente considerado. O interesse público deve ser colocado acima dos interesses individuais. Quando a Administração Pública inicia um procedimento licitatório, busca atender, direta ou indiretamente, ao interesse público.

Nesse sentido, a atividade administrativa não deve buscar atender a interesses de empresas ou de governantes. A proibição de aquisição de artigo de luxo, por exemplo, é consequência da aplicação do princípio do interesse público.

4.3. Princípio do planejamento

O princípio do planejamento indica que as licitações e os contratos públicos não devem ser conduzidos com improvisos. Planejar significa compreender, investigar e analisar previamente todas as ações necessárias à obtenção do resultado pretendido. No planejamento, a Administração Pública define os objetivos e identifica os meios para alcançá-los.

O correto planejamento é essencial para evitar a ocorrência de imprevistos durante a licitação ou execução do contrato. Nas palavras de Abduch Santos (2020):

> Planejar uma contratação implica uma pluralidade de providências preliminares, basicamente destinadas a identificar a necessidade que deve ser satisfeita com a execução do contrato, a solução ou objeto que seja o mais adequado para satisfazer esta necessidade pública e estimar o preço a ser pago por esta execução, sempre com vistas à melhor relação custo-benefício.
>
> (...)
>
> Este planejamento adequado pressupõe a adoção de todas as providências técnicas e administrativas voltadas a identificar com precisão a necessidade a ser satisfeita com a execução do contrato, a correta definição do objeto ou solução técnica, e a precisa estimativa do preço de referência, bem como todas as demais definições indispensáveis para configurar de modo eficaz e eficiente a licitação e o contrato.

Inovação importante relacionada ao princípio do planejamento é a exigência de adoção da matriz de alocação de risco, disciplinada nos arts. 22 e 103 da Nova Lei de Licitações e Contratos, tema que será tratado em tópico específico.

4.4. Princípio da transparência

O princípio da transparência impõe a divulgação de dados guardados pela Administração Pública. Apenas excepcionalmente admite-se a estipulação de sigilo sobre esses dados. Outrossim, a transparência exige que o acesso à informação se dê de forma fácil, clara, barata e em linguagem compreensível.

Com essas premissas colocadas, é importante que a Administração Pública se valha dos avanços tecnológicos para permitir o acesso da sociedade aos dados públicos, notadamente por meio de disponibilização de informações atualizadas e de forma organizada na rede mundial de computadores.

Embora intimamente relacionados, o princípio da transparência não se confunde com o da publicidade. A publicidade impõe que a informação se torne pública, sem necessariamente associar essa divulgação à clareza e compreensão. Já a transparência acrescenta algumas características à publicidade. A transparência está associada à clareza com que a informação é disponibilizada, impondo-se a adoção de linguagem fácil, atualizada, compreensível e acessível.

Outra diferenciação importante entre publicidade e transparência se refere à regra da publicação oficial. O princípio da publicidade está relacionado a essa regra, a qual impõe a invalidação ou ineficácia de atos determinados em caso de violação. Em algumas situações, a Lei determina a divulgação de alguns dados, sob pena de invalidação ou de ineficácia do ato. Pelo princípio da publicidade, prescreve-se uma consequência que atinge algum elemento de validade ou eficácia do ato não publicado. É o caso, por exemplo, do disposto no art. 94 da Nova Lei: "A divulgação no Portal Nacional de Contratações Públicas (PNCP) é condição indispensável para a eficácia do contrato e de seus aditamentos e deverá ocorrer nos seguintes prazos, contados da data de sua assinatura (...)".

Já o princípio da transparência não necessariamente invalida ou torna o ato ineficaz. A transparência está relacionada à divulgação de uma ampla gama de dados cotidianos produzidos pela Administração Pública. Em caso de não divulgação de informações de forma clara, compreensível e acessível, é possível haver punição ao agente público que se omitiu do dever de divulgação. Nesse sentido, o art. 32 da Lei nº 12.527/2011 elenca um rol de condutas ilícitas que ofendem o princípio da transparência e que ensejam responsabilização.

A transparência é a concretização da denominada cultura do acesso, que tem se espalhado de forma irreversível em toda a sociedade. Essa cultura lastreia-se na máxima de que toda informação pública é de acesso de qualquer cidadão.

Um marco importante na aplicação prática do princípio da transparência foi a aprovação da Lei de Acesso à Informação, Lei nº 12.527/2011, que permite o acesso a informações públicas por qualquer cidadão, sem a necessidade de justificativas.

4.5. Princípio da segregação de funções

Esse princípio impede a concentração no mesmo agente público de funções suscetíveis a riscos. Em órgãos ou entidades com infraestrutura de pessoal carente, não é rara a situação de um mesmo servidor acumular várias funções relacionadas à licitação, como por exemplo, a pesquisa de preço, a de pregoeiro, e a de formulação do projeto básico e do edital.

O novo princípio veda esse tipo de acumulação. Impede a existência do servidor faz-tudo. O objetivo é diminuir a ocorrência de erros e de corrupção. Isso porque, quando se acumulam no mesmo agente várias funções sensíveis, há elevado risco de que erros ou atos de corrupção cometidos em fases anteriores sejam omitidos. É pouco provável que o agente reporte seu próprio erro.

A dispersão de funções é, por si só, instrumento de controle no procedimento licitatório e na execução dos contratos. O simples fato de o servidor estar ciente de que seus atos serão revistos por outros servidores aumenta seu cuidado para não cometer erros e desestimula a adoção de condutas corruptas, ante a maior probabilidade de detecção do ato ilícito.

Assim, a Nova Lei, no § 1º do art. 7º, dispõe ser "vedada a designação do mesmo agente público para atuação simultânea em funções mais suscetíveis a riscos, de modo a reduzir a possibilidade de ocultação de erros e de ocorrência de fraudes na respectiva contratação".

4.6. Princípio da motivação

Os atos proferidos nos procedimentos licitatórios e durante a execução dos contratos públicos devem ser motivados. É preciso que sejam explicitadas as razões de fato e de direito que fundamentam o ato que foi praticado. Motivação é, pois, a demonstração dos pressupostos do ato administrativo.

Esses pressupostos são de dois tipos: fático e jurídico. Os pressupostos fáticos são os acontecimentos reais que conduzem a prática do ato. Assim, se houver o colapso de uma ponte por causas naturais, por exemplo, esse fato ensejará a contratação de obra de engenharia para a reconstrução do bem.

Já os pressupostos jurídicos correspondem às regras e princípios que conferem validade ao ato administrativo. No caso de contratação de artista para realizar um espetáculo no dia do aniversário de determinado município, o pressuposto jurídico da inexigibilidade de licitação será o inciso II do art. 74 da Nova Lei de Licitações e Contratos.

O dever de motivação já estava legalmente previsto no art. 50, § 1º, da Lei nº 9.784/99, que preceitua: "[a] motivação deve ser explícita, clara e congruente, podendo consistir em declaração de concordância com fundamentos de anteriores pareceres, informações, decisões ou propostas, que, neste caso, serão parte integrante do ato".

Também há previsão legal sobre a motivação na Lei de Introdução às Normas do Direito Brasileiro, que, em seu art. 20, parágrafo único, determina:

> **Art. 20** (...)
> Parágrafo único. A motivação demonstrará a necessidade e a adequação da medida imposta ou da invalidação de ato, contrato, ajuste, processo ou norma administrativa, inclusive em face das possíveis alternativas.

Como se vê, para além de apresentar os fatos e os fundamentos jurídicos, o administrador deve demonstrar o vínculo que liga esses pressupostos entre si, bem como com os objetivos pretendidos.

4.7. Princípio da segurança jurídica

O Direito tem por finalidade alcançar a paz social, mediante a estabilização das relações entre os indivíduos. Nesse sentido, a segurança jurídica exerce função essencial de estabilização. Trata-se de princípio basilar de qualquer sistema de Direito. Não há Direito sem segurança jurídica. Esse princípio se contrapõe à arbitrariedade, às decisões autoritárias. A segurança jurídica vincula-se à noção de previsibilidade das consequências dos atos e contratos públicos. Esse princípio impõe a estabilidade da relação entre a Administração e os licitantes ou contratados, vedando que as partes sejam surpreendidas com novos entendimentos que alteram as regras previamente estipuladas.

Assim, por exemplo, se a Administração Pública lançar edital adotando uma determinada forma de remuneração do contratado, não pode, após celebrada a avença, alterar as regras de pagamento porque passou a entender que a previsão do edital não era a melhor técnica.

Não significa que a Administração não pode mudar suas regras ou sua interpretação sobre as normas. O que esse princípio preceitua é que as mudanças não devem atingir situações já estabilizadas. As mudanças, portanto, devem ter efeitos prospectivos, como regra.

Esse princípio já estava previsto em dispositivo legal, *caput* do art. 2º da Lei nº 9.784/1999. Decorrem do princípio da segurança jurídica o respeito à coisa julgada, ao ato jurídico perfeito e ao direito adquirido.

4.8. Princípio da razoabilidade e proporcionalidade

O princípio da razoabilidade informa que os atos públicos devem ser praticados em conformidade com a razão. Devem refletir uma decisão equilibrada, prudente, moderada e compatível com a racionalidade.

A razoabilidade também é princípio balizador da discricionariedade. A liberdade de atuação do agente não pode fundamentar decisões bizarras e arbitrárias. Para Mello (2000, p. 79) são ilegítimas e, portanto, invalidáveis:

> (...) as condutas desarrazoadas, bizarras, incoerentes ou praticadas com desconsideração às situações e circunstâncias que seriam atendidas por quem tivessem atributos normais de prudência, sensatez e disposição de acatamento às finalidades da lei atributiva da discrição manejada.

O princípio da proporcionalidade, a seu turno, é composto por três subprincípios: i) adequação, ii) necessidade e iii) proporcionalidade em sentido estrito. Adequado é o ato capaz de atingir os objetivos pretendidos. Necessidade se refere à inexistência de outros meios menos gravosos para a obtenção do resultado. E a proporcionalidade em sentido estrito corresponde à ponderação entre custos e benefícios.

Pelo princípio da proporcionalidade, entende-se que o Direito não aceita a máxima de que qualquer meio justifica a obtenção dos fins. É inaceitável que a Administração adote meios extremamente onerosos ou moralmente inadequados para conseguir o resultado pretendido.

É pela proporcionalidade que o agente público fará a análise de prós e contras. A proporcionalidade é instrumento de controle dos excessos públicos. As exigências administrativas no procedimento licitatório e durante a execução contratual só podem ser colocadas se adequadas, necessárias a alcançar a finalidade a que se propõe, e desde que os custos dos meios utilizados não superem os benefícios esperados.

Razoabilidade e proporcionalidade impedem a atuação do agente público para além da lógica. O agir da Administração deve fazer sentido em termos de racionalidade, por meio da demonstração da coerência entre os fatos que ensejam o agir administrativo, os instrumentos utilizados e os objetivos pretendidos. A ofensa à razoabilidade ou à proporcionalidade torna o ato ilegítimo e, portanto, invalidável.

Não é correto afirmar que a análise da racionalidade e proporcionalidade invadiria o mérito administrativo. Essa análise não se confunde com a ponderação de conveniência e oportunidade. Ao reverso, trata-se de controle de legalidade, consoante já decidiu o Supremo Tribunal Federal, que, no Recurso Extraordinário nº 595.553, julgado em maio de 2012, decidiu ser cabível o controle de constitucionalidade de atos administrativos à luz da razoabilidade e proporcionalidade e que esse controle "decorre diretamente do sistema de *checks and counterchecks* adotado pela Constituição de 1988".

4.9. Princípio da competitividade

O objetivo da licitação é selecionar a proposta mais vantajosa ao entendimento de uma necessidade identificada pela Administração Pública. Para viabilizar a seleção da proposta, é preciso se instaurar um procedimento competitivo, que permita a participação, em igualdade de condições, de variados potenciais fornecedores.

Presume-se que, quanto mais propostas houver, mais competitivo será o certame e maior será a probabilidade de a Administração selecionar uma boa proposta. Por outro lado, licitações com única ou poucas propostas reduzem as chances de contratações satisfatórias. Assim, a licitação deve ser planejada com o intuito de atrair o maior número possível de competidores.

Nesse sentido, o princípio da competitividade: i) impõe que a Administração Pública promova a divulgação eficaz do certame, para que os potenciais fornecedores tomem conhecimento de sua abertura e possam dele participar; ii) impede que a Administração conceda tratamento privilegiado a algum competidor; iii) veda a exigência de requisitos desnecessários que possam dificultar a participação de candidatos; e iv) obriga a fixação de critérios de julgamento das propostas claro, objetivos e previamente estipulados em edital.

O princípio da competitividade está previsto no inciso XXI do art. 37 da Constituição Federal, ao afirmar que "obras, serviços, compras e alienações serão contratados mediante processo de licitação pública que assegure igualdade de condições a todos os concorrente" e que só se deve exigir "qualificação técnica e econômica indispensáveis à garantia do cumprimento das obrigações".

A competitividade está intimamente ligada aos princípios da isonomia e impessoalidade. Enfim, será competitivo o certame em que os potenciais fornecedores concorram em igualdade de condições.

4.10. Princípio da celeridade

A Administração licita para atender, direta ou indiretamente, uma necessidade pública. A demora na conclusão do procedimento licitatório significa atraso na fruição de uma utilidade coletiva. Assim, enquanto não concluído o processo licitatório, a população de determinada região, por exemplo, não poderá usufruir dos benefícios de uma escola, de uma estrada asfaltada, ou de um novo hospital.

Além dos inconvenientes causados pelo atraso na entregado do bem, da obra ou do serviço, a morosidade pode causar prejuízos à Administração, porquanto uma licitação lenta consome mais recursos públicos, seja pelos custos com a remuneração dos servidores envolvidos na licitação, seja pela possibilidade de ser necessário refazer projetos.

A morosidade, portanto, afeta dois pilares da eficiência: o custo e a rapidez do processo licitatório.

A celeridade do processo administrativo foi alçada à categoria de direito fundamental pela Emenda Constitucional nº 45/2004, que inseriu o inciso LXXVII no art. 5º do texto constitucional, com a seguinte redação: "a todos, no âmbito judicial e administrativo, são assegurados a razoável duração do processo e os meios que garantam a celeridade de sua tramitação".

Para que se cumpra a desejável celeridade do procedimento licitatório, é importante que se eliminem fases e formalidades desnecessárias e rigorismos exacerbados. Nesse sentido, a Nova Lei de Licitações e Contratos, por exemplo, consagrou a regra de que os critérios de habilitação serão exigidos após a fase de julgamento das propostas. Além disso, o art. 177 da Nova Lei impõe que, no âmbito do processo civil, as contendas em que as partes discutem a aplicação de normas de licitação e contratação públicas terão tramitação prioritária em qualquer juízo ou tribunal.

4.11. Princípio da economicidade

O princípio da economicidade está previsto no *caput* do art. 70 da Constituição Federal, que trata da fiscalização contábil, financeira e orçamentária. Alguns autores tratam esse princípio como sinônimo de eficiência. Facury Scaff e Macedo Scaff (2014, p. 1167) afirmam que a economicidade:

> (...) diz respeito ao critério de uso da menor quantidade de recursos públicos para atingir a maior gama de benefícios ou de beneficiários. Visa a averiguar se o gasto público está sendo usado de maneira a permitir que cada unidade de recursos gere o maior benefício possível em termos de pessoas atingidas ou de benefícios a serem concedidos.

Sob um outro ângulo, princípio da economicidade pode ser entendido como preceito que impõe a contratação de objeto por preço, como regra, não superior ao praticado no mercado. Trata-se de determinação para que a Administração compare preços. Nessa concepção, economicidade é critério de análise de preço em comparação ao mercado.

É dever da Administração Pública verificar a compatibilidade dos preços contratados com a média do mercado em vários momentos da licitação e da execução do contrato. Assim, cabe à Administração, antes de lançar o edital, efetuar adequada pesquisa de preços, bem como deve avaliar essa compatibilidade no momento do julgamento das propostas e da adjudicação do objeto ao vencedor. Durante a execução do contrato, deve a Administração verificar continuamente se houve alterações nas condições do mercado que tornaram os preços contratados inadequados. Nesse caso, é possível que haja até mesmo o reequilíbrio econômico-financeiro em favor da Administração.

Em outras palavras, não significa que o preço da proposta vencedora na licitação será obrigatoriamente o praticado durante toda a execução contratual. O princípio da economicidade impõe que a Administração se mantenha vigilante quanto à compatibilidade dos custos contratados com o preço de mercado.

Quanto à aplicação do princípio da economicidade, Pinto (2018) dá como exemplo a necessidade de se redimensionar os preços contratados na prestação de serviços contínuos quando houve a política de desoneração da folha de pagamentos para alguns setores da economia, regulamentada pela Lei nº 12.546/2011. O Tribunal de Contas da União e o Tribunal de Contas do Estado de São Paulo emanaram orientação para que fossem realizadas revisões contratuais. Segundo Pinto (2018), o "[r]eequilíbrio econômico-financeiro é via de mão dupla que deve ser tempestiva e necessariamente manejada em favor do erário, quando as condições fáticas e normativas assim o propiciarem".

Por evidente, o princípio da economicidade não impõe a contratação sempre do produto mais barato. Não é esse o sentido que se deve extrair da economicidade. Esse princípio impõe a aquisição do menor preço possível dentre os produtos cujas qualidades sejam adequadas ao atendimento da necessidade pública. Assim, esse princípio determina que, como regra, a Administração não deve pagar mais caro do que o mercado para contratar objeto de mesmo tipo, qualidade e quantidade.

Também deve se aplicar o princípio da economicidade *cum grano salis*. O preço ofertado na licitação, em alguns casos, pode ser superior ao praticado no mercado, sem que haja irregularidade. Isso porque, na avalição dos licitantes, contratar com a Administração Pública pode envolver riscos superiores em comparação com o contrato firmado entre particulares, a justificar a proposta na licitação em patamar mais elevado. Nesse contexto, a Administração, por exemplo, goza de prerrogativas que não estão presentes nos agentes privados: pode alterar unilateralmente algumas cláusulas contratuais, paga suas condenações judiciais por precatórios, tem prerrogativas processuais, exige o cumprimento de algumas formalidades, e deve exigir garantias. Acrescentem-se ao rol de motivos para o incremento do preço licitado, a existência de uma pluralidade de órgãos de controle, tais como os tribunais de contas, o Ministério Público e os órgãos de controle interno, que podem e devem exigir da pessoa contratada prestação de contas mais pormenorizada do que seria exigida em um contrato particular.

Enfim, as peculiaridades da contratação com a Administração Pública podem justificar, racionalmente, o maior preço adjudicado na licitação de determinado objeto. O que deve ser averiguado pelo princípio da economicidade é se a diferença de valor tem justificativa adequada e se é razoável.

Conclusões

Não há dúvidas de que a NLLC verdadeiramente buscou enfrentar os principais problemas identificados na antiga Lei Geral de Licitações e Contratos. Há importantes novidades que certamente promoverão modificações intensas na realidade do procedimento de contratações públicas.

É correto afirmar que a Nova Lei foi cirúrgica na reforma, uma vez que buscou preservar os institutos já amplamente dominados pelos profissionais que lidam com licitações e contratos públicos. Ao estudar o novo diploma, o leitor já acostumado com a sistemática anterior não terá dificuldades de compreender a nova dinâmica. A Lei alterou apenas o que entendeu ser necessário mudar. Trata-se de um aperfeiçoamento do sistema inaugurado pela Lei nº 8.666/1993.

Apesar de serem justas algumas críticas, é inegável que a NLLC é mais adequada a reger o sistema de contratação pública. É amplamente aceito que a Lei nº 8.666/1993 gerou procedimentos lentos e caros. A pretensão da Nova Lei Geral é conferir maiores eficiente e transparência às licitações e às execuções dos contratos administrativos. É preciso aguardar o tempo de maturidade do novo diploma para se ter noção mais precisa de sua capacidade da cumprir essas promessas.

Referências

ANTONIO DA SILVA, Magno. O Conceito de Eficiência Aplicado às Licitações Públicas: uma Análise Teórica à luz da Economicidade. *Revista do TCU*, Brasília, n. 113, 2008.

CARVALHO FILHO, José dos Santos. *Manual de Direito Administrativo.* 31ª Ed. Rio de Janeiro: Atlas, 2017.

JUSTEN FILHO, Marçal. *A Contratação Sem Licitação nas Empresas Privadas. Estatuto Jurídico das Empresas Estatais: Lei 13.303/2016.* São Paulo: Editora Revista dos Tribunais, 2016.

MELLO, Celso Antônio Bandeira de. *Curso de Direito Administrativo.* 12ª ed. São Paulo: Malheiros, 2000.

NIEBUHR, Joel de Menezes. *Licitação pública e contrato administrativo.* 3ª ed. Belo Horizonte: Fórum, 2013.

PINTO, Élida Graziane. Quando e Quem Deve Provar a Economicidade da Despesa Pública? *Conjur*, 27 mar. 2018. Disponível em: https://www.conjur.com.br/2018-mar-27/contas-vista-quando-quem-provar-economicidade-despesa-publica. Acesso em 11 jun. 2021.

SANTOS, José Anacleto Abduch. Nova Lei de Licitações: o Princípio do Planejamento. *Blog Zenite,* 16 dez. 2020. Disponível em: https://www.zenite.blog.br/nova-lei-de-licitacoes-o-principio-do-planejamento/. Acesso em: 11 jun. 2021.

SCAFF, Fernando Facury; SCAFF, Luma C. de Macedo. Comentário ao artigo 70. In: CANOTILHO, J. J. Gomes; MENDES, Gilmar F.; SARLET, Ingo W. (Coords.). *Comentários à Constituição do Brasil.* São Paulo: Saraiva/Almedina, 2013.

3.
Agentes Públicos

Victor Aguiar Jardim de Amorim

Dentre as substanciais alterações promovidas pela Lei nº 14.133/2021 quanto ao regime de contratação da Administração Pública direta, autárquica e fundacional, destaca-se a regulação acerca dos agentes públicos que atuarão nas atividades administrativas, de gestão e de controle, relacionadas à Nova Lei de Licitações.

Merece aplausos a preocupação do novo diploma em erigir a governança como um dos pilares das contratações públicas, conferindo à "*alta administração do órgão ou entidade*", nos termos do parágrafo único do art. 11, a responsabilidade por "*implementar processos e estruturas, inclusive de gestão de riscos e controles internos, para avaliar, direcionar e monitorar os processos licitatórios e os respectivos contratos*" tendo em vista os objetivos da licitação previstos no caput do mesmo art. 11. Cumpre, ainda, à Alta Administração a promoção de "*um ambiente íntegro e confiável*" para "*assegurar o alinhamento das contratações ao planejamento estratégico e às leis orçamentárias e promover eficiência, efetividade e eficácia em suas contratações*".

A governança perpassa por uma adequada política de pessoal, com a promoção de "gestão de competências" como ferramenta de alinhamento estratégico de pessoas aos objetivos organizacionais, envolvendo, dentre outros aspectos, a busca pela profissionalização na gestão pública e a capacitação e atualização sistemática e constante dos agentes públicos envolvidos com os processos de contratação, em todas as suas dimensões e fases.

Um dos pioneiros conceitos normativos de "gestão de competências" foi vertido no art. 2º, II, do Decreto Federal nº 5.707/2006: "*gestão da capacitação orientada para o desenvolvimento do conjunto de conhecimentos, habilidades e atitudes necessárias ao desempenho das funções dos servidores, visando ao alcance dos objetivos da instituição*". Portanto, a "gestão por competências" trata-se de um modelo gerencial com o propósito de "*orientar esforços para planejar, captar, desenvolver e avaliar, nos diferentes níveis da organização e das pessoas que dela participam, as competências necessárias à consecução dos objetivos organizacionais*"[1].

Ao realizar a avaliação da situação da governança e da gestão de pessoas em 330 unidades organizacionais da Administração Pública Federal, o TCU, por meio do Acórdão nº 3.023/2013-Plenário, indicou a gestão por competências como instrumento da governança estratégica de pessoas:

> 69. Tal modelo é o primeiro passo para o estabelecimento da gestão por competências, a qual é um instrumento da governança de pessoas. O modelo consiste na descrição das competências (conhecimentos, habilidades e atitudes) necessárias para o bom desempenho das ocupações existentes na organização. A identificação de competências requeridas pela organização é a base da gestão estratégica de pessoas, sendo fundamental para alinhar os processos de gestão de pessoas com a estratégia estabelecida pela organização (OCDE, 2010).
>
> 70. Ademais, as competências permitem a integração dos diversos processos de gestão de pessoas a partir do estabelecimento de um quadro de referência comum. O objetivo é potencializar a agregação de valor do capital humano por intermédio de processos – de recrutamento, seleção, desenvolvimento, avaliação de desempenho, promoção, sucessão, entre outros – que priorizem as competências desejadas pela organização.
>
> 71. A Organização para a Cooperação e Desenvolvimento Econômico – OCDE afirma que a principal vantagem dos modelos de competências é permitir ao governo trabalhar 'de forma mais sistemática e mais orientada para metas no planejamento da força de trabalho e dos investimentos em recursos humanos' (OCDE, 2010, p. 133).

[1] BRASIL (Conselho Nacional de Justiça). Gestão por competências passo a passo: um guia de implementação. Brasília: CNJ, 2016, p. 16.

> 72. A gestão por competência é amplamente reconhecida como instrumento gerador de forte orientação para o desempenho, pois prioriza os resultados a serem alcançados, e não as atividades a serem executadas pelos servidores.[2]

Como corolário da governança e da compreensão de gestão por competências, a diretriz de divisão e compartimentalização de atribuições e competências há de ser observada, devendo a autoridade responsável pela designação dos agentes públicos que irão atuar na aplicação da NLL "*observar o princípio da segregação de funções, vedada a designação do mesmo agente público para atuação simultânea em funções mais suscetíveis a riscos, de modo a reduzir a possibilidade de ocultação de erros e de ocorrência de fraudes na respectiva contratação*" (art. 7º, §1º).

Nesse intento, em atenção ao disposto no §3º do art. 8º, é essencial a edição de um *regulamento orgânico* para o estabelecimento da matriz de competências e responsabilidade aderente à realidade da estrutura do órgão ou da entidade, bem como do fluxo operacional relativo ao detalhamento dos procedimentos de contratação a serem realizados.

> Art. 8º [...]
> § 3º As regras relativas à atuação do agente de contratação e da equipe de apoio, ao funcionamento da comissão de contratação e à atuação de fiscais e gestores de contratos de que trata esta Lei serão estabelecidas em regulamento, e deverá ser prevista a possibilidade de eles contarem com o apoio dos órgãos de assessoramento jurídico e de controle interno para o desempenho das funções essenciais à execução do disposto nesta Lei.

Como instrumento de boa governança, a edição de tal regulamento se dará no âmbito de cada órgão e entidade, pautada pelas diretrizes de segregação de funções e mitigação de riscos decorrentes do acúmulo de atribuições estratégicas (art. 7º, §1º) e, em observância ao art. 169 da NLL, na instituição de mecanismos de controle preventivo *pari passu*.

[2] Trechos do Relatório do Levantamento realizado pela Secretaria de Fiscalização de Pessoal (Sefip/TCU) integrante do Acórdão nº 3.023/2013-Plenário.

1. Requisitos gerais de designação dos agentes públicos que desempenharão as funções essenciais à aplicação da Lei nº 14.133/2021

A NLL dedica um capítulo próprio aos agentes públicos (Capítulo IV do Título I), estabelecendo, no art. 7º, requisitos gerais a serem observados na designação dos "*agentes públicos para o desempenho das funções essenciais à execução desta Lei*".

> Art. 7º Caberá à autoridade máxima do órgão ou da entidade, ou a quem as normas de organização administrativa indicarem, promover gestão por competências e designar agentes públicos para o desempenho das funções essenciais à execução desta Lei que preencham os seguintes requisitos:
>
> I – sejam, preferencialmente, servidor efetivo ou empregado público dos quadros permanentes da Administração Pública;
>
> II – tenham atribuições relacionadas a licitações e contratos ou possuam formação compatível ou qualificação atestada por certificação profissional emitida por escola de governo criada e mantida pelo poder público; e
>
> III – não sejam cônjuge ou companheiro de licitantes ou contratados habituais da Administração nem tenham com eles vínculo de parentesco, colateral ou por afinidade, até o terceiro grau, ou de natureza técnica, comercial, econômica, financeira, trabalhista e civil.

Portanto, está o art. 7º a tratar, de forma geral, dos agentes públicos que irão atuar nos procedimentos administrativos de contratação, em todas as suas fases: preparatória, externa e contratual.

Consoante expressa previsão do §2º do mesmo art. 7º, tais requisitos gerais de designação dos agentes públicos também se aplicam aos servidores integrantes dos "*órgãos de assessoramento jurídico e de controle interno da Administração*".

Especificamente quanto ao inciso I do art. 7º, salienta-se que a Lei nº 14.133/2021 mantém a atecnia observada no caput do art. 51 da Lei nº 8.666/1993, porquanto o atributo da "efetividade" está relacionado à forma de provimento do cargo público[3] e não ao servidor propriamente

[3] De acordo com o inciso II do art. 37 da Constituição da República, o provimento, em caráter efetivo, se dá mediante aprovação prévia em concurso público. Por sua vez, o provimento, em caráter comissionado, é precário e baseia-se em critério discricionário da autoridade competente, sendo de "livre nomeação e exoneração".

dito. Todo cargo público (seja de provimento efetivo, seja de provimento comissionado) compõe o quadro funcional dos órgãos e entidades, conforme a lei que os institui. Por ser criado por lei (ato normativo primário), em realidade, o cargo em si – e não o servidor – integra o quadro permanente do órgão ou da entidade. Com efeito, a redação mais aderente à estrutura constitucional dos cargos e empregos públicos, tanto para o inciso I do art. 7º quanto para o caput do art. 8º, seria: "servidor ocupante de cargo de provimento efetivo".

2. O "agente de contratação"

A seu turno, art. 8º da Lei nº 14.133/2021 versa especificamente sobre o "agente de contratação", que, em regra, **de forma unipessoal**, terá a importante atribuição de conduzir a fase de seleção dos fornecedores nas licitações.

> Art. 8º A **licitação será conduzida** por agente de contratação, pessoa designada pela autoridade competente, entre servidores efetivos ou empregados públicos dos quadros permanentes da Administração Pública, para tomar decisões, acompanhar o trâmite da licitação, dar impulso ao procedimento licitatório e **executar quaisquer outras atividades necessárias ao bom andamento do certame até a homologação**.
>
> [grifou-se]

Além dos requisitos gerais fixados nos incisos I a III do art. 7º, o *caput* do art. 8º estabelece uma exigência adicional para a designação do "agente de contratação": ser servidor efetivo[4]. Por se tratar de matéria correlata à organização interna de pessoal e gestão administrativa dos entes federados e que não integram, substancialmente, o processo licitatório propriamente dito, em nossa opinião, o requisito quanto ao caráter efetivo do provimento do servidor tratar-se-ia de norma específica, sendo aplicável, de antemão, apenas no âmbito da União, admitindo-se, por conseguinte, previsão distinta na legislação de Estados e Municípios.

[4] Nos termos do art. 176, I, da NLL, a observância dos requisitos do art. 7º e do caput do art. 8º, somente será exigida para os Municípios com até 20.000 (vinte mil) habitante após o transcurso do prazo de 6 (seis) anos da publicação da Lei nº 14.133/2021, ou seja, somente a partir de 1º de abril de 2027.

Em resumo, da sistemática da NLL, extrai-se as seguintes possibilidades em relação aos agentes de contratação:

CONCORRÊNCIA	***Agente de Contratação***
	Comissão de Contratação (art. 8º, §2º)
PREGÃO	***Pregoeiro*** (art. 8º, §5º)
LEILÃO	***Leiloeiro Administrativo*** (art. 31, caput)
	Leiloeiro Oficial (art. 31, §1º)
DIÁLOGO COMPETITIVO	***Comissão de Contratação*** (art. 32, XI)
CONCURSO	***Comissão Especial***

2.1. Competências e atribuições do agente de contratação

Quanto à competência, nos diz o caput do art. 8º da NLL, que o agente de contratação, **em regra de forma unipessoal**, será o responsável pela condução da licitação, podendo, para tanto, "*tomar decisões, acompanhar o trâmite da licitação, dar impulso ao procedimento licitatório e executar quaisquer outras atividades necessárias ao bom andamento do certame até a homologação*".

Dada a correlação do termo "licitação" com a fase "externa", consoante a sistemática adotada pela NLL, as expressões: "***a licitação** será conduzida*", "*acompanhar o trâmite **da licitação***" e "*bom andamento **do certame***" evidenciam o atrelamento das atribuições, competências e responsabilidades do agente de contratação à realização da *fase de seleção dos fornecedores.*

Quanto à expressão "*dar impulso ao procedimento licitatório*", em nossa compreensão, não estaria a Lei nº 14.133/2021 conferindo ao agente de que trata o art. 8º uma espécie de "poder geral de supervisão" de todas as fases do procedimento de contração, afinal:

i) tal ideia atentaria contra a própria diretriz de segregação de funções consagrada no art. 5º e no §1º do art. 7º da NLL, materializada pelo comando dirigido à autoridade competente de **vedação de "*designação do mesmo agente público para atuação simultânea em funções mais suscetíveis a riscos,*** *de modo a* ***reduzir a possibilidade de ocultação de erros e de ocorrência de fraudes*** *na respectiva contratação*" [grifou-se];

ii) a expressão "*dar impulso ao procedimento licitatório*" não externaliza um comando operacionalizável de exercício de competência ou atribuição apto a caracterizar um *dever funcional comissivo* de atuação do agente de contratação no âmbito da fase preparatória da contratação;

iii) à luz da diretriz da segregação de funções de que trata o §1º do art. 7º da NLL, não se mostra razoável compreender que expressão "*dar impulso ao procedimento licitatório*" conduza à atribuição ao agente de contratação da competência para praticar *atos executivos* na fase preparatória, tais como elaborar os artefatos de planejamento (ETP, TR e PB), a pesquisa de preços e a minuta de edital;

iv) inferir, de forma implícita, que o agente de contratação teria poder para "impulsionar" atos compreendidos na fase preparatória cuja realização seja afeta a outros servidores pode gerar, na prática, sérios conflitos de competência e ruídos no tocante às relações hierárquicas, porquanto, estando no âmbito da *gestão* (e não do *controle*), como conceber que o agente de contratação possa exercer típicos atos de supervisão sem a respectiva ascensão hierárquica sobre os servidores competentes para a elaboração efetiva dos atos abrangidos na fase de planejamento?;

v) a parte final do *caput* do art. 8º delimita a atuação do agente de contratação "*até a homologação*", excluindo, portanto, a fase contratual.

Cumpre observar que, até o texto do substitutivo[5] aprovado pela Comissão Especial da Câmara dos Deputados em 05/12/2018 em sede do PL nº 1.292/1995, adotava-se a redação originalmente fixada pelo

[5] Disponível em: <https://www.camara.leg.br/proposicoesWeb/prop_mostrarintegra?codteor=1698056&filename=SBT-A+1+PL129295+%3D%3E+PL+1292/1995>.

Senado Federal no PLS nº 559/2013[6], qual seja, o "agente de licitação". Tal histórico do processo legislativo é importante para elucidar o contexto da elaboração da redação concernente às competências e atribuições de tal agente, sempre vinculadas à condução da fase externa dos certames e em substituição à lógica colegiada então consagrada no art. 51 da Lei nº 8.666/1993. Frise-se que a expressão "agente de licitação" – talvez por um lapso do legislador? – foi mantida na redação sancionada do inciso I do art. 169 da Lei nº 14.133/2021.

2.2. Equipe de apoio ao agente de contratação

Traçando um paralelo com a experiência do pregão, previu o §1º do art 8º que, por assumir a responsabilidade de forma unipessoal pelos atos praticados no procedimento, "*o agente de contratação será auxiliado por equipe de apoio*".

Ao contrário do que se observa no §1º do art. 3º da Lei nº 10.520/2002, a NLL não fixou regras específicas acerca da Equipe de Apoio, como quantidade mínima de integrantes. Dessa forma, entende-se que, por não ser exatamente um "agente de contratação", não seria obrigatório que o

[6] No texto inicial apresentado pela Comissão Temporária de Modernização da Lei de Licitações e Contratos em 23/12/2013 [link: <https://legis.senado.leg.br/sdleg-getter/documento?dm=3800554&ts=1617323479208&disposition=inline>], constava do art. 7º que "*A licitação será conduzida por: I – pregoeiro, no caso da modalidade pregão; II – leiloeiro, no caso de leilão; ou, III – comissão de licitação, nas demais modalidades*". No âmbito do PLS nº 559/2013, **a proposta de adoção da terminologia "agente de licitação" surge, pela primeira vez, no relatório do Senador Fernando Bezerra apresentado perante a Comissão Especial do Desenvolvimento Nacional em 02/08/2016** [link: <https://legis.senado.leg.br/sdleg-getter/documento?dm=3801374&ts=1617323483045&disposition=inline>]. **A justificativa para tal unificação é apresentada em novo relatório datado de 17/08/2016: "*Houve a padronização da indicação da pessoa responsável em todas as modalidades de licitações: o agente da licitação, permitindo-se, quando for relevante, a figura da comissão*"** [link: <https://legis.senado.leg.br/sdleg-getter/documento?dm=3801604&ts=1617323483979&disposition=inline>]. De toda forma, a denominação unificada de "agente de licitação" foi consagrada no art. 7º do substitutivo do PLS nº 559/2013 aprovado pelo Plenário do Senado Federal em 13/12/2016 [link: <https://legis.senado.leg.br/sdleg-getter/documento?dm=4893922&ts=1617323489239&disposition=inline>]: "*Art. 7º A licitação será conduzida por agente de licitação. § 1º O agente de licitação é a pessoa designada pela autoridade competente, entre servidores ou empregados públicos pertencentes aos quadros permanentes da Administração Pública, para tomar decisões, acompanhar o trâmite da licitação, dar impulso ao procedimento licitatório e executar quaisquer outras atividades necessárias ao bom andamento da licitação*".

integrante da equipe de apoio seja servidor efetivo, devendo, contudo, ser observado em sua designação, os requisitos traçados no art. 7º da Lei nº 14.133/2021.

2.3. O Pregoeiro

Dispõe o §5º do art. 8º que *"em licitação na modalidade pregão, o agente responsável pela condução do certame será designado pregoeiro"*[7].

A bem da verdade, trata-se apenas de uma questão de nomenclatura. O "Pregoeiro" é um "agente de contratação", sendo-lhe aplicáveis, portanto, todo o regramento do Capítulo IV do Título I da Lei nº 14.133/2021, notadamente os requisitos de designação fixados nos incisos I a III do art. 7º e no *caput* do art. 8º.

Entende-se, ainda, ser desnecessária, por parte da autoridade competente, uma designação formal específica ou complementar para que o "agente de contratação" (já designado nos termos do *caput* do art. 8º) atue na modalidade pregão, porquanto o *nomen juris* "Pregoeiro" decorre da própria Lei nº 14.133/2021.

2.4. A comissão de contratação

O §2º do art. 8º, apenas para os casos de "*licitação que envolva bens ou serviços especiais*", excetua a atuação unipessoal do agente de contração, admitindo a sua substituição por um órgão colegiado - denominado "***comissão de contratação***" - composto "*por, no mínimo, 3 (três) membros, que responderão solidariamente por todos os atos praticados pela comissão, ressalvado o membro que expressar posição individual divergente fundamentada e registrada em ata lavrada na reunião em que houver sido tomada a decisão*".

Não vemos óbice na possibilidade de constituição de uma "comissão *especial* de contratação" para cada licitação ou, por opção interna da Administração, se constituir, desde logo, uma "comissão *permanente*

[7] O dispositivo foi inserido no texto substitutivo da Câmara dos Deputados no PL nº 1.292/1995 a partir da aprovação da Emenda de Plenário nº 54, de 10/04/2019 [disponível em: <https://www.camara.leg.br/proposicoesWeb/prop_mostrarintegra?codteor=1732253&filename=Tramitacao-EMP+54/2019+%3D%3E+PL+1292/1995>]. Para melhor contextualização do histórico acerca do dispositivo, vide: AMORIM, Victor. *A figura do "agente de licitação" (e a ausência do pregoeiro) no PL 1.292/1995*. Consultor Jurídico, abr. 2019. Disponível em: <https://www.conjur.com.br/2019-abr-12/victor-amorim-figura-agente-licitacao-pl12921995>.

de contratação"[8], que atuará, quando a autoridade competente assim entender, nas licitações que tenham por objeto "bens ou serviços especiais".

De todo modo, o ideal é que o regulamento orgânico de que trata o §3º do art. 8º da NLL discipline de forma minuciosa a forma de composição e funcionamento da comissão de contratação, particularmente a competência, os critérios e o procedimento de designação de seu Presidente e eventuais substitutos.

Atente-se que, no caso da modalidade diálogo competitivo, obrigatoriamente a licitação será conduzida por uma ***comissão de contratação*** *"composta de pelo menos 3 (três) servidores efetivos ou empregados públicos pertencentes aos quadros permanentes da Administração, admitida a contratação de profissionais para assessoramento técnico da comissão"* (art. 32, XI).

2.5. A Comissão Especial na modalidade concurso

Ainda que a Lei nº 14.133/2021 não apresente disposição específica quanto à competência para o julgamento do concurso[9], afigura-se como salutar, para observância dos princípios e objetivos previstos nos arts. 5º e 11 da norma, que a modalidade seja conduzida por um órgão colegiado (comissão especial), de preferência composto por servidores de reconhecido conhecimento e/ou formação correlata quanto à temática do objeto do concurso, mostrando-se, pois, razoável a aplicação da hipótese prevista no §2º do art. 8º na NLL.

2.6. Os agentes públicos integrantes dos órgãos de assessoramento jurídico e de controle interno

Preconiza o §2º do art. 7º da Lei nº 14.133/2021 que os requisitos gerais para designação dos agentes públicos estabelecidos no caput e no §1º do mesmo art. 7º, também se aplicam aos servidores integrantes dos órgãos de assessoramento jurídico e de controle interno da Administração.

[8] Admitir-se-ia, inclusive, a criação de diversas "comissões permanentes de contratação" conforme a especialização temática de objeto, como, por exemplo: "comissão permanente de contratação para serviços de engenharia", "comissão permanente de contratação para serviços de tecnologia da informação", etc.

[9] Como fora previsto no §5º do art. 51 da Lei nº 8.666/1993: *"No caso de concurso, o julgamento será feito por uma comissão especial integrada por pessoas de reputação ilibada e reconhecido conhecimento da matéria em exame, servidores públicos ou não"*.

Tais servidores, portanto, estão abrangidos pela disciplina do Capítulo IV do Título I da NLL no que tange aos "agentes públicos", tanto quanto aos pressupostos de designação e às vedações, quanto às diretrizes de gestão de competências e de segregação de funções.

Quanto à atuação, além da realização da atividade de suporte prevista no §3º do art. 8º, no §3º do art. 117 e no parágrafo único do art. 168, destaca-se a inserção de tais servidores na lógica do controle preventivo e gestão de riscos das contratações, atuando em uma "segunda linha de defesa", como preconiza o art. 169, II, da NLL.

O *caput* do art. 169 da Lei nº 14.133/2021 positiva o modelo de "linhas de defesa" recomendado pelo *Institute of Internal Auditors* (IIA)[10] para a implementação e o monitoramento da efetividade do sistema de controles internos, auditoria interna e gerenciamento de riscos:

[10] De acordo com o "Documento de Exposição" do IIA, "*o modelo das Três Linhas de Defesa surgiu há mais de 20 anos e, desde então, se tornou amplamente reconhecido, principalmente no setor de serviços financeiros, onde foi criado. O The IIA adotou o modelo formalmente na Declaração de Posicionamento 'As Três Linhas de Defesa no Gerenciamento Eficaz de Riscos e Controles', publicada em 2013 e vem promovendo o modelo como uma ferramenta valiosa para os responsáveis pela governança. Seu apelo está na explicação direta e simples dos diversos papéis e atividades que compõem o gerenciamento de riscos e controle (embora não considere a governança de forma mais ampla) e seu valor é ajudar as organizações a evitar confusão, duplicação e lacunas na atribuição de responsabilidades por esses papéis e atividades*" [INSTITUTE OF INTERNAL AUDITORS. *Declaração de Posicionamento do IIA*: as três linhas de defesa no gerenciamento eficaz de riscos e controles, jan. 2013. Disponível em: <https://repositorio.cgu.gov.br/bitstream/1/41842/12/As_tres_linhas_de_defesa_Declaracao_de_Posicionamento.pdf>]. Ocorre que, em 2020, o IIA realizou uma "revisão" no modelo das três linhas de defesa, esclarecendo que "*os termos 'primeira linha', 'segunda linha' e 'terceira linha' do modelo original são mantidos para familiaridade. No entanto, as 'linhas' não pretendem denotar elementos estruturais, mas uma diferenciação útil de papéis. Logicamente, os papéis do órgão de governança também constituem uma "linha", mas essa convenção não foi adotada para evitar confusão. A numeração (primeira, segunda, terceira) não deve ser considerada como significando operações sequenciais. Em vez disso, todos os papéis operam simultaneamente*" [INSTITUTE OF INTERNAL AUDITORS. *Modelo das Três Linhas do IIA 2020*: uma atualização das três linhas de defesa. Disponível em: <https://iiabrasil.org.br/korbilload/upl/editorHTML/uploadDireto/20200758glob-th-editorHTML-00000013-20082020141130.pdf>].

1ª LINHA DE DEFESA	Gestão operacional	*"Os papéis de primeira linha estão mais diretamente alinhados com a entrega de produtos e/ou serviços aos clientes da organização, incluindo funções de apoio"*[11].
2ª LINHA DE DEFESA	Funções de gerenciamento de riscos e conformidade	*"Os papéis de segunda linha fornecem assistência no gerenciamento de riscos. [...] Alguns papéis de segunda linha podem ser atribuídos a especialistas, para fornecer conhecimentos complementares, apoio, monitoramento e questionamento àqueles com papéis de primeira linha. Os papéis de segunda linha podem se concentrar em objetivos específicos do gerenciamento de riscos, como: conformidade com leis, regulamentos e comportamento ético aceitável; controle interno; segurança da informação e tecnologia; sustentabilidade; e avaliação da qualidade. Como alternativa, os papéis de segunda linha podem abranger uma responsabilidade mais ampla pelo gerenciamento de riscos, como o gerenciamento de riscos corporativos (enterprise risk management – ERM)"*[12].
3ª LINHA DE DEFESA	Auditoria Interna	*"A auditoria interna presta avaliação e assessoria independentes e objetivas sobre a adequação e eficácia da governança e do gerenciamento de riscos. Isso é feito através da aplicação competente de processos sistemáticos e disciplinados, expertise e conhecimentos. Ela reporta suas descobertas à gestão e ao órgão de governança para promover e facilitar a melhoria contínua. Ao fazê-lo, pode considerar a avaliação de outros prestadores internos e externos. A independência da auditoria interna em relação a responsabilidades da gestão é fundamental para sua objetividade, autoridade e credibilidade. É estabelecida por meio de: prestação de contas ao órgão de governança; acesso irrestrito a pessoas, recursos e dados necessários para concluir seu trabalho; e liberdade de viés ou interferência no planejamento e prestação de serviços de auditoria"*[13].

[11] INSTITUTE OF INTERNAL AUDITORS. *Modelo das Três Linhas do IIA 2020*: uma atualização das três linhas de defesa, p. 3.

[12] INSTITUTE OF INTERNAL AUDITORS. *Modelo das Três Linhas do IIA 2020*: uma atualização das três linhas de defesa, p. 3.

[13] INSTITUTE OF INTERNAL AUDITORS. *Modelo das Três Linhas do IIA 2020*: uma atualização das três linhas de defesa, p. 3.

Com efeito, seguindo as premissas de tal modelo, é salutar, âmbito de cada organização pública, a distinção institucional das atividades de "controle interno" (2ª linha de defesa) e "auditoria" (3ª linha), devendo ser enfatizado que a "terceira linha de defesa" deverá ser realizada por uma unidade central de auditoria, dotado do maior nível possível de independência. No âmbito do Poder Executivo Federal, por exemplo, existem as unidades de controle interno no âmbito de cada órgão ou entidade e que desempenhariam as funções de 2ª linha de defesa. A seu turno, a 3ª linha de defesa seria de responsabilidade da Controladoria-Geral da União (CGU). Ocorre que, em especial, nos Poderes Legislativo e Judiciário e nos órgãos dotados de autonomia constitucional, poderá haver apenas uma única unidade de auditoria/controle interno, sendo fundamental, em tal situação, a adequada definição de papéis entre 2ª e 3ª linha e a observância da necessária independência da instância que realizaria a "auditoria".

3. Apoio conferido pelos órgãos de assessoramento jurídico e de controle interno

Cumpre frisar a importante previsão contida na parte final do §3º do art. 8º da NLL no sentido da possibilidade, conforme previsão em regulamento orgânico, de os agentes de contratação "*contarem com o **apoio** dos órgãos de assessoramento jurídico e de controle interno*" para obtenção de subsídios necessários à prática dos atos decisórios na licitação.

Especificamente quanto ao suporte jurídico para a autoridade competente quando do julgamento dos recursos administrativos, o parágrafo único do art. 168 da NLL prevê o auxílio do órgão de assessoramento jurídico no sentido de dirimir dúvidas e prestar subsídios para a fundamentação do ato decisório.

A seu turno, no tocante à fase de execução contratual, dispõe o §3º do art. 117 que "*fiscal do contrato será auxiliado pelos órgãos de assessoramento jurídico e de controle interno da Administração, que deverão dirimir dúvidas e subsidiá-lo com informações relevantes para prevenir riscos na execução contratual*".

Note-se que o §3º do art. 8º e o §3º do art. 117 da NLL versam acerca da atividade consultiva não só do órgão de assessoramento jurídico, mas, também, do órgão de controle interno – na qualidade de agente de "2ª linha de defesa", nos termos do inciso II do art. 169 da Lei nº 14.133/2021 –, superando, pois, o dogma de distanciamento desse último em relação aos atos de gestão propriamente dito.

Entretanto, é preciso destacar que o escopo e a perspectiva de análise do controle interno em seu papel consultivo não estão adstritos à "legalidade", devendo, em especial, contemplar o prisma da *legitimidade*, da *economicidade*, da *relação custo-benefício* e da *gestão de riscos* envolvida nos atos praticados pelos agentes públicos consulentes.

3.1. Suporte conferido por terceiros

A NLL expressamente prevê a possibilidade de contratação "*por prazo determinado*", do "*serviço de empresa ou de profissional especializado para assessorar os agentes públicos responsáveis pela condução da licitação*", desde que se trate de "*licitação que envolva bens ou serviços especiais cujo objeto não seja rotineiramente contratado pela Administração*" (art. 8º, §4º).

Há, também, a previsão setorial na parte final do caput do art. 117 da Lei nº 14.133/2021 de contração de terceiros para auxiliar os agentes públicos na fase de execução contratual. Em tal hipótese, de acordo com o §4º do mesmo art. 117, deverão ser observadas as seguintes regras: a) a empresa ou o profissional contratado assumirá responsabilidade civil objetiva pela veracidade e pela precisão das informações prestadas, firmará termo de compromisso de confidencialidade e não poderá exercer atribuição própria e exclusiva de fiscal de contrato; b) a contratação de terceiros não eximirá de responsabilidade o fiscal do contrato, nos limites das informações recebidas do terceiro contratado.

4. Responsabilidade e responsabilização dos agentes de contratação

Após dispor acerca do perfil da responsabilidade em relação aos agentes de contratação, é preciso pontuar a distinção conceitual entre "responsabilidade" e "responsabilização" sob a perspectiva dos gestores públicos atuantes na área de licitações e contratos administrativos.

Saliente-se que, a despeito das específicas previsões contidas no §1º do art. 8º; no art. 73; no §6º do art. 75; no §4º do art. 117; §2º no art. 141; §1º no art. 148; e nos arts. 149 e 150, o lócus adequado ao tratamento da temática de responsabilização dos agentes públicos não é necessariamente a Lei nº 14.133/2021, merecendo, destaque, dentre outros diplomas, o Decreto-Lei nº 4.657/1942 (*Lei de Introdução às Normas do Direito Brasileiro*), a Lei nº 8.429/1992 (Lei de Improbidade Administrativa) e os dispositivos contidos "estatutos" dos servidores (v.g., a Lei nº 8.112/1990) acerca dos deveres, proibições e responsabilidades.

Os agentes públicos estão sujeitos a três esferas distintas e independentes de responsabilização – *administrativa, civil* e *penal* –, de forma que um mesmo ato pode ser objeto de apuração e penalização em qualquer dessas instâncias.

No âmbito administrativo, o sancionamento disciplinar dos agentes públicos poderá decorrer da atuação do controle hierárquico (interno) e, ainda, do Tribunal de Contas competente, conforme dispõe o art. 71, inciso VIII, da CRFB.

A rigor, é "responsável" pelo ato administrativo o agente público que tem competência decisória determinante para a formação do ato. Se tal ato apresenta vício insanável e acarreta prejuízo ao erário e/ou a terceiros, surge a potencialidade de "responsabilização" desse agente cuja atuação foi decisiva para a consecução do ato viciado, a fim de lhe ser imputada determinada sanção de ordem administrativa, civil e/ou penal.

Ocorre, todavia, que a responsabilização não é uma consequência inexorável da responsabilidade pela edição do ato, de modo que, não necessariamente, será o autor do ato responsabilizado por eventual vício dele decorrente. Consoante preconiza o art. 28 do LINDB, **para que haja a *responsabilização* na esfera administrativa e civil, é essencial que seja caracterizado o *elemento subjetivo* do agente público, ou seja, o *dolo* ou o *erro grosseiro*.**

4.1. A qualificação do erro grosseiro

Dado o veto ao §1º do art. 28 da LINDB[14], a Lei nº 13.655/2018 deixou de veicular um conceito normativo ou, ainda, parâmetros para a compreensão do "erro grosseiro". Diante da ausência de tal norte legal, o TCU, logo após o início da vigência da Lei nº 13.655/2018, passou a adotar a figura do "administração médio" como referencial para avaliação da gradação da conduta culposa do responsável[15]. Tomou-se de empréstimo, portanto, o

[14] A redação da disposição original no Projeto de Lei nº 7.448/2017 era a seguinte: "*Não se considera erro grosseiro a decisão ou opinião baseada em jurisprudência ou doutrina, ainda que não pacificadas, em orientação geral ou, ainda, em interpretação razoável, mesmo que não venha a ser posteriormente aceita por órgãos de controle ou judiciais*".

[15] "*A conduta culposa do responsável que foge ao referencial do "administrador médio" utilizado pelo TCU para avaliar a razoabilidade dos atos submetidos a sua apreciação caracteriza o "erro grosseiro" a que alude o art. 28 do Decreto-lei 4.657/1942 (Lei de Introdução às Normas do Direito Brasileiro), incluído pela Lei 13.655/2018*" (voto do Min. Benjamin Zymler no Acórdão nº 1.628/2018-Plenário).

parâmetro de gradação de "erro" nos atos e negócios jurídicos do Direito Civil (arts. 138 e 139 da Lei nº 10.460/2002). Destaca-se, nesse sentido, trecho do voto do Ministro Substitutivo André Luís de Carvalho no Acórdão nº 2.391/2018-Plenário:

> [...] é preciso conceituar o que vem a ser erro grosseiro para o exercício do poder sancionatório desta Corte de Contas. Segundo o art. 138 do Código Civil, o erro, sem nenhum tipo de qualificação quanto à sua gravidade, é aquele "que poderia ser percebido por pessoa de diligência normal, em face das circunstâncias do negócio" (grifos acrescidos). Se ele for substancial, nos termos do art. 139, torna anulável o negócio jurídico. Se não, pode ser convalidado.
>
> 83. Tomando como base esse parâmetro, o erro leve é o que somente seria percebido e, portanto, evitado por pessoa de diligência extraordinária, isto é, com grau de atenção acima do normal, consideradas as circunstâncias do negócio. **O erro grosseiro, por sua vez, é o que poderia ser percebido por pessoa com diligência abaixo do normal, ou seja, que seria evitado por pessoa com nível de atenção aquém do ordinário, consideradas as circunstâncias do negócio.** Dito de outra forma, **o erro grosseiro é o que decorreu de uma grave inobservância de um dever de cuidado, isto é, que foi praticado com culpa grave.**
>
> Enfim, a Corte de Contas consagrou seu entendimento no sentido de "considerar como erro grosseiro aquele que pode ser percebido por pessoa com diligência abaixo do normal ou, dito de outra forma, aquele que poderia ser evitado por pessoa com nível de atenção aquém do ordinário, decorrente de grave inobservância de dever de cuidado".

Há, assim, uma aproximação referencial entre o "erro grosseiro" e a "culpa grave", compreensão adotada pelo Poder Executivo Federal na regulamentação da matéria em sede do Decreto Federal nº 9.830/2019, notadamente no caput e §§ 1º e 2º do art. 12:

> Art. 12. O agente público somente poderá ser responsabilizado por suas decisões ou opiniões técnicas **se agir ou se omitir com dolo, direto ou eventual, ou cometer erro grosseiro**, no desempenho de suas funções.

> § 1º **Considera-se erro grosseiro aquele manifesto, evidente e inescusável praticado com culpa grave, caracterizado por ação ou omissão com elevado grau de negligência, imprudência ou imperícia.**
>
> § 2º Não será configurado dolo ou erro grosseiro do agente público se não restar comprovada, nos autos do processo de responsabilização, situação ou circunstância fática capaz de caracterizar o dolo ou o erro grosseiro. [grifou-se]

É evidente que a avaliação da gradação da culpa deverá ser cotejada com as circunstâncias do caso concreto e a partir de uma perspectiva de alteridade face às atribuições e competências do cargo e função do agente público, à sua formação e experiência profissional e o potencial de domínio do conhecimento sobre a matéria posta à sua deliberação. Como bem consignado no §4º do art. 12 do Decreto Federal nº 9.830/2019, "*a complexidade da matéria e das atribuições exercidas pelo agente público serão consideradas em eventual responsabilização do agente público*". Afinal, somente a partir da ótica do próprio agente é que se poderia delimitar o círculo referencial de razoabilidade de seu "dever de cuidado" (possibilidade ordinária de percepção do equívoco), viabilizando, pois, a identificação de zonas de certeza positiva e negativa quanto ao que estaria ou não "aquém do ordinário".

Daí a importante do agente público realizar a devida motivação em todos os atos praticados, em especial, os atos decisórios, vertendo aos autos, de forma contemporânea à sua produção, todos os elementos fáticos e jurídicos e a narrativa das circunstâncias que conduziram a adoção de determinada conduta. Nesse sentido, merece destaque o disposto no caput e no §1º do art. 22 da LINDB:

> Art. 22. Na interpretação de normas sobre gestão pública, **serão considerados os obstáculos e as dificuldades reais do gestor** e as exigências das políticas públicas a seu cargo, sem prejuízo dos direitos dos administrados.
>
> § 1º Em decisão sobre regularidade de conduta ou validade de ato, contrato, ajuste, processo ou norma administrativa, **serão consideradas as circunstâncias práticas que houverem imposto, limitado ou condicionado a ação do agente.**
> [grifou-se]

E, note-se, que caso o agente público se valha de manifestação técnica e/ou jurídica produzida por outrem para embasar sua decisão, com esteio na mesma lógica consagrada no §6º do art. 12 do Decreto Federal nº 9.830/2019, somente haveria que se falar em responsabilização se o decisor ostentasse condições subjetivas suficientes (formação, experiência e/ou conhecimento da matéria) para aferir o dolo ou o erro grosseiro da opinião técnica[16].

> Art. 12 [...]
> § 6º A responsabilização pela opinião técnica não se estende de forma automática ao decisor que a adotou como fundamento de decidir e somente se configurará se estiverem presentes elementos suficientes para o decisor aferir o dolo ou o erro grosseiro da opinião técnica ou se houver conluio entre os agentes.

Também, em tal contexto, como consignado no §7º do art. 12 do mencionado Decreto nº 9.830/2019, a autoridade superior, "*no exercício*

[16] Como exemplo, tenhamos por hipótese a seguinte situação: durante a realização de uma licitação para a aquisição de determinado sistema de informática, o agente de contratação, por não ter conhecimento técnico específico do objeto, vale-se de parecer exarado pelo setor de tecnologia da informação do órgão, que, na oportunidade, se manifesta pela inadequação da solução ofertada pela empresa "X", mais bem colocada na fase de lances do certame. Dessa forma, como detentor da competência para julgar as propostas, o agente de contratação promove a desclassificação da empresa "X" e convoca o licitante subsequente, a empresa "Z". Em nova manifestação, a área técnica conclui pelo atendimento da solução ofertada pela "Z", de modo que, comprovado o atendimento aos requisitos de habilitação, o agente de contratação declara tal empresa vencedora do certame. Mediante representação formulada perante o Tribunal de Contas, constata-se que a solução ofertada pela empresa "X" atendia plenamente às exigências do edital, de modo que o ato de sua desclassificação apresentava vício insanável, além de ter causado prejuízo ao erário, porquanto deu azo à contratação de uma proposta mais cara. Apontado o vício do ato, o Tribunal de Contas passa a aferir a viabilidade de responsabilização dos agentes públicos que deram causa a tal prejuízo. Num primeiro momento, observa-se que o agente de contratação, embora fosse responsável pelo julgamento das propostas, fundamentou sua decisão no parecer da área técnica, já que não detinha conhecimento técnico suficiente para empreender uma análise devida das características técnicas da solução ofertada pela empresa "X". Desse modo, caso o Tribunal de Contas, a partir de um juízo técnico, entenda que a área técnica não foi devidamente diligente em sua análise, poderá haver a responsabilização dos servidores que elaboraram a manifestação técnica e, dessa forma, o afastamento da culpabilidade do agente de contratação.

do poder hierárquico, só responderá por culpa in vigilando aquele cuja omissão caracterizar erro grosseiro ou dolo". Logo, não há que se cogitar uma eventual responsabilidade objetiva por parte do ordenador de despesas em relação aos atos praticados por seus subordinados ou por outros agentes cujos atos estariam submetidos ao seu poder de supervisão. No desempenho da supervisão hierárquica no âmbito da gestão, a eventual responsabilização da autoridade superior por ato viciado e danoso praticado por outro agente público estaria subordinada ao mesmo regime do art. 28 do LINDB, ou seja, apenas se a omissão (na fiscalização e análise de conformidade) for dolosa ou se caracterizado um elevado grau de negligência (erro grosseiro).

É preciso frisar que os atos *omissivos* também poderão ensejar a responsabilização, desde que o agente público tenha o dever jurídico de agir e não pratique o ato em razão de dolo direto ou eventual ou mesmo por elevado grau de negligência.

Por conseguinte, para a efetiva caracterização da responsabilização, com esteio em uma visão sistêmica de todo o procedimento que antecedeu a edição do ato viciado, é fundamental a elaboração de uma "matriz de responsabilização" a fim de que se promova a identificação dos responsáveis por irregularidades; a especificação das condutas de todos os agentes que, de alguma forma, participaram do procedimento; o estabelecimento das relações de causa e efeito (nexo de causalidade); e, ainda, a aferição da culpabilidade (*dolo* ou *erro grosseiro*), com a proposição de sancionamento compatível e proporcional com as circunstâncias do caso examinado. Nesse contexto, é fundamental que a análise da culpabilidade seja feita à luz dos arts. 22, 24 e 28 da LINDB, acrescidos pela Lei nº 13.655/2018.

4.1.1. A responsabilização por opiniões técnicas

Consoante a redação do art. 28 da LINDB, extrai-se a possibilidade de responsabilização não apenas por *atos decisórios*, mas, também, por "*opiniões técnicas*", o que poderia alcançar os agentes públicos que emitam atos administrativos meramente opinativos, como, v.g., os pareceres jurídicos.

Todavia, a delimitação do círculo referencial de razoabilidade da manifestação técnica no sentido de identificar o ordinário "dever de cuidado" deverá ser pautada por uma perspectiva de quem possui conhecimento e formação acerca da matéria em questão. Nesse sentido, a título de exemplo, cumpre registrar o referencial adotado pelo TCU qualificado como "parecerista médio":

> A ausência de critério de aceitabilidade dos preços unitários em editais de licitação para contratação de obra, em complemento ao critério de aceitabilidade do preço global, **configura erro grosseiro que atrai a responsabilidade do parecerista jurídico que não apontou a falha no exame das minutas dos atos convocatórios, pois deveria saber, como esperado do parecerista médio, quando as disposições editalícias não estão aderentes aos normativos legais e à jurisprudência sedimentada**. [grifou-se]
> (Sumário do Acórdão nº 615/2020-Plenário)

> [...] jurisprudência desta Corte de Contas é firme no sentido de que **o parecerista jurídico pode ser responsabilizado solidariamente com os gestores por irregularidades ou prejuízos ao Erário, nos casos de erro grosseiro ou atuação culposa, quando seu parecer for obrigatório – caso em que há expressa exigência legal – ou mesmo opinativo**. [grifou-se]
> (Trecho do voto do Min. Vital do Rêgo no Acórdão nº 4.984/2018 – 1ª Câmara)

> [...] entendo que deve ser responsabilizado por essa irregularidade também parecerista jurídico, com fundamento no entendimento expressado pelo Supremo Tribunal Federal no MS-24.584/DF, bem como na jurisprudência deste Tribunal (v.g. Acórdão 1161/2010-TCU-Plenário e 40/2013-TCU-Plenário). Assim, **o parecerista jurídico deve ser chamado em audiência para responder pela emissão de parecer obrigatório, nos termos do art. 38, parágrafo único, da Lei 8.666/1993, não devidamente fundamentado, defendendo tese não aceitável, por se mostrar frontalmente contrária à lei**, conforme jurisprudência deste Tribunal. [grifou-se]
> (Trecho do voto do Min. Augusto Sherman no Acórdão nº 51/2018-Plenário)

Deve ser consignado que tal perspectiva se aplica não apenas ao "parecer jurídico", mas, também, a toda e qualquer opinião de ordem técnica (independentemente de sua forma de materialização), como nos casos de manifestação dos setores técnicos da Administração acerca, v.g., da avaliação de determinada proposta, dos documentos de habilitação ou mesmo na análise meritória de pedidos de esclarecimento, impugnações e recursos administrativos.

4.
O Novo Panorama do Processo Licitatório: Elementos Gerais

Renato Luís Bordin de Azeredo

Roberto Debacco Loureiro

Introdução

Em vigor desde 1º de abril de 2021, a nova Lei de Licitações e Contratos Administrativos (nº 14.133) foi editada para substituir a Lei 8.666/1993 (Lei Geral de Licitações e Contratos Administrativos), a Lei 10.520/2002 (Lei do Pregão) e a Lei 12.462/2011 (na parte que trata do Regime Diferenciado de Contratações Públicas), trazendo diversas novidades em relação ao regime anterior, que, ressalve-se, não perdeu a vigência, mantendo a convivência com o novo diploma – em uma fórmula legislativa inusual, diga-se – pelo prazo de dois anos, período em que caberá à Administração decidir qual a legislação será aplicada em cada certame, sendo que a opção escolhida deverá ser indicada expressamente no edital ou no aviso ou instrumento de contratação direta, vedada a aplicação combinada dos dois regimes, conforme preceitua o artigo 191 da Lei 14.133/2021.

No presente trabalho, será abordado o novo panorama do processo licitatório, com foco nos objetivos, nas regras gerais e nas vedações à participação em licitações, matérias constantes nos artigos 11 a 17 da nova lei, destacando-se as alterações e novidades.

1. Os objetivos da nova Lei de Licitações e Contratos Administrativos

A Lei 14.133/2021 elencou seus objetivos no artigo 11, nos seguintes termos:

> Art. 11. O processo licitatório tem por objetivos:
>
> I – assegurar a seleção da proposta apta a gerar o resultado de contratação mais vantajoso para a Administração Pública, inclusive no que se refere ao ciclo de vida do objeto;
>
> II – assegurar tratamento isonômico entre os licitantes, bem como a justa competição;
>
> III – evitar contratações com sobrepreço ou com preços manifestamente inexequíveis e superfaturamento na execução dos contratos;
>
> IV – incentivar a inovação e o desenvolvimento nacional sustentável.
>
> [...]

Da análise do dispositivo, nota-se a manutenção dos três objetivos expressos da Lei 8.666/1993 (isonomia, seleção da proposta mais vantajosa e promoção do desenvolvimento nacional sustentável), bem como diversos acréscimos: considerar o ciclo de vida do objeto, assegurar a justa competição, evitar sobrepreço, preços manifestamente inexequíveis e superfaturamento e incentivar a inovação.

Passa-se à análise de cada um dos objetivos trazidos pela nova lei.

1.1. A vantajosidade e o ciclo de vida do objeto

O inciso I do artigo 11 da nova Lei de Licitações e Contratos Administrativos apresenta como objetivo primeiro do processo licitatório "assegurar a seleção da proposta apta a gerar o resultado de contratação mais vantajoso para a Administração Pública, inclusive no que se refere ao **ciclo de vida do objeto**".

Ou seja, na definição da vantajosidade, houve a inclusão da análise do "ciclo de vida do objeto", conceito não previsto na Lei 8.666/93 – que preceitua como um dos objetivos, em seu artigo 3º, garantir "a seleção da proposta mais vantajosa para a administração" –, mas expresso no artigo 31 da Lei 13.303/2016 (Lei das Estatais).

Para uma correta compreensão, tal conceito deve ser lido em conjunto com o artigo 34, § 1º, da nova Lei de Licitações e Contratos Administrativos:

> Art. 34. O julgamento por menor preço ou maior desconto e, quando couber, por técnica e preço considerará o menor dispêndio para a Administração, atendidos os parâmetros mínimos de qualidade definidos no edital de licitação.

> § 1º Os custos indiretos, relacionados com as despesas de manutenção, utilização, reposição, depreciação e impacto ambiental do objeto licitado, entre outros fatores vinculados ao seu ciclo de vida, poderão ser considerados para a definição do menor dispêndio, sempre que objetivamente mensuráveis, conforme disposto em regulamento.

Nesse dispositivo – semelhante ao previsto no artigo 32, inciso II, da Lei das Estatais e ao artigo 19, § 1º, da Lei do RDC – a nova lei exemplificou os aspectos relacionados ao ciclo de vida do objeto que podem ser sopesados pela Administração na verificação da vantagem almejada: despesas de manutenção, de utilização e de reposição, bem como a depreciação e o impacto ambiental. Portanto, a referência ao ciclo de vida do objeto no inciso I do artigo 11 remete a uma avaliação bastante ampla, não se restringindo apenas à sua durabilidade ou ao seu tempo de vida útil.

A ideia de "ciclo de vida" vai no sentido de que se deve atentar para os custos e impactos de uma contratação ao longo de todo o ciclo de vida do produto adquirido.[1]

De fato, a contratação mais vantajosa não deve ser avaliada apenas em valores absolutos, sendo adequado perscrutar questões técnicas, o rendimento, a qualidade e o desempenho, com o objetivo de apurar o menor preço real, ou seja, aquele que acarretará o menor desembolso.[2]

Nesse sentido, em comentários ao artigo 32, inciso II, da Lei das Estatais, aplicáveis ao dispositivo ora analisado, Benjamin Zymler assim leciona:

> Com efeito, de acordo com o princípio constitucional da economicidade, há uma maior preocupação no sentido de que a aferição da vantagem para a estatal seja apurada não somente pelo imediato conteúdo econômico da proposta inicial, mas também por diversos outros fatores de cunho econômico verificáveis no decorrer da execução contratual e/ou quando da utilização dos bens adquiridos.

[1] SCHWIND, Rafael Wallbach. *Contribuições para o debate sobre o PLS 559 (projeto de nova lei geral de licitações e contratos administrativos)*. Informativo Justen, Pereira, Oliveira e Talamini. Curitiba, nº 117, novembro de 2016, p. 4. Disponível em http://www.justen.com.br/informativo. Acesso em: 10/05/2021.

[2] JUSTEN FILHO, Marçal. *Comentários à Lei de Licitações e Contratos Administrativos: Lei 8.666/1993*. 18ª ed. São Paulo: Thomson Reuters Brasil, 2019, p. 1.038.

> Assim, desde que aferíveis de forma objetiva e previstos previamente no instrumento convocatório, podem, entre outros fatores, ser considerados no julgamento das propostas:
> - custos de manutenção;
> - custos de desfazimento dos bens e resíduos;
> - índice de depreciação econômica.
>
> Trata-se de procedimento já adotado no setor privado, mas ainda com aplicação restrita no setor público quer por falta de regulamentação, quer porque as normas que tratam da questão são relativamente recentes, como a Lei do Regime Diferenciado de Contratação.
>
> Assim, quando da aquisição de determinado equipamento, poderão ser trazidos para o valor presente os gastos estimados com manutenção e/ou operação — *v.g.*, consumo de combustível — durante determinado período de tempo e adicionados ao custo de aquisição. Ganhará a licitação pelo menor preço aquele produto que apresentar o menor resultado da soma do valor de aquisição e custos de manutenção/operação. Ou seja, paradoxalmente, aquele cujo custo de aquisição é menor poderá ser menos vantajoso economicamente em razão dos custos elevados de manutenção/operação.[3]

Além de reflexos na economicidade e na qualidade na prestação do serviço público, a avaliação de todos os aspectos relacionados ao ciclo de vida do objeto favorece a sustentabilidade ambiental, objetivo abarcado no inciso IV do artigo 11 da Lei 14.133/21, qual seja, o desenvolvimento nacional sustentável.

Percebe-se que a nova lei busca incentivar a geração de um ciclo de vida "ecoeficiente" aos produtos, com menor destruição de recursos naturais.[4]

Nessa nova visão, a vantajosidade não necessariamente se expressa em termos de economicidade, pelo menos diretamente. A Administração pode, sob determinada perspectiva e justificadamente, considerar mais vantajosa uma solução economicamente mais cara que, em contrapartida, demande menos matéria-prima em seu processo produtivo e/ou gere

[3] ZYMLER, Benjamin et al. *Novo regime jurídico de licitações e contratos das empresas estatais:* análise da Lei nº 13.303/2016 segundo a jurisprudência do Tribunal de Contas da União. Belo Horizonte: Fórum, 2018, p. 94.

[4] NOHARA, Irene Patrícia Diom. *Nova Lei de licitações e contratos: comparada*. 1. ed. São Paulo: Thomson Reuters Brasil, 2021, p. 120.

menor volume de resíduos não aproveitáveis e, por consequência, menor passivo ambiental. Ainda que aferidas de forma mais complexa ou indireta, as externalidades negativas de dado processo/produto são elementos que podem ser sopesados na avaliação das vantagens almejadas.[5]

Trata-se, portanto, de salutar expansão do conceito/princípio da vantajosidade, revelando uma maior preocupação com o resultado final e aperfeiçoando a visão relacionada aos benefícios a serem alcançados.

1.2. O tratamento isonômico e a justa competição

O segundo objetivo do processo licitatório, conforme a Lei 14.133/21, é "assegurar tratamento isonômico entre os licitantes, bem como a **justa competição**" (inciso II do artigo 11).

A garantia de observância do princípio da isonomia já vinha prevista na Lei 8.666/93, sendo agora acrescentado o objetivo da justa competição.

Assim, além de reforçar a necessidade de tratamento igualitário aos concorrentes (artigos 37, XXI; 5º, *caput*, e 19, III, da Constituição da República), nota-se a preocupação do legislador em reforçar a hígida concorrência entre os proponentes, tanto na fase interna quanto na externa do processo licitatório, a fim de se evitar ações cartelizadas, corrupção, fraudes ou ajustes, que impedem a obtenção da proposta mais vantajosa, tanto em preço como em qualidade, e causam danos ao erário.[6]

1.3. Sobrepreço, preços inexequíveis e superfaturamento

Também voltado a evitar fraudes e prejuízos ao erário e tutelar a probidade, o inciso III do artigo 11 da Lei 14.133/21 preconiza que o processo licitatório tem como finalidade "**evitar contratações com sobrepreço ou com preços manifestamente inexequíveis e superfaturamento** na execução dos contratos".

Ausente de forma expressa na Lei 8.666/93, tal dispositivo novamente é inspirado na Lei das Estatais, que, em seu artigo 31, reza que as licitações e os contratos "destinam-se a assegurar a seleção da proposta mais vantajosa,

[5] NIEBUHR, Joel de Menezes et al. *Nova Lei de Licitações e Contratos Administrativos*. 2. ed. Curitiba: Zênite, 2021, p. 102.

[6] NOHARA, Irene Patrícia Diom. *Nova Lei de licitações e contratos: comparada*. 1. ed. São Paulo: Thomson Reuters Brasil, 2021, p. 122.

inclusive no que se refere ao ciclo de vida do objeto, e a evitar operações em que se caracterize sobrepreço ou superfaturamento [...]".

Os conceitos de sobrepreço e de superfaturamento são expostos, respectivamente, nos incisos LVI e LVII do artigo 6º da nova lei, e consistem em incorporação de jurisprudência do Tribunal de Contas da União, detalhada em seu Roteiro de Auditoria de Obras Públicas.[7]

O referido Roteiro explica que há sobrepreço global quando o preço global da obra é injustificadamente superior ao preço global do orçamento paradigma. De modo similar, há sobrepreço unitário quando o preço unitário de determinado serviço é injustificadamente maior que o respectivo preço unitário paradigma. Também esclarece que a existência de sobrepreço, por si só, não resulta em dano ao erário, sendo o superfaturamento que materializa o prejuízo, com a liquidação e o pagamento de serviços com sobrepreço ou por serviços não executados.[8]

Conforme a definição legal, sobrepreço consiste no preço orçado ou contratado em valor expressivamente superior aos preços referenciais de mercado, seja de apenas um item, no caso de licitação ou contratação por preços unitários de serviço, seja do valor global do objeto, se a licitação ou a contratação for por tarefa, empreitada por preço global ou empreitada integral, semi-integrada ou integrada.

Quanto ao superfaturamento, é configurado quando ocorre dano ao erário, caracterizado, entre outras situações, por: a) medição de quantidades superiores às efetivamente executadas ou fornecidas; b) deficiência na execução de obras e de serviços de engenharia que resulte em diminuição da sua qualidade, vida útil ou segurança; c) alterações no orçamento de obras e de serviços de engenharia que causem desequilíbrio econômico-financeiro do contrato em favor do contratado; e d) outras alterações de cláusulas financeiras que gerem recebimentos contratuais antecipados, distorção do cronograma físico-financeiro,

[7] ZYMLER, Benjamin; ALVES, Francisco Sérgio Maia. *A nova Lei de Licitações como sedimentação da jurisprudência do TCU*. Revista Consultor Jurídico, 5 abr. 2021. Disponível em: https://www.conjur.com.br/2021-abr-05/opiniao-lei-licitacoes-jurisprudencia-tcu. Acesso em: 11 maio 2021.

[8] BRASIL. Tribunal de Contas da União. *Roteiro de Auditoria de Obras Públicas*. Disponível em: file:///C:/Users/Usu%C3%A1rio/Downloads/Roteiro%20de%20Auditoria%20de%20Obras%20P_blicas%20_%20vers_o%20p_bli%20_4_.pdf. Acesso em: 11 maio 2021.

prorrogação injustificada do prazo contratual com custos adicionais para a Administração ou reajuste irregular de preços.

Em relação ao sobrepreço, deve se considerar preço excessivo aquele que não é justificado dentro da dinâmica de mercado. Portanto, o ponto fundamental é a justificativa do valor. Apesar de as tabelas de referência configurarem elemento objetivo para a avaliação de preços, elas não deixam de ostentar índole genérica, podendo eventualmente ser elididas em função de peculiaridades concretas relativas a algum contrato. Importante observar, inclusive, que tabelas públicas podem trazer referenciais diferentes de preço, o que denota não ser este um parâmetro absoluto e inquestionável. Com isso, o que deve ser avaliado é a justificativa para a formação do preço, cabendo o ônus argumentativo à Administração no caso de contratar em valores superiores aos de referências de mercado.[9]

Nesse sentido, a fim de evitar a ocorrência de sobrepreço, faz-se necessária uma ampla e séria pesquisa de preços praticados no mercado, por agentes capacitados e conhecedores das especificidades do objeto da licitação, aproximando, assim, o valor do objeto pretendido ao de mercado, e servindo de balizamento seguro para a análise das propostas dos licitantes.[10]

Por sua vez, como visto, o superfaturamento diz respeito ao dano ao patrimônio público, sendo indicativos deste as situações elencadas na lei, de forma exemplificativa. O núcleo da ideia é o descolamento entre a execução do contrato e aquilo que tiver sido previsto, de modo a reduzir a relação entre encargos e benefícios originalmente estipulada. Nota-se, pois, que o superfaturamento diz respeito à execução do contrato, ao passo que o sobrepreço se dá na sua concepção.[11]

No que se refere à vedação a preços manifestamente inexequíveis, importante destacar que o § 4º do artigo 59 da Lei 14.133/21 estipulou

[9] GUIMARÃES, Bernardo Strobel; RIBEIRO, Leonardo Coelho; RIBEIRO, Carlos Vinícius Alves; GIUBLIN, Isabella Bittencourt Mäder Gonçalves; PALMA, Juliana Bonacorsi de. *Comentários à Lei das Estatais (Lei 13.303/2016)*. Belo Horizonte: Fórum, 2019, p. 211.

[10] PEREIRA JUNIOR, Jessé Torres; HEINEN, Juliano; DOTTI, Marinês Restelatto; MAFFINI, Rafael. *Comentários à Lei das Empresas Estatais: Lei nº 13.303/16*. 2. ed. Belo Horizonte: Fórum, 2020, p. 222.

[11] GUIMARÃES, Bernardo Strobel; RIBEIRO, Leonardo Coelho; RIBEIRO, Carlos Vinícius Alves; GIUBLIN, Isabella Bittencourt Mäder Gonçalves; PALMA, Juliana Bonacorsi de. *Comentários à Lei das Estatais (Lei 13.303/2016)*. Belo Horizonte: Fórum, 2019, p. 212.

que, no caso de obras e serviços de engenharia, serão consideradas inexequíveis as propostas cujos valores forem inferiores a 75% do valor orçado pela Administração.

1.4. Incentivo à inovação e ao desenvolvimento nacional sustentável

Encerrando o rol de objetivos expressos do processo licitatório, o inciso IV do artigo 11 da Lei 14.133/21 preconiza o incentivo à inovação e ao desenvolvimento nacional sustentável.

Já previsto na Lei 8.666/93, incluído em 2010 por meio da Lei nº 12.349, o desenvolvimento nacional sustentável também consta na Lei do RDC, artigo 3º, e na Lei das Estatais, artigo 31, em ambas como princípio.

A Lei nº 14.133/21, para além de manter o desenvolvimento nacional sustentável como um dos objetivos da licitação, cria regras e institutos aptos a promovê-lo, como a já mencionada consideração de todo o ciclo de vida do objeto (inciso I do artigo 11; inciso VIII do artigo 18, e inciso XXIII, "c", do artigo 6º); a instituição de margem de preferência para bens reciclados, recicláveis ou biodegradáveis (inciso II do artigo 26); a preferência, no caso de empate, ainda que após outros critérios elencados, para empresas que desenvolvam ações de mitigação, nos termos da Lei nº 12.187/2009 (Política Nacional sobre Mudança do Clima); a admissão de exigência de certificações ambientais (inciso III do artigo 42); a obrigatoriedade de tratamento dos impactos ambientais e urbanísticos em contratos de obras e serviços de engenharia (artigo 45); o contrato de eficiência (artigo 39); e a remuneração variável por desempenho, inclusive ambiental (artigo 144).[12]

Trata-se de importantes incentivos às chamadas compras verdes, compras públicas sustentáveis, compras públicas ecoeficientes ou compras ambientalmente amigáveis, que designam a política pública de utilização da licitação como forma de garantia e/ou promoção do desenvolvimento nacional sustentável.[13]

No mesmo dispositivo, conforme referido, a nova lei acrescenta o objetivo de "incentivar a inovação", não contemplado expressamente

[12] NIEBUHR, Joel de Menezes et al. *Nova Lei de Licitações e Contratos Administrativos*. 2. ed. Curitiba: Zênite, 2021, pp. 100-111.

[13] NOHARA, Irene Patrícia; CÂMARA, Jacintho Arruda. *Tratado de direito administrativo: licitação e contratos administrativos*. Coordenação Maria Sylvia Zanella Di Pietro. 2. ed. São Paulo: Thomson Reuters Brasil, 2019, p. 49.

na Lei 8.666/93. Na Lei do RDC, há a previsão de incentivo à "inovação tecnológica" (artigo 1º, §1º, III).

A busca da inovação por meio das contratações públicas parece ser promissora, pois, diante do acentuado poder de compra governamental, elas podem fomentar a formação de mercados inovadores, a prestação de novos serviços, o fornecimento de novos produtos e o desenvolvimento de novos processos, em benefício do interesse público. Efetivamente, a inovação consiste em um imperativo da dinamicidade do capitalismo contemporâneo, em virtude da necessidade de adaptação às novas demandas da sociedade.[14]

1.5. A governança das contratações

No parágrafo único do artigo 11, a nova Lei de Licitações e Contratos Administrativos também inova, em relação ao regime geral anterior, ao tratar da governança das contratações públicas.

O Decreto Federal nº 9.203/2017, que dispõe sobre a política de governança da administração pública federal, conceitua governança pública como "conjunto de mecanismos de liderança, estratégia e controle postos em prática para avaliar, direcionar e monitorar a gestão, com vistas à condução de políticas públicas e à prestação de serviços de interesse da sociedade".

Com esse espírito, a nova lei preceitua que a alta administração do órgão ou entidade é responsável pela governança das contratações e deve implementar processos e estruturas, inclusive de gestão de riscos e controles internos, para avaliar, direcionar e monitorar os processos licitatórios e os respectivos contratos, com o intuito de alcançar os objetivos, promover um ambiente íntegro e confiável, assegurar o alinhamento das contratações ao planejamento estratégico e às leis orçamentárias e promover eficiência, efetividade e eficácia em suas contratações.

2. Regras gerais do processo licitatório

O artigo 12 da Lei 14.133/21 apresenta uma série de regras gerais que devem ser observadas no processo licitatório.

[14] NOHARA, Irene Patrícia Diom. *Nova Lei de licitações e contratos: comparada*. 1. ed. São Paulo: Thomson Reuters Brasil, 2021, pp. 124-125.

Inicialmente, aduz que os documentos serão produzidos por escrito, com data e local de sua realização e assinatura dos responsáveis (inciso I), e que os valores, os preços e os custos utilizados terão como expressão monetária a moeda corrente nacional, ressalvado o disposto no artigo 52 da Lei (inciso II). O artigo 52 trata das licitações de âmbito internacional.

Com o intuito de evitar decisões ou interpretações que privilegiem um formalismo excessivo, o inciso III esclarece que o desatendimento de exigências meramente formais que não comprometam a aferição da qualificação do licitante ou a compreensão do conteúdo de sua proposta não importará seu afastamento da licitação ou a invalidação do processo.

De fato, o formalismo excessivo tem potencial de causar prejuízos à Administração, uma vez que o licitante desclassificado pode ter a proposta mais vantajosa, sendo que a falha meramente formal seria perfeitamente sanável.

Essa preocupação consta na Lei das Parcerias Público-Privadas (nº 11.079/2004), que traz, no inciso IV do artigo 12, a regra de que o edital poderá prever a possibilidade de saneamento de falhas, de complementação de insuficiências ou ainda de correções de caráter formal no curso do procedimento, desde que o licitante possa satisfazer as exigências dentro do prazo fixado no instrumento convocatório.

No mesmo sentido, o Decreto Federal nº 10.024/2019, que regulamenta o Pregão Eletrônico, permite, em seu artigo 47, que o pregoeiro, no julgamento da habilitação e das propostas, sane erros ou falhas que não alterem a substância das propostas, dos documentos e sua validade jurídica, mediante decisão fundamentada.

A jurisprudência também vem, de longa data, reafirmando que o formalismo desnecessário deve ser evitado no processo licitatório, servindo de exemplo decisão do Superior Tribunal de Justiça, datada de 25/03/1998, em que o Relator, Ministro Demócrito Reinaldo, destaca que "o formalismo no procedimento licitatório não significa que se possa desclassificar propostas eivadas de simples omissões ou defeitos irrelevantes" (MS 5418/DF).

Por sua vez, a regra do inciso IV do artigo 12 preocupa-se com a desburocratização, ao mencionar que a prova de autenticidade de cópia de documento público ou particular poderá ser feita perante agente da Administração, mediante apresentação de original ou de declaração de autenticidade por advogado, sob sua responsabilidade pessoal.

Norma semelhante já era positivada no artigo 3º da Lei nº 13.726/2018, conhecida como a Lei da Desburocratização, prevendo que, na relação dos órgãos e entidades dos Poderes da União, dos Estados, do Distrito Federal e dos Municípios com o cidadão, é dispensada a exigência de reconhecimento de firma, devendo o agente administrativo, confrontando a assinatura com aquela constante no documento de identidade do signatário, ou estando este presente e assinando o documento diante do agente, lavrar sua autenticidade no próprio documento, dispensando também a autenticação de cópia de documento, cabendo ao agente administrativo, mediante a comparação entre o original e a cópia, atestar a autenticidade.

Complementa o inciso V do artigo 12 da nova lei que, salvo imposição legal, o reconhecimento de firma somente será exigido quando houver dúvida a respeito da autenticidade.

Na sequência (inciso VI), há a previsão de que os atos serão preferencialmente digitais, de forma a permitir que sejam produzidos, comunicados, armazenados e validados por meio eletrônico, sendo que o § 2º do mesmo artigo acrescenta que é permitida a identificação e assinatura digital por pessoa física ou jurídica em meio eletrônico, mediante certificado digital emitido no âmbito da Infraestrutura de Chaves Públicas Brasileira (ICP-Brasil).

É destacada no inciso VII a importância do planejamento nas contratações, pois preconiza que os órgãos responsáveis pelo planejamento de cada ente federativo poderão, na forma de regulamento, elaborar plano de contratações anual, com o objetivo de racionalizar as contratações, garantir o alinhamento com o planejamento estratégico e subsidiar a elaboração das respectivas leis orçamentárias.

O § 1º detalha que o plano anual de contratações deve ser divulgado e mantido à disposição do público em sítio eletrônico oficial e será observado pelo ente federativo na realização de licitações e na execução dos contratos.

No referido plano, são projetadas as licitações e contratações para o ano, com organização por tipos ou categorias, sendo verificada a compatibilidade com o orçamento, definidas as prioridades e estabelecida uma espécie de calendário, consistindo, assim, em instrumento para organizar e racionalizar as contratações.[15]

[15] NIEBUHR, Joel de Menezes et al. *Nova Lei de Licitações e Contratos Administrativos*. 2. ed. Curitiba: Zênite, 2021, p. 83.

Cuida-se de norma que está em consonância com a decisão do legislador de incluir o planejamento entre os princípios expressos das licitações e contratos administrativos, consoante o *caput* do artigo 5º da nova lei.

2.1. A possibilidade de adiamento da divulgação do orçamento estimado

Por sua vez, o artigo 13 da Lei 14.133/21 regulamenta o princípio da publicidade, ao dizer que os atos praticados no processo licitatório são públicos, ressalvadas as hipóteses de informações cujo sigilo seja imprescindível à segurança da sociedade e do Estado.

É acrescentado que a publicidade será adiada, quanto ao conteúdo das propostas, até a respectiva abertura, e, em relação ao orçamento da Administração, nos termos do artigo 24 da Lei, que prevê que, desde que justificado, o orçamento estimado da contratação poderá ter caráter sigiloso, sem prejuízo da divulgação do detalhamento dos quantitativos e das demais informações necessárias para a elaboração das propostas. Tal sigilo não prevalecerá para os órgãos de controle interno e externo.

O orçamento estimado sigiloso já era previsto na Lei do RDC, cujo artigo 6º reza que o orçamento previamente estimado para a contratação será tornado público apenas e imediatamente após o encerramento da licitação. Essa possibilidade também consta no artigo 34 da Lei das Estatais.

Observe-se que a Lei 8.666/93 veda o orçamento estimado sigiloso, pois, no artigo 40, § 2º, inciso II, determina que o orçamento estimado em planilhas de quantitativos e preços unitários constitui anexo do edital, dele fazendo parte.

O objetivo de adiar a divulgação da estimativa de orçamento, para após o julgamento das propostas, é reduzir os preços das contratações, não estimulando os concorrentes a oferecerem valores próximos ao máximo que a Administração estiver disposta a pagar. Mantendo-se o orçamento sigiloso, os preços seriam apresentados sem qualquer viés derivado do valor máximo previamente divulgado, incentivando a competitividade.[16]

Ressalte-se que a nova lei não apresenta o orçamento sigiloso como regra, pois o *caput* do artigo 24 o condiciona à existência de prévia

[16] GUIMARÃES, Bernardo Strobel; RIBEIRO, Leonardo Coelho; RIBEIRO, Carlos Vinícius Alves; GIUBLIN, Isabella Bittencourt Mäder Gonçalves; PALMA, Juliana Bonacorsi de. *Comentários à Lei das Estatais (Lei 13.303/2016)*. Belo Horizonte: Fórum, 2019, p. 224.

motivação. A regra é que ele seja divulgado. Assim, se não houver justificativa para o sigilo, o orçamento deve ser apresentado juntamente com o termo de referência ou o projeto ou com o próprio edital. Na mesma linha, o inciso XI do artigo 18 da nova lei exige motivação sobre o momento da divulgação do orçamento da licitação.[17]

2.2. As regras para os consórcios

O artigo 15 da Lei 14.133/21 autoriza a participação de consórcios de pessoas jurídicas, salvo vedação devidamente justificada no processo licitatório. No caso, são impostas as seguintes normas: comprovação de compromisso público ou particular de constituição de consórcio, subscrito pelos consorciados; indicação da empresa líder do consórcio, que será responsável por sua representação perante a Administração; admissão, para efeito de habilitação técnica, do somatório dos quantitativos de cada consorciado e, para efeito de habilitação econômico-financeira, do somatório dos valores de cada consorciado; impedimento de a empresa consorciada participar, na mesma licitação, de mais de um consórcio ou de forma isolada; e responsabilidade solidária dos integrantes pelos atos praticados em consórcio.

Outra regra incidente na hipótese é a de que o edital deverá estabelecer para o consórcio acréscimo de 10% a 30% sobre o valor exigido de licitante individual para a habilitação econômico-financeira, salvo justificação. Tal acréscimo, porém, não se aplica aos consórcios compostos, em sua totalidade, de microempresas e pequenas empresas.

Desde que haja justificativa técnica aprovada pela autoridade competente, o edital de licitação poderá estabelecer limite máximo para o número de empresas consorciadas.

Somente poderá haver a substituição de consorciado se for expressamente autorizada pelo órgão ou entidade contratante e condicionada à comprovação de que a nova empresa do consórcio possui, no mínimo, os mesmos quantitativos para efeito de habilitação técnica e os mesmos valores para efeito de qualificação econômico-financeira apresentados pela empresa substituída.

[17] NIEBUHR, Joel de Menezes et al. *Nova Lei de Licitações e Contratos Administrativos*. 2. ed. Curitiba: Zênite, 2021, p. 90.

2.3. A participação de cooperativas

No artigo 16 da Lei 14.133/21, há a autorização para que os profissionais organizados sob a forma de cooperativa participem de licitação, quando: a constituição e o funcionamento da cooperativa observarem as regras estabelecidas na legislação aplicável; a cooperativa apresentar demonstrativo de atuação em regime cooperado, com repartição de receitas e despesas entre os cooperados; qualquer cooperado, com igual qualificação, for capaz de executar o objeto contratado; e, no caso de cooperativas de trabalho, o objeto da licitação referir-se a serviços especializados constantes no objeto social da cooperativa, a serem executados de forma complementar à sua atuação.

Registre-se que a participação de cooperativas em processos licitatórios vem gerando polêmica de longa data, tendo em vista a ocorrência de fraudes praticadas por empresas que simulam ser cooperativas para obter benefícios tributários indevidos e fraudar direitos trabalhistas, gerando risco de responsabilização subsidiária da Administração (Súmula nº 331 do TST). A nova lei, como visto, cria um detalhado regime que visa a possibilitar a participação nas licitações das verdadeiras cooperativas.

2.4. As fases da licitação

O *caput* do artigo 17 da Lei 14.133/21 trata das fases do processo de licitação, que, em regra, serão, na sequência: preparatória; de divulgação do edital de licitação; de apresentação de propostas e lances, quando for o caso; de julgamento; de habilitação; recursal; e de homologação.

Adota-se, assim, uma sequência de fases semelhante à prevista na Lei do RDC (nº 12.462/11, artigo 12) e na Lei do Pregão (nº 10.520/02, artigo 4º).

Portanto, a regra, diferentemente do que ocorre na Lei 8.666/93, é de que a habilitação seja realizada após o julgamento das propostas, conferindo maior celeridade ao certame.

Porém, o §1º do mesmo artigo ressalva que a fase de habilitação poderá, mediante ato motivado com explicitação dos benefícios decorrentes, anteceder as fases de apresentação de propostas e de julgamento, desde que expressamente previsto no edital de licitação.

Ademais, na fase de julgamento, se houver previsão no edital, o órgão ou entidade licitante poderá, em relação ao licitante provisoriamente vencedor, realizar análise e avaliação da conformidade da proposta, mediante homologação de amostras, exame de conformidade e prova de conceito, entre outros testes, de modo a comprovar sua aderência às especificações definidas no termo de referência ou no projeto básico (§ 3º).

Preferencialmente, conforme os §§ 2º e 5º, as licitações serão realizadas sob a forma eletrônica, somente sendo admitida a utilização da forma presencial mediante motivação, e, neste caso, a sessão pública deve ser registrada em ata e gravada em áudio e vídeo, com a juntada da gravação aos autos do processo licitatório depois de seu encerramento.

Por fim, o § 6º preceitua que a Administração poderá exigir certificação por organização independente acreditada pelo Instituto Nacional de Metrologia, Qualidade e Tecnologia (Inmetro) como condição para aceitação de: estudos, anteprojetos, projetos básicos e projetos executivos; conclusão de fases ou de objetos de contratos; e material e corpo técnico apresentados por empresa para fins de habilitação.

3. As proibições de participar de licitação e de executar contratos

O artigo 14 da Lei 14.133/21 elenca quem não poderá disputar licitação ou participar da execução de contrato, direta ou indiretamente.

Inicialmente, a vedação é direcionada ao autor do anteprojeto, do projeto básico ou do projeto executivo, quando a licitação versar sobre obra, serviços ou fornecimento de bens a ele relacionados.

Também está impossibilitada a empresa responsável pela elaboração do projeto básico ou do projeto executivo, ou empresa da qual o autor do projeto seja dirigente, gerente, controlador, acionista ou detentor de mais de 5% do capital, responsável técnico ou subcontratado, quando a licitação versar sobre obra, serviços ou fornecimento de bens a ela necessários.

Equiparam-se aos autores do projeto as empresas integrantes do mesmo grupo econômico.

A nova lei, porém, faz a ressalva de que, a critério da Administração e exclusivamente a seu serviço, o autor dos projetos e a empresa acima referidos poderão participar no apoio das atividades de planejamento da contratação, de execução da licitação ou de gestão do contrato, desde que sob supervisão exclusiva de agentes públicos do órgão ou entidade.

Destaque-se, ademais, que a lei não impede a licitação ou a contratação de obra ou serviço que inclua como encargo do contratado a elaboração do projeto básico e do projeto executivo, nas contratações integradas, e do projeto executivo, nos demais regimes de execução.

Conforme a Lei 14.133/21, a vedação de disputar licitação ou participar da execução de contrato se aplica também a pessoa física ou jurídica que se encontre, ao tempo da licitação, impossibilitada de participar da licitação em decorrência de sanção que lhe foi imposta. Esse impedimento se estende ao licitante que atue em substituição a outra pessoa, com o intuito de burlar a efetividade da sanção a ela aplicada.

Em licitações e contratações realizadas no âmbito de projetos e programas parcialmente financiados por agência oficial de cooperação estrangeira ou por organismo financeiro internacional com recursos do financiamento ou da contrapartida nacional, não poderá participar pessoa física ou jurídica que integre o rol de pessoas sancionadas por essas entidades ou que seja declarada inidônea.

Também está impedido aquele que mantenha vínculo de natureza técnica, comercial, econômica, financeira, trabalhista ou civil com dirigente do órgão ou entidade contratante ou com agente público que desempenhe função na licitação ou atue na fiscalização ou na gestão do contrato, ou que deles seja cônjuge, companheiro ou parente em linha reta, colateral ou por afinidade, até o terceiro grau, devendo essa proibição constar expressamente no edital de licitação.

Por fim, não poderão participar empresas controladoras, controladas ou coligadas, concorrendo entre si, além de pessoa física ou jurídica que, nos cinco anos anteriores à divulgação do edital, tenha sido condenada judicialmente, com trânsito em julgado, por exploração de trabalho infantil, por submissão de trabalhadores a condições análogas às de escravo ou por contratação de adolescentes nos casos vedados pela legislação trabalhista.

Trata-se de ressalvas necessárias para evitar a quebra da isonomia, da impessoalidade e da competitividade, sendo também decorrentes do princípio da moralidade.

Comparando-se ao regime anterior, notam-se vários acréscimos, pois na Lei 8.666/93 (artigo 9º) e na Lei do RDC (artigo 36), os impedimentos eram relacionados apenas à autoria do projeto básico ou executivo, bem como ao servidor ou dirigente de órgão ou entidade contratante ou responsável pela licitação.

Conclusões

Além de unificar em um só diploma o Regime Geral de Licitações e Contratos Administrativos e as regras atinentes ao Pregão e ao Regime

Diferenciado de Contratações Públicas, percebe-se que a nova Lei de Licitações e Contratos Administrativos tem como característica a positivação de diversos entendimentos consagrados na doutrina e na jurisprudência, tanto do Poder Judiciário quanto das Cortes de Contas, bem como a incorporação de conceitos e institutos previstos em outras normas relacionadas às contratações públicas, como a Lei das Parcerias Público-Privadas e a Lei das Estatais.

Infere-se que, ao menos em relação aos aspectos avaliados neste trabalho, o novo diploma trouxe salutares avanços, como a maior preocupação com o resultado final efetivo do processo licitatório, buscando-se o menor preço real; o aprofundamento dos conceitos de sobrepreço e de superfaturamento; a criação de regras e institutos voltados à promoção do desenvolvimento sustentável; a inovação e a justa competição como objetivos expressos; a instituição de diretrizes para uma política de governança das contratações; o afastamento expresso do formalismo desnecessário; a desburocratização em relação à documentação; a possibilidade de instituição de plano de contratações anual, em atenção ao planejamento; a possibilidade de adiamento da divulgação do orçamento estimado, a fim de se alcançar um melhor preço; o detalhamento a respeito da participação de cooperativas em processos licitatórios; a regra de que a fase de habilitação será realizada após o julgamento das propostas, com a possibilidade, porém, de que a habilitação anteceda as fases de apresentação de propostas e de julgamento, a critério da Administração; e a ampliação das hipóteses de vedação à participação, com o fim de se alcançar um processo licitatório escorreito.

Por fim, ressalve-se que, neste momento inicial, em que a aplicação do novo regime de licitações e contratos administrativos é meramente facultativa à Administração, é natural o surgimento de menos certezas do que dúvidas, que gradualmente serão dirimidas no decorrer da aplicação prática da Lei 14.133/21, esperando-se que os objetivos preliminarmente abordados neste trabalho sejam de fato concretizados.

Referências

BRASIL. Tribunal de Contas da União. *Roteiro de Auditoria de Obras Públicas.* Disponível em: file:///C:/Users/Usu%C3%A1rio/Downloads/Roteiro %20de%20 Auditoria%20de%20Obras%20P_blicas%20_%20vers_o%20p_bli%20_4_.pdf. Acesso em: 11 maio 2021.

GUIMARÃES, Bernardo Strobel; RIBEIRO, Leonardo Coelho; RIBEIRO, Carlos Vinícius Alves; GIUBLIN, Isabella Bittencourt Mäder Gonçalves; PALMA, Juliana Bonacorsi de. *Comentários à Lei das Estatais (Lei 13.303/2016)*. Belo Horizonte: Fórum, 2019.

JUSTEN FILHO, Marçal. *Comentários à Lei de Licitações e Contratos Administrativos: Lei 8.666/1993*. 18. ed. São Paulo: Thomson Reuters Brasil, 2019.

NIEBUHR, Joel de Menezes et al. *Nova Lei de Licitações e Contratos Administrativos*. 2. ed. Curitiba: Zênite, 2021.

NOHARA, Irene Patrícia Diom. *Nova Lei de licitações e contratos: comparada*. 1. ed. São Paulo: Thomson Reuters Brasil, 2021.

NOHARA, Irene Patrícia; CÂMARA, Jacintho Arruda. *Tratado de direito administrativo: licitação e contratos administrativos*. Coordenação Maria Sylvia Zanella Di Pietro. 2. ed. São Paulo: Thomson Reuters Brasil, 2019.

PEREIRA JUNIOR, Jessé Torres; HEINEN, Juliano; DOTTI, Marinês Restelatto; MAFFINI, Rafael. *Comentários à Lei das Empresas Estatais: Lei nº 13.303/16*. 2. ed. Belo Horizonte: Fórum, 2020.

SCHWIND, Rafael Wallbach. *Contribuições para o debate sobre o PLS 559 (projeto de nova lei geral de licitações e contratos administrativos)*. Informativo Justen, Pereira, Oliveira e Talamini. Curitiba, nº 117, novembro de 2016. Disponível em: http://www.justen.com.br/informativo. Acesso em: 10 maio 2021.

ZYMLER, Benjamin; ALVES, Francisco Sérgio Maia. *A nova Lei de Licitações como sedimentação da jurisprudência do TCU*. Revista Consultor Jurídico, 5 abr. 2021. Disponível em: https://www.conjur.com.br/2021-abr-05/opiniao-lei-licitacoes-jurisprudencia-tcu. Acesso em: 11 maio 2021.

ZYMLER, Benjamin et al. *Novo regime jurídico de licitações e contratos das empresas estatais:* análise da Lei nº 13.303/2016 segundo a jurisprudência do Tribunal de Contas da União. Belo Horizonte: Fórum, 2018.

5.
Contratação Direta: Dispensa e Inexigibilidade na Lei 14.133/2021

Rodrigo Luís Kanayama

Não serão poucos os debates sobre a contratação direta sob a Lei 14.133/2021 (doravante chamada apenas de Nova Lei de Licitações – ou NLL). Na mesma toada da Lei 8.666/1993, a novel legislação exsurge procurando resolver problemas interpretativos antigos. Tem sucesso em muitas frentes, mas deixa lacunas e parece, ainda, manter a desconfiança sobre a capacidade do gestor público em celebrar contratos.

É fato que pouco mudou. Alguma alteração redacional aqui e ali, mas se mantém a maioria dos dispositivos que antes vigiam. A NLL procura, no entanto, trazer alguma segurança adicional no texto legal – em vez de se sustentar em decisões dos órgãos de controle.

Ainda que o texto seja semelhante, o papel do jurista, dos advogados e dos julgadores será evitar reavivar antigas interpretações que possam macular a aplicação da nova Lei. Deve-se olhar para a NLL como um novo sistema de contratação pública, procurando definir interpretações a partir das normas vigentes nesse novo diploma legal. Evidentemente, o sistema de Licitações (chamemos assim todo o cabedal de regras, princípios e decisões administrativas e judiciais) não será refundado e haverá, obviamente, certa continuidade do processo construtivista da interpretação.

Feitas essas considerações iniciais, passemos ao estudo da contratação direta. Não podemos de deixar de afastar o preconceito que alguns órgãos controladores nutrem pela contratação sem processo licitatório. Para muitos casos, a inexigibilidade ou dispensa de licitação faz-se necessária.

Impor ao administrador público a realização de licitações nessas situações prejudica o funcionamento da Administração Pública e o sucesso da própria licitação.

Será necessária, em determinados momentos e em razão de fatos concretos que inviabilizam um certame licitatório, a adoção das regras de *inexigibilidade*; ou será presunção previamente definida pelo legislador, evitando o processo licitatório, no caso das *dispensas*. Todo processo licitatório implica despesas públicas e se os custos para realização das licitações superam o próprio objeto a ser contratado, não há razão para realizá-las.[1]

Existem ainda situações que, materialmente, será impossível a licitação, por inviabilidade de competição entre interessados. Por isso, o gestor público poderá ou deverá contratar diretamente, caso observe as hipóteses da NLL, pois estará cumprindo princípios previstos na Constituição Federal (eficiência e economicidade).[2]

[1] Em nota técnica do Ministério da Transparência e Controladoria-Geral da União, cujo objeto era a proposta de alteração dos limites das modalidades da Lei 8.666/1993, concluiu-se: "Portanto, verifica-se que o custo final dos processos realizados por meio de Pregão Eletrônico é cerca de 10 vezes maior que o custo da realização por meio de dispensa de licitação, o que reforça as conclusões apresentadas pelo estudo realizado pela CGU". (BRASIL. Ministério da Transparência. Nota técnica 1081/2017/CGPLAG/DG/SFC. Disponível em https://www.gov.br/cgu/pt-br/assuntos/noticias/2017/07/cgu-divulga-estudo-sobre-eficiencia-dos-pregoes-realizados-pelo-governo-federal/nota-tecnica-no-1-081-2017-cgplag-dg-sfc-1.pdf, acesso em abril de 2021).

[2] Conforme Marçal Justen Filho, "a inexigibilidade é uma imposição da realidade extranormativa, enquanto a dispensa é uma criação legislativa". (JUSTEN FILHO, Marçal. Comentário à Lei de Licitações e Contratos Administrativos, São Paulo, Revista dos Tribunais, 2014, p. 483). Renato Geraldo Mendes e Egon Bockmann Moreira entendem que "O que ocorre no caso de dispensa é que a lei não exige que haja um processo de negociação coletiva, tal como deve ser observado na licitação. Por outro lado, na inexigibilidade, o que existe é dever de contratação direta devido às peculiaridades do caso concreto, cujo polo de oferta não se submete a regime de competição e disputa. Ao gestor público não é reservado o direito de contratar por inexigibilidade, mas lhe é atribuído o dever de assim realizar a contratação em vista do interesse público definido pelas demandas da Administração Pública. De usual, ou não existe a possibilidade fática de competição (situações de monopólio), ou não existe a possibilidade fática de disputa (situações em que não é possível efetivar a comparação e o julgamento objetivo dos diferentes interessados). (MENDES, Renato Geraldo. MOREIRA, Egon Bockmann. Inexigibilidade de licitação. Repensando a contratação pública e o dever de licitar. Curitiba: Zênite, 2016, p. 183).

Na inexigibilidade, a licitação será inviável e deve-se avaliar o contexto fático para decidir por realizar ou não o certame (se for inviável, adota-se a contratação direta); na dispensa, embora viável em tese a licitação, o próprio legislador definiu as situações em que a contratação deverá ser direta, pressupondo-se mais eficiente, econômica ou que atenda melhor o interesse público – embora pudesse, em tese, deflagrar o processo licitatório, mas a legislação o afastou.

Em linhas gerais, a NLL manteve os mesmos conceitos de dispensa e inexigibilidade. A nova norma prevê a inexigibilidade "quando for inviável a competição" e a dispensa nos casos previstos expressamente na NLL.

Na Lei 8.666/1993, era prevista a "licitação dispensada" – o caso do art. 17, I da Lei 8.666/1993 –, a "licitação dispensável" – a licitação é possível, mas poderá ser vantajoso à Administração Pública não a realizar, nas situações do então art. 24 – e a inexigibilidade – a licitação é inviável, segundo o, à época, art. 25. Os usos eram recomendados ou impositivos, haja vista se tratar de obter o melhor resultado na contratação.

O rol de licitações dispensáveis era fechado, e o art. 24 da Lei 8.666/1993 era claro e expresso, sem possibilidade de ampliação. Sobre a inexigibilidade, a Lei mantinha abertas outras situações e o rol (previsto nos incisos do art. 25) era aberto.

As hipóteses de contratação direta da Lei 8.666/1993 deveriam ser observadas pelo gestor público – entendeu o legislador que era vantajosa a contratação na forma prevista. Dessa forma, havia as situações em que o processo licitatório deveria ser formalizado e outras em que não poderia (ou não deveria) acontecer. Veremos as alterações que advieram da NLL.

1. O processo de contratação direta

A Administração Pública não poderá tomar decisões sem revelar os motivos (e seus fundamentos jurídicos) que a levaram a decidir em determinado sentido, devendo instaurar processos administrativos (não vem ao caso, aqui, a tradicional diferença entre processo e procedimento). A contratação direta, que abarca a dispensa e a inexigibilidade, deve ser justificada para que seja válida, sem descuidar da aplicação dos (inúmeros) princípios presentes no art. 5º da NLL. E para que se legitime a contratação direta, é imprescindível o processo administrativo – ou, como nomeia a NLL, o processo de contratação direta.

Na fase preparatória[3], que se inicia com a instrução do processo licitatório, deve-se estimar o valor da contratação, que deverá ser "compatível com os valores praticados pelo mercado, considerados os preços constantes de bancos de dados públicos e as quantidades a serem contratadas, observadas a potencial economia de escala e as peculiaridades do local de execução do objeto". (art. 23, NLL)

O valor deve ser definido conforme os §§1º, 2º e 3º do art. 23 da NLL. No entanto, nas contratações diretas, quando não for possível estimar o valor do objeto, nos termos do §4º "o contratado deverá comprovar previamente que os preços estão em conformidade com os praticados em contratações semelhantes de objetos de mesma natureza, por meio da apresentação de notas fiscais emitidas para outros contratantes no período de até 1 (um) ano anterior à data da contratação pela Administração, ou outros meios igualmente idôneos".

O parágrafo único do art. 26 da Lei 8.666/93 previa a existência do processo de contratação direta, com a exigência de elementos: caracterização da situação emergencial, calamitosa ou de grave e iminente risco à segurança pública que justifique a dispensa, quando for o caso; razão da escolha do fornecedor ou executante; justificativa do preço; documento de aprovação dos projetos de pesquisa aos quais os bens serão alocados. Não adentraremos aos elementos antes exigidos para caracterização da contratação direta, sobretudo porque a NLL traz conceitos e documentos necessários.

Agora, a NLL regula de forma mais detalhada o processo a ser adotado na contratação direta, que compreende os casos de inexigibilidade e dispensa (art. 72, NLL). Exige os seguintes documentos (os quais constam nos incisos do art. 72): documento de formalização de demanda e, se for o caso, estudo técnico preliminar, análise de riscos, termo de referência, projeto básico ou projeto executivo; estimativa de despesa, que deverá ser calculada na forma estabelecida no art. 23 da NLL; parecer jurídico e pareceres técnicos, se for o caso, que demonstrem o atendimento dos

[3] Conforme a NLL, "Art. 18. A fase preparatória do processo licitatório é caracterizada pelo planejamento e deve compatibilizar-se com o plano de contratações anual de que trata o inciso VII do caput do art. 12 desta Lei, sempre que elaborado, e com as leis orçamentárias, bem como abordar todas as considerações técnicas, mercadológicas e de gestão que podem interferir na contratação (...)".

requisitos exigidos; demonstração da compatibilidade da previsão de recursos orçamentários com o compromisso a ser assumido; comprovação de que o contratado preenche os requisitos de habilitação e qualificação mínima necessária; razão de escolha do contratado; justificativa de preço; autorização da autoridade competente. A publicidade do "ato que autoriza a contratação direta ou o extrato decorrente do contrato deverá ser divulgado e mantido à disposição do público em sítio eletrônico oficial" (parágrafo único do art. 72, NLL).

A formalização de demanda é materializada em um documento interno no qual se apresentam, justificadamente, os elementos que levam a solicitar a contratação. Atualmente, nas contratações de serviços da União (terceirização), o modelo do documento encontra-se na Instrução Normativa 5, de 26 de maio de 2017[4], com possibilidade de criação de modelos regionais e locais, na esfera do ente federativo (com recomendações dos Tribunais de Contas, inclusive). Se for o caso, outros documentos serão juntados ao processo, como o estudo técnico preliminar[5], a análise de riscos, termo de referência (art. 6º, XXIII, NLL)[6], projeto básico (art. 6º, XXV) ou projeto executivo (art. 6º, XXVI). A apresentação desses documentos permitirá justificar, para os órgãos de controle interno e da execução da despesa, a legitimidade da contratação direta (e, da mesma forma, o controle externo poderá ser exercido).

Deve-se, também, estimar a despesa, adotando-se os parâmetros estabelecidos no art. 23 da NLL. Para realizar a estimativa da despesa, será buscado o melhor preço mediante buscas em bancos de dados públicos, experiências pretéritas, pesquisa de preços diretamente com o fornecedor, conforme preconiza o art. 23. A estimativa da despesa servirá para demonstração de que é caso de dispensa, por exemplo[7], mas também será importante para cumprir as exigências da Lei de Responsabilidade Fiscal (art. 16, §4º, Lei Complementar 101/2000).

[4] O modelo pode ser lido no Diário Oficial da União, n. 100, de 26 de maio de 2017, p. 94.

[5] Art. 6º, XX – estudo técnico preliminar: documento constitutivo da primeira etapa do planejamento de uma contratação que caracteriza o interesse público envolvido e a sua melhor solução e dá base ao anteprojeto, ao termo de referência ou ao projeto básico a serem elaborados caso se conclua pela viabilidade da contratação;

[6] No caso das compras, deve ser observado o §1º do art. 40.

[7] Cf. art. 74, I e II, NLL.

Para demonstração do atendimento dos requisitos para inexigibilidade, *será* apresentado parecer jurídico e, se for o caso, pareceres técnicos (art. 72, II). A redação da NLL não ficou clara quanto à imprescindibilidade de parecer jurídico. Nos textos das Leis 8.666/93 e 13.303/2016 não há a menção ao parecer jurídico ou ao parecer técnico, sobretudo porque certos casos de contratação direta exigem celeridade da Administração Pública. Exigir parecer para a contratação poderá inviabilizar a contratação direta, pois muitos Municípios podem não contar com corpo jurídico especializado à disposição. Entretanto, a interpretação adequada é no sentido de que o parecer jurídico é necessário, trazendo à baila as orientações dos Tribunais de Contas – sendo-lhe lícito divergir desde que exponha seus fundamentos – e o texto legal[8]. E o parecer técnico será necessário "se for o caso". Dessa forma, um corpo jurídico no mais diminuto Município será imprescindível.[9]

A demonstração da compatibilidade da previsão de recursos orçamentários com o compromisso a ser assumido toca diretamente na disponibilidade orçamentária, embora os termos adotados não tenham acompanhado o rigor técnico. O vocábulo compromisso não seguiu uma linha lógica na NLL: ora é utilizado como contrato (ou promessa), ora utilizado como obrigações contratuais e/ou financeiras. No caso, refere-se

[8] Com o advento da Lei 13.655/2018, que alterou a Lei de Introdução às Normas do Direito Brasileiro – a LINDB –, o parecerista tem responsabilidade em caso de dolo ou erro grosseiro. O TCU debruçou-se sobre o assunto:

"Acórdão 4447/2020 Segunda Câmara (Representação, Relator Ministro Aroldo Cedraz) Responsabilidade. Culpa. Erro grosseiro. Caracterização.

Para fins de responsabilização perante o TCU, considera-se erro grosseiro (art. 28 do Decreto-lei 4.657/1942 – Lindb) aquele que pode ser percebido por pessoa com diligência abaixo do normal ou que pode ser evitado por pessoa com nível de atenção aquém do ordinário, decorrente de grave inobservância de dever de cuidado" (BRASIL. Tribunal de Contas da União. Boletim de Jurisprudência 308/2020)

[9] Não é o caso de analisarmos os efeitos econômicos e fiscais (bem como os impactos na celeridade) da exigência de pareceres jurídicos para todos os casos de contratação direta. Obviamente, a NLL poderia ter inovado nas compras, por exemplo, permitindo, de forma expressa, a criação de espaços públicos de compras (*marketplaces*) que facilitassem a contratação. Sobre o tema, conferir NÓBREGA, Marcos. TORRES, Ronny Charles L. Licitações Públicas e E-Marketplace: um sonho não tão distante. Disponível em https://www.olicitante.com.br/marketplace-sonho-distante/, acesso em maio de 2021.

a compromisso financeiro, ou seja, a previsão de recursos orçamentários deve ser compatível com o compromisso.

O termo previsão de recursos orçamentários também não é plenamente adequado. De fato, refere-se à existência de dotação orçamentária (ou seja, o montante da despesa fixado na Lei Orçamentária Anual) que seja capaz de atender à despesa futura. A NLL faz referência direta a créditos orçamentários (art. 104 e ss., art. 149 da NLL, entre outros dispositivos) como condição para a celebração de contratos, mas são diferentes, semanticamente.[10] Créditos orçamentários são categorias classificatórias, programas e contas (que trazem as ações e operações). Dotações orçamentárias são as importâncias (valores) necessárias e estão inseridas nos créditos orçamentários. Toda despesa pública pode ser realizada se – e apenas se – possuir a dotação orçamentária fixada na Lei Orçamentária Anual.

A Lei 8.666/1993 cometia as mesmas impropriedades dos termos adotados na NLL (dizia recursos orçamentários ou créditos orçamentários). A exigência é da dotação orçamentária – e não, necessariamente, dos recursos financeiros –, cuja fixação deve se dar na Lei Orçamentária Anual.

Ademais, a Lei de Responsabilidade Fiscal (LRF – Lei Complementar 101/2000) também exige, como condição prévia ao empenho e licitação, a obediência ao disposto no *caput* do art. 16 (seus incisos, especificamente): "estimativa do impacto orçamentário-financeiro no exercício em que deva entrar em vigor e nos dois subsequentes"; e "declaração do ordenador da despesa de que o aumento tem adequação orçamentária e financeira com a lei orçamentária anual e compatibilidade com o plano plurianual e com a lei de diretrizes orçamentárias". Trata-se de medida necessária para manutenção da responsabilidade fiscal, sendo lícita a contratação se observadas as condições impostas pela LRF.[11]

[10] "A lei orçamentária é organizada na forma de créditos orçamentários, aos quais estão consignadas dotações. Em consequência da imprecisão com que são utilizadas na legislação, é comum o emprego das expressões crédito orçamentário e dotação como sinônimos. Na realidade, o crédito orçamentário é constituído pelo conjunto de categorias classificatórias e contas que especificam as ações e operações autorizadas pela lei orçamentária. (...) Por seu turno, dotação é o montante de recursos financeiros com que conta o crédito orçamentário." (GIACOMONI, James. Orçamento Público. 17ª ed. São Paulo: Atlas, 2017, p. 321)

[11] Cf. KANAYAMA, Rodrigo Luís. Orçamento Público. Rio de Janeiro: Lumen Juris, 2016.

Ao fim do processo de contratação direta, "o processo licitatório será encaminhado à autoridade superior" (art. 71, NLL). Ao apreciar, a autoridade poderá "determinar o retorno dos autos para saneamento de irregularidades", "revogar a licitação por motivo de conveniência e oportunidade", "proceder à anulação da licitação, de ofício ou mediante provocação de terceiros, sempre que presente ilegalidade insanável", ou "adjudicar o objeto e homologar a licitação" (incisos do art. 71, NLL). No caso de nulidade, a autoridade deverá apontar o vício insanável e deverá apurar responsabilidades – tanto pelo fato de haver custos financeiros de uma contratação nula, quanto pela existência de dolo do servidor competente. Trata-se de obrigação da autoridade, não uma faculdade, e seu não cumprimento resultará responsabilidade pessoal.

Salienta-se que a autoridade terá, também, responsabilidade para verificar o cumprimento da LRF, nos termos expostos acima. Cabe a ele determinar a existência dos pressupostos orçamentários que viabilizem a contratação direta, sob pena de nulidade e impossibilidade de prosseguir na execução da despesa pública. Ainda que os requisitos da NLL sejam cumpridos, não haverá como perfectibilizar o pagamento do credor.

Para revogação do processo licitatório o fato que a ensejará deverá ser superveniente e devidamente comprovado (art. 71, §2º, NLL) – esse será o motivo determinante do ato a ser praticado. É de se ressaltar que, por óbvio – e como era previsto no art. 49 da Lei 8.666/93 –, tanto na anulação, quanto na revogação, dever-se-á garantir o direito à ampla defesa. A NLL diz "prévia manifestação" (art. 71, §3º, NLL), mas não é apenas um passo formal, no qual as partes de manifestam apenas para cumprir o mandamento legal. A manifestação será necessária para preservar os direitos dos licitantes – no caso em tela, do possível contratado em contratação direta.[12]

[12] Na redação que tramitou até momentos antes da redação final do projeto no Congresso Nacional, o art. 72 possuía o §5º, cuja redação era: "A nulidade não exonerará a Administração do dever de indenizar o contratado pelo que ele houver executado até a data em que for declarada nem por outros prejuízos regularmente comprovados, desde que não lhe seja imputável, devendo ser promovida a responsabilização de quem lhe tenha dado causa". O parágrafo foi excluído do projeto. No entanto, a responsabilidade do Estado permanece caso se verifique prejuízo ao contratado que não deu causa à nulidade da contratação.

Passamos, agora, à análise das hipóteses de contratação direta. A NLL não inovou quanto à inexigibilidade e dispensa de licitação, apenas promovendo pontuais mudanças.

2. Inexigibilidade

Revigorando a disposição da Lei 8.666/93, o art. 74 da NLL estabelece ser "inexigível a licitação quando inviável a competição", em especial nos casos previstos nos incisos do mesmo artigo. Não se está concedendo uma faculdade ao gestor público, mas uma obrigação: constatada a hipótese de inviabilidade da competição, o administrador público tem o dever de aplicar o art. 74 da NLL (deverá adotar a contratação direta).[13]

A NLL repetiu a fórmula da Lei 8.666/93 ao prever que o rol das hipóteses de inexigibilidade é exemplificativo. O *caput* do art. 74 (assim como o antigo art. 25 da Lei 8.666/93) prevê que inexigível a licitação em especial nos casos dos incisos, não descartadas hipóteses que, mesmo não contempladas no texto, sejam de competição inviável.

Inexigibilidade diferencia-se da dispensa neste ponto. Enquanto as hipóteses de inexigibilidade são exemplificativas, a dispensa é *numerus clausus*. Nesta, a NLL, de antemão, estabelece os casos, escolhendo as exceções à licitação; naquela, não há viabilidade da competição entre interessados.[14] Segundo Marçal Justen Filho, deve-se primeiro verificar

[13] . Egon Bockmann Moreira e Fernando Vernalha Guimarães explicam que: "*Inexigível* é a licitação que ninguém – nem a lei, nem os fatos – pode exigir. A contratação direta aqui é um devem imputado à autoridade competente. As hipóteses de inexigibilidade dizem respeito ao reconhecimento legislativo de que há situações fáticas nas quais é impossível licitar. Aqui, a competição e/ou a disputa entre os competidores é impossível". (MOREIRA, Egon Bockmann. GUIMARÃES, Fernando Vernalha. Licitação Pública. São Paulo, Malheiros, 2015, p. 469). Como explica Rafael Carvalho Rezende Oliveira, "Tecnicamente, é possível afirmar que a inexigibilidade não retrata propriamente uma exceção à regra da licitação, mas, sim, uma hipótese em que a regra sequer deve ser aplicada. Trata-se da não incidência da regra constitucional da licitação, em razão da ausência do seu pressuposto lógico: a competição". (OLIVEIRA, Rafael Carvalho Rezende. Licitações e Contratos Administrativos, São Paulo, Método, 2020, p. 88).

[14] Marçal Justen Filho, tratando da Lei 8.666/93, afirma que a "inviabilidade de competição é um gênero", sendo lícita a síntese: "por ausência de pluralidade de alternativas", "de 'mercado concorrencial', "por impossibilidade de julgamento objetivo", e "por ausência de definição objetiva da prestação". Enquadrando-se em algumas dessas situações, será permitida a adoção do art. 73 da NLL. (JUSTEN FILHO, Marçal. Comentários à Lei de Licitações e Contratos

se se trata de caso de inexigibilidade (viável ou não) e, caso seja viável a licitação, passa-se à análise dos casos de dispensa.[15]

Da redação da Lei 8.666/1993 para a Lei 14.133/2021, pouca coisa mudou, o que nos leva a concluir que a construção da literatura jurídica permanece, *mutatis mutandis*, íntegra e aplicável.

3. Dispensa

A construção da literatura do Direito Administrativo em matéria de dispensa de licitação não se tornou ultrapassada com o advento da NLL, que manteve a mesma redação lacônica da Lei 8.666/93 (do *caput* do art. 24), mas inovou quanto a algumas das hipóteses. Como se disse, a dispensa de licitação não indica a inviabilidade da competição. Pelo contrário, a licitação prossegue sendo viável, em tese. Entretanto, por algum motivo e para cumprimento dos princípios previstos no art. 37 da Constituição Federal – originalmente, a economicidade e, mais tarde, pela Emenda Constitucional 19/1998, a eficiência –, o legislador dispensou a adoção do rito licitatório.

Não nos parece que a dispensa seja exceção ao processo licitatório, enquanto este seja a regra. São casos diversos: há situações nas quais o administrador público não terá alternativa e escolherá a licitação; mas ao se deparar com hipótese de dispensa, terá de seguir esse caminho, embora haja divergência da literatura quanto à vinculação ou discricionariedade para dispensar o certame.[16] De toda feita, é apenas a análise dos fatos que

Administrativos. São Paulo, Revista dos Tribunais, 2014, p. 483-484). Para Egon Bockmann Moreira e Fernando Vernalha Guimarães, "é difícil sistematizar todas as hipóteses que possam caracterizar a inexigibilidade de licitação. Isso porque a inviabilidade de competição pode caracterizar-se por diversos fatores. Uma tentativa de sistematização pressupõe a divisão em três classes de situações: a *competição inviável* configura-se quando verificar-se (i) a *unicidade de fornecedor* ou *singularidade do sujeito* para contratar com a Administração; (ii) a *inexistência de condições objetivas* para comparação entre propostas; (iii) a *intenção administrativa de contratar um universo indeterminado de ofertantes* (a inexistência de relação de excludência entre os ofertantes). (MOREIRA, Egon Bockmann. GUIMARÃES, Fernando Vernalha. Licitação Pública. São Paulo, Malheiros, 2015, p. 491). Conferir, ainda: DALLARI, Adilson de Abreu. Aspectos jurídicos da Licitação. São Paulo, Saraiva, 2000, p. 49.

[15] JUSTEN FILHO, Marçal. Comentários à Lei de Licitações e Contratos Administrativos. São Paulo, Revista dos Tribunais, 2014, p. 483.

[16] Marçal Justen Filho afirma, ao contrário: "Em ambos os casos [arts. 17 e 24], o legislador *autoriza* a contratação direta. Essa autorização legislativa não é vinculante para o

circundam determinada contratação que permitirá a adoção de uma ou outra solução. Deve-se considerar as circunstâncias – o fato que autoriza a dispensa hoje pode não ser suficiente para a dispensa de amanhã.[17]

Claro que nem todo caso será incerto e será cristalina a decisão a ser tomada pelo administrador público. Dispensa de licitação em razão do valor, por exemplo, é evidente: ultrapassado o valor máximo previsto na NLL (considerando a fórmula adotada pela novel legislação), outra resposta não existirá senão a obrigação da deflagração do certame licitatório. Contudo, o contrário também é verdadeiro: estando abaixo do valor, a contratação será por dispensa de licitação (como se disse, o legislador ponderou previamente custos e benefícios da realização ou não do certame).

Não obstante a escolha legislativa da dispensa, será possível que o gestor, mediante justificativa, escolha o caminho da licitação, demonstrando a vantagem e a economicidade (relação custo-benefício positivo), em detrimento à dispensa. Não se trata de dever o administrador público, porque ele poderá escolher, de plano, a dispensa nos casos definidos na NLL; mas caso não escolha, terá de demonstrar o porquê de ter preferido instaurar o processo licitatório.

A NLL não trouxe grandes inovações nas dispensas de licitação. Muitos dispositivos foram repetidos e outros receberam pequenas modificações – algumas em decorrência da interpretação consolidada do TCU. Hipóteses absolutamente novas são poucas.

4. Dos crimes

Por fim, analisam-se os tipos penais introduzidos pela NLL e relacionados à contratação direta. Em vez de prever, em seu próprio sistema normativo, os tipos penais, agora a NLL inclui os crimes em licitações e contratos administrativos no Código Penal. Na redação da Lei 8.666/1993 havia:

administrador. Ou seja, cabe ao administrador escolher entre realizar ou não a licitação" (JUSTEN FILHO, Marçal. Comentários à Lei de Licitações e Contratos Administrativos. São Paulo, Revista dos Tribunais, 2014, p. 396)

[17] Tratando da Lei 8.666/93, dizem Egon Bockmann Moreira e Fernando Vernalha Guimarães: "O art. 24 da LGL traz o elenco de algumas das situações fáticas que autorizam – se não determinam – a contratação direta de bens e serviços pela Administração Pública. Aqui está a sede de várias das exceções ao dever de licitar, instaladas a depender das circunstâncias concretas enfrentadas pelo agente público". (Licitação Pública. São Paulo, Malheiros, 2015, p. 470).

> Art. 89. Dispensar ou inexigir licitação fora das hipóteses previstas em lei, ou deixar de observar as formalidades pertinentes à dispensa ou à inexigibilidade:
> Pena – detenção, de 3 (três) a 5 (cinco) anos, e multa.

> A NLL prevê:

> Art. 178. O Título XI da Parte Especial do Decreto-Lei no 2.848, de 7 de dezembro de 1940 (Código Penal), passa a vigorar acrescido do seguinte Capítulo II-B:
>
> "CAPÍTULO II-B
> DOS CRIMES EM LICITAÇÕES E CONTRATOS ADMINISTRATIVOS
> Contratação direta ilegal
>
> Art. 337-E. Admitir, possibilitar ou dar causa à contratação direta fora das hipóteses previstas em lei:
> Pena – reclusão, de 4 (quatro) a 8 (oito) anos, e multa.

Primeiro, o que vem aos olhos é a majoração da pena (de detenção de 3 a 5 anos para reclusão de 4 a 8 anos), o que denota a tentativa do legislador de aplicar maior rigor à contratação direta ilegal – embora tal situação não altere a pena a ser aplicada, que será, em regra, de regime semi-aberto (art. 33, §2º, "b", do Código Penal), salvo se houver reincidência ou em situações específicas estabelecidas pela jurisprudência.

O tipo penal também foi alterado (e ampliado). Se antes o tipo penal tinha o comando *dispensar ou inexigir licitação* e *deixar de observar as formalidades*, agora há *admitir, possibilitar ou dar causa à contratação direta*.[18] Sob a Lei 8.666/1993, firmou-se o entendimento do Superior Tribunal de Justiça no sentido de que, para configuração do crime, necessário o dolo específico de causar dano ao erário e a caracterização do efetivo prejuízo.[19]

[18] Cf. GASPARINI, Diogenes. Crimes na Licitação. São Paulo: NDJ, 1996, p. 89 e ss.

[19] "DISPENSA DE LICITAÇÃO. AUSÊNCIA DE DOLO ESPECÍFICO E DANO AO ERÁRIO.
A Corte Especial, por maioria, entendeu que o crime previsto no art. 89 da Lei n. 8.666/1993 exige dolo específico e efetivo dano ao erário. No caso concreto a prefeitura fracionou a contratação de serviços referentes à festa de carnaval na cidade, de forma que em cada um

Não obstante o tipo penal tenha se alterado, não se alterou suficientemente para causar a mudança da interpretação, sendo ainda exigível o dolo específico e o efetivo prejuízo. O elemento subjetivo é vontade, a intenção de prejudicar a Fazenda Pública, consumando-se ao final.

Quanto ao sujeito ativo, a Lei 8.666/1993 previa, no parágrafo único do art. 86, que "Na mesma pena incorre aquele que, tendo comprovadamente concorrido para a consumação da ilegalidade, beneficiou-se da dispensa ou inexigibilidade ilegal, para celebrar contrato com o Poder Público".[20] Essa redação, assim como o *caput*, está revogada pela NLL.

A questão é definir se a nova redação abrange as situações antes definidas (crime praticados pelo servidor público e crime praticado por terceiros e que se beneficiam). A norma traz as seguintes condutas: "admitir, possibilitar ou dar causa". Admitir é tolerar, aceitar, consentir, concordar; possibilitar é facultar, proporcionar, permitir; dar causa é propiciar, ensejar.

dos contratos realizados fosse dispensável a licitação. O Ministério Público não demonstrou a intenção da prefeita de violar as regras de licitação, tampouco foi constatado prejuízo à Fazenda Pública, motivos pelos quais a denúncia foi julgada improcedente. APn 480-MG, Rel. originária Min. Maria Thereza de Assis Moura, Rel. para acórdão Min. Cesar Asfor Rocha, julgado em 29/3/2012." (BRASIL. STJ. Informativo 494, de 26 de março a 3 de abril de 2012, disponível em https://processo.stj.jus.br/jurisprudencia/externo/informativo/?aplicacao=informativo&acao=pesquisar&livre=@cnot=013166, acesso em abril de 2021)

Cf. JUSTEN FILHO, Marçal. Comentários à Lei de Licitações e Contratos Administrativos. São Paulo, Revista dos Tribunais, 2014, p. 1170 a 1177.

Guilherme Brenner Lucchesi e Maria Victoria Costa Nogari assim interpretaram a nova disposição:

A exceção ficou por conta do art. 337-E do Código Penal ("contratação direta ilegal"), que reproduziu apenas parcialmente a redação do art. 89 da lei 8.666 e, assim, opera-se a abolitio criminis da conduta de "deixar de observar as formalidades pertinentes à dispensa ou à inexigibilidade".

(LUCCHESI, Guilherme Brenner. NOGARI, Maria Victoria Costa. Nova lei de licitações: Em meio ao espírito punitivista, uma abolitio criminis. Disponível em https://www.migalhas.com.br/depeso/343497/nova-lei-de-licitacoes-em-meio-ao-espirito-punitivista, acesso em abril de 2021)

[20] Segundo opinião de Marçal Justen Filho, "(...) o crime do parágrafo único do art. 89 da Lei 8.666/1993 envolve a conduta de um particular, que pode ou não integrar os quadros de uma pessoa administrativa. Mas, se integrar os quadros dessa pessoa, o sujeito não é o titular da competência para deliberar sobre a contratação direta". (Comentários à Lei de Licitações e Contratos Administrativos. São Paulo, Revista dos Tribunais, 2014, p. 1176).

O art. 92 da Lei 8.666/1993 trazia os tipos penais "admitir, possibilitar ou dar causa" e, sob aquela redação, Marçal Justen Filho entendia que "o sujeito ativo é o servidor público"[21], destacando que o parágrafo único estendia a punição ao particular que se beneficiava da ilegalidade. O *caput*, contudo, se restringia ao agente público, segundo o autor.

A mesma redação – "admitir, possibilitar ou dar causa" – do tipo penal tem, agora, o art. 337-E do Código Penal. Entendemos, porém, que houve majoração da amplitude, se comparada com a redação do revogado art. 89 da Lei 8.666/1993, sobretudo com o termo "dar causa", que atinge terceiros que não tem competência do servidor público para contratar diretamente.[22]

Dessa, a pessoa privada que se beneficia, que concorre para o crime, também será abrangido pela responsabilidade criminal. Aplicar-se-á o art. 29 do Código Penal, que trata do concurso de agentes.

Conclusões

O futuro da contratação pública no Brasil deu um grande passo com o advento da NLL? Talvez, se considerarmos as oportunidades que nascem a partir do seu nascimento. Algumas oportunidades foram perdidas, não obstante haver espaços para inovação, especialmente em decorrência das inovações tecnológicas que virão nos próximos anos.

Especificamente acerca da contratação direta, podemos afirmar que, mesmo que tenha ocorrido repetição das hipóteses da antiga legislação, muito pode ser aprimorado na futura aplicação da lei e nas futuras alterações legislativas. O texto legal pode permanecer aparentemente estável, mas o Direito se transforma em resposta às novas exigências fáticas.

[21] JUSTEN FILHO, Marçal. Comentários à Lei de Licitações e Contratos Administrativos. São Paulo, Revista dos Tribunais, 2014, p. 1180.

[22] Conforme Guilherme Brenner Lucchesi e Maria Victoria Costa Nogari, em artigo que se encontra no prelo, "As ações nucleares dispensar ou inexigir a licitação fora dos casos legalmente admitidos enunciadas na redação do art. 89 da Lei n. 8.666 tornava o delito próprio, de sorte que só poderia ser autor o agente da administração com poderes para autorizar ou dispensar a abertura do certame. O preceito "dar causa" torna mais abrangente o sujeito ativo do crime, na medida em que possibilita a responsabilização por coautoria de quem não tem a prerrogativa de dispensar ou declarar inexigível a licitação, mas de algum modo concorre para a prática do crime". (LUCCHESI, Guilherme Brenner. NOGARI, Maria Victoria Costa. Crimes em licitações e contratos administrativos. Artigo a ser publicado em breve e citado aqui com autorização dos autores).

Resta aos intérpretes, aos juristas, aos administradores públicos a contribuição para a melhor aplicação da NLL, sempre visando à eficiência da administração pública. É preciso ouvir quem vivencia a NLL, quem conhece as dificuldades e temores do cotidiano da contratação pública, pois é ele ou ela quem identifica os gargalos licitatórios e contratuais. Devemos lembrar: precisamos manter a legalidade, a moralidade, a impessoalidade, a publicidade da Administração Pública, mas não podemos descurar de sua eficiência.

Referências

BRASIL. Ministério da Transparência. Nota técnica 1081/2017/CGPLAG/DG/SFC. Disponível em https://www.gov.br/cgu/pt-br/assuntos/noticias/2017/07/cgu-divulga-estudo-sobre-eficiencia-dos-pregoes-realizados-pelo-governo-federal/nota-tecnica-no-1-081-2017-cgplag-dg-sfc-1.pdf, acesso em abril de 2021.

BRASIL. Tribunal de Contas da União. Boletim de Jurisprudência 308/2020.

DALLARI, Adilson de Abreu. Aspectos jurídicos da Licitação. São Paulo, Saraiva, 2000.

GASPARINI, Diogenes. Crimes na Licitação. São Paulo: NDJ, 1996.

GIACOMONI, James. Orçamento Público. 17ª ed. São Paulo: Atlas, 2017.

JUSTEN FILHO, Marçal. Comentários à Lei de Licitações e Contratos Administrativos. São Paulo, Revista dos Tribunais, 2014.

KANAYAMA, Rodrigo Luís. Orçamento Público. Rio de Janeiro: Lumen Juris, 2016.

LUCCHESI, Guilherme Brenner. NOGARI, Maria Victoria Costa. Nova lei de licitações: Em meio ao espírito punitivista, uma abolitio criminis. Disponível em https://www.migalhas.com.br/depeso/343497/nova-lei-de-licitacoes-em-meio-ao-espirito-punitivista, acesso em abril de 2021

LUCCHESI, Guilherme Brenner. NOGARI, Maria Victoria Costa. Crimes em licitações e contratos administrativos. Artigo a ser publicado em breve e citado aqui com autorização dos autores.

MENDES, Renato Geraldo. MOREIRA, Egon Bockmann. Inexigibilidade de licitação. Repensando a contratação pública e o dever de licitar. Curitiba: Zênite, 2016.

MOREIRA, Egon Bockmann. GUIMARÃES, Fernando Vernalha. Licitação Pública. São Paulo, Malheiros, 2015.

NÓBREGA, Marcos. TORRES, Ronny Charles L. Licitações Públicas e E-Marketplace: um sonho não tão distante. Disponível em https://www.olicitante.com.br/marketplace-sonho-distante/, acesso em maio de 2021.

OLIVEIRA, Rafael Carvalho Rezende. Licitações e Contratos Administrativos, São Paulo, Método, 2020.

6.
Princípios e Regras que Informam o Regime de Alienações de Bens Móveis e Imóveis na Nova Lei de Licitações e Contratos Administrativos

Fábio Lima Quintas
Luís Carlos Cazetta

1. Considerações gerais sobre o regime de alienações de bens móveis e imóveis na nova Lei de Licitações e Contratos Administrativos

O capítulo que disciplina as alienações de bens móveis ou imóveis na nova Lei de Licitações e Contratos Administrativos traz poucas novidades em relação ao regime anterior.

Na essência, a Lei nº 14.133, de 1º de abril de 2021, ao tempo em que busca incorporar em seus artigos referências a regimes excepcionais fixados de leis especiais para a alienação de bens públicos (o que não acontecia na lei anterior na extensão desta[1]), limita-se a procurar simplificar o procedimento licitatório (quando exigível), mediante a opção pela realização de leilão (tanto para bens imóveis quanto para bens móveis) e a introduzir para a realização de permutas exigência de representatividade do valor dos imóveis oferecidos em troca do bem público. Isso para impedir que operações de compra e venda sejam disfarçadas de permuta, com torna de diferença de preço (exigência, aliás, que já

[1] A indicação de legislação esparsa não se dá, no entanto, de modo exaustivo: não são referidas, por exemplo, as Leis nºs 5.651, de 11 de dezembro de 1970, que *"[dispõe] sobre a venda de bens, pelo Ministério do Exército, e aplicação do produto da operação em empreendimentos de assistência social"* e 5.658, de 7 de junho de 1971, com semelhante objeto, relativa aos Ministérios (hoje Comandos) da Aeronáutica e da Marinha.

havia sido imposta pelo Tribunal de Contas da União – TCU em caso concreto[2]).

No mais, como mencionado, a Lei apenas reorganiza a forma de apresentação de disposições que já existiam na lei revogada (em seção própria apresentamos as evidências dessa afirmação).

Em razão de tanto, assumindo que já há número suficiente de trabalhos voltados a comentar as disposições da antiga Lei de Licitações, imaginou-se que talvez se mostre útil apresentar aqui reflexão que, abordando os fundamentos constitucionais das regras gerais e de exceção contidas na nova lei, coloque em discussão o vínculo que processos de alienação de bens públicos têm (ou deveriam ter) com a implementação das políticas e dos programas atinentes à gestão das finanças públicas ou à realização de programas públicos específicos, quando regulados em lei. Adotou-se nessa tarefa, além do processo de interpretação sistemática da Constituição, algumas das chaves de interpretação dos princípios e regras constitucionais adotadas pelo TCU, sobretudo na aplicação dos princípios da motivação, da eficiência e da impessoalidade (a presumir isonomia de tratamento entre interessados).

2. A alienação de bens públicos como elemento indissociável da gestão responsável das finanças públicas

Ao definir os princípios e as regras gerais aplicáveis à atuação da Administração Pública (Capítulo VII, Seção I, que integra o Título III, dedicado a disciplinar a organização do Estado), estabelece a Constituição da República que:

> "Art. 37. **A administração pública direta e indireta de qualquer dos Poderes da União, dos Estados, do Distrito Federal e dos Municípios obedecerá aos princípios de legalidade, impessoalidade, moralidade, publicidade e eficiência** e, também, ao seguinte:

[2] Acórdão 1273/2018-Plenário, Data da sessão: 06/06/2018, Relator Min. Vital do Rêgo, Boletim de Jurisprudência nº 222 de 25/06/2018:
"É possível permuta de imóveis com torna de valores pelo particular, desde que a diferença apurada não ultrapasse a metade do valor do imóvel que será ofertado pela União, de forma a evitar que a permuta se configure numa transação imobiliária de compra e venda."

(...)
XXI – **ressalvados os casos especificados na legislação, as obras, serviços, compras e alienações serão contratados mediante processo de licitação pública que assegure igualdade de condições a todos os concorrentes**, com cláusulas que estabeleçam obrigações de pagamento, mantidas as condições efetivas da proposta, nos termos da lei, o qual somente permitirá as exigências de qualificação técnica e econômica *indispensáveis* à garantia do cumprimento das obrigações." (grifamos)

Fixa a Constituição, portanto, como pressuposto de validade da atuação pública (e do ato por que se realiza) a sujeição estrita dos agentes públicos às normas constitucionais e ordinárias aplicáveis (**princípio da legalidade material e formal**), a presumir (i) a formalização de motivação válida e compatível com os objetivos pretendidos, avaliados por critérios de proporcionalidade entre meios e fins e de economicidade geral e vantajosidade concreta (**princípios da moralidade, da motivação e da eficiência**) e (ii) a condução dos correspondentes procedimentos de justificação, divulgação e realização pelos ritos próprios, impessoais, isonômicos e públicos, passíveis de escrutínio pelos órgãos de controle (**princípios da legalidade estrita, da impessoalidade e da publicidade e transparência**).

Para atos que digam respeito à contratação de obras, serviços, compras e alienações, impõe a Constituição, ressalvando os casos especificados na legislação ordinária, a realização de procedimento licitatório (**princípio da obrigatoriedade geral de licitar**), a ser concretizado em condições de igualdade entre os possíveis interessados e entre aqueles que efetivamente participam do processo. Significa dizer, exceto nos casos especificados em lei, contratações da espécie devem ser realizadas mediante procedimento licitatório regido por instrumento convocatório apoiado em critérios técnicos, razoáveis e compatíveis com o objeto licitado, apto a assegurar a máxima participação de possíveis fornecedores de bens ou serviços ou de interessados nas alienações decididas pela administração e a tratar, com isonomia os que disputam a contratação cogitada. Daí o entendimento do TCU no sentido de que *"[é] vedado aos agentes públicos admitir, prever, incluir ou tolerar, nos atos de convocação, cláusulas ou condições que comprometam e restrinjam o seu caráter competitivo e* *estabeleçam qualquer circunstância impertinente ou irrelevante para o objeto a ser contratado"*[3].

Previamente ao estabelecimento de procedimentos da espécie, mostra-se necessária, no entanto, a satisfação de requisitos formais e materiais para a alienação de bens.

O primeiro deles decorre do fato de que, ressalvados os bens dominicais, os bens públicos[4], pela natureza de que se revestem (os bens de uso comum do povo) ou de que se encontram revestidos (os bens especiais), somente podem ser objeto de alienação mediante prévio processo de desafetação[5].

A realização, pois, de prévio procedimento legislativo ou administrativo, conforme o caso, de desafetação de bens (móveis ou imóveis) configura requisito lógico-formal para a condução de processo voltado à sua alienação[6-7], estando ambos sujeitos, como não poderia ser de outra

[3] Acórdão 2712/2008-Plenário, Data da sessão: 26/11/2008, Relator Min. Augusto Sherman, Ata 50/2008 – Plenário.

[4] Dispõe o Código Civil:
"Art. 99. São bens públicos:
I – os de uso comum do povo, tais como rios, mares, estradas, ruas e praças;
II – os de uso especial, tais como edifícios ou terrenos destinados a serviço ou estabelecimento da administração federal, estadual, territorial ou municipal, inclusive os de suas autarquias;
III – os dominicais, que constituem o patrimônio das pessoas jurídicas de direito público, como objeto de direito pessoal, ou real, de cada uma dessas entidades.
Parágrafo único. Não dispondo a lei em contrário, consideram-se dominicais os bens pertencentes às pessoas jurídicas de direito público a que se tenha dado estrutura de direito privado."

[5] Dispõe o Código Civil:
"Art. 100. Os bens públicos de uso comum do povo e os de uso especial são inalienáveis, enquanto conservarem a sua qualificação, na forma que a lei determinar.
Art. 101. Os bens públicos dominicais podem ser alienados, observadas as exigências da lei."

[6] Em comentário ao Decreto-lei nº 2.300, de 21 de novembro de 1986, e fazendo alusão a disposições do Código Civil de 1916, registra, a propósito, Raul Armando Mendes:
"Em princípio, os bens públicos são inalienáveis. O art. 67 do CC dá a entender que os bens públicos não podem ser alienados. Essa proibição, no entanto, só vigora enquanto o bem tiver afetação pública, isto é, destinar-se ao uso comum do povo ou a fins administrativos especiais. Se, no entanto, o bem for desafetado por lei, passando da categorial de dominial para a do patrimônio disponível da União, dos Estados, do Distrito Federal e dos Municípios, pode ser alienado, obedecidas as normas pertinentes, que são as constantes deste artigo" (MENDES, Raul Armando. *Comentários ao Estatuto das Licitações e Contratos Administrativos*. 2ª ed. São Paulo: Saraiva, 1991, p. 44).

[7] Conforme observado pelo Min. Herman Benjamin, *"é incompatível com o Direito brasileiro a chamada desafetação ou desclassificação tácita em razão do fato consumado"* (REsp 650.728/SC, Rel. Ministro Herman Benjamin, 2ª Turma, julgado em 23/10/2007, DJe 2/12/2009)

forma, aos princípios constitucionais antes referidos e às regras eventualmente aplicáveis ao bem por alienar, observadas a sua natureza e as normas nacionais e locais a que se sujeitam.

Isso porque, muito embora a Constituição reserve à União competência privativa para legislar sobre "*normas gerais de licitação e contratação, em todas as modalidades, para as administrações públicas diretas, autárquicas e fundacionais da União, Estados, Distrito Federal e Municípios, obedecido o disposto no art. 37, XXI, e para as empresas públicas e sociedades de economia mista, nos termos do art. 173, § 1º, III*" (art. 22, inciso XXVII), decorre da competência administrativa comum (dada à União, aos Estados, ao Distrito Federal e aos municípios) de realizar a conservação (a administração) do patrimônio público (art. 23, inciso I) a prerrogativa isolada de cada ente político de administrar os próprios bens, dando-lhes a destinação julgada própria aos interesses locais, tal como definidos nos instrumentos legais e regulamentares aplicáveis[8].

Importa recordar, no entanto, que essa prerrogativa de gestão segundo os interesses locais não se mostra absoluta. Relativamente a terras públicas, por exemplo, com exceção das alienações ou das concessões de terras públicas para fins de reforma agrária (CF, art. 188, § 2º), é da competência exclusiva do Congresso Nacional, "*aprovar, previamente, a alienação ou concessão de terras públicas com área superior a dois mil e quinhentos hectares*" (CF, arts. 49, inciso XVII, e 188, § 1º), sendo certo que "*[a] destinação de terras públicas e devolutas será [deve ser] compatibilizada com a política agrícola e com o plano nacional de reforma agrária*" (CF, art. 188, *caput*)[9].

Impõe a Constituição, portanto, o requisito de compatibilização da destinação de terras públicas com a política agrícola e com o plano nacional de reforma agrária.

Em nossa opinião, esse pressuposto normativo de buscar a compatibilização entre a alienação de bem público com objetivos maiores fixados em políticas públicas devidamente estabelecidas revela-se exigível

[8] Os bens públicos da União e dos Estados são enunciados, respectivamente, nos arts. 20 e 26 da Constituição.

[9] Acerca da possibilidade de aquisição (e, com isso, de participação em procedimento licitatório voltado à alienação de bens imóveis rurais) por estrangeiros, veja-se o disposto na Lei nº 5.709, de 7 de outubro de 1971, cuja recepção pela Constituição vigente é objeto de discussão perante o Supremo Tribunal Federal por meio da ADPF 342 e da ACO 2.463.

para a generalidade das ações públicas da espécie, realidade que se verifica a partir de uma leitura sistemática do texto constitucional, especialmente depois da edição da Emenda Constitucional nº 109, de 2021.

No plano das finanças públicas, estabelece o art. 163, inciso VIII, com a redação que lhe deu a Emenda Constitucional nº 109, de 2021, que lei complementar disporá sobre a *"sustentabilidade da dívida"* (pública), especificando, entre outros aspectos, *"planejamento de alienação de ativos com vistas à redução do montante da dívida"* (alínea "e").

A partir da referida Ementa Constitucional, portanto, ficou estabelecida, de forma explícita, a necessidade de tratamento no regime da lei complementar de que trata o Capítulo II do Título VI da Constituição ("Das Finanças Públicas) para a verificação da sustentabilidade da dívida pública e de *"planejamento de alienação de ativos com vistas à redução do montante da dívida"* (art. 163, inciso VIII, alínea "e")[10].

Esse requisito (ou pressuposto lógico) de planejamento não parece restringir-se ao propósito explicitado no art. 163. Ele pode ser havido como ínsito ao desempenho eficiente e responsável da função executiva, por outras palavras ao dever de realizar a administração pública no interesse da coletividade com a máxima eficiência.

São vários vetores constitucionais que nos conduzem a pensar dessa forma.

[10] Como bem observado por Tavares, Greggianin e Volpe, a EC 109/2021 aprofundou *"a formulação de princípios e a definição de mecanismos de ajuste fiscal de todos os entes da federação"* e norteou *"a política fiscal pela sustentabilidade da dívida"*, de modo que deve haver uma convergência da política fiscal com a trajetória desejável da dívida pública (p. 6). A ideia de sustentabilidade da dívida, destacam os autores, está relacionada com a necessidade de observar o equilíbrio fiscal intergeracional (não obstante tenha o Senado Federal excluído o parágrafo único do Art. 6º da EC 109/2021. Nas palavras dos Autores:
"É relevante a enunciação na Constituição de um princípio ligado à sustentabilidade da dívida, ainda que vinculado à referida lei complementar, na medida em que pode incorporar na condução da gestão fiscal uma dimensão temporal que vai além dos mandatos e do horizonte dos atuais instrumentos de planejamento e orçamento. Ademais, pode servir de fundamento para modular decisões judiciais que enfrentam a necessidade de conciliar a necessidade de atendimento progressivo dos direitos sociais com os limites do erário público". (TAVARES, José F. Consentino; GREGGIANIN, Eugênio; VOLPE, Ricardo A. Nota Técnica nº 9/2021: Análise das Disposições da EC nº 109/2021. Consultoria de Orçamento e Fiscalização Financeira da Câmara dos Deputados Brasília, Câmara dos Deputados, março/2021. p. 12).

No plano das finanças públicas, a leitura sistemática do regime jurídico do orçamento indica que a alienação de ativos – de que se originam receitas públicas, ainda que pontuais – deve compatibilizar-se com as diretrizes, as prioridades, as metas e os objetivos definidos pela administração pública para realização de seus programas e das despesas que os viabilizam.

A respeito, confira-se o propósito que se encerra no art. 163 da Constituição, quando determina que a lei complementar editada para estabelecer normas gerais de finanças públicas deve tratar não apenas das finanças públicas e das dívidas públicas externa e interna em gênero (e das outras matérias que indica), como também da *"sustentabilidade da dívida, especificando: a) indicadores de sua apuração; b) níveis de compatibilidade dos resultados fiscais com a trajetória da dívida; c) trajetória de convergência do montante da dívida com os limites definidos em legislação; d) medidas de ajuste, suspensões e vedações; e)* ***planejamento de alienação de ativos com vistas à redução do montante da dívida****"*[11].

De acordo com o art. 11, §§ 2º e 4º, da Lei nº 4.320, 17 de março de 1964, que *"[estatui] normas gerais de direito financeiro para elaboração e controle*

[11] Dispõe o art. 163 da Constituição, com a redação dada pelas Emendas Constitucionais nº 40, de 2003 – inciso V, e 109, de 2021 – incisos VIII, alíneas "a", "b", "c", "d" e "e", e parágrafo único:
"Art. 163. Lei complementar disporá sobre:
I – finanças públicas;
II – dívida pública externa e interna, incluída a das autarquias, fundações e demais entidades controladas pelo Poder Público;
III – concessão de garantias pelas entidades públicas;
IV – emissão e resgate de títulos da dívida pública;
V – fiscalização financeira da administração pública direta e indireta;
VI – operações de câmbio realizadas por órgãos e entidades da União, dos Estados, do Distrito Federal e dos Municípios;
VII – compatibilização das funções das instituições oficiais de crédito da União, resguardadas as características e condições operacionais plenas das voltadas ao desenvolvimento regional.
VIII – sustentabilidade da dívida, especificando:
a) indicadores de sua apuração;
b) níveis de compatibilidade dos resultados fiscais com a trajetória da dívida;
c) trajetória de convergência do montante da dívida com os limites definidos em legislação;
d) medidas de ajuste, suspensões e vedações;
e) planejamento de alienação de ativos com vistas à redução do montante da dívida.
Parágrafo único. A lei complementar de que trata o inciso VIII do caput deste artigo pode autorizar a aplicação das vedações previstas no art. 167-A desta Constituição."

dos orçamentos e balanços da União, dos Estados, dos Municípios e do Distrito Federal", as receitas resultantes da alienação de bens não traduzem receitas correntes, mas receitas de capital[12].

No plano da atuação do Estado-Administrador, o art. 37 da Constituição estabelece, como um dos seus princípios regentes, o da eficiência, que se soma ao princípio da motivação e à regra geral do dever de licitar, além das outras normas mencionadas no início dessa sessão.

A circunstância de a alienação de ativos produzir receita pública de caráter conjuntural, episódico, não dispensa, é claro, a avaliação do atendimento na produção dos atos por que ocorre dos princípios fixados no art. 37 da Constituição, analisados à luz dos pressupostos e procedimentos atinentes à programação e ao controle das finanças públicas, procedimentos essencialmente vinculados, mas não restritos a previsões atinentes a receitas correntes.

Por fim, no plano geral da atuação do Estado na atividade econômica, a Constituição estabelece, no art. 174, que o Estado, como agente normativo e regulador da atividade econômico, deve exercer, na forma da lei, a função de planejamento, que é, na expressa dicção do texto constitucional, "*determinante para o setor público*".

Embora seja comum pensar o planejamento da atividade econômica titularizada pelo Estado sob o prisma da prestação de serviços públicos ou dos monopólios estatais, não parece impróprio, tendo em vista que os ativos públicos possuem uma dimensão econômica e que a sua alienação tem impacto na economia, considerar que a alienação de bens públicos,

[12] *Dispõe a Lei nº 4.320, de 1964, com redação dada pelo Decreto-Lei nº 1.939, de 20 de maio de 1982: "Art. 11 – A receita classificar-se-á nas seguintes categorias econômicas: Receitas Correntes e Receitas de Capital.*
§ 1º – São Receitas Correntes as receitas tributária, de contribuições, patrimonial, agropecuária, industrial, de serviços e outras e, ainda, as provenientes de recursos financeiros recebidos de outras pessoas de direito público ou privado, quando destinadas a atender despesas classificáveis em Despesas Correntes.
§ 2º – São Receitas de Capital as provenientes da realização de recursos financeiros oriundos de constituição de dívidas; da conversão, em espécie, de bens e direitos; os recursos recebidos de outras pessoas de direito público ou privado, destinados a atender despesas classificáveis em Despesas de Capital e, ainda, o superávit do Orçamento Corrente.
§ 3º – O superávit do Orçamento Corrente resultante do balanceamento dos totais das receitas e despesas correntes, apurado na demonstração a que se refere o Anexo nº 1, não constituirá item de receita orçamentária.
§ 4º – A classificação da receita obedecerá ao seguinte esquema: (...)."

por definição, sempre estará conectada com a regulação e condução da atividade econômica. Por isso, impõe-se também aos procedimentos que nela resultam o atendimento do pressuposto de planejamento determinante previsto no art. 174 da Constituição, exercido predominantemente por meio das leis de desafetação do bem público e dos regimes jurídico-econômicos fixados nos editais de licitação, que precisam se harmonizar com a programação geral das finanças públicas a cargo da Administração[13].

Deve-se reconhecer que, de fato, não há até o momento disposições específicas na Lei Complementar nº 101, de 4 de maio de 2000, que *"estabelece normas de finanças públicas voltadas para a responsabilidade na gestão fiscal, com amparo no Capítulo II do Título VI da Constituição"*, acerca de planejamento de alienação de ativos com a finalidade de redução da dívida pública ou a programa de destinação dos correspondentes recursos, mas tão somente vedação à *"aplicação da receita de capital derivada da alienação de bens e direitos que integram o patrimônio público para o financiamento de despesa corrente, salvo se destinada por lei aos regimes de previdência social, geral e próprio dos servidores públicos"* (art. 44).

Esse aspecto parece extremamente importante quando se considera que cumpre à administração pública justificar suas políticas mediante a eleição de prioridades e a definição da forma (necessariamente ótima) de distribuição dos recursos escassos de que dispõe a cada exercício (observando as correlações que as prioridades eleitas guardam umas com as outras para a consecução do objetivo que as justifica), e a indicação das fontes e dos esforços que devem ser despendidos para a sua realização e a alocação em despesas de programas orçamentariamente sustentáveis no tempo.

Exatamente por isso, não parece atender aos princípios da motivação e da eficiência, na dimensão da economicidade geral, a simples indicação da

[13] Conforme pontua Alexandre Santos de Aragão, a função de planejamento estatal da economia, *"entendida como a fixação pelo Estado do próprio conteúdo das atividades econômicas e dos seus resultados"*, é função que, quando incidente sobre as atividades econômicas titularizadas pelo Estado, está sujeita ao planejamento determinante do Estado, por força do art. 174 da Constituição (ARAGÃO, Alexandre Santos. Comentário ao art. 174. In: CANOTILHO, JJ. Gomes; MENDES, Gilmar Ferreira *et al.* (coords.). Comentários à Constituição do Brasil. São Paulo: Saraiva/Almedina, 2013, pp. 1835-1836).

conveniência e oportunidade da alienação de determinado bem, apenas em si considerado (campo da avaliação de vantajosidade concreta).

Essa circunstância revela, então, um segundo requisito para a constituição e a condução de procedimento de alienação de bem público: o atendimento do pressuposto da compatibilidade da iniciativa com os programas públicos de gestão fiscal responsável (ou com programas a que se associe o interesse público), em cujo universo o princípio da eficiência, traduzido nas premissas de vantajosidade em concreto e de economicidade sistêmica ou geral (contexto de realização da alienação, condições gerais da economia, perspectivas e necessidades fiscais, destinação dos recursos arrecadados etc.), deve ser objeto de demonstração adequada[14]. Essa a razão por que o TCU, fixando a premissa de que "*[os] pareceres jurídicos exigidos pelo art. 38 da Lei 8.666/1993 integram a motivação dos atos administrativos*", considera que "*[devem] apresentar abrangência suficiente para tanto, evidenciando a avaliação integral dos documentos submetidos a exame*"[15].

Daí a ilegalidade para o TCU da "adoção de pareceres jurídicos sintéticos, com conteúdo genérico, sem a demonstração da efetiva análise

[14] A propósito de tanto, anota Adilson Abreu Dallari:
"*A Emenda Constitucional n. 19, de 4 de junho de 1998, conhecida como Emenda da Reforma Administrativa, trouxe profundas modificações à Administração Pública brasileira. O propósito fundamental dessa reforma era a substituição do antigo modelo burocrático, caracterizado pelo controle rigoroso dos procedimentos, pelo novo modelo gerencial, no qual são abrandados os controles de procedimentos e incrementados os controles de resultados. Essa linha de pensamento, esse novo valor afirmado pela Constituição, não pode ser ignorado pelo intérprete e aplicador da lei.*
Não por acaso, aos princípios já previstos na redação original do art. 37 foi acrescentado expressamente o princípio da eficiência. É óbvio que esse princípio já estava implícito. Ao torná-lo explícito, ao afirmá-lo expressamente, o que se pretendeu foi demonstrar a redobrada importância que ele passou a ter. Em termos práticos, deve-se considerar que, quando mera formalidade burocrática for um empecilho à realização do interesse público, o formalismo deve ceder diante da eficiência.
Isso significa que é preciso superar concepções puramente burocráticas ou meramente formalísticas, dando-se maior ênfase ao exame da legitimidade, da economicidade e da razoabilidade, em benefício da eficiência. Não basta ao administrador demonstrar que agiu bem, em estrita conformidade com a lei; sem se divorciar da legalidade (que não se confunde com a estrita legalidade), cabe a ele evidenciar que caminhou no sentido da obtenção dos melhores resultados" (DALLARI, Adilson Abreu. 5ª. ed. *Aspectos jurídicos da licitação*. São Paulo: Saraiva, 2000, p. 35).

[15] Acórdão 1944/2014-Plenário, Data da sessão: 23/07/2014, Relator Min. André de Carvalho, Boletim de Jurisprudência nº 47 de 05/08/2014.

do edital e dos anexos", ante a sua inaptidão para o cumprimento do requisito de verificação e explicitação de que não se está diante, em cada caso, de imprópria concretização de hipótese legal e, por consequência, de associada ofensa aos princípios da legalidade, da moralidade e da impessoalidade, como se mostram os casos (i) de permuta bens públicos por imóveis ainda por construir (em que o requisito de singularidade que justifica a escolha do bem por incorporar ao patrimônio público não se revela presente[16-17]), (ii) da insuficiente demonstração da razoabilidade dos critérios de seleção (e, com isso, da definição do universo de concorrentes)[18-19], (iii) da não realização de avaliação ou levantamentos

[16] *"A permuta de terreno pertencente à entidade da Administração Pública por unidades imobiliárias a serem nele construídas futuramente não se insere na hipótese de dispensa de licitação prevista na alínea c do inciso I do art. 17 da Lei 8.666/1993, devendo ser precedida, portanto, de procedimento licitatório na modalidade concorrência"* (Acórdão 2853/2011-Plenário, Data da sessão: 25/10/2011, Relator Min. Marcos Bemquerer, Informativo de Licitações e Contratos nº 84, em que se cita doutrina de Marçal Justen Filho – Comentários à Lei de Licitações e Contratos Administrativos, 9ª edição, Editora Dialética, 2002, p. 251 – no sentido de que: *"A ausência de licitação deriva da impossibilidade de o interesse público ser satisfeito através de outro imóvel, que não aquele selecionado. As características do imóvel (tais como localização, dimensão, edificação, destinação etc.) são relevantes, de modo que a Administração não tem outra escolha. Quando a Administração necessita de imóvel para destinação peculiar ou com localização determinada, não se torna possível a competição entre particulares. Ou a Administração localiza o imóvel que se presta a atender seus interesses ou não o encontra. (...) Antes de promover a contratação direta, a Administração deverá comprovar a impossibilidade de satisfação do interesse público por outra via e apurar a inexistência de outro imóvel apto a atendê-lo.").*

[17] *"Não existindo imóveis específicos e insubstituíveis para acudir as necessidades da Administração, deve-se seguir o princípio da obrigatoriedade geral de licitar ou da indispensabilidade de licitação, no sentido de franquear aos particulares a possibilidade de, em igualdade de condições, ofertarem os imóveis de que disponham ou que possam vir a entregar, propiciando a seleção da proposta mais vantajosa para administração"* (Acórdão 1894/2008-Plenário, Data da sessão: 03/09/2008, Relator Min. Marcos Bemquerer).

[18] *"Cabe à Administração motivar a escolha de tecnologia específica dentre as existentes no mercado, no âmbito das suas contratações, demonstrando a vantajosidade técnica e econômica da tecnologia escolhida em relação àquelas preteridas"* (Acórdão 5022/2010-Segunda Câmara, Data da sessão: 31/08/2010, Relator Min. Augusto Sheman).

[19] *"Especificações com potencial de restringir o caráter competitivo da licitação devem ser adequadamente fundamentadas, com base em estudos técnicos que indiquem a sua essencialidade para atender as necessidades do órgão ou da entidade contratante"* (Acórdão 1973/2020-Plenário, Data da sessão: 29/07/2020, Relator Min. Weder Oliveira, Boletim de Jurisprudência nº 321, de 17/08/2020).

prévios de valor dos bens por alienar[20-21], ou, o que interessa fundamentalmente para a presente análise, (iv) do precário ou inexistente vínculo da ação em concreto com o planejamento geral da gestão fiscal a cargo da administração[22].

De fato, assumido que a efetivação material do princípio da motivação pressupõe uma ordem axiológica e sistemática de propósitos públicos,

[20] *"Qualquer processo de alienação de bens da União considerados inservíveis deverá ser precedido de avaliação, em data próxima à venda, fixação de preço mínimo e ampla divulgação da licitação, incluída nessa divulgação o preço mínimo de alienação, visando assegurar que o preço de venda equipare-se ao valor de mercado, em consonância com o art. 37, caput, da Constituição Federal c/c os arts. 3º, caput, 17, inciso II, e 53, §§ 1º e 4º, todos da Lei 8.666/1993"* (Acórdão 174/2004-Plenário, Data da sessão: 03/03/2004, Relator Min. Adylson Motta).

[21] *"A alienação de ativos bélicos inservíveis dependerá de licitação prévia que tenha sido precedida da avaliação dos bens e da demonstração do interesse público em sua consecução. A alienação direta poderá ser realizada nos seguintes casos:*
a) quando não acudirem interessados na licitação inicial e esta não puder ser repetida sem prejuízo para a Administração, desde que mantidas as condições do certame frustrado, consoante art. 24, inciso V, da Lei 8.666/1993;
b) se a licitação trouxer risco para a segurança nacional, quando estiver prevista anteriormente em decreto presidencial, editado após audiência do Conselho de Defesa Nacional, na forma do art. 24, inciso IX, Lei 8.666/1993; e
c) se for demonstrada a inviabilidade da competição, nos termos do caput do art. 25 da Lei 8.666/1993" (Acórdão 2054/2006-Plenário, Data da sessão: 08/11/2006, Relator Min. Ubiratan Aguiar).

[22] Acerca da decisão de alienar bens, Marçal Justen Filho observa (tendo por base o regime da Lei nº 8.666, de 1993) que:
"Os pressupostos de alienabilidade dos bens públicos não constam da Lei nº 8.666. Não cabe à Lei de Licitações dispor sobre o regime jurídicos dos bens públicos. Portanto e somente por exceção é que se encontram nesse diploma regras indicando os casos em que a alienação é possível e os pressupostos para tanto.
O que se exige é a evidenciação prévia pela Administração de que os requisitos contidos na legislação própria para a alienação encontram-se devidamente atendidos. Embora a ausência de regras na Lei, é óbvio que existem limites à decisão de alienar ou onerar bens públicos. Existem bens públicos por inerência, que não podem ser desafetados. São aqueles bens que '... por determinação legal ou por sua própria natureza, podem ser utilizados por todos em igualdade de condições, sem necessidade de consentimento individualizado por parte da Administração. Dentre eles citem-se as ruas, praças, estradas, águas do mar, rios navegáveis, ilhas oceânicas'.
Em suma, há hipóteses em que a Administração está impedida de deliberar pela alienação do bem público. E há outros casos a Administração tem dever jurídico de promover alienação. Isso se passa quanto a bens que não sejam inerentemente públicos e que tenham sido integrados ao patrimônio público por circunstâncias eventuais, não sendo necessários à realização das finalidades públicas." (JUSTEN FILHO, Marçal. *Comentários à Lei de Licitações e Contratos Administrativos*. 11ª. ed. São Paulo: Dialética, 2005, pp. 172-173) observa (tendo por base o regime da Lei nº 8.666, de 1993)

a motivação em concreto não pode mostrar-se autônoma da política pública (que lhe é superior) de gestão eficiente das finanças públicas e de realização ótima dos propósitos das leis que informam o procedimento de alienação[23].

Por isso é que parece necessário demonstrar, em cada caso, que a pretendida alienação se mostra integrada com o planejamento mais amplo das finanças públicas (com a política que, neste particular, lhe dá suporte), que compreende ações que vão além do simples atendimento formal de edição das leis que compõem o orçamento público (o plano plurianual, a lei de diretrizes orçamentárias e as leis orçamentárias anuais), alcançado a plena justificação das ações de responsabilidade econômica do ente político.

Com mais razão quando se percebe que, ante a função alocativa do Orçamento[24], estimulou o constituinte a indicar a razão de ser e o objetivo de cada uma das leis orçamentárias sobretudo a preocupação com a existência de planejamento amplo, plurianual, voltado à construção de quadro de equilíbrio fiscal e de sustentabilidade da dívida e da ação públicas em gênero, com vistas ao cumprimento, pela administração, do *"dever de executar as programações orçamentárias, adotando os meios e as medidas necessários, com o propósito de garantir a efetiva entrega de bens e serviços à sociedade"* (art. 165, § 10)[25].

[23] Afinal, como pontua Celso Antônio Bandeira de Mello, o princípio da motivação *"implica para a Administração o dever de justificar seus atos, apontando-lhes os fundamentos de direito e de fato, assim como a correlação lógica entre os eventos e situações que deu por existentes e a providência tomada, nos casos em que este último aclaramento seja necessário para aferir a consonância da conduta administrativa com a lei que lhe serviu de arrimo"* (MELLO, Celso Antônio Bandeira de. *Curso de Direito Administrativo.* 34ª. ed. São Paulo: Malheiros Editores, 2017, p. 115).

[24] Não por acaso: o Orçamento público, como registrou o Senador José Serra em recente artigo publicado no jornal "O Estado de São Paulo" (Coluna Opinião, 10.06.2021), *"é o principal instrumento pelo qual a sociedade, mediante seus representantes no Legislativo e no Executivo, decide como serão usados os recursos arrecadados pelo Estado. No jargão econômico, essa é a função alocativa do Orçamento".*

[25] Dispõe o art. 165 da Constituição (com a redação dada pelas Emendas Constitucionais nºs 100, de 2019 – § 10, e 109, de 2021 – § 2º):

"Art. 165. Leis de iniciativa do Poder Executivo estabelecerão:

I – o plano plurianual;

II – as diretrizes orçamentárias;

III – os orçamentos anuais.

Essa a razão de ser, não há dúvida, da edição da Emenda Constitucional nº 31, de 2000, para incluir o art. 81 ao Ato das Disposições Constitucionais Transitórias (cuja vigência foi prorrogada por tempo indeterminado pela Emenda Constitucional nº 67, de 2010), ao instituir, com recursos da desestatização de sociedades de economia mista e empresas públicas, para o combate e a erradicação da pobreza no país[26].

Editada com objetivos complementares a esses, recorde-se, aqui, também o regime estabelecido pela Lei nº 9.491, de 9 de setembro de 1997, que *"[altera] procedimentos relativos ao Programa Nacional de Desestatização, revoga a Lei nº 8.031, de 12 de abril de 1990, e dá outras providências"*, a dispor, com a redação dada pela Medida Provisória nº 2.161-35, de 2001, que:

§ 1º A lei que instituir o plano plurianual estabelecerá, de forma regionalizada, as diretrizes, objetivos e metas da administração pública federal para as despesas de capital e outras delas decorrentes e para as relativas aos programas de duração continuada.

§ 2º A lei de diretrizes orçamentárias compreenderá as metas e prioridades da administração pública federal, estabelecerá as diretrizes de política fiscal e respectivas metas, em consonância com trajetória sustentável da dívida pública, orientará a elaboração da lei orçamentária anual, disporá sobre as alterações na legislação tributária e estabelecerá a política de aplicação das agências financeiras oficiais de fomento.

(...)

§ 10. A administração tem o dever de executar as programações orçamentárias, adotando os meios e as medidas necessários, com o propósito de garantir a efetiva entrega de bens e serviços à sociedade."

[26] Dispõe a Constituição:

"Art. 81. ***É instituído Fundo constituído pelos recursos recebidos pela União em decorrência da desestatização de sociedades de economia mista ou empresas públicas por ela controladas, direta ou indiretamente, quando a operação envolver a alienação do respectivo controle acionário a pessoa ou entidade não integrante da Administração Pública, ou de participação societária remanescente após a alienação, cujos rendimentos, gerados a partir de 18 de junho de 2002, reverterão ao Fundo de Combate e Erradicação de Pobreza****.*

§ 1º Caso o montante anual previsto nos rendimentos transferidos ao Fundo de Combate e Erradicação da Pobreza, na forma deste artigo, não alcance o valor de quatro bilhões de reais, far-se-á complementação na forma do art. 80, inciso IV, do Ato das disposições Constitucionais Transitórias.

§ 2º ***Sem prejuízo do disposto no § 1º, o Poder Executivo poderá destinar ao Fundo a que se refere este artigo outras receitas decorrentes da alienação de bens da União****.*

§ 3º A constituição do Fundo a que se refere o caput, a transferência de recursos ao Fundo de Combate e Erradicação da Pobreza e as demais disposições referentes ao § 1º deste artigo serão disciplinadas em lei, não se aplicando o disposto no art. 165, § 9º, inciso II, da Constituição." (grifamos)

> "Art. 1º O Programa Nacional de Desestatização – PND tem como objetivos fundamentais:
>
> I – reordenar a posição estratégica do Estado na economia, transferindo à iniciativa privada atividades indevidamente exploradas pelo setor público;
>
> II – contribuir para a reestruturação econômica do setor público, especialmente através da melhoria do perfil e da redução da dívida pública líquida;
>
> III – permitir a retomada de investimentos nas empresas e atividades que vierem a ser transferidas à iniciativa privada;
>
> IV – contribuir para a reestruturação econômica do setor privado, especialmente para a modernização da infraestrutura e do parque industrial do País, ampliando sua competitividade e reforçando a capacidade empresarial nos diversos setores da economia, inclusive através da concessão de crédito;
>
> V – permitir que a Administração Pública concentre seus esforços nas atividades em que a presença do Estado seja fundamental para a consecução das prioridades nacionais;
>
> VI – contribuir para o fortalecimento do mercado de capitais, através do acréscimo da oferta de valores mobiliários e da democratização da propriedade do capital das empresas que integrarem o Programa.
>
> Art. 2º Poderão ser objeto de desestatização, nos termos desta Lei:
>
> I – empresas, inclusive instituições financeiras, controladas direta ou indiretamente pela União, instituídas por lei ou ato do Poder Executivo;
>
> II – empresas criadas pelo setor privado e que, por qualquer motivo, passaram ao controle direto ou indireto da União;
>
> III – serviços públicos objeto de concessão, permissão ou autorização;
>
> IV – instituições financeiras públicas estaduais que tenham tido as ações de seu capital social desapropriadas, na forma do Decreto-lei nº 2.321, de 25 de fevereiro de 1987.
>
> V – bens móveis e imóveis da União."

Em linha com o que se está a sustentar acerca da necessidade de a justificativa de alienação de bens móveis e imóveis não se limitar a aspectos de conveniência e oportunidade vinculados estritamente à realização da alienação de determinado bem, dispõe o art. 11 da Lei nº 9.491, de 1997:

> "Art. 11. Para salvaguarda do conhecimento público das condições em que se processará a alienação do controle acionário da empresa, inclusive

instituição financeira incluída no Programa Nacional de Desestatização, assim como de sua situação econômica, financeira e operacional, será dada ampla divulgação das informações necessárias, mediante a publicação de edital, no Diário Oficial da União e em jornais de notória circulação nacional, do qual constarão, pelo menos, os seguintes elementos:

a) justificativa da privatização, indicando o percentual do capital social da empresa a ser alienado;

b) data e ato que determinou a constituição da empresa originariamente estatal ou, se estatizada, data, ato e motivos que determinaram sua estatização;

c) passivo das sociedades de curto e de longo prazo;

d) situação econômico-financeira da sociedade, especificando lucros ou prejuízos, endividamento interno e externo, nos cinco últimos exercícios;

e) pagamento de dividendos à União ou a sociedades por essa controladas direta ou indiretamente, e aporte de recursos à conta capital, providos direta ou indiretamente pela União, nos últimos quinze anos;

f) sumário dos estudos de avaliação;

g) critério de fixação do valor de alienação, com base nos estudos de avaliação;

h) modelagem de venda e valor mínimo da participação a ser alienada;

i) a indicação, se for o caso, de que será criada ação de classe especial e os poderes nela compreendidos."

É nesse contexto que se entende que, embora as alienações, em si consideradas, presumam a verificação do requisito de conveniência e oportunidade em cada caso concreto, a política que as justifica em gênero tem que se mostrar compatibilizada com as demais políticas de gestão administrativa e financeira fixadas em lei ou formalizadas em programas próprios pela administração pública, dado que *"[não] pode a Administração, mesmo no exercício de poder discricionário, afastar-se dos princípios constitucionais implícitos e explícitos a que se submete, entre os quais os da motivação, eficiência e economicidade"*[27].

[27] TCU, Acórdão 2470/2013-Plenário, Data da sessão: 11/09/2013, Relator Min. Augusto Sherman, Boletim de Jurisprudência nº 8 de 23/09/2013.

3. Indicação de correspondência e breves comentários aos artigos da nova Lei de Licitações realizados por meio de notas de rodapé

CAPÍTULO IX
DAS ALIENAÇÕES[28]-[29]

Art. 76. A alienação de bens da Administração Pública, subordinada à existência de interesse público devidamente justificado[30], será precedida de avaliação[31-32] e obedecerá às seguintes normas[33]:

I – tratando-se de bens imóveis, inclusive os pertencentes às autarquias e às fundações, exigirá autorização legislativa[34] e dependerá de licitação na modalidade leilão[35], dispensada a realização de licitação nos casos de:

a) dação em pagamento;

[28] Na Lei nº 8.666, de 21 de junho de 1993, as alienações de bens móveis e imóveis eram tratadas na Seção VI do Capítulo I (Disposições Gerais), particularmente nos arts. 17 a 19.

[29] Para uma avaliação das críticas possíveis à técnica legislativa observada na definição das regras insertas no Capítulo IX da Lei nº 14.133, de 2021, confiram-se as observações feitas por Marçal Justen Filho a propósito do correspondente capítulo da Lei nº 8.666, de 1993 (*op. cit.*, pp. 168 e seguintes).

[30] Como registrado, a justificação do interesse público não pode reduzir-se a aspectos vinculados estritamente à conveniência e oportunidade de alienar-se o bem (custos de manutenção, obsolescência, desnecessidade para o uso especial etc.), mas compreender a indicação da propriedade da medida com política voltada a realizar objetivos atinentes à gestão sustentável das finanças públicas e (ou) à consecução de políticas e programas públicos regularmente aprovados.

[31] A realização de avaliação prévia do bem por ser alienado constitui requisito vinculado aos princípios constitucionais da moralidade e da eficiência, na dimensão de economicidade e vantajosidade para o ente público e o interesse coletivo.

[32] No nível da legislação ordinária, recorda Toshio Mukai que *"[a] avaliação do bem, seja móvel ou imóvel, é indispensável nas alienações, pois o inciso V do art. 4º da Lei de Ação Popular (Lei n. 4.717/65) fulmina de nulidade o contrato que não atender a essa condição"* (MUKAI, Toshio. *Licitações e Contratos Públicos*. 8ª. ed. São Paulo: Saraiva, 2008, p. 63).

[33] Ver art. 17 da Lei nº 8.666, de 1993, que adota redação bastante próxima com a do art. 76.

[34] Não se faz mais referência, em razão da existência de lei especial (Lei nº 13.303, de 30 de junho de 2016), às empresas públicas, às sociedades de economia mista e às suas subsidiárias (confiram-se, a propósito, das alienações de bens dessas entidades, os arts. 49 e 50, e ainda os arts. 28, 29).

[35] Fixa-se a modalidade leilão para o procedimento licitatório para a alienação de bens imóveis, quando não se mostrar dispensada a licitação.

b) doação, permitida exclusivamente para outro órgão[36] ou entidade da Administração Pública, de qualquer esfera de governo, ressalvado o disposto nas alíneas "f", "g" e "h" deste inciso[37];

c) permuta por outros imóveis que atendam aos requisitos relacionados às finalidades precípuas da Administração, desde que a diferença apurada não ultrapasse a metade do valor do imóvel que será ofertado pela União, segundo avaliação prévia, e ocorra a torna de valores[38], sempre que for o caso[39];

d) investidura[40];

e) venda a outro órgão[41] ou entidade da Administração Pública de qualquer esfera de governo;

f) alienação gratuita ou onerosa, aforamento, concessão de direito real de uso, locação e permissão de uso de bens imóveis residenciais construídos, destinados ou efetivamente usados em programas de habitação ou de

[36] A referência a "órgão" traduz uma imprecisão da lei, dado que não ostenta personalidade jurídica para ser titular de direitos. Deve-se ler, em vez de "órgão", "pessoa jurídica de direito público" ou "ente público".

[37] Em comentário ao art. 17 da Lei nº 8.666, de 1993, e referindo o resultado (ainda precário) da ADI 927-3, Toshio Mukai considera inconstitucional limitação que, editada a título de norma geral, implique esvaziamento ou usurpação da competência constitucionalmente atribuída aos entes federados de gerir, segundo os seus interesses, o próprio patrimônio (*op. cit.*, pp. 62-63).

[38] O estabelecimento do requisito de relação de preço e torna configura inovação legal, a demandar, para a sua efetividade, rigor no procedimento de avaliação dos bens envolvidos e na forma de realização a valores presentes da diferença de valores envolvida.

[39] Ver Acórdão 1273/2018-Plenário, Data da sessão: 06/06/2018, Relator Vital do Rêgo, Boletim de Jurisprudência nº 222 de 25/06/2018.

[40] Raul Armando Mendes chama a atenção para o fato de que *"[a] investidura não é instituto do CC. A figura surgiu em decorrência, principalmente, dos planos de urbanização dos grandes centros populacionais do País. Quem primeiro cuidou dela foi a Lei paulista n. 10.395/70, cujo conceito está repetido na Lei n. 89/72, do mesmo Estado. O § 2º deste artigo a define assim: 'entende-se por investidura, para fins deste Decreto-lei, a alienação aos proprietários de imóveis lindeiros, por preço nunca inferior ao da avaliação, da área remanescente ou resultante de obra pública, área esta que se torne inaproveitável isoladamente'.*
A investidura, por razões óbvias, dispensa a concorrência, não, porém, a autorização legislativa e a prévia avaliação" (*op. cit.*, pp. 48 e 49).

[41] A referência a "órgão" traduz uma imprecisão da lei, dado que não ostenta personalidade jurídica para ser titular de direitos. Deve-se ler, em vez de "órgão", "pessoa jurídica de direito público" ou "ente público".

regularização fundiária de interesse social desenvolvidos por órgão ou entidade da Administração Pública[42];

g) alienação gratuita ou onerosa, aforamento, concessão de direito real de uso, locação e permissão de uso de bens imóveis comerciais de âmbito local, com área de até 250 m^2 (duzentos e cinquenta metros quadrados) e destinados a programas de regularização fundiária de interesse social desenvolvidos por órgão ou entidade da Administração Pública[43];

h) alienação e concessão de direito real de uso, gratuita ou onerosa, de terras públicas rurais da União e do Instituto Nacional de Colonização e Reforma Agrária (Incra) onde incidam ocupações até o limite de que

[42] Confira-se, a propósito, o regime fixado na Lei nº 13.465, de 11 de junho de 2017, que *"[dispõe] sobre a regularização fundiária rural e urbana, sobre a liquidação de créditos concedidos aos assentados da reforma agrária e sobre a regularização fundiária no âmbito da Amazônia Legal"* e que *"institui mecanismos para aprimorar a eficiência dos procedimentos de alienação de imóveis da União"*.
Nos termos do art. 9º da Lei, a política de regularização fundiária urbana por ela instituída compreende *"medidas jurídicas, urbanísticas, ambientais e sociais destinadas à incorporação dos núcleos urbanos informais ao ordenamento territorial urbano e à titulação de seus ocupantes"*, a serem implementadas nas esferas dos diversos entes políticos que compõem a Federação, *"de acordo com os princípios de sustentabilidade econômica, social e ambiental e ordenação territorial, buscando a ocupação do solo de maneira eficiente, combinando seu uso de forma funcional"*.
Instituída nas modalidades a de Interesse Social (Reurb-S), que corresponde à regularização fundiária aplicável aos núcleos urbanos informais ocupados predominantemente por população de baixa renda, assim declarados em ato do Poder Executivo municipal, e de Interesse Específico (Reurb-E), regularização fundiária aplicável aos núcleos urbanos informais ocupados por população não qualificada como Reurb-S (art. 13, inciso I e II), a Reurb pode ser implementada mediante a utilização de inúmeras formas jurídicas de aquisição e alienação de bens imóveis.
Nos termos da Lei nº 13.465, de 2017, uma vez atendidas as exigências impostas para os projetos de regularização e de intervenção urbanísticas nos arts. 35 e 36, *"[o] pronunciamento da autoridade competente que decidir o processamento administrativo da Reurb deverá: I – indicar as intervenções a serem executadas, se for o caso, conforme o projeto de regularização fundiária aprovado; II – aprovar o projeto de regularização fundiária resultante do processo de regularização fundiária; e III – identificar e declarar os ocupantes de cada unidade imobiliária com destinação urbana regularizada, e os respectivos direitos reais"* (art. 40).
Concebida para realização direta ou indireta por parte dos órgãos federais competentes, dispõe o art. 90 da Lei nº 13.465, de 2017, que *"[ficam] a União, suas autarquias e fundações autorizadas a transferir aos Estados, aos Municípios e ao Distrito Federal as áreas públicas federais ocupadas por núcleos urbanos informais, para que promovam a Reurb nos termos desta Lei, observado o regulamento quando se tratar de imóveis de titularidade de fundos"*.

[43] Ver as considerações feitas com relação à Lei nº 13.465, de 2017, na nota anterior.

trata o § 1º do art. 6º da Lei nº 11.952, de 25 de junho de 2009, para fins de regularização fundiária, atendidos os requisitos legais[44];

i) legitimação de posse de que trata o art. 29 da Lei nº 6.383, de 7 de dezembro de 1976, mediante iniciativa e deliberação dos órgãos da Administração Pública competentes[45];

j) legitimação fundiária e legitimação de posse de que trata a Lei nº 13.465, de 11 de julho de 2017[46];

II – tratando-se de bens móveis, dependerá de licitação na modalidade leilão, dispensada a realização de licitação nos casos de:

a) doação, permitida exclusivamente para fins e uso de interesse social, após avaliação de oportunidade e conveniência socioeconômica em relação à escolha de outra forma de alienação;

b) permuta, permitida exclusivamente entre órgãos ou entidades da Administração Pública[47];

c) venda de ações, que poderão ser negociadas em bolsa, observada a legislação específica[48];

d) venda de títulos, observada a legislação pertinente[49];

e) venda de bens produzidos ou comercializados por entidades da Administração Pública, em virtude de suas finalidades;

f) venda de materiais e equipamentos sem utilização previsível por quem deles dispõe para outros órgãos ou entidades da Administração Pública.

§ 1º A alienação de bens imóveis da Administração Pública cuja aquisição tenha sido derivada de procedimentos judiciais ou de dação em pagamento dispensará autorização legislativa e exigirá apenas avaliação prévia e licitação na modalidade leilão[50].

§ 2º Os imóveis doados com base na alínea "b" do inciso I do caput deste artigo, cessadas as razões que justificaram sua doação, serão revertidos

[44] Ressalva para aplicação de lei especial.

[45] Ressalva para aplicação de lei especial.

[46] Ressalva para aplicação de lei especial.

[47] A referência a "órgão" traduz uma imprecisão da lei, dado que não ostenta personalidade jurídica para ser titular de direitos. Deve-se ler, em vez de "órgão", "pessoa jurídica de direito público" ou "ente público".

[48] Ressalva para aplicação de lei especial.

[49] Ressalva para aplicação de lei especial.

[50] Trata-se de explicitação da presunção de não afetação de bem dominical adquirido por meio de procedimentos judiciais ou de dação em pagamento.

ao patrimônio da pessoa jurídica doadora, vedada sua alienação pelo beneficiário[51].

§ 3º A Administração poderá conceder título de propriedade ou de direito real de uso de imóvel, admitida a dispensa de licitação, quando o uso destinar-se a:

I – outro órgão ou entidade da Administração Pública, qualquer que seja a localização do imóvel[52];

II – pessoa natural que, nos termos de lei, regulamento ou ato normativo do órgão competente, haja implementado os requisitos mínimos de cultura, de ocupação mansa e pacífica e de exploração direta sobre área rural, observado o limite de que trata o § 1º do art. 6º da Lei nº 11.952, de 25 de junho de 2009[53].

§ 4º A aplicação do disposto no inciso II do § 3º deste artigo será dispensada de autorização legislativa e submeter-se-á aos seguintes condicionamentos[54]:

I – aplicação exclusiva às áreas em que a detenção por particular seja comprovadamente anterior a 1º de dezembro de 2004;

II – submissão aos demais requisitos e impedimentos do regime legal e administrativo de destinação e de regularização fundiária de terras públicas;

III – vedação de concessão para exploração não contemplada na lei agrária, nas leis de destinação de terras públicas ou nas normas legais ou administrativas de zoneamento ecológico-econômico;

IV – previsão de extinção automática da concessão, dispensada notificação, em caso de declaração de utilidade pública, de necessidade pública ou de interesse social;

V – aplicação exclusiva a imóvel situado em zona rural e não sujeito a vedação, impedimento ou inconveniente à exploração mediante atividade agropecuária;

VI – limitação a áreas de que trata o § 1º do art. 6º da Lei nº 11.952, de 25 de junho de 2009, vedada a dispensa de licitação para áreas superiores;

[51] Cuida de reversão por cessação da existência/satisfação da condição (expressa ou implícita) a que se sujeitou a doação.

[52] A referência a "órgão" traduz uma imprecisão da lei, dado que não ostenta personalidade jurídica para ser titular de direitos. Deve-se ler, em vez de "órgão", "pessoa jurídica de direito público" ou "ente público".

[53] Ressalva para aplicação de lei especial.

[54] Ressalva decorrente de lei especial.

VII – acúmulo com o quantitativo de área decorrente do caso previsto na alínea "i" do inciso I do caput deste artigo até o limite previsto no inciso VI deste parágrafo.

§ 5º Entende-se por investidura, para os fins desta Lei, a:

I – alienação, ao proprietário de imóvel lindeiro, de área remanescente ou resultante de obra pública que se tornar inaproveitável isoladamente, por preço que não seja inferior ao da avaliação nem superior a 50% (cinquenta por cento) do valor máximo permitido para dispensa de licitação de bens e serviços previsto nesta Lei;

II – alienação, ao legítimo possuidor direto ou, na falta dele, ao poder público, de imóvel para fins residenciais construído em núcleo urbano anexo a usina hidrelétrica, desde que considerado dispensável na fase de operação da usina e que não integre a categoria de bens reversíveis ao final da concessão.

§ 6º A doação com encargo será licitada e de seu instrumento constarão, obrigatoriamente, os encargos, o prazo de seu cumprimento e a cláusula de reversão, sob pena de nulidade do ato, dispensada a licitação em caso de interesse público devidamente justificado.

§ 7º Na hipótese do § 6º deste artigo, caso o donatário necessite oferecer o imóvel em garantia de financiamento, a cláusula de reversão e as demais obrigações serão garantidas por hipoteca em segundo grau em favor do doador.

Art. 77. Para a venda de bens imóveis, será concedido direito de preferência ao licitante que, submetendo-se a todas as regras do edital, comprove a ocupação do imóvel objeto da licitação.

Referências

ARAGÃO, ALEXANDRE SANTOS. Comentário ao art. 174. In: CANOTILHO, JJ. Gomes; MENDES, Gilmar Ferreira et al. (coords.). Comentários à Constituição do Brasil. São Paulo: Saraiva/Almedina, 2013.

BRASIL. Superior Tribunal de Justiça. REsp 650.728/SC, Rel. Ministro Herman Benjamin, 2ª Turma, julgado em 23/10/2007, DJe 2/12/2009.

BRASIL. TRIBUNAL DE CONTAS DA UNIÃO. Acórdão 1944/2014-Plenário, Data da sessão: 23/07/2014, Relator Min. André de Carvalho, Boletim de Jurisprudência nº 47 de 05/08/2014.

BRASIL. TRIBUNAL DE CONTAS DA UNIÃO. Acórdão 1273/2018-Plenário, Data da sessão: 06/06/2018, Relator Vital do Rêgo, Boletim de Jurisprudência nº 222 de 25/06/2018.

BRASIL. TRIBUNAL DE CONTAS DA UNIÃO. Acórdão 1273/2018-Plenário, Data da sessão: 06/06/2018, Relator Min. Vital do Rêgo, Boletim de Jurisprudência nº 222 de 25/06/2018:

BRASIL. TRIBUNAL DE CONTAS DA UNIÃO. Acórdão 174/2004-Plenário, Data da sessão: 03/03/2004, Relator Min. Adylson Motta.

BRASIL. TRIBUNAL DE CONTAS DA UNIÃO. Acórdão 1894/2008-Plenário, Data da sessão: 03/09/2008, Relator Min. Marcos Bemquerer.

BRASIL. TRIBUNAL DE CONTAS DA UNIÃO. Acórdão 1973/2020-Plenário, Data da sessão: 29/07/2020, Relator Min. Weder Oliveira, Boletim de Jurisprudência nº 321, de 17/08/2020).

BRASIL. TRIBUNAL DE CONTAS DA UNIÃO. Acórdão 2054/2006-Plenário, Data da sessão: 08/11/2006, Relator Min. Ubiratan Aguiar.

BRASIL. TRIBUNAL DE CONTAS DA UNIÃO. Acórdão 2470/2013-Plenário, Data da sessão: 11/09/2013, Relator Min. Augusto Sherman, Boletim de Jurisprudência nº 8 de 23/09/2013.

BRASIL. TRIBUNAL DE CONTAS DA UNIÃO. Acórdão 2712/2008-Plenário, Data da sessão: 26/11/2008, Relator Min. Augusto Sherman, Ata 50/2008 – Plenário.

BRASIL. TRIBUNAL DE CONTAS DA UNIÃO. Acórdão 2853/2011-Plenário, Data da sessão: 25/10/2011, Relator Min. Marcos Bemquerer, Informativo de Licitações e Contratos nº 84.

BRASIL. TRIBUNAL DE CONTAS DA UNIÃO. Acórdão 5022/2010-Segunda Câmara, Data da sessão: 31/08/2010, Relator Min. Augusto Sheman.

DALLARI, Adilson Abreu. *Aspectos jurídicos da licitação*. 5ª ed. São Paulo: Saraiva, 2000.

JUSTEN FILHO, Marçal. *Comentários à Lei de Licitações e Contratos Administrativos*. 11ª. ed. São Paulo: Dialética, 2005.

MELLO, Celso Antônio Bandeira de. *Curso de Direito Administrativo*. 34ª. ed. São Paulo: Malheiros Editores, 2017.

MENDES, Raul Armando. *Comentários ao Estatuto das Licitações e Contratos Administrativos*. 2ª ed. São Paulo: Saraiva, 1991.

MUKAI, Toshio. *Licitações e Contratos Públicos*. 8ª ed. São Paulo: Saraiva, 2008.

SERRA, José. (Ir)responsabilidades orçamentárias. In: O Estado de S.Paulo, Opinião, 10 de junho de 2021.

TAVARES, José F. Consentino; GREGGIANIN, Eugênio; VOLPE, Ricardo A. Nota Técnica nº 9/2021: Análise das Disposições da EC nº 109/2021. Consultoria de Orçamento e Fiscalização Financeira da Câmara dos Deputados Brasília, Câmara dos Deputados, março/2021.

7. Instrumentos Auxiliares para as Licitações

Fábio Scopel Vanin

Wesley Rocha

Introdução

O artigo objetiva indicar os principais aspectos dos procedimentos auxiliares às licitações, previstos entre o art. 78 e art. 87 da Nova Lei, denominados credenciamento; pré-qualificação; procedimento de manifestação de interesse; sistema de registro de preços; e registro cadastral.

Os regramentos previstos no capítulo X do título II da Lei n. 14.133/2021 vieram – prioritariamente – para substituir os procedimentos auxiliares das licitações, previstos especificamente para âmbito regime diferenciado de contratação (RDC), na forma do art. 29 e seguintes da Lei n. 12.462/2011, que deixarão de vigorar, após o encerramento de vacância paralela das normas (art. 191 c/c art. 193, II da Lei n. 14.133/2021)[1].

[1] BRASIL. *Lei nº 14.133, de 1º de abril de 2021.* Lei de Licitações e Contratos Administrativos Consoante o art. 193. Revogam-se: I – os arts. 89 a 108 da Lei nº 8.666, de 21 de junho de 1993, na data de publicação desta Lei; II – a Lei nº 8.666, de 21 de junho de 1993, a Lei nº 10.520, de 17 de julho de 2002, e os arts. 1º a 47-A da Lei nº 12.462, de 4 de agosto de 2011, após decorridos 2 (dois) anos da publicação oficial desta Lei. Durante os 2 anos, há uma vacância paralela de ambas as normas, nos termos do art. 191: "Art. 191. Até o decurso do prazo de que trata o inciso II do caput do art. 193, a Administração poderá optar por licitar ou contratar diretamente de acordo com esta Lei ou de acordo com as leis citadas no referido inciso, e a opção escolhida deverá ser indicada expressamente no edital ou no aviso ou instrumento de contratação direta, vedada a aplicação combinada desta Lei com as citadas no referido inciso."

Além dos artigos da Lei do RDC citados, os procedimentos auxiliares irão substituir outros dispositivos, como o art. 114 da Lei n. 8.666/1993, que trata da pré-qualificação. Os novos regramentos devem ser observados ainda, com atenção a outras normas correlatas, tais como o Decreto n. 8.428/2015 e o art. 18 e seguintes da Lei n. 13.019/2014, relativos a Procedimento de Manifestação de Interesse análogos ao previsto nesta nova lei.

Neste contexto, passa-se a destacar os procedimentos auxiliares para as licitações, dividindo-se o capítulo em 6 tópicos, um tratando dos aspectos gerais, e os demais tratando de cada instrumento em específico.

1. Procedimentos auxiliares das licitações: aspectos gerais

Os procedimentos auxiliares de licitação são mecanismos de apoio para a realização da licitação em uma das suas modalidades específicas. Carvalho Filho os denomina como "ferramentas que podem ser empregadas para dar suporte às licitações e tornar mais efetivo o certame".[2]

Os mecanismos previstos no art. 78 na nova lei são o credenciamento; a pré-qualificação; o procedimento de manifestação de interesse; o sistema de registro de preços; e o registro cadastral.

Instrumentos correlatos a eles ainda estão provisoriamente regrados na Lei do RDC, art. 29. Neste sentido, trata-se de mecanismos que somente poderiam ser utilizados em situações específicas (elencadas nos incisos do art. 1º da RDC)[3] e que agora podem ser utilizados para processos licitatórios em geral.

[2] CARVALHO FILHO, José dos Santos. *Manual de Direito Administrativo.* 32. ed. São Paulo: Atlas, 2018. p. 475.

[3] BRASIL. *Lei nº 12.462, de 4 de agosto de 2011.* Institui o Regime Diferenciado de Contratações Públicas – RDC. Art. 1º É instituído o Regime Diferenciado de Contratações Públicas (RDC), aplicável exclusivamente às licitações e contratos necessários à realização: I – dos Jogos Olímpicos e Paraolímpicos de 2016, constantes da Carteira de Projetos Olímpicos a ser definida pela Autoridade Pública Olímpica (APO); e II – da Copa das Confederações da Federação Internacional de Futebol Associação – Fifa 2013 e da Copa do Mundo Fifa 2014, definidos pelo Grupo Executivo – Gecopa 2014 do Comitê Gestor instituído para definir, aprovar e supervisionar as ações previstas no Plano Estratégico das Ações do Governo Brasileiro para a realização da Copa do Mundo Fifa 2014 – CGCOPA 2014, restringindo-se, no caso de obras públicas, às constantes da matriz de responsabilidades celebrada entre a União, Estados, Distrito Federal e Municípios; III – de obras de infraestrutura e de contratação de serviços para os aeroportos das capitais dos Estados da Federação distantes até 350 km

A distinção entre o processo licitatório geral, com base na Lei 8.666/1993, e específico, com base na Lei do RDC, é indicada com clareza por Justen Filho, que refere a primeira como aquela que trata de um "regime que segue o modelo tradicional desenvolvido ao longo do tempo no Brasil" enquanto a segunda, a que "adotou modelos muito mais flexíveis para o procedimento licitatório". O autor afirma ainda, referindo-se ao regime jurídico vigente até então, que uma não revogou a outra, cabendo a autoridade administrativa adotar aquela que entende conveniente, observados os requisitos e casos concretos.[4]

Desta forma, este é o primeiro aspecto a ser destacado quanto aos procedimentos auxiliares na Nova lei das licitações: o que dizia respeito a algo a ser observado, tão somente, no âmbito do RDC, passa a ser indicado como um instrumental disponível ao Estado no âmbito geral das licitações.

A questão fica clara no texto do art. 28 da Nova lei de licitações, onde é elencado, de forma taxativa quais são as modalidades de licitação, e, logo no § 1º é indicado que, ao lado daquelas modalidades em específico, a Administração pode servir-se dos procedimentos auxiliares, previstos no art. 78 desta Lei.

Neste contexto, os procedimentos auxiliares devem ser observados como mecanismos colocados à disposição do Estado para que as licitações sejam promovidas de forma assertiva, melhorando o processo de compras e de contratação pública.

Embora já tenha sido referido que os procedimentos elencados no art. 78 tem relação próxima com aqueles previstos no art. 29 da Lei do RDC, não há uma identidade plena entre as previsões. Na Lei do RDC estavam previstos os seguintes procedimentos: pré-qualificação permanente;

(trezentos e cinquenta quilômetros) das cidades sedes dos mundiais referidos nos incisos I e II; IV – das ações integrantes do Programa de Aceleração do Crescimento (PAC) ; V – das obras e serviços de engenharia no âmbito do Sistema Único de Saúde – SUS; VI – das obras e serviços de engenharia para construção, ampliação e reforma e administração de estabelecimentos penais e de unidades de atendimento socioeducativo; VII – das ações no âmbito da segurança pública; VIII – das obras e serviços de engenharia, relacionadas a melhorias na mobilidade urbana ou ampliação de infraestrutura logística; IX – dos contratos a que se refere o art. 47-A; X – das ações em órgãos e entidades dedicados à ciência, à tecnologia e à inovação.

[4] JUSTEN FILHO, Marçal. *Curso de Direito Administrativo.* 12. ed. São Paulo: Editora Revista dos Tribunais, 2016. p. 345-349.

cadastramento; sistema de registro de preços; e catálogo eletrônico de padronização.

Na Nova lei das licitações, fora excluído o "catálogo eletrônico de padronização" como procedimento auxiliar[5]; incluiu-se o "procedimento de manifestação de interesse" e o "credenciamento"; e alterou-se a nomenclatura da "pré-qualificação" (antes "pré-qualificação permanente") e do "registro cadastral" (antes "cadastramento", no art. 29, I e "registros cadastrais" no art. 31). Foi mantida a mesma denominação somente no "sistema de registro de preços". A modificação dos conteúdos será abordada nos tópicos específicos.

Além da indicação dos 5 procedimentos auxiliares em específico, o art. 78 prevê, em seu § 1º, que todos eles deverão possuir regulamentos próprios, com critérios claros e objetivos. O § 2º destaca que o critério de julgamento na pré-qualificação e no procedimento de manifestação de interesse, deve observar o mesmo procedimento do processo licitatório geral, na forma do art. 59.

Ainda sobre os procedimentos especiais, fica em aberto se o elenco de 5 mecanismos é taxativo ou exemplificativo, facultando-se aos entes federados a criação de outras modalidades auxiliares. Entende-se, em um primeiro momento, que a regra a ser observada é a mesma do art. 28, vez que é ele é o dispositivo que possibilita, como base no seu § 1º, a realização de tais procedimentos como forma de auxiliar nas modalidades de licitação.

Sendo assim, deve observar-se o art. 78 a partir do critério do art. 28, que indica no seu § 2º um rol taxativo de modalidades, sendo vedado ao Poder Público a criação de novos mecanismos ou a utilização combinada dos existentes. Neste contexto, entende-se não ser possível a União, Estados Membros, Distrito Federal e Municípios inovarem, com a criação de novos procedimentos auxiliares, para além dos já previstos na nova lei.

[5] BRASIL. *Lei nº 14.133, de 1º de abril de 2021.* Lei de Licitações e Contratos Administrativos O catálogo eletrônico de padronização encontra-se previsto na Nova lei das licitações em outros pontos, como no art. 6º, LI, que o conceitua como "sistema informatizado, de gerenciamento centralizado e com indicação de preços, destinado a permitir a padronização de itens a serem adquiridos pela Administração Pública e que estarão disponíveis para a licitação", assim como nos art. 19, II, §§ 1º e 2º (deveres da administração); art. 40 (compras); art. 80, §5º (pré-qualificação de bens e serviços); art. 174 (portal nacional de contrações públicas).

Feita a apresentação dos aspectos gerais dos procedimentos auxiliares, aborda-se a seguir cada um dos mecanismos em específico, iniciando-se com o credenciamento.

2. Credenciamento

O credenciamento está regulamentado no art. 79 da Nova lei das licitações, onde são elencados os casos em que ele poderá ser utilizado, assim como, regras de observância obrigatória na sua regulamentação. Seu conceito está previsto no art. 6º, XLIII, onde é considerado como o:

> Processo administrativo de chamamento público em que a Administração Pública convoca interessados em prestar serviços ou fornecer bens para que, preenchidos os requisitos necessários, se credenciem no órgão ou na entidade para executar o objeto quando convocados.

O credenciamento é procedimento novo no âmbito das licitações. Até então, como mecanismo correlato e com mesma nomenclatura, pode ser citada uma das hipóteses de dispensa na realização do chamamento público de entidades da sociedade civil, na forma do art. 30, VI lei das ONGs (Lei n. 13.019/2014), por exemplo. Nohara destaca que a regra "veicula uma tendência que geralmente era utilizada para situações de inexigibilidade de licitação"[6].

Di Pietro também relaciona, no regime jurídico vigente até então, o credenciamento como hipótese de inexigibilidade não prevista expressamente no art. 25 da Lei 8.666/1993 e o conceitua como "procedimento prévio à contratação quando haja pluralidade de interessados em prestar serviço ou fornecer o bem". A autora explica que, nestes casos, a competição era inviável, pois existe a possibilidade de contração de todos os interessados.[7]

Com base na Nova lei das licitações, o procedimento de credenciamento poderá ocorrer em 3 hipóteses de contratação: paralela e não excludente (1); com seleção a critério de terceiros (2); e em mercados fluidos (3).

[6] NOHARA, Irene Patrícia. *Direito Administrativo*. 7. ed. São Paulo: Atlas, 2017. p. 675;

[7] DI PIETRO, Maria Sylvia Zanella. *Direito Administrativo*. 31. ed. Rio de Janeiro: Forense, 2018. p. 452.

A primeira, prevista no art. 79, I, poderá ocorrer no "caso em que é viável e vantajosa para a Administração a realização de contratações simultâneas em condições padronizadas". Neste caso, por força do parágrafo único, II, do mesmo dispositivo, "quando o objeto não permitir a contratação imediata e simultânea de todos os credenciados" deverá estar previsto em regulamento a adoção de "critérios objetivos de distribuição da demanda".

A segunda possibilidade, descrita no art. 79, II, trata as situações em que "a seleção do contratado está a cargo do beneficiário direto da prestação". Nestes casos – também na primeira hipótese – o edital deverá definir o valor da contratação, por força da parte final do parágrafo único, III, do mesmo artigo.

A terceira, prevista no art. 79, III, alcança casos "em que a flutuação constante do valor da prestação e das condições de contratação inviabiliza a seleção de agente por meio de processo de licitação". Nela, o poder público deve regulamentar, com base no IV do parágrafo único, o registro das cotações de mercado vigentes no momento da contratação.

Além das regras específicas de cada modalidade, o parágrafo único do art. 79 determina que o poder público "deverá divulgar e manter à disposição do público, em sítio eletrônico oficial, edital de chamamento de interessados, de modo a permitir o cadastramento permanente de novos interessados"; que "o edital de chamamento de interessados deverá prever as condições padronizadas de contratação"; que "não será permitido o cometimento a terceiros do objeto contratado sem autorização expressa da Administração"; e "será admitida a denúncia por qualquer das partes nos prazos fixados no edital."

Verificadas as regras do credenciamento, passa-se a abordar a pré-qualificação.

3. Pré-qualificação

A pré-qualificação é regrada no art. 80 da Nova lei das licitações, e pode ocorrer para selecionar licitantes (1) ou bens e serviços (2). Por força do § 2º do art. 78, seu critério de julgamento deve observar as normas gerais da licitação. Seu conceito é previsto no art. 6º, XLIV, estando definida como "procedimento seletivo prévio à licitação, convocado por meio de edital, destinado à análise das condições de habilitação, total ou parcial, dos interessados ou do objeto".

A pré-qualificação estava prevista na Lei da RDC, com o nome de "pré-qualificação permanente", destinada a fornecedores e bens. Na parte de bens, o regramento mantém a denominação, já quanto aos fornecedores, ocorreu modificação, passando estar prevista a seleção de licitantes. Na Lei 8.666/1993, art. 114, também existia a previsão, sem maiores detalhamentos sobre sua operacionalização.

De acordo com Nohara, tratando da pré-qualificação da RDC, mas com considerações que continuam válidas para o novo regime jurídico, o instrumento tem como finalidade "a celebração futura de contratações mais complexas" sendo uma "forma de reduzir os riscos da contratação"[8].

Neste sentido, conforme art. 80 a pré-qualificação é um procedimento técnico-administrativo para selecionar previamente licitantes ou bens. Quanto aos licitantes, a lei destaca no art. 80, I, serem aqueles que "reúnam condições de habilitação para participar de futura licitação ou de licitação vinculada a programas de obras ou de serviços objetivamente definidos". Em relação aos bens, o art. 80, II destaca com os "atendam às exigências técnicas ou de qualidade estabelecidas pela Administração".

Como regras gerais do instrumento, destaca-se o previsto no §2º do art. 80, onde afirma-se que o procedimento deve ficar permanentemente aberto para a inscrição de interessados. Outra normativa geral é quanto ao procedimento a ser previsto no edital, que consoante os incisos do art. 80, § 3º, deve trazer as "informações mínimas necessárias para definição do objeto" e a "a modalidade, a forma da futura licitação e os critérios de julgamento".

Outro aspecto geral do procedimento consta no § 4º, que dispõe sobre a necessidade de que a análise dos documentos apresentados e deve se dar no prazo de 10 dias úteis, que exigirá correções ou reapresentação de documentos, sempre que for o caso, com vistas a incentivar a competição.

Como regra da pré-qualificação também está o disposto no § 6º, sendo permitida sua realização em grupos ou segmentos, observada as especialidades. O § 7º dispõe que a pré-qualificação pode ser total ou parcial, com todos ou parte de requisitos técnicos e de habilitação, sempre assegurando-se a igualdade de condições entre os concorrentes.

O prazo de validade da pré-qualificação é de um ano, podendo ser atualizada a qualquer tempo, sempre inferior ao prazo de

[8] NOHARA, Irene Patrícia. *Direito Administrativo*. 7. ed. São Paulo: Atlas, 2017. p. 408.

validade de documentos apresentados (§ 8º), devendo os licitantes e bens pré-qualificados serem, obrigatoriamente, divulgados publicamente (§ 9º).

Regra importante, que valoriza o procedimento auxiliar da pré--qualificação, está prevista no art. 80, § 10, e trata da possibilidade da licitação decorrente do mecanismo, ser restringida aos bens ou licitantes já pré-qualificados.

Além dos regramentos gerais, a lei traz algumas especificidades para a pré-qualificação de licitantes, entre elas, que "poderão ser dispensados os documentos que já constarem do registro cadastral", na forma do art. 80, § 1º, I. Quanto às especificidades da pré-qualificação de bens, está prevista a possiblidade de exigência de comprovação de qualidade, nos termos do 80, § 1º, II, e ainda que os bens e os serviços pré-qualificados deverão integrar o catálogo de bens e serviços da Administração (§5º).

Destacadas os dispositivos da pré-qualificação, aborda-se o Procedimento de Manifestação de Interesse.

4. Procedimento de manifestação de interesse

O procedimento de manifestação de interesse tem sua previsão legal no art. 81 da Nova lei das licitações. Refere-se a um processo seletivo de iniciativa do poder público, que busca na iniciativa privada, propostas e estudos em questões relevantes. Os critérios de julgamento da seleção, devem observar as regras gerais da Nova lei das licitações (art. 78, § 2º).

Há mecanismo correlato previsto na Lei das ONGs, art. 18, denominado "procedimento de manifestação de interesse social", que é um instrumento "por meio do qual as organizações da sociedade civil, movimentos sociais e cidadãos poderão apresentar propostas ao poder público para que este avalie a possibilidade de realização de um chamamento público objetivando a celebração de parceria."

A diferença entre ambos é que, no procedimento previsto na nova lei de licitações, as propostas dos particulares serão apresentadas em decorrência e com base em edital publicado pelo poder público. No instrumento das Lei das ONGs, a apresentação de propostas da sociedade civil pode ser dar independente de provocação do Poder Público, assemelhando-se a uma sugestão, que pode ou não ser aceita, na forma explicada por Carvalho Filho:

> A proposta deve indicar o subscritor, o interesse público em jogo e os elementos da realidade que se pretende aperfeiçoar, modificar ou desenvolver, com os respectivos dados relativos a custos, vantagens e outros do gênero. A administração divulga a proposta em seu sítio eletrônico, e, havendo interesse administrativo, providencia a instauração do procedimento.[9]

Instrumento de idêntica nomenclatura encontra-se previsto no Decreto n. 8.428/2015. Tendo em vista alterações no ano de 2019, o mecanismo previsto no regulamento, que antes tinha um escopo mais ampliado, passou a alcançar somente propostas de "estruturação de desestatização de empresa e de contratos de parcerias", estando vinculado ao Programa de Parcerias de Investimentos – PPI, regulado na Lei n. 13.334/2016. Di Pietro afirma que "trata-se de importante instrumento de que a Administração Pública pode valer-se, facultativamente, para suprir a sua insuficiência de conhecimento técnico indispensável para a estruturação de grandes empreendimentos".[10]

Outro mecanismo que guarda relação com o instrumento é a Manifestação de Interesse da Iniciativa Privada, identificado (MIP). O tema é previsto no parágrafo único do art. 3º do Decreto Federal n. 8.428/2017, sendo um protocolo simplificado, sem tipicidade precisa, que tem sido regulamentado em normas estaduais e municipais para viabilizar a aproximação público-privada.[11]

Desta forma, o Procedimento de Manifestação de Interesse, embora não previsto anteriormente nem na Lei da RDC, nem na Lei n. 8.666/1993, possui instrumentos correlatos na legislação vigente, não confundindo-se com nenhum deles. O mecanismo previsto na lei das ONGs é mais simplificado, cuja deflagração pode ocorrer pelo privado não lucrativo (1); o procedimento geral do Decreto n. 8.428/2015 destina-se para casos específicos de desestatização e parcerias (2); o MIP é um processo simplificado, iniciado por agentes privados (3); e o PMI da Nova lei das licitações

[9] CARVALHO FILHO, José dos Santos. *Manual de Direito Administrativo*. 32. ed. São Paulo: Atlas, 2018, p. 383.

[10] DI PIETRO, Maria Sylvia Zanella. *Direito Administrativo*. 31. ed. Rio de Janeiro: Forense, 2018. p. 401.

[11] Como exemplo, o Decreto n. 39.613/2019 do Distrito Federal e o Decreto n. 14.657/2011 do Município de Belo Horizonte.

trata-se de instrumento a ser utilizado, por conveniência e oportunidade do Poder Público, como forma de otimizar e melhorar os resultados do processo licitatório em geral, a partir da publicação de um edital elaborado pelo próprio Estado (4).

Com base nos regramentos previstos na Nova Lei de Licitações, o edital a ser publicado pelo poder público é peça chave do processo, sendo a única forma de deflagração do procedimento. Através dele, a administração solicita a iniciativa privada, propostas, estudos, investigações, levantamentos, projetos, entre outras soluções inovadoras, que contribuam com questões de relevância, na forma do art. 81 *caput*.

Na forma do instrumento, com base no § 1º do art. 81, não há um dispêndio imediato de recursos públicos. Todos os estudos e projetos realizados terão um custo previsto, na forma do edital do procedimento auxiliar, que deverá ser assumido como risco pelos participantes do procedimento de manifestação. O valor somente será reembolsado pela empresa vencedora da licitação que decorre do PMI, no certame futuro, caso ele aconteça.

O § 2º indica regramentos que aumentam o risco de participação privada no procedimento, vez que ele não atribui ao seu participante qualquer preferência do futuro processo licitatório (I). Mais que isso: o Poder Público sequer fica obrigado a realizar a hipotética futura licitação (II). Neste contexto, o ressarcimento torna-se incerto, sem qualquer direito subjetivo ao participante (III), uma vez que a remuneração será de responsabilidade do vencedor de futura licitação, vedada qualquer cobrança de valores ao Poder Público.

A aceitação das entregas do particular, com base no § 3º do art. 81, se dará com a elaboração de parecer fundamentado do Poder Público, que demonstre que o produto ou serviço entregue é adequado e suficiente, que suas premissas são compatíveis as necessidades públicas, assim como, que a metodologia da proposta garante mais economia e vantagens, se comparada com as demais.

Existe a previsão de utilização da proposta como forma de apoio para *startups*, vez que o procedimento de manifestação de interesse pode estar direcionado somente a agentes econômicos com esta característica. A própria lei define o que são *startups* no § 4º do art. 81, nos seguintes termos:

Os microempreendedores individuais, as microempresas e as empresas de pequeno porte, de natureza emergente e com grande potencial, que se dediquem à pesquisa, ao desenvolvimento e à implementação de novos produtos ou serviços baseados em soluções tecnológicas inovadoras que possam causar alto impacto, exigida, na seleção definitiva da inovação, validação prévia fundamentada em métricas objetivas, de modo a demonstrar o atendimento das necessidades da Administração.

Apresentados os elementos gerais do Procedimento de Manifestação Pública, verifica-se a seguir o sistema de registro de preços.

5. Sistema de registro de preços

O sistema de registro é um procedimento auxiliar que já possuía previsão na Lei da RDC e na Lei n. 8.666/1993[12], tendo mantido o nome, mas com um detalhamento maior de seu escopo e regramentos. Na Nova lei das licitações, o instrumento está disposto do art. 82 ao art. 86, estando conceituado no art. 6º, XLV, como o:

> Conjunto de procedimentos para realização, mediante contratação direta ou licitação nas modalidades pregão ou concorrência, de registro formal de preços relativos à prestação de serviços, a obras e a aquisição e locação de bens para contratações futuras.

Na forma explicada por Di Pietro, o "objetivo do registro de preços é facilitar as contratações futuras, evitando que, a cada vez, seja realizado novo procedimento de licitação"[13]. Com base no art. 82 da Nova lei de licitações, o edital passa a ser um elemento central do sistema de registro de compras, devendo dispor de uma série de elementos obrigatórios, entre os quais, as especificidades do objeto, com indicação e quantidade

[12] BRASIL. *Lei nº 8.666, de 21 de junho de 1993*. Regulamenta o art. 37, inciso XXI, da Constituição Federal, institui normas para licitações e contratos da Administração Pública e dá outras providências. Na lei de licitações a ser revogada, o sistema de registro de preços estava previsto no art. 15, II, que tratava das regras de compras, com detalhamento da regulamentação nos §§ 3º a 8º do mesmo dispositivo.

[13] DI PIETRO, Maria Sylvia Zanella. *Direito Administrativo*. 31. ed. Rio de Janeiro: Forense, 2018. p. 503

máxima e mínima, possibilidades de preços distintos, entre outras questões[14].

Após a sua realização, com base no art. 83, serão registrados preços, que implicam em um compromisso do particular com as condições estabelecidas, sendo facultado ao Poder Público a realização de licitação específica para a aquisição pretendida, sempre com base em ato e decisão motivados.

O §5º do art. 82, destaca alguns critérios que devem ser observados no sistema de registro de preços de bens e serviços, sendo eles: a realização prévia de ampla pesquisa de mercado (1); a seleção de acordo com os procedimentos previstos em regulamento (2); o desenvolvimento obrigatório de rotina de controle (3); a atualização periódica dos preços registrados (4); a definição do período de validade do registro de preços (5); a inclusão, em ata de registro de preços: do licitante que aceitar cotar os bens ou serviços em preços iguais aos do licitante vencedor na sequência de classificação da licitação (6) e inclusão do licitante que mantiver sua proposta original (7).

Importa destacar ainda, que o sistema de registro de preços, conforme art. 82, primeira parte do § 6º pode ser um instrumento auxiliar nas hipóteses de dispensa e inexigibilidade de licitação.

[14] BRASIL. *Lei nº 14.133, de 1º de abril de 2021.* Lei de Licitações e Contratos Administrativos .Os incisos do art. 82 indicam as seguintes disposições obrigatórias para o edital: I – as especificidades da licitação e de seu objeto, inclusive a quantidade máxima de cada item que poderá ser adquirida; II – a quantidade mínima a ser cotada de unidades de bens ou, no caso de serviços, de unidades de medida; III – a possibilidade de prever preços diferentes: a) quando o objeto for realizado ou entregue em locais diferentes; b) em razão da forma e do local de acondicionamento; c) quando admitida cotação variável em razão do tamanho do lote; d) por outros motivos justificados no processo; IV – a possibilidade de o licitante oferecer ou não proposta em quantitativo inferior ao máximo previsto no edital, obrigando-se nos limites dela; V – o critério de julgamento da licitação, que será o de menor preço ou o de maior desconto sobre tabela de preços praticada no mercado; VI – as condições para alteração de preços registrados; VII – o registro de mais de um fornecedor ou prestador de serviço, desde que aceitem cotar o objeto em preço igual ao do licitante vencedor, assegurada a preferência de contratação de acordo com a ordem de classificação; VIII – a vedação à participação do órgão ou entidade em mais de uma ata de registro de preços com o mesmo objeto no prazo de validade daquela de que já tiver participado, salvo na ocorrência de ata que tenha registrado quantitativo inferior ao máximo previsto no edital; IX – as hipóteses de cancelamento da ata de registro de preços e suas consequências.

Os §§ 1º e 2º do art. 82 detalham o critério de julgamento por menor preço, no caso de grupo de itens. Sua adoção somente é possível quando ficar demonstrado a inviabilidade de adjudicação individual e as vantagens técnicas e econômicas para o poder público na compra conjunta. Mesmo assim, devem ser indicados os critérios para aceitabilidade de preços unitários, consoante pesquisa prévia de mercado, com previsão no edital do registro de preços.

Existe a possibilidade de o edital não prever o total a ser adquirido, na forma dos §§ 3º e 4º, do art. 82. Tal possibilidade fica restrita aos seguintes casos: quando for a primeira licitação para o objeto e o órgão ou entidade não tiver registro de demandas anteriores (1); no caso de alimento perecível (2); e no caso em que o serviço estiver integrado ao fornecimento de bens (3). Nestes casos, deve constar a indicação do valor máximo da despesa, sendo vedado que outro órgão ou entidade participe daquela ata.

Um instrumento interessante, previsto na Nova lei das licitações, consiste na possibilidade que outros órgãos ou entidades, ainda que de pessoas jurídicas distintas, participem de um mesmo sistema de registro de preços. Tal possibilidade decorre do disposto na parte final do § 6º, do art. 82, que tem seu detalhamento no art. 86.

De acordo com a normativa o "órgão ou entidade gerenciadora"[15] deve, ainda na fase preparatória do processo licitatório, realizar um procedimento público de intenção de registro de preços, visando possibilitar, pelo prazo mínimo de 8 dias úteis, que outros órgãos ou entidades participem da respectiva ata, determinando a estimativa total da contratação.

Tal procedimento, consoante § 1º do art. 86, somente é dispensável quando o gerenciador for o único contratante. Ainda que não exista participação, nos termos do *caput*, o § 2º possibilita a adesão de órgãos e entidade na "ata de registro de preços"[16] na condição de "não parti-

[15] BRASIL. *Lei nº 14.133, de 1º de abril de 2021.* Lei de Licitações e Contratos Administrativos. Segundo o inciso XLVII, do art. 6º, o órgão ou entidade gerenciadora é o "órgão ou entidade da Administração Pública responsável pela condução do conjunto de procedimentos para registro de preços e pelo gerenciamento da ata de registro de preços dele decorrente".

[16] BRASIL. *Lei nº 14.133, de 1º de abril de 2021.* Lei de Licitações e Contratos Administrativos. Segundo o inciso XLVI, do art. 6º, ata de registro de preços é o "documento vinculativo e obrigacional, com característica de compromisso para futura contratação, no qual são registrados o objeto, os preços, os fornecedores, os órgãos participantes e as condições a serem praticadas, conforme as disposições contidas no edital da licitação, no aviso ou instrumento de contratação direta e nas propostas apresentadas".

cipantes", observados alguns requisitos[17]. A referida ata, conforme art. 84, tem o prazo de vigência de um ano, podendo ser renovado por igual período, sempre que comprovado que o preço é vantajoso[18].

Desta forma, além do "órgão ou entidade gerenciadora" (art. 6º, XLVII), que é quem conduz o procedimento auxiliar do sistema de registro de preços, há outros dois atores importantes neste processo, que a lei dá conceituação específica: "órgão ou entidade participante" (art. 6º, XLVIII)[19], que é quem participa do processo desde suas etapas iniciais, integrando a ata; e "órgão ou entidade não participante" (art. 6º, XLVIII)[20], que é quem adere ao sistema, sem participação na ata ou nas fases de abertura.

Em se tratando de órgão ou entidade não participante, sua adesão somente é possível perante ente federado de nível superior, na forma do § 3º, do art. 86. Reforça este regramento, o disposto no § 8º, que impede a que os órgãos e entidades federais promovam adesão as atas dos demais entes.

Outro regramento que merece destaque é o previsto no § 6º, que regula ser obrigatória a adesão de outros entes à ata de registro de preços gerenciada pelo poder executivo federal para fins de transferências voluntárias. Os §§ 4º e 5º tratam dos limites destas adesões, dispondo o

[17] BRASIL. *Lei nº 14.133, de 1º de abril de 2021.* Lei de Licitações e Contratos Administrativos. Nos termos dos incisos do § 2º do art. 86, serão requisitos para a adesão no registro de preços, na condição de não participante: "I – apresentação de justificativa da vantagem da adesão, inclusive em situações de provável desabastecimento ou descontinuidade de serviço público; II – demonstração de que os valores registrados estão compatíveis com os valores praticados pelo mercado na forma do art. 23 desta Lei; III – prévias consulta e aceitação do órgão ou entidade gerenciadora e do fornecedor."

[18] BRASIL. *Lei nº 14.133, de 1º de abril de 2021.* Lei de Licitações e Contratos Administrativos. Conforme o parágrafo único do art. 84, "o contrato decorrente da ata de registro de preços terá sua vigência estabelecida em conformidade com as disposições nela contidas."

[19] BRASIL. *Lei nº 14.133, de 1º de abril de 2021.* Lei de Licitações e Contratos Administrativos. Segundo o inciso XLVIII, do art. 6º, órgão ou entidade participante é o "órgão ou entidade da Administração Pública que participa dos procedimentos iniciais da contratação para registro de preços e integra a ata de registro de preços."

[20] BRASIL. *Lei nº 14.133, de 1º de abril de 2021.* Lei de Licitações e Contratos Administrativos. Segundo o inciso XLIX, do art. 6º, órgão ou entidade não participante é o "órgão ou entidade da Administração Pública que não participa dos procedimentos iniciais da licitação para registro de preços e não integra a ata de registro de preços".

§ 7º de questões atinentes à aquisição emergencial de medicamentos e material de consumo médico-hospitalar, que também é exceção a regra geral dos limites.

O sistema de registro de preços abrange também as obras de engenharia, consoante o § 5º, do art. 82 e art. 85. Nestes casos, a administração pública deve atender dois requisitos: a existência de projeto padronizado, sem complexidade técnica e operacional (1); e necessidade permanente ou frequente de obra ou serviço a ser contratado (2).

Desta forma, estas são as regras gerais a serem observadas no procedimento auxiliar do sistema de registro de preços. Passa-se ao último instrumento previsto, denominado Registro Cadastral.

6. Registro cadastral

O registro cadastral é um procedimento auxiliar que possuía mecanismo correlato na Lei do RDC com denominação de "registros cadastrais", estando previsto no art. 87 e 88 da Nova lei das licitações. Consoante o disposto na norma, os órgãos entidades da administração pública deverão utilizar um registro cadastral unificado, a ser disponibilizado no Portal Nacional de Contratações Públicas.

A novidade consiste justamente em tratar-se de um cadastro unificado, que será disciplinado em regulamento, que pretende elencar todos os licitantes do país. Na forma do § 1º do art. 87, tal registro deverá ser público, amplamente divulgado, ser aberto aos interessados de forma permanente, sendo obrigatório o chamamento público via internet, visando atualização dos registros já existentes e ingresso de novos interessados.

A proposta de um cadastro único é reforçada no teor no § 2º do art. 87, que proíbe registros complementares para acesso ao edital e anexos. O § 3º refere a possibilidade de restringir as licitações àqueles fornecedores cadastrados, sendo admitido o cadastro no prazo do edital, na forma do § 4º.

O art. 88 regulamenta a inscrição do interessado no registro cadastral, onde serão exigidos os elementos necessários de habilitação previstos na lei. Conforme o § 1º, será procedida uma categorização objetiva, levando em conta a área de atuação, qualificação técnica, econômico-financeira, entre outras. A lei prevê também, no § 2º que o inscrito receberá certificado, sempre renovável com a atualização do registro, assim como, no § 5º, que a qualquer tempo poderá ser alterado, suspenso ou cancelado o registro daqueles inscritos que deixarem de satisfazer exigências da lei ou regulamento.

Os §§ 3º e 4º tratam da análise da atuação do contatado, no cumprimento de suas obrigações assumidas perante o Poder Público. Do trabalho desenvolvido, será emitido documento de avaliação, com indicação de desempenho baseado em indicadores objetivos, eventuais penalidades, entre outras informações. Tal anotação, está condicionada a implantação e a regulamentação do cadastro de cumprimento de obrigações, que terá por base inúmeros princípios (impessoalidade, igualdade, isonomia, publicidade e transparência) de modo a possibilitar o incentivo para licitantes com ótimo desempenho.

Outro regramento que reforça a importância do registro cadastral como elemento central na habilitação de licitantes está previsto no § 6º, que garante ao interessado que requer o cadastro, a possibilidade de participar do processo licitatório até a decisão final da administração pública, e ainda, a oportunidade de contratar, condicionada a emissão do certificado.

Com os comentários sobre os diferentes instrumentos auxiliares, passa-se a apresentação das conclusões sobre o tema.

Conclusões

Os procedimentos auxiliares devem ser observados como mecanismos colocados à disposição do Estado para que as licitações sejam promovidas de forma assertiva, melhorando o processo de compras e de contratação pública. Com a Nova lei das licitações, tais mecanismos, antes regrados de maneira análoga no âmbito do RDC, passam a ser vistos como um instrumental disponível ao Estado no âmbito geral das licitações

Um destes procedimentos é o credenciamento, que tem por finalidade regar as compras e a contratação quando a competição se demonstra inviável, pois existe a possibilidade de contração de todos os interessados. Na Nova lei das licitações, o mecanismo poderá ocorrer em 3 hipóteses de contratação: paralela e não excludente; com seleção a critério de terceiros; e em mercados fluidos.

A pré-qualificação tem como objetivo garantir a contratações futuras de grande complexidade, sendo assim, ser reduzem os riscos na seleção de licitantes. Na Nova lei das licitações, o procedimento técnico-administrativo pode ser utilizado para selecionar previamente tanto licitantes, quanto bens. Com a utilização do instrumento, a licitação futura pode ser restringida aos bens ou licitantes já pré-qualificados.

O procedimento de manifestação é um instrumento que possibilita que a administração solicite para a iniciativa privada, propostas, estudos, investigações, levantamentos, projetos, entre outras soluções inovadoras, que contribuam com questões de relevância. Uma das vantagens ao Poder Público é que o custo com desenvolvimento destas propostas é assumido como risco pelos participantes e será reembolsado no futuro pela empresa vencedora da licitação que decorre do PMI, caso ele aconteça. Existe a previsão de utilização da proposta como forma de apoio para *startups*, podendo o procedimento ser direcionado somente aos agentes econômicos com esta característica.

O registro de preços objetiva facilitar contratações futuras, evitando que, a cada compra, seja realizado novo procedimento de licitação. Na Nova lei das licitações existe a possibilidade de um mesmo registro abarcar outros órgãos ou entidades, conforme os conceitos de órgão ou entidade gerenciadora, participante, não participante e ata de preços, conceituados com clareza na recente norma.

O procedimento do cadastro unificado tem a pretensão de registrar todos os licitantes do país em um mesmo registro, que será público, amplamente divulgado, aberto aos interessados, como forma de reforçar o potencial das empresas que participam de licitações e apresentam resultados satisfatórios nas contratações públicas.

Desta forma, entende-se que os procedimentos auxiliares são mecanismos importantes no novo cenário das licitações. Sua implementação tende a melhorar os resultados nas compras e contratação pública, reforçando os princípios da eficiência, economicidade, impessoalidade, entre outros, essenciais na proba utilização dos recursos do erário.

Referências

BELO HORIZONTE. *Decreto nº 14.657, de 21 de novembro de 2011.* Institui a Manifestação de Interesse da Iniciativa Privada para participação de interessados na estruturação de projetos de parcerias público-privadas, nas modalidades patrocinada e administrativa, e em projetos de concessão comum e de permissão, no âmbito da Administração Direta e Indireta do Poder Executivo.

BRASIL. *Decreto nº 8.428, de 2 de abril de 2014.* Dispõe sobre o Procedimento de Manifestação de Interesse a ser observado na apresentação de projetos, levantamentos, investigações ou estudos, por pessoa física ou jurídica de direito privado, a serem utilizados pela administração pública.

BRASIL. *Lei nº 12.462, de 4 de agosto de 2011*. Institui o Regime Diferenciado de Contratações Públicas – RDC.

BRASIL. *Lei nº 13.019, de 31 de julho de 2014*. Estabelece o regime jurídico das parcerias entre a administração pública e as organizações da sociedade civil.

BRASIL. *Lei nº 13.334, de 13 de setembro de 2016*. Cria o Programa de Parcerias de Investimentos – PPI.

BRASIL. *Lei nº 14.133, de 1º de abril de 2021*. Lei de Licitações e Contratos Administrativos.

BRASIL. *Lei nº 8.666, de 21 de junho de 1993*. Regulamenta o art. 37, inciso XXI, da Constituição Federal, institui normas para licitações e contratos da Administração Pública e dá outras providências.

BRASÍLIA. *Decreto nº 39.613, de 03 de janeiro de 2019*. Estabelece regras sobre o Procedimento de Manifestação de Interesse (PMI) e a Manifestação de Interesse Privado (MIP).

CARVALHO FILHO, José dos Santos. *Manual de Direito Administrativo*. 32. ed. São Paulo: Atlas, 2018.

DI PIETRO, Maria Sylvia Zanella. *Direito Administrativo*. 31. ed. Rio de Janeiro: Forense, 2018.

JUSTEN FILHO, Marçal. *Curso de Direito Administrativo*. 12. ed. São Paulo: Editora Revista dos Tribunais, 2016.

NOHARA, Irene Patrícia. *Direito Administrativo*. 7. ed. São Paulo: Atlas, 2017.

8.
A Preparação da Licitação e as Modalidades Licitatórias na Lei 14.133/2021

Francisco Eduardo Carrilho Chaves

Introdução

Bem próxima de fazer vinte e oito anos de vida, a Lei 8.666/1993 iniciou seu processo de aposentadoria, resultado da publicação da Lei 14.133/2021, conhecida como Nova Lei de Licitações e Contratos Administrativos, que passaremos a referenciar pela sigla NLLC. A onda que está varrendo o ordenamento jurídico levou também a Lei do Pregão (Lei 10.520/2002) e a parte relativa a licitações da Lei do Regime Diferenciado de Contratações Públicas – RDC (Lei 12.462/2011).

Conforme estipulado na Lei 14.133/2021, em dois anos da sua publicação, somente ela permanecerá como diploma matriz de licitações e contratos.

Em toda transição legislativa, há um arraigado costume de se comparar a nova e a antiga norma. Às vezes pontualmente, avaliando dispositivos de forma isolada. Não é o mais correto, mas não será diferente agora. Devemos, contudo, nos esforçar para encarar a NLLC como um verdadeiro ponto de inflexão, no qual se reinventa a maneira da administração pública licitar e contratar. O rito de passagem consumirá longos dois anos exatamente por conta dessa reinvenção.

A lei recém-nascida não é uma "Nova Lei 8.666". De fato, ela até consolida disposições de normas existentes, algumas infralegais, mas o legislador atuou imbuído do espírito de mudar para melhor, retirando o máximo da experiência acumulada nas décadas da ordem que em breve se encerrará. Há inovações significativas de concepção e espírito do novo marco legal, especialmente na parte a que se dedica este artigo. A novidade da Lei acarreta com que o trabalho contenha poucas citações doutrinárias.

A Lei 14.133/2021 será aquilo que dela fizerem gestores, licitantes, contratantes, a praxe administrativa, as orientações, as decisões e súmulas dos tribunais de contas e dos órgãos judiciais, sem olvidar de eventuais adequações legislativas futuras. A NLLC é um manancial virgem e riquíssimo. Tudo o que sobre ela se escreve agora poderá ter que ser revisto adiante. Sua evolução e desdobramentos são imprevisíveis.

Uma das mais significativas mudanças conceituais está no art. 5º da NLLC, que arrola os princípios a serem observados na aplicação da Lei. Uma série deles foi adicionada ao que previa a antiga Lei de 1993. Não são princípios novos. A novidade está em terem sido taxativamente enumerados como informadores da atuação do Poder Público no âmbito das licitações e dos contratos. O legislador foi ambicioso e bem profícuo na eleição dos princípios, mas, para os fins deste artigo, foram mais relevantes as adições dos princípios da eficiência, da eficácia e do planejamento.

Tendo em conta a importância dada na nova Lei à transparência, aos instrumentos de negociação, ao planejamento, à adequação das aquisições às leis orçamentárias, ao esmero e à responsabilidade na elaboração dos projetos, iniciaremos nosso estudo, pela instrução do processo licitatório, que inaugura a fase preparatória da licitação. Em seguida, perscrutaremos as modalidades licitatórias, evidenciando suas características e como se define a adequada a cada situação, exceto pela novidade diálogo competitivo, que receberá tratamento individualizado em outra parte desta obra.

1. Instrução do processo licitatório

A instrução do processo licitatório está disposta na Seção da NLLC que abrange **do art. 18 ao art. 27**, mas está no art. 8º da Lei a demarcação de a quem compete proceder à fase preparatória: o agente de contratação (art. 6º, LX), que pode ser substituído por comissão de contratação (art. 6º, L) em certames que envolvam bens ou serviços especiais.

1.1. Características da fase preparatória do processo licitatório

O planejamento é a característica primordial da fase preparatória, conforme preconiza o art. 18. Exige-se compatibilização com o plano de contratações anual, quando existir, e com as leis orçamentárias.

Consoante se depreende do inciso VII do art. 12 da NLLC, pelo qual "o plano de contratações anual **poderá** ser elaborado pelos órgãos responsáveis pelo planejamento de cada ente federativo", o documento não é obrigatório.

O objetivo do plano, cuja elaboração decorrerá de demandas formuladas aos órgãos responsáveis pelo planejamento do ente federado, é racionalizar as contratações, garantir o alinhamento com o seu planejamento estratégico e subsidiar a elaboração das respectivas leis orçamentárias.

Desde sempre foi recomendável que os setores de planejamento e orçamento estivessem em coordenação com os setores responsáveis pela gestão, desde a elaboração da proposta orçamentária até a execução da despesa. O adequado cumprimento dos princípios orçamentários da unidade, da totalidade, da universalidade e do equilíbrio exige compatibilizar, desde o início do ciclo orçamentário, as políticas públicas e correspondentes gastos com o ingresso de recursos.

Assim, a nova Lei não descobriu a pólvora. Sua elogiável inovação é positivar uma boa prática, privilegiando o planejamento, a adequação das aquisições às leis orçamentárias, o esmero e a responsabilidade na elaboração dos projetos.

O inciso VII do art. 12 da NLLC determina que regulamento balizará a confecção do plano de contratações anual. Considerando a autonomia administrativa dos membros da Federação, derivada dos arts. 1º, 18 e 60, § 4º, I, da Constituição Federal (CF), e que, no atinente a licitações e contratos, é dado privativamente à União dispor em lei nacional apenas sobre normas gerais (art. 22, XXVII), entendemos competir a cada ente federado elaborar o próprio regulamento, veiculado por decreto do respectivo chefe do Poder Executivo. O ato normativo poderá, inclusive, determinar que o plano de contratações anual seja obrigatório. Destarte, afirmamos que a União não detém competência para editar regulamento (norma infralegal) vinculador das condutas de estados, municípios e Distrito Federal no tema.

Havendo ou não plano de contratações anual, o planejamento da licitação deve abordar todas as considerações técnicas, mercadológicas e de gestão que possam interferir na contratação. Os **incisos do *caput* do art. 18**, segundo entendemos, não esgotam o que deve ser sopesado no planejamento. Antes, indica os seus aspectos mínimos. Outros poderão ser adicionados, a depender da situação.

O que primeiro se faz na fase preparatória é **descrever a necessidade da contratação (inciso I do *caput* do art. 18)**, que depende diretamente do **estudo técnico preliminar**, documento ao qual a NLLC conferiu singular importância na fase preparatória da licitação. Praticamente tudo gira em torno dele. Em face da relevância dada a esse estudo, separamos um subitem apenas para estudá-lo.

Sem prejuízo dessa análise dedicada, adiantamos que, pelo ***caput* do § 1º do art. 18**, ao estudo técnico preliminar compete **evidenciar o problema a ser resolvido e a sua melhor solução, de modo a permitir a avaliação da viabilidade técnica e econômica da contratação**.

A dependência que a descrição da necessidade da contratação tem do estudo técnico preliminar é tamanha que ela somente será mais bem compreendida quando, adiante, detalharmos esse estudo.

De toda sorte, essa descrição precisa **caracterizar o interesse público envolvido**. Toda ação administrativa deve ser voltada ao atendimento do interesse público. Ainda que conceituar interesse público seja uma tarefa hercúlea, diante de uma necessidade existente, o administrador tem meios de saber se sua atuação está na direção correta.

Lembramos, inicialmente, o princípio da legalidade administrativa estrita (art. 37, *caput*, CF), segundo o qual o administrador somente pode fazer aquilo que a lei determina ou autoriza, que difere do princípio da legalidade geral (art. 5º, II, CF) pelo que somente a lei pode obrigar o indivíduo a fazer ou deixar de fazer alguma coisa. Pessoas físicas e jurídicas, em regra, podem estipular em contrato tudo aquilo que não seja proibido pelo ordenamento, assim como praticar atos fora do espectro das vedações. Não é o que ocorre, porém, com as pessoas da administração pública.

Assim, a primeira e inafastável pergunta a ser feita pelo gestor é: o ordenamento impõe ou permite que tal coisa seja feita? Se a resposta for negativa, o interesse público não está presente.

O procedimento licitatório é uma sequência ordenada de atos administrativos, e um dos elementos do ato administrativo é a finalidade. Os outros são: competência, forma, motivo e objeto. Todos são imprescindíveis para a sua formação. A falta de um deles pode prejudicar a validade e os efeitos do ato.

No ato vinculado, a lei determina todos os seus requisitos e elementos, de forma objetiva. O legislador não dá margem ao administrador para agir conforme a sua manifestação livre de vontade, é obrigatório seguir a lei em tudo. Já no ato discricionário, há margem para que, conforme o caso concreto, sejam feitas certas escolhas. A discricionariedade nunca é total, pois geralmente a competência e a finalidade são elementos que se encontram previstos na legislação. Em regra, os atos que compõem o procedimento licitatório são vinculados ou com estreita margem de discricionariedade. Mantemo-nos, portanto, atrelados ao princípio da legalidade administrativa.

Se, em paralelo à legalidade, o gestor fizer o juízo da contratação também à luz dos princípios da impessoalidade, da legitimidade, da probidade administrativa, da eficiência, da eficácia e da moralidade, estarão postas todas as condições para que o estudo técnico preliminar evidencie que se busca a realização do interesse público.

A nova Lei acrescentou no **art. 20** uma regra da qual gestor terá que se lembrar: não se pode adquirir artigos de luxo. Os itens de consumo deverão ser de qualidade comum, não superior à necessária para cumprir as finalidades às quais se destinam. Mas havemos de convir que sempre foi assim. Bastava considerar alguns dos princípios citados no parágrafo anterior.

Princípios veiculam valores que orientam a interpretação e a aplicação do Direito e possuem caráter de dever e de obrigação, mas são abstratos. No Brasil, a aquisição de uma Ferrari como veículo para transporte de autoridades poderia ter seguido todos os trâmites legais, mas nunca teria atendido aos princípios da administração e, via de consequência, violaria o interesse público. Hoje, todavia, o óbice à compra da Ferrari deriva de regra expressa.

A novidade poderia ser considerada prosaica e até desnecessária, não existisse, primeiramente, o art. 20 da Lei de Introdução às Normas do Direito Brasileiro – LINDB (Decreto-Lei 4.657/1942), incluído pela Lei 13.655/2018, pelo qual, nas esferas administrativa, controladora e judicial, não se decidirá com base em valores jurídicos abstratos (leia-se "princípios") sem que sejam consideradas as consequências práticas da decisão, devendo a motivação demonstrar a necessidade e a adequação da medida imposta ou da invalidação do ato, contrato, ajuste, processo ou norma administrativa, inclusive em face das possíveis alternativas.

Ao artigo citado acima somam-se a obrigação de que toda decisão seja fundamentada (art. 93, IX, CF) e o art. 5º da NLLC que impõe a observância das disposições da LINDB.

Nesse sentir, a taxatividade amplia a segurança jurídica para as instâncias decisórias e para os administrados em questões que envolvam a matéria.

É preciso observar que, não obstante se exija do estudo técnico preliminar evidências de que a solução escolhida é a melhor para o problema apresentado, por variados motivos, haverá casos em que a administração não disporá de meios para cumprir a tarefa.

A ideia um tanto arrogante de que a Administração dispõe de todas as informações e conhecimentos para especificar pormenorizada e adequadamente todas as suas necessidades já está vencida há algum tempo. Quanto mais tecnológica for a solução, maior é a assimetria cognitiva entre o mercado e a Administração.

Para situações peculiares como essas, sem avançarmos na análise da modalidade licitatória, adiantamos que se deverá utilizar o debutante diálogo competitivo (arts. 28, V, e 32).

Conforme alertado, a modalidade não é objeto desta parte do trabalho, mas é imperioso registrar que nela, pelas suas características, a fase preparatória inicial não poderá atender a tudo o que preconiza o art. 18. Afigura-nos claro que apenas na divulgação do edital da fase competitiva, depois de concluída a de diálogo, estarão presentes todos os elementos necessários para definir o objeto e o que mais advier dessa definição. Somente deste edital constará a especificação completa da solução apta a atender às necessidades do órgão ou entidade (inciso VIII do § 1º do art. 32).

Assim, a despeito da Lei não possuir determinação expressa nesse sentido, o art. 18 será aplicado ao diálogo competitivo naquilo em que couber. Cremos que a praxe administrativa, a doutrina e a jurisprudência indicarão essa intelecção.

Assim como a descrição da necessidade da contratação, a **definição do objeto para o atendimento da necessidade (inciso II do *caput* do art. 18)** está umbilicalmente vinculada ao estudo técnico preliminar e somente por meio dele pode ser feita, corporificando-se em um termo de referência, anteprojeto, projeto básico ou projeto executivo, conforme o caso, cujos conceitos estão nos incisos de XXIII a XXVI do art. 6º da NLLC.

O **§ 3º do art. 18** define que, em se tratando da **contratação de obras e serviços comuns de engenharia**, quando for **demonstrada a inexistência de prejuízo para a aferição dos padrões de desempenho**

e qualidade almejados, o estudo técnico preliminar poderá especificar o objeto apenas em **termo de referência** ou em **projeto básico**, dispensada a elaboração de **projetos**. A redação do parágrafo está truncada. Quais projetos poderiam ser dispensados?

A Lei prevê a possibilidade de se fazerem apenas dois tipos de projetos na etapa instrutória da licitação: básico ou executivo. Na verdade, pela NLLC, no que tange a projetos, somente esses dois – e mais os anteprojetos – podem ser de responsabilidade da Administração. Além disso, o § 1º do art. 46 da Lei veda a realização de obras e serviços de engenharia sem projeto executivo, ressalvada exatamente a hipótese prevista no § 3º do art. 18. Concluímos, assim, que a palavra "projetos" ao fim do parágrafo significa **projeto executivo**.

Também na fase preparatória **definem-se as condições de execução e pagamento, as garantias exigidas e ofertadas e as condições de recebimento (inciso III do *caput* do art. 18)**. Todos os elementos que obrigatoriamente integrarão o instrumento convocatório, a minuta de contrato e o contrato que vier a ser assinado.

As informações exigidas nos **incisos seguintes do *caput* do art. 18**: *i)* complementam os elementos essenciais do instrumento convocatório ou do contrato ou são indispensáveis para suas elaborações (incisos IV e VII a X); *ii)* são as próprias minutas de um e outro (incisos V e VI); ou *iii)* motivam o momento da divulgação do orçamento da licitação, na hipótese de que a ele seja dado caráter sigiloso (inciso XI), conforme permite o art. 24 da Lei, e que comentaremos adiante.

Os dados que alimentarão a preparação do instrumento convocatório ou do contrato são:

a) o **orçamento estimado**, com as composições dos preços utilizados para sua formação **(inciso IV do *caput* do art. 18)**, que se obtém também a partir do estudo técnico preliminar;
b) o **regime de fornecimento de bens, de prestação de serviços ou de execução de obras e serviços de engenharia**, observados os potenciais de economia de escala **(inciso VII do *caput* do art. 18)**;
c) a **modalidade de licitação**, o **critério de julgamento**, o **modo de disputa** e a **adequação e eficiência da forma de combinação desses parâmetros**, para os fins de seleção da proposta apta a gerar

o resultado de contratação mais vantajoso para a Administração Pública, considerado todo o ciclo de vida do objeto **(inciso VIII do *caput* do art. 18)**;

d) a **motivação circunstanciada das condições do edital**, *tais como* [logo, o rol é exemplificativo]: justificativa de exigências de qualificação técnica, mediante indicação das parcelas de maior relevância técnica ou valor significativo do objeto, e de qualificação econômico-financeira, justificativa dos critérios de pontuação e julgamento das propostas técnicas, nas licitações com julgamento por melhor técnica ou técnica e preço, e justificativa das regras pertinentes à participação de empresas em consórcio **(inciso IX do *caput* do art. 18)**;

e) a análise dos riscos que possam comprometer o sucesso da licitação e a boa execução contratual **(inciso X do *caput* do art. 18)**, fundamentais para a distribuição de riscos entre contratante e contratado. A matriz de riscos está conceituada no art. 6º, XXVII, e aparece em inúmeros comandos da Lei.

1.2. O estudo técnico preliminar

O estudo técnico preliminar está definido no inciso XX do art. 6º da Lei 14.133/2021 como "documento constitutivo da primeira etapa do planejamento de uma contratação que caracteriza o interesse público envolvido e a sua melhor solução e dá base ao anteprojeto, ao termo de referência ou ao projeto básico a serem elaborados caso se conclua pela viabilidade da contratação".

Os **incisos do § 1º do art. 18** relacionam os elementos essenciais desse estudo, **mas somente são ditos obrigatórios os previstos nos incisos I, IV, VI, VIII e XIII**, consoante o **§ 2º do mesmo artigo**. Pelo dispositivo, desde que devidamente justificado, os demais elementos podem não estar contemplados no documento. Evidenciaremos que a melhor interpretação não é no sentido de ser uma faculdade (discricionariedade) da Administração incluir ou não essas informações. Os atos possuem certo grau de vinculação.

a) Elementos obrigatórios do estudo técnico preliminar

O **inciso I do § 1º do art. 18** praticamente repete o inciso I do *caput* do artigo, ao estipular que o estudo contenha **"descrição da necessidade da**

contratação, considerado o problema a ser resolvido sob a perspectiva do interesse público". O tema já foi tratado neste trabalho.

Em sequência, apresentamos o segundo elemento obrigatório do estudo técnico preliminar: as **"estimativas das quantidades para a contratação, acompanhadas das memórias de cálculo e dos documentos que lhes dão suporte, que considerem interdependências com outras contratações, de modo a possibilitar economia de escala" (art. 18, § 1º, IV)**.

Importante destacar a exigência de que, na busca da economia de escala, sejam consideradas interdependências com outras contratações. Este é mais um dispositivo da nova Lei que evidencia a preocupação com o planejamento e com a eficiência da atuação administrativa.

É curial esperar que a obtenção de vantagens econômicas e de negociação ao se adquirir quantidades maiores, correspondentes às necessidades do órgão ou entidade como um todo, em vez de unidades administrativas que não conversam entre si fazerem compras menores, pontuais e descoordenadas dos mesmos bens ou serviços. É recomendável, inclusive, que se faça a contratação para todo o exercício, com entregas programadas ao longo do período. A Lei permite e dá preferência à prática, que é incentivada há anos pelo Tribunal de Contas da União (TCU). Comentaremos esse pormenor logo a seguir, ao estudarmos o inciso VIII do § 1º do art. 18.

O inciso VI do § 1º do art. 18 trata da estimativa do valor da contratação. Chega-se a ela por meio de: *i)* preços unitários referenciais; *ii)* memórias de cálculo; e *iii)* documentos que dão suporte às memórias de cálculo. Em princípio, esses subsídios serão publicizados junto com o valor total estimado. No entanto, é dada à Administração a possibilidade de preservar o sigilo dos dados acessórios aqui arrolados, até que se conclua o certame. Feita a opção pelo resguardo das informações, tais documentos integrarão anexo classificado como sigiloso.

Em verdade, inspirada no RDC, a NLLC permite até que a estimativa do valor da contratação seja mantida em sigilo. Apesar de não haver univocidade de termos, **o art. 24 confere a possibilidade de ser dado tratamento sigiloso ao "orçamento estimado da contratação"**, desde que justificado, observando-se as seguintes premissas:

i) o detalhamento dos quantitativos e as demais informações necessárias para a elaboração das propostas sejam divulgadas;

ii) o sigilo não prevalecerá para os órgãos de controle interno e externo;

iii) em licitação que adotar o critério de julgamento por maior desconto, o preço estimado ou o máximo aceitável será item obrigatório do edital.

O terceiro componente essencial são **as justificativas para o parcelamento ou não da contratação, do inciso VIII do § 1º do art. 18**. Comentamos que o parcelamento é recomendável.

Inicialmente, é produtivo distinguir o **parcelamento do objeto** do **parcelamento da licitação** (também conhecido como **fracionamento da despesa**). Parcelar a licitação é prática ilegal, que consiste em dividir uma aquisição que, em princípio, não deveria ser cindida em partes cujos valores as enquadrem em modalidades licitatórias mais simples, conforme definidas na Lei 8.666/1993, bem como quando se realizam diversas contratações diretas com base nos incisos I ou II do art. 24 da Lei de Licitações de 1993 em hipóteses nas quais o objeto deveria ter sido licitado como um todo.

Exemplo de burla à lei é "quebrar" uma necessidade da administração que seria una e que, pelo seu valor estimado, exigiria licitação por meio de tomada de preços. O objetivo da cisão em dois ou mais objetos menores, mas iguais em atributos[1], é permitir a fuga da tomada de preços, para enquadrá-los no convite ou mesmo em dispensa de licitação por baixo valor.

Em sede da NLLC, só há nexo em se falar de parcelamento do objeto, conforme repudiado pela doutrina e pela jurisprudência com base na legislação pretérita, em dispensas por baixo valor, porquanto a estimativa de dispêndio com a contratação deixou de ser parâmetro para escolha da modalidade licitatória, conforme estudaremos.

A decisão por parcelar ou não a solução – nos casos em que o objeto é complexo, heterogêneo e divisível – deve ser justificada. Quando o parcelamento é viável, mas deixa de ser utilizado, a tendência é de que se reduza a competição na licitação, o que pode prejudicar a obtenção da proposta mais vantajosa para a Administração. Por vezes, empresas especializadas ficam fora da disputa por não terem como oferecer todos

[1] Como 10 kg de arroz divididos em duas porções de 5 kg.

os itens amalgamados em um objeto complexo e divisível, mas licitado *in totum*.

Os arts. 15, IV, e 23, § 1º, da Lei 8.666/1993, bem como o art. 26, § 5º, II, o art. 40, V, *c*, §§ 2º e 3º, o art. 47, II e § 1º, todos da Lei nº 14.133/2021, além do ora em comento inciso VIII do § 1º do art. 18, positivam a preferência pelo parcelamento. Igualmente o faz a Lei das Estatais (Lei nº 13.303/2016), no inciso III do seu art. 32.

Vários julgados do TCU são nesse mesmo sentido, de tal forma que o órgão editou a Súmula 247 e, em 2012, o Guia de boas práticas em contratação de soluções de tecnologia da informação: riscos e controles para o planejamento da contratação – versão 1.0[2]. A NLLC incorporou o que a Corte de Contas ali instruiu: que a decisão de dividir ou não a solução em parcelas precisa ser justificada (p. 101).

O derradeiro item obrigatório do estudo técnico preliminar é o **"posicionamento conclusivo sobre a adequação da contratação para o atendimento da necessidade a que se destina" (inciso XIII do § 1º do art. 18)**. Ele nada mais é do que o arremate do estudo, que sintetizará as opções adotadas e seus fundamentos.

b) Elementos essenciais, mas "dispensáveis", do estudo técnico preliminar

O legislador estipulou no § 2º do art. 18 da NLLC que o estudo técnico preliminar poderá deixar de contemplar alguns dos elementos previstos no § 1º do mesmo artigo, desde que sejam apresentadas as devidas justificativas.

Temos a percepção de que o legislador não foi muito feliz ao redigir o § 2º do art. 18, deixando transparecer a ideia de que a presença ou não no estudo técnico preliminar desses elementos que rotulamos como "dispensáveis" seria uma liberalidade conferida à Administração. Noutras palavras, essa parte do estudo seria discricionária. Objetamos essa exegese com base nos alicerces lançados neste subitem.

[2] BRASIL. Tribunal de Contas da União. Guia de boas práticas em contratação de soluções de tecnologia da informação: riscos e controles para o planejamento da contratação / Tribunal de Contas da União. – Versão 1.0. – Brasília: TCU, 2012. Obtido em https://portal.tcu.gov.br/lumis/portal/file/fileDownload.jsp?fileId=8A8182A24D6E86A4014D72AC82195464&inline=1. Acesso em 24/05/2021.

O primeiro elemento pretensamente não obrigatório do estudo técnico preliminar é a demonstração de que a previsão da contratação consta do plano de contratações anual, **sempre que este for elaborado**, de modo a indicar o seu alinhamento com o planejamento da Administração **(inciso II do § 1º do art. 18)**.

Para apontar a única hipótese em essa demonstração pode ser dispensada, basta usar a lógica. Como, *prima facie*, o plano de contratações anual é facultativo, ele pode não existir e nada haverá para ser demonstrado. Nessa conjuntura, e somente nessa, dispensa-se a realização da tarefa, pois não se pode exigir o impossível.

Diante dos princípios orientadores da licitação e da regra ostensiva do *caput* do art. 18, s.m.j., afirma-se que, se houver um plano de contratações anual, o disposto no inciso II do § 1º do art. 18 deixa de ser escusado. Havendo o plano, a tarefa de evidenciar a compatibilidade da contratação com o planejamento é cogente. Nessa hipótese, não há espaço para juízo de conveniência e oportunidade, e o estudo que deixar de fazer a comprovação em comento estará descumprindo a Lei.

Entendemos que a facultatividade dos elementos considerados não obrigatórios seguintes ocorre quando **não há peculiaridades a serem ressaltadas**, como no caso da maioria dos bens ou serviços comuns: os **requisitos da contratação (inciso III do § 1º do art. 18)**; o **levantamento de mercado,** consistente na análise das alternativas possíveis, e justificativa técnica e econômica da escolha do tipo de solução a contratar **(inciso V do § 1º do art. 18)**; e a **descrição da solução como um todo**, inclusive das exigências relacionadas à manutenção e à assistência técnica, **quando for o caso (inciso VII do § 1º do art. 18)**.

A despeito de sua não obrigatoriedade, arriscamos dizer que praticamente todo estudo técnico preliminar conterá um item dedicado aos **requisitos da contratação**, bem como que, se houver características que, ainda que minimamente, individualizem o bem ou serviço pretendido, o órgão ou entidade não poderá optar por deixar de apresentá-los, sob pena de descumprir a Lei. Nesse último caso, nenhuma fundamentação será capaz de validar a ausência.

Considerandos equivalentes são aplicáveis à **descrição da solução como um todo**. Se a solução for um bem ou serviço comum e que não exija atenção especial a requisitos de manutenção e assistência técnica, concordamos com que sua ausência no estudo técnico preliminar poderá ser justificada. Noutro giro, se a solução for peculiar ou complexa – bastando para tanto que precise de especificações individualizadas – ou que demande maiores cuidados com manutenção e assistência técnica, depreendemos pela indispensabilidade da **descrição da solução como um todo** no estudo técnico preliminar, não havendo base para exculpar o ato de deixar de fazê-la.

O legislador considerou também passível de dispensa o **demonstrativo dos resultados pretendidos em termos de economicidade e de melhor aproveitamento dos recursos humanos, materiais e financeiros disponíveis (inciso IX do § 1º do art. 18)**. De fato, certas contratações não influenciam na economicidade e no aproveitamento dos recursos. Não têm o condão de modificar o *status quo*. Por outro lado, há outras com potencial para produzir significativos ganhos de produtividade. Mais uma vez, é patente que somente no caso concreto se revelará a dispensabilidade ou não de evidenciar este elemento.

A Administração pode ter que adotar **providências antes de celebrar um contrato**, inclusive quanto à capacitação de servidores ou de empregados para fiscalização e gestão contratual **(inciso X do § 1º do art. 18)**. Configurada essa hipótese, o estudo técnico preliminar precisa enumerá-las e apontar como fazer. Não havendo necessidade de adoção de providências, advogamos no sentido de que o documento indique que o elemento foi considerado e que nada havia para ser encaminhado.

O **inciso X do § 1º do art. 18** inclui no estudo técnico preliminar a **indicação das contratações correlatas e/ou interdependentes**. O comando é de fácil compreensão e cumprimento, não carecendo de maiores explanações. Havendo contratações desse jaez, o administrador deve evidenciá-las no estudo. Caso não existam, basta fazer constar do documento a informação de que houve investigação quanto a essa informação e nada foi encontrado.

O **inciso XII do § 1º do art. 18** atine à agenda ambiental, valorizada na NLLC. O estudo técnico preliminar precisa **descrever os possíveis impactos ambientais e respectivas medidas mitigadoras**, incluídos requisitos de baixo consumo de energia e de outros recursos, bem como logística reversa para desfazimento e reciclagem de bens e refugos, quando aplicável. A exemplo do que ocorre com outros elementos ditos "dispensáveis", nossa percepção é de que o estudo precisa ser assertivo quanto a ele, citando-o expressamente e marcando posição quanto a não terem sido identificados tais impactos potenciais ou, no caso de existirem, cumprir o que determina o comando.

Somos convictos de que a dispensabilidade (não obrigatoriedade) de alguns dos componentes do estudo técnico preliminar deverá ser aferida caso a caso, por meio da interpretação mais adequada à consecução do interesse público e das finalidades da licitação, com respeito e obediência a outros comandos da NLLC. A prescindibilidade dessas partes é *modus in rebus*, locução latina que expressa a ideia de que em todas as coisas há uma medida.

Ao nosso sentir, os elementos preditos no § 1º do art. 18 devem estar todos expressamente referidos no estudo técnico preliminar, restando ao gestor cumprir uma das seguintes tarefas: **apresentá-los em sua inteireza** ou **justificar a impossibilidade ou inaplicabilidade de fazê-lo.**

Temos a esperança de haver deixado patente que ao fundamentar a ausência da descrição pormenorizada de qualquer elemento do estudo – mesmo os ditos "dispensáveis" –, a Administração **nunca poderá arrimar suas justificativas em uma escolha administrativa por manter a informação fora do documento**, pois lhe falece essa prerrogativa. Não se trata de um ato discricionário.

2. A busca pela padronização

O art. 19 da Lei apresenta um rol de atribuições dos órgãos da Administração com competências regulamentares relativas às atividades de administração de materiais, de obras e serviços e de licitações e contratos. Identificamos nelas clara tendência pela padronização de rotinas e procedimentos. Merecem comentos os incisos II, III e IV.

O inciso II prevê a criação de catálogo eletrônico de padronização de compras, serviços e obras, **admitida a adoção do catálogo do Poder Executivo federal por todos os entes federativos.** O inciso III determina a instituição de sistema informatizado de acompanhamento de obras, inclusive com **recursos de imagem e de vídeo.** O inciso IV preconiza que se criem, com auxílio dos órgãos de assessoramento jurídico e de controle interno, modelos de minutas de editais, de termos de referência, de contratos padronizados e de outros documentos, **admitida a adoção das minutas do Poder Executivo federal por todos os entes federativos.**

Nas licitações cujo critério de julgamento seja o de menor preço ou o de maior desconto, poderá ser utilizado o catálogo do inciso II. O catálogo conterá toda a documentação e os procedimentos próprios da fase interna de licitações, assim como as especificações dos respectivos objetos, **conforme disposto em regulamento (§ 1º do *caput* do art. 19).**

Se a Administração optar por não utilizar o catálogo eletrônico de padronização do inciso II ou os modelos de minutas do inciso IV, deverá fazer justificar escrita, que será anexada ao respectivo processo licitatório **(§ 2º do *caput* do art. 19).**

Enfatizamos a injuridicidade das partes finais dos incisos II e IV do *caput* do art. 19. Os outros membros da Federação não dependem de lei editada pela União para utilizar documentos ou modelos deles de qualquer tipo ou origem pública, não protegidos por direito de autor. Essa prerrogativa deriva de autonomia administrativa que a Carta de 1988 lhes garante. O comando é injurídico por dois motivos. O primeiro é não trazer qualquer novidade ao ordenamento, revelando-se desnecessário. O segundo reside no fato de que, apesar de não violar o princípio federativo, se revela incompatível com ele.

Sobre o inciso III do *caput* do art. 19, registra-se que o texto original que, saiu do Senado para a Câmara votar, como casa revisora, continha apenas "recursos de imagem"[3]. Vídeo é imagem em movimento. Assim, em nosso entendimento, está contido no gênero imagem, que engloba também a fotografia, que é imagem estática. A modificação feita na Câmara e acatada pelo Senado na volta piorou a redação do comando. Se o objetivo fosse especificar o uso de fotografias e de vídeos, estes deveriam ter sido os termos utilizados.

O **§ 3º do *caput* do art. 19** traz uma novidade: a licitações de obras e serviços de engenharia e arquitetura, sempre que adequada ao objeto da licitação, adotarão preferencialmente a Modelagem da Informação da Construção *(Building Information Modelling – BIM)* ou tecnologias e processos integrados similares ou mais avançados que a venham substituir.

Em razão da grande disparidade entre os diversos membros da Federação no preparo de pessoal e nos recursos materiais e tecnológicos disponíveis, ao menos nos primeiros anos, é possível que somente a União, estados e municípios mais ricos utilizem a metodologia BIM, dado que

[3] https://legis.senado.leg.br/sdleg-getter/documento?dm=4988596&ts=1617323489138&disposition=inline. Acesso em 25/5/2021.

não é obrigatório – utiliza-se o termo "preferencialmente". Talvez nem mesmo eles.

Ao estudarmos o estudo técnico preliminar, abordamos o **art. 20 da Lei**, que veda a aquisição de artigos de luxo. Aqui acrescentamos que caberá a cada um dos Poderes e, conforme enxergamos, em cada ente federado (princípio federativo), definir em **regulamento** os limites para o enquadramento dos bens de consumo nas categorias comum e luxo (**§ 1º do art. 20**). A Lei define que a partir de cento e oitenta dias contados da sua promulgação, novas compras de bens de consumo somente poderiam ser efetivadas depois de editado esse tal **regulamento** pela **autoridade competente (§ 2º do art. 20)**.

Resta claro que o legislador imaginou "regulamentos" que não coincidem com o "regulamento" de outras disposições da Lei[4].

[4] Múltiplos são os comandos da NLLC que fazem referência a "regulamento", mas a palavra não é empregada em sentido unívoco. A despeito de multiplamente citado, e embora o art. 6º ser muito profícuo, a Lei não define o conceito a ser dado a "regulamento" para os seus fins. Algumas vezes, ele se afigura como sendo o do art. 84, IV, da *Lex Magna*. Todavia, em outras não pode ser, como o do comando do § 1º do art. 20. Há situações, ainda, nas quais o seu uso flerta com afronta ao princípio federativo.
Há também momentos em que o "regulamento" é usado para a prática inconstitucional de delegar a indelegável competência de legislar, incidindo na denominada delegação externa, recorrentemente recriminada pelo Supremo (ex.: HC 91509, Relator: Min. Eros Grau, Segunda Turma). Certos comandos atribuem ao "regulamento" poder para dispor sobre verdadeiras normas gerais de licitações e contratos. Em certas passagens, o problema é agravado pelo fato de a censurada terceirização ser promovida sem o estabelecimento de quaisquer parâmetros a serem obedecidos.
Por fim, apesar de não haver citação expressa a "regulamento", em certos comandos da Lei o legislador abriu mão de atribuição que lhe é precípua: legislar (art. 1º, § 5º; art. 3º; art. 4º, § 1º). O § 5º do art. 1º é paradigmático. Por ele, "as **contratações** relativas à gestão, direta e indireta, das reservas internacionais do País, inclusive as de serviços conexos ou acessórios a essa atividade, **serão disciplinadas em ato normativo próprio do Banco Central do Brasil**, assegurada a observância dos princípios estabelecidos no *caput* do art. 37 da Constituição Federal".
Enfatiza-se que **a Lei abre mão de estabelecer qualquer regramento. Não é traçado parâmetro algum**. A autarquia – que até o momento não é autônoma, e lembrando que autonomia difere de soberania – está totalmente livre para estabelecer o que quiser. A indicação da obrigatoriedade de que observe os princípios do *caput* do art. 37 da Carta Política é até injurídico, pois não acrescenta nada. Chove no molhado, como ensina o ditado popular. Se a Lei nada dissesse nesse sentido, como a entidade pertence à Administração Pública, ainda assim estaria vinculada a eles por determinação do constituinte.

Sem esforço, depreende-se que a edição dos "regulamentos" dos parágrafos do art. 20 não é primazia nem da União nem do Presidente da República. Ainda, que eventual decreto editado pelo chefe do Executivo de um ente federado servirá para regulamentar a Lei apenas em relação ao respectivo Poder. Mas isso é constitucional?

Conforme lembrado, o Diploma Fundamental confere ao Presidente da República a competência para expedir decretos e regulamentos para a fiel execução da lei (inciso IV art. 84). A norma é de observância obrigatória em todos os níveis da Federação, pelo princípio da simetria.

Procurando dar uma interpretação conforme a Constituição aos "regulamentos" dos parágrafos do art. 20, construímos a ideia de que eles não são "puro sangue", mas de "segunda linha". Assim, os decretos que efetivamente regulamentarem a NLLC para cada um dos componentes da Federação (na forma do art. 84, IV, da CF) poderão até fazer as estipulações pertinentes para o Poder Executivo respectivo, mas deverão prever que a tal "regulamentação de segundo nível" será feita por meio de atos dos chefes dos outros Poderes. Trata-se realmente de uma elucubração, pois está confuso e várias são as interpretações possíveis. Somente a jurisprudência, com a contribuição da doutrina, ambas a serem criadas, poderá definir a correta exegese.

Outra variante a considerar, que apenas indicaremos, sem aprofundar, para não fugirmos demais da finalidade deste artigo, é se, no âmbito do Judiciário, dada a autonomia administrativa que possuem (art. 96 da CF), cada tribunal editará seu ato ou se o encargo caberá ao Conselho Nacional de Justiça (§ 4º do art. 103-B da CF). O mesmo raciocínio, com as devidas adequações, merece ser feito em relação aos ministérios públicos e aos tribunais de contas, que igualmente desfrutam de autonomia administrativa de extração constitucional.

3. Audiência e consulta públicas

O **art. 21** define que, observada a antecedência mínima de **oito dias úteis**, a Administração **poderá** convocar **audiência pública, presencial ou a distância (na forma eletrônica)**, sobre licitação que pretenda realizar. O Poder Público deverá disponibilizar previamente informações pertinentes, inclusive de estudo técnico preliminar e elementos do edital de licitação. Precisa ser conferida a todos interessados possibilidade de se manifestarem.

O **parágrafo único do artigo** dá à Administração a alternativa de, também a seu critério, submeter a licitação a **prévia consulta pública**. As informações pertinentes serão prestadas a todos os interessados, que poderão formular sugestões. O parágrafo termina com "**no** prazo fixado", referindo-se ao período que os interessados terão para fazer recomendações.

A preposição "no" (em + o) dá a ideia de que há um termo específico previamente fixado na Lei, mas não há. O único interstício definido no artigo é o que separa a convocação da audiência pública de que trata o *caput* e a sua realização. Aduzimos que o prazo do parágrafo único será indicado no ato de abertura da consulta pública.

Inobstante a audiência e a consulta públicas serem faculdades da Administração, o art. 21 evidencia a preocupação do legislador com a transparência e com a participação do corpo social na destinação do dinheiro público. Enxerga-se mesmo um embrião de ato negocial, em sentido bem genérico, entendido como um diálogo racional com a sociedade na busca por certa consensualidade na aplicação dos recursos. Dessa maneira, realizar a audiência não poderá ser um ato *pro forma*, desimportante e sem repercussão. A Administração continuará tendo a palavra final, mas todas as sugestões e ponderações precisam ser analisadas e, aduzimos, acolhê-las ou rejeitá-las exige adequada fundamentação.

4. Alocação de riscos

A **matriz de riscos** é objeto do **art. 22**, que define suas características e finalidades.

Como regra geral, o edital **poderá** contemplar a matriz de alocação de riscos **(*caput* do art. 22)**. Todavia, ela é **obrigatória** nas contratações de **obras e serviços de grande vulto**, definidas na Lei como as de valor estimado superior a R$ 200 milhões (art. 6º, XXII), e quando forem adotados os **regimes de contratação integrada e semi-integrada (§ 3º do art. 22)**.

O *caput* do art. 22 estabelece também que o **cálculo do valor estimado da contratação poderá considerar taxa de risco compatível com o objeto da licitação e os riscos atribuídos ao contratado**, de acordo com metodologia predefinida **pelo ente federativo**.

A estipulação de caber ao integrante da Federação definir a metodologia a ser empregada merece comentário. O número potencial de metodologias será significativo, pois a quantidade de entes federados é grande – União, Distrito Federal, vinte e seis estados e mais de cinco mil municípios –, mas o quantitativo é o menor possível para que se mantenha o respeito à autonomia administrativa dos membros da Federação, expressão do princípio federativo.

Cumpre ressaltar não haver no comando nenhuma referência a decreto ou a regulamento. Lembramos que entre a lei contendo normas gerais editada pelo Congresso Nacional e o decreto regulamentador do chefe do Executivo há espaço para o componente da Federação exercer a competência legislativa que possui para editar normas específicas de licitações e contratos. S.m.j., tendemos ao raciocínio de que a definição da metodologia a que se refere o *caput* do art. 22 compete, caso a caso, a leis específicas de licitações e contratos das entidades federadas.

Consoante o **§ 2º do art. 22**, o **contrato deverá refletir a alocação realizada pela matriz de riscos**. Seus incisos indicam alguns de seus elementos preferenciais, sem esgotar seu conteúdo.

Ao nosso sentir, o inciso II suscitará polêmica. Por ele, independente da alocação de riscos definida no edital e plasmada no contrato, se uma ocorrência concreta produzir resultado insuportável, será possível rescindir o contrato.

Para a Administração contratante, não se constitui uma novidade. Ela sempre pode fazer isso. Contudo, para o contratado é uma tremenda revolução. Entendemos que o comando positiva autorização para que peça a resolução do contrato na hipótese de não reunir condições de suportar as consequências de um grave evento adverso, mesmo que tenha assumido o correspondente risco na avença. Evidentemente, haverá muitas controvérsias na aplicação do dispositivo, porque antevemos inviável arguí-lo sem fazer prova cabal da incapacidade de lidar com o sinistro.

Divisa-se, pelo menos nessa questão, um lampejo de um Direito Administrativo mais cidadão e democrático na nova Lei, no qual administrado e Administração estão em níveis mais próximos, assim como identificamos um certo alinhamento com os objetivos da recuperação judicial da Lei 11.101, de 9 de fevereiro de 2005, recentemente alterada pela Lei 14.112, de 24 de dezembro de 2020.

Afigura-se presente a finalidade impedir que a contratada tenha sua sobrevivência inviabilizada por conta de uma crise econômico-financeira que certamente se abaterá sobre ela na hipótese de ser compelida a assumir o risco de qualquer maneira, consectária da absoluta supremacia do interesse da Administração sobre o do particular.

Considerando que a empresa é fonte produtora de serviços, bens e empregos, o Estado acaba também sendo beneficiado, porque: *i)* opera-se em favor da manutenção da atividade econômica; *ii)* preserva-se a empresa e sua função social; *iii)* mantém-se ativo e saudável um potencial fornecedor para novos certames, estimulando a competição.

O **§ 4º do art. 22** preconiza que, nas **contratações integradas ou semi-integradas**, "os riscos decorrentes de fatos supervenientes à contratação associados à escolha da solução de projeto básico pelo contratado **deverão ser alocados como de sua responsabilidade na matriz de riscos**".

A determinação tem lógica, pois na contratação integrada cabe ao contratado elaborar e desenvolver os projetos básico e executivo (art. 6º, XXXII). No que tange à semi-integrada, na qual ele elabora e desenvolve somente o projeto executivo (art. 6º, XXXIII), o § 5º do art. 46 da Lei lhe permite alterá-lo, mediante prévia autorização da Administração, desde que demonstre a superioridade das inovações que propõe em termos de redução de custos, de aumento da qualidade, de redução do prazo de execução ou de facilidade de manutenção ou operação. A parte final do parágrafo é expressa quanto à assunção pelo contratado da responsabilidade integral pelos riscos associados à alteração do projeto básico.

5. Estimativa de preços

A **estimativa de preços** é o mote do **art. 23** da Lei 14.133/2021. Trata-se de procedimento prévio à licitação essencial para que se possa aferir a razoabilidade das propostas que serão feitas no certame, bem como para dar segurança ao administrador de que haverá recursos suficientes para cobrir os custos da necessidade que se pretende suprir.

A Lei 8.666/1993 contém dispositivos dedicados à estimativa de preços, mas nela o legislador foi bem mais econômico do que na NLLC.

Exige-se compatibilidade entre o valor estimado da contratação e os praticados pelo mercado, que, pela Lei de 2021, serão aferidos por consultas a bancos de dados públicos, como o Sistema de Custos Referenciais de Obras (Sicro), do Departamento Nacional de Infraestrutura de Transportes, o Sistema Nacional de Pesquisa de Custos e Índices da Construção Civil (SINAPI), da Caixa Econômica Federal, o Sistema de Gerenciamento da Tabela de Procedimentos, Medicamentos e OPM (SIGTAP), do Sistema

Único de Saúde, e o Portal Nacional de Contratações Públicas (PNCP), criado pela própria NLLC.

Levar-se-ão em conta os preços constantes desses bancos de dados e as quantidades a serem contratadas. O *caput* do artigo enfatiza a necessidade de se observar a potencial economia de escala e as peculiaridades do local de execução do objeto.

O artigo prevê disposições diferentes para pesquisas de preços em licitações para aquisição de bens e contratação de serviços em geral e para os certames que visam a contratações de obras e serviços de engenharia. Merece registro que, em ambos os casos, deve ser seguido "regulamento", cuja inconsistência semântica na Lei já foi evidenciada neste trabalho.

O **§ 1º do art. 23** dedica-se à estimativa de preços **na aquisição de bens e na contratação de serviços em geral**. A definição do valor estimado será baseada no melhor preço aferido por meio da utilização dos parâmetros nele definidos, **adotados de forma combinada ou não**.

Em se tratando da **contratação de obras e serviços de engenharia**, o valor estimado será obtido por meio da utilização de parâmetros listados no **§ 2º do art. 23**. A ele serão acrescidos o percentual de Benefícios e Despesas Indiretas (BDI) de referência e os Encargos Sociais (ES) cabíveis.

Diferentemente do § 1º, em que os parâmetros podem ser adotados combinadamente ou não, inexistindo, portanto, uma ordem definida nem obrigatoriedade de uso de um ou outro, o § 2º **especifica uma sequência a ser seguida**, que é a dos seus incisos.

Outrossim, consignamos resistência ao que define o **inciso II do § 2º**. A tabela de que trata deve ser **"formalmente aprovada pelo Poder Executivo federal"**. Ora, se pensarmos em aplicação obrigatória da regra a estados, Distrito Federal e municípios, a Lei incide em inconstitucionalidade por infringir o princípio federativo, que tem como corolário a autonomia dos entes federados. Ambos seriam violados ao submeter os entes subnacionais aos desígnios da União.

Caso a aprovação não seja veiculada por meio de decreto fundado no art. 84, IV, da CF – o que a lei também não especifica –, enxergamos também violação da separação de Poderes no nível federal.

Diferentemente ocorre com o **inciso I do mesmo § 2º**. Ainda que o Sicro e o Sinapi sejam administrados pela União, apenas registram dados, que não dependem dos desígnios de quem os organiza e mantém.

O **§ 3º do art. 23** parece querer corrigir o aparente desvio do § 2º, ao definir que estados, Distrito Federal e municípios **poderão** utilizar outros sistemas de custos de sua eleição para estimar previamente o valor da contratação que **não envolva recursos federais**.

Diante do explanado, a medida afigura-se correta, mas aduzimos que o artigo poderia ter recebido outra redação, que deixasse mais claro o respeito ao princípio federativo e à ideia de que a NLLC veicula normas gerais para a Federação. Bem assim, por absolutamente lhe faltar competência para tanto, a Lei deveria evitar "permitir" a estados, Distrito Federal e municípios exercerem suas autonomias constitucionais.

Pensamos que a *mens legislatoris* foi estatuir que, ao se fazer a prévia estimativa do valor da contratação: *i)* o PNCP aplica-se a todos os entes federativos; *ii)* o Sicro, o Sinapi e a tabela aprovada pelo Poder Executivo federal do inciso II serão utilizados pelos membros da Federação quando a contratação envolver recursos federais; e *iii)* estados, Distrito Federal e municípios têm liberdade para definir os sistemas de custos que utilizarão.

Foi incluído no **§ 4º do art. 23** uma alternativa para o caso de, em contratações diretas por inexigibilidade ou dispensa, não ser possível estimar o valor do objeto na forma estabelecida acima. Caberá ao **contratado** comprovar previamente que os preços estão em conformidade com os praticados em contratações semelhantes de objetos de mesma natureza. O parágrafo passa a falsa impressão de que indica o rol de meios hábeis para comprovar essa compatibilidade, mas a parte final do dispositivo[5] aceita o uso de qualquer forma considerada idônea.

Os **§§ 5º e 6º do art. 23** são específicos para **estimativa do valor da contratação** em licitações de **obras e serviços de engenharia sob os regimes de contratação integrada ou semi-integrada**. Nesses casos, a estimativa utilizará a metodologia do § 2º do artigo, podendo a ela ser acrescida, conforme o caso, a parcela referente à remuneração do risco.

O **§ 5º** determina que, sempre que houver necessidade e o anteprojeto permitir, a estimativa de preço terá por base orçamento sintético balizado no Sicro ou no Sinapi. Metodologias expeditas ou paramétricas e de

[5] "... por meio de notas fiscais emitidas para outros contratantes no período de até 1 (um) ano anterior à data da contratação pela Administração, **ou por outro meio idôneo**."

avaliação aproximada baseada em outras contratações similares deverão ser reservadas a frações do empreendimento não suficientemente detalhadas no anteprojeto.

Cremos que o **§ 6º do art. 23** não carece de maiores explicações, mas causa estranheza referir-se a “licitante ou contratados”. O § 5º é expresso quanto a processo licitatório e não fala em contratação direta. Somos levados a concluir que o legislador queria que essas regras fossem aplicadas também a contratações de obras e serviços de engenharia sob os regimes de contratação integrada ou semi-integrada por dispensa de licitação ou por inexigibilidade dela. Nesse sentir, seria mais conveniente utilizar “potenciais contratantes” ou “postulantes à contratação” no lugar de “contratados”, que transmite a ideia de que, mesmo ainda se estando na etapa negocial, a contratação é um fato consumado.

Já comentamos parte do **art. 24**. Faltou consignar que o preço estimado ou o máximo aceitável deverá figurar no edital da licitação quando for adotado o critério de julgamento por maior desconto.

6. Edital da licitação

Conforme reza o **art. 25**, o edital conterá o objeto da licitação e as regras relativas à convocação, ao julgamento, à habilitação, aos recursos e às penalidades da licitação, à fiscalização e à gestão do contrato, à entrega do objeto e às condições de pagamento.

O **§ 1º do artigo** novamente indica a ideia de padronização, pois determina a adoção de minutas padronizadas de edital e de contrato com cláusulas uniformes, sempre que o objeto permitir.

Quando o estudo técnico preliminar demonstrar que não haverá prejuízos à competitividade do processo licitatório e à eficiência do contrato, o edital poderá prever a utilização de mão de obra, materiais, tecnologias e matérias-primas existentes no local da execução, conservação e operação do bem, serviço ou obra (**§ 2º do art. 25**).

Na mesma data de divulgação do edital, todos os seus elementos serão também divulgados em sítio eletrônico oficial, cujo acesso não poderá exigir registro ou de identificação (**§ 3º do art. 25**).

Consoante o **§ 4º do art. 25**, nas contratações de obras, serviços e fornecimentos de grande vulto (acima de R$ 200 milhões), o edital deverá prever a obrigatoriedade de implantação de programa de integridade pelo licitante vencedor, no prazo de seis meses, contado da celebração do contrato, conforme **"regulamento"** que disporá sobre as medidas a serem adotadas, a forma de comprovação e as penalidades pelo seu descumprimento.

Novamente, o parcamente definido e plurirreferenciado "regulamento". Além das já conhecidas críticas quanto a indefinição e ausência de unidade de sentido, **a NLLC está atribuindo a este documento cominar penalidades**. É indiscutível que o *locus* das sanções é a lei *(nulla poena sine lege)*. Mais um caso clássico de inconstitucional **delegação legislativa externa**.

O **§ 5º do art. 25** também tem problemas e cabe um registro histórico. Por ele, o edital **poderá** prever a responsabilidade do **contratado** pela **obtenção do licenciamento ambiental** e pela **realização da desapropriação** autorizada pelo poder público.

O particular não pode realizar desapropriações. Conforme nos ensina Celso Antônio Bandeira de Mello, a medida extrema é de competência do Poder Público:

> (...) desapropriação se define como o procedimento através do qual o Poder Público, fundado em necessidade pública, utilidade pública ou interesse social, compulsoriamente despoja alguém de um bem certo, normalmente adquirindo-o para si, em caráter originário, mediante indenização prévia, justa e pagável em dinheiro, salvo no caso de certos imóveis urbanos ou rurais, em que, por estarem em desacordo com a função social legalmente caracterizada para eles, a indenização far-se-á em títulos da dívida pública, resgatáveis em parcelas anuais e sucessivas, preservado seu valor real.[6]

O registro é quanto ao trâmite legislativo. A redação originalmente saída do Senado para a Câmara foi: "O edital poderá prever para o contratante a obrigação de realizar o **licenciamento ambiental**" (era o § 3º do art. 22). O dispositivo retornou da Casa revisora com o acréscimo de "e **realização da desapropriação autorizada pelo poder público**" ao fim do parágrafo (alterado para § 5º do art. 25).

[6] MELLO, Celso Antônio Bandeira de. *Curso de Direito Administrativo*. 13 ed. São Paulo: Malheiros Editores, 2001, p. 711.

Diante da evidente inconsistência jurídica do comando, o Senado promoveu ajuste na Redação Final enviada à sanção, que não alterava o mérito do parágrafo aprovado pelos deputados[7]. Foram abertos dois incisos no parágrafo. A modificação permitiria que o veto presidencial – jurídico-constitucional – recaísse somente sobre apenas o inciso relativo à desapropriação[8]. O Presidente da República não vetou e a Lei foi sancionada com o parágrafo contendo os dois incisos.

O **§ 6º do art. 25** determina prioridade de tramitação nos órgãos e entidades integrantes do Sistema Nacional do Meio Ambiente (Sisnama) para os licenciamentos ambientais de obras e serviços de engenharia licitados e contratados nos termos da NLLC, que serão orientados pelos princípios da celeridade, da cooperação, da economicidade e da eficiência.

Cabe a anotação de que, sem dúvida, a matéria do § 6º do art. 25 não é norma geral de licitações e contratos, mas não há inconstitucionalidade. Do art. 24, I, VI, VII e VIII, da Carta de 1988, a competência legislativa para legislar sobre matérias relativas à proteção do meio ambiente, conservação da natureza, defesa do solo, proteção ao patrimônio paisagístico e responsabilidade por dano ao meio ambiente é concorrente entre União, estados e Distrito Federal. No caso, compete à União produzir normas gerais (§ 1º do mesmo art. 24), o que foi feito.

7. Reajustamento de preço

Não é novidade o edital ter que indicar o índice de reajustamento de preço a ser utilizado no contrato **(§ 7º do art. 25)**. As inovações da NLLC são a data-base ser a do orçamento estimado e a admissão do uso de mais de um índice específico ou setorial, de acordo com a realidade de mercado dos respectivos insumos.

O **§ 8º do art. 25** trata especificamente do **reajustamento** para **serviços contínuos**, criando dois critérios, sempre obedecida a periodicidade mínima de um ano. Quando houver **regime de dedicação exclusiva**

[7] Caso houvesse alteração de mérito, o projeto deveria retornar para nova apreciação pela Câmara Baixa.

[8] O veto não pode ser aposto sobre parte de um dispositivo. De acordo com § 2º do art. 66 da Constituição, "o veto parcial somente abrangerá texto integral de artigo, de parágrafo, de inciso ou de alínea".

de mão de obra ou **predominância de mão de obra**, será promovida **repactuação**, mediante demonstração analítica da variação dos custos **(inciso II)**. Não estando presentes essas características no serviço, será aplicado **reajustamento em sentido estrito**, mediante previsão de índices específicos ou setoriais **(inciso I)**.

A repactuação de preços corrige o valor do contrato com base na variação dos componentes de custos, enquanto o reajuste de preços por índice repõe a perda do poder aquisitivo da moeda pelo emprego de índices de preços determinados no contrato.

O TCU entende que tanto a repactuação, que, conforme assentou, se aplica apenas a contratos de serviços continuados prestados com dedicação exclusiva da mão de obra (ref. Acórdão 1.488/2016 - TCU - Plenário), quanto o reajuste por índices constituem espécies do gênero reajuste (Acórdão 1.563/2004 - TCU - Plenário). As disposições da NLLC trazem para a lei formal a repactuação, prevista no Decreto federal 2.271/1997 e disciplinada na IN SEGES/MPDG 05/2017.

Outra novidade da NLLC é a possibilidade de o edital, conforme dispuser "regulamento", exigir que **percentual mínimo da mão de obra** responsável pela execução do objeto da contratação seja constituído por **mulheres vítimas de violência doméstica** ou por **oriundos ou egressos do sistema prisional (§ 9º do art. 25)**.

8. Margens de referência

O **art. 26** dispõe sobre **margens de preferência** em licitações. Antes de falarmos sobre as margens de preferência em si, registra-se que o **§ 7º do artigo**, apesar de sua topografia, não trata da matéria. Na verdade, o dispositivo cria uma regra, ao nosso sentir inconstitucional, pois alija completamente da disputa potenciais licitantes.

O parágrafo permite que nas contratações destinadas à implantação, à manutenção e ao aperfeiçoamento dos sistemas de tecnologia de informação e comunicação considerados estratégicos em ato do Poder Executivo federal[9], a licitação poderá ser restrita a bens e serviços com tecnologia desenvolvida no País produzidos de acordo com o processo produtivo básico de que trata a Lei nº 10.176, de 11 de janeiro de 2001.

[9] Não identificamos problema aqui, pois cabe à União legislar privativamente sobre informática, telecomunicações e radiodifusão (art. 22, IV, CF).

Há jurisprudência consolidada do STF considerando a distinção em licitações entre empresas brasileiras incompatível com o art. 19, III, da Carta Cidadã de 1988. Nesse sentido: ADI 3583[10] e ADI 3070[11].

O Colendo Excelso destaca que a licitação tem por pressuposto a competição, imposta pelo interesse público. Portanto, visa a satisfazê-lo, pautando-se pelo princípio da isonomia e tendo não apenas um objetivo, mas dois: propiciar à Administração a realização do negócio mais vantajoso – o melhor negócio –, ao tempo em que assegura aos administrados a oportunidade de concorrerem, em igualdade de condições, à contratação por ela pretendida. O procedimento deve buscar a mais ampla disputa, envolvendo o maior número possível de agentes econômicos capacitados, sob o pálio da igualdade (isonomia). Desde que não o viole, a lei pode dar tratamento diverso a potenciais licitantes.

A Constituição somente admite exigências discriminatórias relativas às qualificações técnica e econômica que não sejam **indispensáveis à garantia do cumprimento das obrigações** (art. 37, XXI).

O § 7º do art. 26, todavia, incide nesse vício e vai além: exclui da competição quem não oferte bem ou serviço com tecnologia desenvolvida no Brasil, bem como, ainda que a tecnologia seja nacional, a empresa não poderá participar da disputa se o bem ou serviço não tiver obedecido o processo produtivo básico disposto na Lei nº 10.176, de 2001. Isso tudo mesmo que a empresa seja sediada no Brasil. Verifica-se patente distinção entre brasileiros, em afronta ao inciso III do art. 19 da Carta de 1988. Sobre esse tipo de violação, citamos o RE 668810 AgR[12].

Também em preâmbulo às margens de preferência, registra-se que a Administração deverá divulgar em sítio eletrônico oficial, a cada exercício financeiro, a relação de empresas favorecidas por elas, com indicação do volume de recursos destinados a cada uma (**art. 27**).

[10] ADI 3583, Relator(a): Min. CEZAR PELUSO, Tribunal Pleno, julgado em 21/02/2008, DJe-047 DIVULG 13-03-2008 PUBLIC 14-03-2008 EMENT VOL-02311-01 PP-00079 RTJ VOL-00204-02 PP-00676 LEXSTF v. 30, n. 353, 2008, p. 67-74 LEXSTF v. 30, n. 355, 2008, p. 85-93 LEXSTF v. 30, n. 356, 2008, p. 104-112.

[11] ADI 3070, Relator(a): Min. EROS GRAU, Tribunal Pleno, julgado em 29/11/2007, DJe-165 DIVULG 18-12-2007 PUBLIC 19-12-2007 DJ 19-12-2007 PP-00013 EMENT VOL-02304-01 PP-00018 RTJ VOL-00204-03 PP-01123.

[12] RE 668810 AgR, Relator(a): DIAS TOFFOLI, Segunda Turma, julgado em 30/06/2017, ACÓRDÃO ELETRÔNICO DJe-176 DIVULG 09-08-2017 PUBLIC 10-08-2017.

A margem de preferência, observamos, não promove exclusão de licitantes. A primeira passível de ser estabelecida é para **bens manufaturados e serviços nacionais que atendam a normas técnicas brasileiras (inciso I do *caput* do art. 26)**, possibilidade que já existia no art. 3º, § 5º, I, da Lei 8.666/1993, incluído pela Lei 13.146/2015. A outra é para **bens reciclados, recicláveis ou biodegradáveis**, conforme "regulamento", o nosso velho e indefinido conhecido **(inciso II do *caput* do art. 26)**. S.m.j., entendemos que este regulamento seria o aprovado em decreto do chefe do Executivo **da unidade federada.**

Ambas as margens de preferência poderão ser de **até dez por cento (inciso II do § 1º)** e são extensíveis a bens manufaturados e serviços originários de Estados Partes do Mercado Comum do Sul (Mercosul), desde que haja reciprocidade com o País prevista em acordo internacional aprovado pelo Congresso Nacional e ratificado pelo Presidente da República **(inciso III do § 1º).**

O **inciso I do § 1º do art. 26** atribui a **definição da margem de preferência** do inciso I do *caput* (para bens manufaturados e serviços nacionais) a uma **decisão fundamentada do Poder Executivo federal.** A Lei sequer exige decreto, mas entendemos que, sendo competência do Executivo e em face do art. 84, IV, da Lei Magna, a decisão deveria ser veiculada por meio desse ato normativo infralegal.

Segundo o **§ 2º do art. 26**, na hipótese de **bens manufaturados nacionais e serviços nacionais resultantes de desenvolvimento e inovação tecnológica no País**, o limite máximo de que trata o inciso II do § 1º (para a margem de preferência) poderá ser acrescido para **até vinte por cento.** A redação desse § 2º nos indica que:

i) os bens e serviços de que trata formam um subgrupo dos bens e serviços definidos no inciso I do *caput* do art. 26;
ii) a definição de quais **bens e serviços** se enquadram na hipótese do comando serão **definidos em "regulamento" do Poder Executivo federal.**

Atenção: o regulamento referido no § 2º do art. 26 estatuirá os bens e serviços passíve

is de obter margem de preferência mais alta, não a margem em si! Obedecida a regra do inciso I do § 1º do art. 26, a margem de preferência desses bens e serviços continuará sendo estabelecida em **decisão fundamentada do Poder Executivo federal**, admitindo-se apenas que chegue até a vinte por cento.

Coordenando os incisos I e II do § 1º e o § 2º, e na convicção de que margem de preferência negativa é contrária ao interesse público, pois evidentemente prejudicaria as empresas brasileiras, entende-se que o espectro da **decisão fundamentada** do Presidente da República varia entre **zero e dez ou vinte por cento**, conforme o bem ou o serviço.

O artigo comete ao Executivo da União definir duas matérias de formas aparentemente equivalentes, mas que são essencialmente distintas:

i) uma **decisão fundamentada** do Poder Executivo federal definirá a margem de preferência aplicável a bens manufaturados e serviços nacionais cumpridores das normas técnicas brasileiras (máxima de dez por cento);

ii) um **regulamento** do Poder Executivo federal estatuirá os bens manufaturados nacionais e serviços nacionais resultantes de desenvolvimento e inovação tecnológica no País para os quais a margem de preferência poderá ser de até vinte por cento, mas cuja margem será fixada também na **decisão fundamentada** do Poder Executivo federal no item *i*.

Isso tudo sem olvidar que a demarcação tanto da margem de preferência (limitada a dez por cento) quanto de a quais bens **reciclados, recicláveis ou biodegradáveis** será possível aplicá-la caberá a um **"regulamento" cuja autoria não é atribuída a nenhuma autoridade específica**, mas que intuímos seja o chefe do Executivo de cada unidade federativa.

Lamentamos constatar, mas o legislador instituiu uma verdadeira balburdia normativa.

Primeiro tratemos de entender de qual "regulamento" trata o § 2º do art. 26, documento pelo qual o Poder Executivo federal definirá os bens manufaturados e serviços nacionais resultantes de desenvolvimento e inovação tecnológica no País passíveis de serem aquinhoados com margem de preferência de até vinte por cento.

Executar as **políticas industrial e tecnológica** do País compete ao Poder Executivo da União (art. 3º, II, c/c arts. 21, IX, 22, I, IV, VIII e XXVI, e 84, II, da CF). Nesse sentido, entendemos que também cabe à União definir quais bens ou serviços serão contemplados com o discrímen, que é uma consequência dessas políticas. A NLLC estipula normas gerais e esta é uma delas. Como a matéria é da seara privativa da União, mesmo um **regulamento** do Poder Executivo federal respeitará o princípio federativo ao dispor sobre ela para toda a Federação, desde que veiculado por meio do decreto previsto no inciso IV do art. 84 da Carta Cidadã de 1988.

Concepção absolutamente diversa é a que se tem acerca do inciso I do § 1º do art. 26. Por ele, mais uma vez, s.m.j., se prevê, em matéria que cabe aos membros da Federação deliberar individualmente, que todos sejam submetidos à vontade da União. Compreendemos que a **decisão fundamentada** do Executivo federal ali prevista para definir a margem de preferência a ser aplicada nas licitações de todos os entes malfere o princípio federativo.

De plano, não ignoramos que pela Lei 8.666/1993 também cabe ao Executivo da União definir as margens de preferência por produto, serviço, grupo de produtos ou grupo de serviços. É o que reza o § 8º do art. 3º, incluído pela Lei 12.349, de 15 de dezembro de 2010. Nossa percepção sobre o tema é a aqui expressa e mesma desde essa época.

A crítica que fazemos à opção do legislador se deve ao fato de o constituinte não lhe ter dado espaço para esse tipo de escolha, mesmo que a ideia fundamental seja assegurar a proteção da indústria nacional em face de competidores não nacionais, inspirado pelo princípio legal do desenvolvimento nacional sustentável, presente tanto na Lei de 1993 quanto na NLLC.

Referida proteção está sendo garantida diretamente pela Lei 14.133/2021, como norma geral, ao permitir e estabelecer o limite máximo para margem de preferência aplicável aos bens manufaturados e aos serviços nacionais que atendam a normas técnicas brasileiras (art. 26, *caput*, inciso I), bem como para os bens manufaturados nacionais e serviços nacionais resultantes de desenvolvimento e inovação tecnológica no País, com a admissão de um patamar superior mais alto para a margem (art. 26, § 2º).

A depender da situação de cada membro da Federação, o impacto dos fornecedores estrangeiros em suas licitações pode variar, e os titulares dos respectivos Poderes Executivos têm perfeitas condições de aferir a margem de preferência adequada às suas peculiaridades, respeitados os tetos fixados na NLLC. As entidades federativas possuem suas idiossincrasias, não são uniformes, e a Lei já define os parâmetros de cominação da margem de preferência. A norma é geral.

Ninguém duvida de que a realidade envolvendo facilidade de acesso e disponibilidade de bens e serviços estrangeiros de uma cidade localizada na fronteira com algum de nossos vizinhos sul-americanos é bem diferente da vivida por grandes centros urbanos do Sudeste ou de estados do Nordeste.

Cabe à União **legislar** sobre normas gerais de licitações e contratos (art. 22, XXVII, da CF), mas não se legisla por decreto, menos ainda por qualquer outro ato que não seja uma lei votada pelo Congresso Nacional ou por meio de medida provisória, naquilo permitido e apenas temporariamente.

Nesse diapasão, advogamos no sentido de que um ato infralegal do Executivo da União, ainda que seja um decreto, não pode regulamentar lei nacional para os demais entes federativos na matéria do inciso I do § 1º do art. 26. Assim como compete a estados, Distrito Federal e municípios, bem como à União, legislar sobre normas específicas de licitações e contratos, cabe-lhes regulamentar a aplicação da lei geral sobre a matéria para a sua esfera administrativa.

Não se trata, portanto, de avaliar boa ou ruim a opção adotada no inciso I do § 1º do art. 26. Simplesmente, consideramos que o Diploma Fundamental não a permite.

O **§ 5º do art. 26** impede a aplicação de margem de preferência a bens manufaturados e a serviços cujas capacidades de fornecimento forem inferiores: *i)* à quantidade a ser adquirida ou contratada; ou *ii)* aos quantitativos fixados em razão do parcelamento do objeto, quando for o caso.

Desde que justificado, os editais poderão exigir que o contratado que tenha sido beneficiado pela margem de preferência promova medidas de compensação comercial, industrial ou tecnológica ou acesso a condições vantajosas de financiamento, cumulativamente ou não, em favor de órgão ou entidade da Administração, ou, ainda, de quem ela indicar. É o que prevê o **§ 6º do art. 26**, pelo qual se determina que a seleção do eventual terceiro beneficiado se dê por meio de "processo isonômico", a ser estabelecido pelo Poder Executivo federal.

Novamente o legislador violou a autonomia dos outros entes federados, subjugando-os à vontade da União, expressa em ato infralegal. É despiciendo repisar os fundamentos dessa constatação, mas nos é evidente que, diante do princípio federativo, não estando o processo de seleção isonômica descrito na Lei que contém as normas gerais, a matéria é afeta ao âmbito de disposição de cada membro da Federação.

9. Modalidades licitatórias

A NLLC prevê as seguintes modalidades de licitação: pregão, concorrência, concurso, leilão e diálogo competitivo **(art. 28)**. Não discorreremos sobre este último, conforme consignado na introdução.

As novidades mais evidentes são as extinções programadas do convite e da tomada de preços[13] e o valor da contratação deixar de ser parâmetro para determinar o emprego de certas modalidades.

O RDC, que era uma outra modalidade licitatória, foi imediatamente extinto, mas a NLLC incorporou algumas de suas práticas, a começar pela anteriormente comentada possibilidade de ser decretado sigilo ao orçamento estimado da licitação, mas que também estão presentes nas contratações integrada e semi-integrada, no critério de julgamento de maior retorno econômico e nos modos de disputa aberto e fechado.

Pela Lei de Licitações de 1993, usar o concurso e o leilão dependia do que se queria fazer. Essas duas modalidades permanecem praticamente as mesmas na NLLC, mas a Lei de 2021 dispõe um pouco mais pormenorizadamente sobre eles (arts. 30 e 31).

Nos moldes da legislação anterior, a NLLC veda a criação de outras modalidades de licitação ou, ainda, a combinação das nelas previstas (§ 2º do art. 28). Deve-se entender o comando como uma proibição a que atos infralegais e leis específicas dos entes federativos as criem, porque as modalidades de licitação estão no âmbito das normas gerais de licitação. Naturalmente, uma nova lei votada no Congresso Nacional poderá dar tratamento ao tema e criar outras modalidades, no exercício da competência do inciso XXVII do art. 22 da Lei Maior.

Além das modalidades licitatórias previstas no **art. 28**, a Administração poderá utilizar os seguintes procedimentos auxiliares: credenciamento, pré-qualificação, procedimento de manifestação de interesse, sistema de registro de preços e registro cadastral, todos previstos no art. 78 da nova Lei.

9.1. Concurso

No concurso, que se presta à escolha de trabalho técnico, científico ou artístico, cujo critério de julgamento será o de melhor técnica ou conteúdo

[13] Estas modalidades permanecerão utilizáveis por dois anos contados a partir de 1º de abril de 2021, nos quais parte da Lei 8.666/1993 permanecerá em vigor.

artístico, e para concessão de prêmio ou remuneração ao vencedor (art. 6º, XXXIX), o edital deverá indicar a qualificação exigida dos participantes, as diretrizes e formas de apresentação do trabalho e as condições de realização, bem como o prêmio ou remuneração a ser concedida ao vencedor.

9.2. Leilão

O legislador de 2021 foi mais dedicado ao configurar o leilão. A Lei 8.666/1993, com redação dada pela Lei 8.883/1994, apenas define o leilão como a modalidade de licitação entre quaisquer interessados para a venda de bens móveis inservíveis para a administração ou de produtos legalmente apreendidos ou penhorados, ou para a alienação de bens imóveis prevista no seu art. 19, a quem oferecer o maior lance, igual ou superior ao valor da avaliação (§ 5º do art. 22).

A NLLC estabelece o uso do leilão para alienação de bens imóveis ou de bens móveis inservíveis ou legalmente apreendidos, e o licitante vencedor será aquele que oferecer o maior lance (art. 6º, XL). Não podemos deixar de ressaltar modificações importantes.

Registra-se a ampliação do emprego da modalidade no que se refere a bens imóveis. Pela Lei de 1993, somente bens imóveis cuja aquisição tenha decorrido de procedimentos judiciais ou de dação em pagamento são suscetíveis de alienação por leilão. Pela NLLC, quaisquer bens imóveis podem ser leiloados.

Note-se que não se cometeu o equívoco de incluir o bem penhorado entre os passíveis de serem leiloados pelas regras da Lei de 2021. A uma, porque o bem público é impenhorável. A duas, porque se realiza penhora quando um bem é solicitado pelo credor na execução de uma dívida. O pedido de penhora é ato judicial e se faz por meio de oficial de justiça. O bem penhorado serve de garantia do pagamento do débito e sua alienação não se dá por meio de ato administrativo, mas pelo Estado-Jurisdição (Poder Judiciário), mediante regras próprias. Desde longa data a doutrina questiona o comando da Lei 8.666/1993[14].

[14] Por exemplo: Marçal Justen Filho (*Comentários à lei de licitações e contratos administrativos*, 9 ed., 2002, p. 207) e Lucas Rocha Furtado (*Curso de licitações e contratos administrativos*, 2007, p. 189).

Apesar do detalhamento dado ao leilão no art. 31, a NLLC ainda confere ao regulamento poderes para dispor sobre os procedimentos operacionais da modalidade, mas, como em outras de suas passagens, não indica a quem compete editá-lo. Alicerçado em argumentos insistentemente repetidos neste trabalho, entendemos que seja competência dos chefes dos Poderes Executivos das unidades federadas.

9.3. Concorrência e pregão

A concorrência se transformou na modalidade de licitação apta a contratar **bens e serviços especiais** e **obras e serviços comuns e especiais de engenharia**, sem limite de valor (art. 6º, XXXVIII). Os critérios de julgamento das propostas em concorrência poderão ser: menor preço, melhor técnica ou conteúdo artístico, técnica e preço, maior retorno econômico e maior desconto.

Por sua vez, reafirmou-se a destinação do pregão para aquisição de **bens e serviços comuns**, cujo critério de julgamento poderá ser o de menor preço ou o de maior desconto (art. 6º, XLI).

Assim, impõem-se licitar via pregão sempre que o objeto possuir padrões de desempenho e qualidade que possam ser **objetivamente definidos pelo edital, por meio de especificações usuais de mercado** (art. 29). É **vedado o uso da modalidade** para contratar **serviços técnicos especializados de natureza predominantemente intelectual** e **obras e serviços de engenharia**, à exceção dos serviços comuns de engenharia (parágrafo único do art. 29).

Concorrência e pregão seguirão o rito procedimental comum a que se refere o art. 17 da Lei.

Conclusões

No desfecho deste artigo, retomamos a introdução. A NLLC é bem mais inovadora do que uma avaliação apressada pode concluir. Os temas estudados neste artigo evidenciam ser uma norma realmente original, em que pese existirem pontos de inspiração em normas preexistentes, e que inaugura uma nova mentalidade em licitações, com indisfarçada ênfase no planejamento e na eficiência da atuação administrativa.

O detalhamento e o cuidado exigidos pelo legislador na fase preparatória da licitação não é burocracia desnecessária. Ao contrário, propiciará economia de milhões, bilhões de reais. As obras inacabadas é o cancro mais evidente das contratações mal concebidas e inadequadamente estruturadas, mas muito dinheiro público goteja pelo ralo também com aquisições de menor monta de bens e serviços igualmente desordenadas e sem planejamento ou coordenação.

Normalmente, contratações desastrosas decorrem de planificações deficientes, mas não só. Devemos nos lembrar que no Brasil o procedimento licitatório não tem por finalidade apenas obter a proposta mais vantajosa, como ocorre em muitos países e pregam a Constituição e a lei. Infelizmente, a realidade por aqui impõe que ainda seja um meio de reduzir ou evitar corrupção. Afirmamos isso com desassossego e pesar, mas é um fato, e a NLLC foi gestada no rescaldo de escândalos como o Mensalão, o Petrolão e outros de menor evidência. É intuitivo que contratações mais bem explicadas, fundamentadas e concebidas são mais difíceis de serem usadas de maneira antirrepublicana.

O legislador também cometeu alguns pecados, notadamente, ao dar à União primazia indevida em alguns temas, malversando o princípio federativo, e no uso indiscriminado e impreciso do "regulamento", termo ao qual se pode atribuir uma gama de possíveis naturezas.

Sem dúvida alguma, os anos vindouros serão de ajustes no novo marco legal de licitações e contratos. Devemos nos manter atentos, pois necessárias novas leis virão para aprimorá-lo e corrigir rumos.

Referências

BRASIL. Supremo Tribunal Federal. HC 91509. Relator: Min. EROS GRAU, Segunda Turma, julgado em 27/10/2009, DJe-027 DIVULG 11-02-2010 PUBLIC 12-02-2010 EMENT VOL-02389-01 PP-00165.

BRASIL. Supremo Tribunal Federal. ADI 1296 MC. Relator: Min. CELSO DE MELLO, Tribunal Pleno, julgado em 14/06/1995, DJ 10-08-1995 PP-23554 EMENT VOL-01795-01 PP-00027.

BRASIL. Supremo Tribunal Federal. ADI 3583, Relator(a): Min. CEZAR PELUSO, Tribunal Pleno, julgado em 21/02/2008, DJe-047 DIVULG 13-03-2008 PUBLIC 14-03-2008 EMENT VOL-02311-01 PP-00079 RTJ VOL-00204-02 PP-00676 LEXSTF v. 30, n. 353, 2008, p. 67-74 LEXSTF v. 30, n. 355, 2008, p. 85-93 LEXSTF v. 30, n. 356, 2008, p. 104-112.

BRASIL. Supremo Tribunal Federal. ADI 3070, Relator(a): Min. EROS GRAU, Tribunal Pleno, julgado em 29/11/2007, DJe-165 DIVULG 18-12-2007 PUBLIC 19-12-2007 DJ 19-12-2007 PP-00013 EMENT VOL-02304-01 PP-00018 RTJ VOL-00204-03 PP-01123.

BRASIL. Supremo Tribunal Federal. RE 668810 AgR, Relator(a): DIAS TOFFOLI, Segunda Turma, julgado em 30/06/2017, ACÓRDÃO ELETRÔNICO DJe-176 DIVULG 09-08-2017 PUBLIC 10-08-2017.

BRASIL. Tribunal de Contas da União. Guia de boas práticas em contratação de soluções de tecnologia da informação: riscos e controles para o planejamento da contratação / Tribunal de Contas da União. – Versão 1.0. – Brasília: TCU, 2012.

BRASIL. Tribunal de Contas da União. Acórdão 1.563/2004 - TCU - Plenário. Proc. 001.912/2004-8, Relator: Min. Subst. AUGUSTO SHERMAN, julgado em 06/10/2004.

BRASIL. Tribunal de Contas da União. Acórdão 1.488/2016 – TCU – Plenário. Proc. 030.028/2015-9, Relator: Min. VITAL DO RÊGO, julgado em 08/06/2016.

FURTADO, Lucas Rocha. Curso de licitações e contratos administrativos. Belo Horizonte: Fórum, 2007.

JUSTEN FILHO, Marçal. Comentários à lei de licitações e contratos administrativos. 9. ed. São Paulo: Dialética, 2002.

MELLO, Celso Antônio Bandeira de. *Curso de Direito Administrativo*. 13 ed. São Paulo: Malheiros Editores, 2001.

9. Diálogo Competitivo

Ilton Norberto Robl Filho

Marco Aurélio Marrafon

Introdução

O diálogo competitivo foi incorporado na Lei nº. 14.133/2021 como uma nova modalidade de licitação no direito brasileiro, tendo sido inspirada intensamente pelo direito europeu. Esse novel instrumento jurídico autoriza o diálogo prévio com licitantes selecionados, a partir de critérios objetivos, permitindo que se desenvolvam soluções que satisfaçam de maneira mais adequada as demandas da Administração. Somente ao final desse processo construtivo as propostas são apresentadas. É uma forma interessante de a iniciativa privada auxiliar no atendimento das necessidades da Administração Pública, concretizando os interesses social e público.

1. Perspectiva constitucional contemporânea

A modalidade de licitação do diálogo competitivo busca estabelecer vínculos mais produtivos entre a iniciativa privada e a Administração Pública. É inegável que a adequada interação entre o público e o privado é elemento relevante na efetivação dos interesses público e social, podendo a Administração Pública em colaboração com os privados atuar de maneira mais eficiente e adequada. Na perspectiva constitucional contemporânea, além dos princípios aplicáveis ao Poder Público, em especial os previstos no art. 37 Constituição Federal (CF/88), o princípio republicano e a exigência de *accountability*, a Administração Pública encontra-se vinculada à obtenção de resultados que beneficiem a sociedade, os cidadãos e os indivíduos[1].

2. Origem no Direito Europeu

Em primeiro lugar e sobre a moldura jurídica, o diálogo competitivo encontra-se imerso em sistema normativo europeu pautado no tratamento igualitário, no princípio da não discriminação e na transparência, os quais devem guiar a interpretação dessa modalidade de licitação.

O diálogo competitivo[2], o qual é intitulado na Europa como diálogo concorrencial, foi previsto originalmente na Diretiva nº 2004/18/CE do Parlamento Europeu e do Conselho, de 31 de março de 2004, para, nos termos do Considerando (1), "responder às exigências de simplificação e modernização formuladas, quer pelas entidades adjudicantes quer pelos operadores económicos"[3]. Assim como o ordenamento jurídico brasileiro, a União Europeia e seus Estados-Membros encontram-se comprometidos com a "protecção da ordem, da moralidade e da segurança públicas, da saúde e da vida humana e animal ou à preservação da vida vegetal, especialmente do ponto de vista do desenvolvimento sustentável", segundo o Considerando (6)[4].

[1] Cf. CELONE, Cristiano; ROBL FILHO, Ilton Norberto. A Garantia Constitucional da Responsabilidade Gerencial no Brasil e na Itália. *Revista Jurídica da Presidência Brasília*, v. 21, n. 125, p. 452-481, out. 2019/Jan. 2020; CASSESE, Sabino. Che cosa resta dell'amministrazione pubblica? *Rivista Trimestrale di Diritto Pubblico*. n. 1, p. 1-12, 2019; CELONE, Cristiano. *La Responsabilità Dirigenziale tra Stato ed Enti locali*. Torino: Napoli, 2018. OLIVEIRA, Rafael Carvalho Rezende. *Nova Lei de Licitações e Contratos Administrativos*. Rio de Janeiro: Grupo GEN, 2021, p. 130.

[2] Sobre o tema, cf. OLIVEIRA, Rafael Sérgio Lima de. *O Diálogo Competitivo Brasileiro*. Belo Horizonte: Fórum, 2021, p. 8-25. Com a indicação da internalização da Diretiva nos Estados-Membros da União Europeia, cf. TEIXEIRA, Angelina. *Diálogo Concorrencial – Monólogo ou Mito?* No Âmbito do Código dos Contratos Públicos. Lisboa: Verbo Jurídico, 2011, p. 5.

[3] UNIÃO EUROPEIA. *Diretiva 2004/18/CE do Parlamento Europeu e do Conselho, de 31 de março de 2004, relativa à coordenação dos processos de adjudicação dos contratos de empreitada de obras públicas, dos contratos públicos de fornecimento e dos contratos públicos de serviços*. OJ L 134, 30.4.2004, p. 114–240 (ES, DA, DE, EL, EN, FR, IT, NL, PT, FI, SV).

[4] UNIÃO EUROPEIA. *Diretiva 2004/18/CE do Parlamento Europeu e do Conselho, de 31 de março de 2004, relativa à coordenação dos processos de adjudicação dos contratos de empreitada de obras públicas, dos contratos públicos de fornecimento e dos contratos públicos de serviços*. OJ L 134, 30.4.2004, p. 114–240 (ES, DA, DE, EL, EN, FR, IT, NL, PT, FI, SV).

De outro lado, a citada Diretiva foi revogada pela Diretiva 2014/24/UE do Parlamento Europeu e do Conselho Europeu, de 26 de fevereiro de 2014, a qual demonstra a relevância do diálogo concorrencial, nos seu Considerando (42):

> Importa recordar que o recurso ao diálogo concorrencial aumentou significativamente, em termos de valores dos contratos, nos últimos anos. Revelou-se útil nos casos em que as autoridades adjudicantes não conseguem definir as formas de satisfazer as suas necessidades ou avaliar o que o mercado pode oferecer em termos de soluções técnicas, financeiras ou jurídicas. Tal pode, nomeadamente, verificar-se quando se trata de projetos inovadores, da execução de projetos de infraestruturas de transportes integrados em larga escala, de grandes redes informáticas ou de projetos que obriguem a financiamentos complexos e estruturados. Sempre que pertinente, as autoridades adjudicantes deverão ser incentivadas a nomear um chefe de projeto para garantir a boa cooperação entre os operadores económicos e a autoridade adjudicante durante o procedimento de adjudicação[5].

Ressalta-se que a intensidade da utilização do diálogo concorrencial na Europa é bastante diversa. No período de janeiro de 2004 a junho de 2009, observam-se países que utilizaram esse instituto com a) intensidade, b) moderação e c) de forma fraca. A França e o Reino Unido registraram respectivamente 1.239 e 1194 contratos administrativos firmados, a partir dessa modalidade, sendo os países europeus que mais o empregaram. Com utilização moderada, Alemanha, Holanda, Irlanda, Dinamarca e Finlândia valeram-se do diálogo concorrencial em 113, 72, 47 e 32 contratos administrativos respectivamente. Por fim, Espanha e Portugal tiveram 19 e 4 empregos dessa modalidade de licitação[6].

A introdução do diálogo concorrencial na Europa adveio principalmente da experiência do Reino Unido, explicando em certo sentido o

[5] UNIÃO EUROPEIA. *Diretiva 2014/24/UE do Parlamento Europeu e do Conselho, de 26 de fevereiro de 2014, relativa aos contratos públicos e que revoga a Diretiva 2004/18/CE. OJ L 94, 28.3.2014 (BG, ES, CS, DA, DE, ET, EL, EN, FR, HR, IT, LV, LT, HU, MT, NL, PL, PT, RO, SK, SL, FI, SV).*

[6] Ting, I-Jen; YANG, Jyh-Bin. Feasibility Study of Implementing Competitive Dialogue in Taiwan. I*nternational Journal of Innovation, Management and Technology, Vol. 10, No. 1, p. 8, February 2019.*

emprego intenso da modalidade. O governo do Reino Unido (*Office of Government Commerce* e *HM Treasury*), em cooperação com especialistas, membros da sociedade civil e outras autoridades, elaborou importante documento de orientações sobre o diálogo competitivo, assim como essas orientações e experiências foram revistas em documento de 2010[7].

Por sua vez, a tradição jurídica portuguesa não possuía um modelo de licitação semelhante ao diálogo concorrencial, além de a internalização do procedimento por meio do Código de Contratos Públicos (CCP – Decreto-Lei nº. 18/2008), nos artigos 204º e seguintes, promover obstáculos para a utilização do instrumento[8].

3. Definição de diálogo competitivo

A definição de diálogo competitivo encontra-se no artigo 6º, XLII, Lei Federal nº. 14.133/2021, possuindo as seguintes características: a) nova modalidade de licitação para contratação de obras, serviços e compras, b) a Administração Pública tem diálogos com licitantes selecionados por meio de critérios objetivos, c) busca criar uma ou mais alternativas para atender as necessidades da Administração Pública e d) apenas ao final dos diálogos os licitantes formulam e apresentam proposta final[9].

[7] UNITED KINGDOM. *Competitive Dialogue in 2008*: OGC/HMT Joint Guidance on Using the Procedure. 2008 e UNITED KINGDOM. *HM Treasury Review of Competitive Dialogue*, 2010.

[8] Sobre o tema, cf. TEIXEIRA, Cláudia Margarida Ramos. *As Parcerias para a Inovação*. Dissertação de Mestrado em Direito e Prática Jurídica com especialidade em Direito Administrativo e Administração Pública. Universidade de Lisboa, 2019, p. 27-31.

[9] O artigo 1º, 11, 'c', da Diretiva 2004/18/CE estabelece que: "«Diálogo concorrencial» é o procedimento em que qualquer operador económico pode solicitar participar e em que a entidade adjudicante conduz um diálogo com os candidatos admitidos nesse procedimento, tendo em vista desenvolver uma ou várias soluções aptas a responder às suas necessidades e com base na qual, ou nas quais, os candidatos seleccionados serão convidados a apresentar uma proposta. Para efeitos do recurso ao procedimento previsto no primeiro parágrafo, um contrato público é considerado como «particularmente complexo», quando a entidade adjudicante: não está objectivamente em condições de definir os meios técnicos, de acordo com o disposto nas alíneas b), c) ou d) do nº 3 do artigo 23.o, capazes de responder às suas necessidades ou aos seus objectivos, e/ou não está objectivamente em condições de estabelecer a montagem jurídica e/ou financeira de um projecto;". De outro lado, o artigo 2º da Diretiva 2014/24/UE do Parlamento Europeu e do Conselho Europeu, de 26 de fevereiro de 2014, fixa as definições aplicáveis, não conceituando neste artigo o diálogo concorrencial, o qual é disciplinada especialmente no artigo 30º.

4. Previsão no ordenamento jurídico brasileiro

Além de o diálogo competitivo ser modalidade de licitação prevista na nova Lei de Licitações e Contratos Administrativos (Lei nº. 14.133/2021), o artigo 2º da Lei Geral de Concessões de Serviços Públicos (Lei nº. 8.937/1995) e o artigo 10 da Lei de Parceria Público-Privada (Lei nº. 11.079/2004) também foram alterados respectivamente pelos artigos 179 e 180 das Lei nº. 14.133/2021.

Assim, os novos incisos II e III do artigo 2º da Lei nº. 8.937/1995 fixam o diálogo competitivo como modalidade de licitação para concessão de serviço público e para concessão de serviço público precedida da execução de obra pública, podendo com essas alterações o processo licitatório ser conduzido pelas modalidades de concorrência ou diálogo competitivo. Por sua vez, no processo licitatório para a contratação de parceria público-privada, foi ainda prevista a possibilidade de utilização da modalidade de diálogo competitivo.

5. Aplicação da modalidade de licitação do diálogo competitivo

Nas contratações com a Administração Pública, o diálogo competitivo como modalidade de licitação (artigo 28, V, Lei nº. 14.133/2021) aplica-se de acordo com os incisos I e II do artigo 32. Duas importantes questões precisam serem apontadas.

Em primeiro lugar, "o diálogo é uma modalidade cuja aplicação é definida em estreitos termos na legislação, não havendo espaço para se recorrer a ela fora dos casos previstos no art. 32"[10]. Nesse sentido, o artigo 28, §2º veda a criação de novas modalidades de licitação ou a combinação das modalidades indicadas, nos incisos do referido artigo 28, da Lei nº. 14.133/2021 (pregão, concorrência, concurso, leilão e diálogo competitivo).

Em segundo lugar, observar e seguir a legislação não significa adotar uma interpretação rasa e superficial do texto normativo. Registra-se que a hermenêutica dessa modalidade de licitação pauta-se na "natureza aberta, compatível com variações verificadas na realidade dos fatos. Portanto, não é pertinente discutir sobre a natureza exaustiva ou exemplificativa do

[10] OLIVEIRA, Rafael Sérgio Lima de. *O Diálogo Competitivo Brasileiro*. Belo Horizonte: Fórum, 2021, p. 31.

elenco ou sobre a exigência da presença cumulativa das situações previstas nos diversos incisos"[11].

Essa modalidade de licitação pressupõe a cooperação entre a Administração Pública e os privados para o atendimento das necessidades daquela e principalmente para a concretização dos interesses social e público. A adoção de uma interpretação que impõe inexoravelmente a presença simultânea e cumulativa dos requisitos previstos tanto inciso I como do inciso II pode obstar a relevante adoção desse instituto em situações que essa modalidade de licitação é fundamental, no atendimento das necessidades da Administração Pública e, por consequência, dos interesses social e público.

O inciso I do artigo 32, Lei nº. 14.133/2021 estabelece as seguintes condições: a) tratar de inovação tecnológica ou técnica, b) impossibilidade de a Administração Pública obter a satisfação da sua necessidade sem a alteração e adaptação das soluções já existentes no mercado e c) as especificações técnicas não podem ser fixadas e definidas pela Administração Pública com precisão suficiente.

A definição de inovação da Diretiva 2014/24/UE do Parlamento Europeu e do Conselho, de 26 de fevereiro de 2014, auxilia na compreensão do tema, asseverando que

> «Inovação», a implementação de um produto, serviço ou processo novo ou significativamente melhorado, incluindo mas não limitado aos processos de produção ou construção, um novo método de comercialização, ou um novo método organizacional nas práticas empresariais, na organização do local de trabalho ou nas relações externas, nomeadamente com o objetivo de ajudar a resolver os desafios societais ou de apoiar (...) um crescimento inteligente, sustentável e inclusivo[12].

Entende-se por técnica a organização de procedimentos, instrumentos e insumos para a realização de determinado fim. A tecnologia consiste na utilização do conhecimento científico aliado ao emprego de técnicas para

[11] JUSTEN FILHO, Marçal. Comentário ao Artigo 32, item 6. In: ______. *Comentários à Lei de Licitações e Contratações Administrativas – ebook*. São Paulo: Revista dos Tribunais, 2021.

[12] UNIÃO EUROPEIA. *Diretiva 2014/24/UE do Parlamento Europeu e do Conselho, de 26 de fevereiro de 2014, relativa aos contratos públicos e que revoga a Diretiva 2004/18/CE. OJ L 94, 28.3.2014 (BG, ES, CS, DA, DE, ET, EL, EN, FR, HR, IT, LV, LT, HU, MT, NL, PL, PT, RO, SK, SL, FI, SV).*

a consecução de inúmeras atividades. A alínea 'b', do inciso I, do artigo 32 pressupõe que inexiste solução pronta no mercado, além de o diálogo ser necessário para fixar com precisão os dados e os detalhamentos técnicos, segundo a alínea 'c' do mesmo inciso. A leitura adequada e a implementação correta da alínea 'c' podem "ampliar a competitividade, evitando que a Administração traga no certame definições discriminatórias"[13].

Apesar da necessidade de uma hermenêutica aberta para a efetividade e para o adequado emprego dessa modalidade de licitação, quando o diálogo competitivo for fundamentado no inciso I do artigo 32, Lei nº. 14.133/2021, o cumprimento de todas as alíneas precisa encontrar-se presente para justificação do seu emprego.

O diálogo competitivo fundado no artigo 32, II, Lei nº. 14.133/2021 impõe-se em razão da necessidade de definir e identificar os meios e as alternativas para satisfazer as necessidades da Administração Pública, as quais não podem ser previamente apontadas. Dessa maneira, na fase de diálogo com os licitantes, essas definições e identificações serão construídas. Frisa-se que as alíneas do referido inciso II são meramente exemplificativas, não esgotando todas as situações de utilização do diálogo competitivo estruturado no inciso II.

A legislação aponta como exemplos que justificam o emprego desta modalidade de licitação: a) a necessidade de descobrir a solução técnica mais adequada, b) os requisitos técnicos para efetivar a solução definida e c) a estrutura jurídica ou financeira do contrato.

O artigo 32, Lei nº. 14.133/2021 não adotou expressamente a palavra complexidade. De outro lado, o artigo 1º, 11, 'c', Diretiva nº 2004/18/CE do Parlamento Europeu e do Conselho, de 31 de março de 2004 utiliza-se do termo "contrato complexo" e a Diretiva 2014/24/UE do Parlamento Europeu e do Conselho Europeu, de 26 de fevereiro de 2014 aponta que "projetos inovadores, da execução de projetos de infraestruturas de transportes integrados em larga escala, de grandes redes informáticas ou de projetos que obriguem a financiamentos complexos e estruturados"[14].

[13] OLIVEIRA, Rafael Sérgio Lima de. *O Diálogo Competitivo Brasileiro.* Belo Horizonte: Fórum, 2021, p. 33.

[14] UNIÃO EUROPEIA. *Diretiva 2014/24/UE do Parlamento Europeu e do Conselho, de 26 de fevereiro de 2014, relativa aos contratos públicos e que revoga a Diretiva 2004/18/CE. OJ L 94, 28.3.2014 (BG, ES, CS, DA, DE, ET, EL, EN, FR, HR, IT, LV, LT, HU, MT, NL, PL, PT, RO, SK, SL, FI, SV).*

Mesmo que o termo complexo não aparece literalmente no artigo 32, a complexidade é a nota característica dos incisos I e II, porque existem questões técnicas ou tecnológicas (incisos I, 'a' e 'c' e II, 'a' e 'b') e temas jurídicos e financeiros (inciso II, 'c') complexos, além de inexistir solução pronta e disponível no mercado (inciso I, 'b').

Dessa forma, há proeminente dever de fundamentação da Administração Pública para adotar essa específica modalidade de licitação, com a sua devida documentação, demonstrando o cumprimento dos requisitos legais para sua implementação. De outro lado, a modalidade é bastante diversa da tradição do direito administrativo brasileiro, impondo-se levar a legislação a sério, isto é, não interpretar o novo com as preconcepções do direito posto anterior.

Ainda, o diálogo competitivo é instrumento jurídico diverso da inexigibilidade de licitação, a qual é disciplina no artigo 74, Lei Federal nº. 14.133/2021, pois nesta a competição não é possível e naquele, conforme o próprio nome aponta, essa concorrência é viável.

6. Comissão de contratação

A comissão de contratação será composta por, no mínimo, três servidores públicos efetivos ou empregados públicos dos quadros permanentes da Administração, observando-se tanto o artigo 7º sobre os agentes públicos como especialmente o artigo 32, § 1º, XI, Lei nº. 14.133/2021.

Quando inexistir nos quadros permanentes servidores ou empregados públicos para conduzirem adequadamente o processo licitatório em virtude da ausência de expertise, é admitida a contratação de profissionais para assessoramento técnico da comissão, segundo o artigo 32, § 1º, XI, Lei nº. 14.133/2021. Sobre a contratação desses profissionais externos à administração pública, "é cabível promover essa contratação mediante concorrência de técnica e preço (art. 37, § 1.º, inc. II). Mas se admite inclusive a dispensa de licitação para contratação de assessores dotados de notória especialização, quando for inviável a competição (art. 75, inc. XIII)"[15].

De outro lado, os profissionais contratados deverão assinar termo de confidencialidade, assim como não poderão exercer atividades que

[15] JUSTEN FILHO, Marçal. Comentário ao Artigo 32, item 10.3. In: ______. *Comentários à Lei de Licitações e Contratações Administrativas – ebook*. São Paulo: Revista dos Tribunais, 2021

produzam conflito de interesses, de acordo com o artigo 32, § 2º, Lei nº. 14.133/2021.

7. Fases da modalidade de diálogo competitivo

Há três fases na modalidade de diálogo competitivo: a) fase pré-diálogo ou preparatória interna, b) fase de diálogo e c) fase competitiva propriamente dita[16].

7.1. Fase de pré-diálogo ou preparatória interna

Esta fase inicia-se com a escolha e a justificativa da utilização da modalidade de diálogo competitivo, indicando as razões que sustentam seu emprego, juntando a documentação necessária e observando especialmente os incisos I e II do artigo 32, Lei nº. 14.133/2021.

Ato contínuo a Administração estrutura o desenho institucional da licitação e planeja a inicial realização dos atos do processo licitatório, os quais são devidamente publicizados por meio de edital, descrevendo suas necessidades e exigências já definidas, sendo divulgado em sítio eletrônico oficial e fixando o prazo mínimo de 25 (vinte e cinco) dias úteis para manifestação de interesse dos licitantes em participarem, nos termos do artigo 32, § 1º, I, Lei nº. 14.133/2021. Frisa-se que a novel legislação, no artigo 174, *caput* e I, determinou a criação do Portal Nacional de Contratações Públicas (PNCP), que será o sítio eletrônico oficial e que realizará a divulgação centralizada dos atos previstos na Lei de Licitações e Contratos Administrativos.

O sucesso do diálogo competitivo reside na seleção de interessados que possam efetivamente colaborar com a construção de soluções para as necessidades da Administração. Assim, a experiência e a capacidade para contribuir devem ser fixadas com requisitos objetivos no edital, admitindo-se todos os interessados que cumprirem os referidos critérios objetivos, segundo o artigo 32, § 1º, II, Lei nº. 14.133/2021. A simplicidade do referido inciso II, do § 1º, do artigo 32, da Lei de Licitações e Contratos Administrativos impõe uma interpretação lógica, sistemática e teleológica.

[16] No âmbito do Reino Unido, observa-se interessante análise sobre as fases do diálogo concorrencial, adotando-se em linhas gerais essa classificação neste comentário, cf. UNITED KINGDOM. *Competitive Dialogue in 2008*: OGC/HMT Joint Guidance on Using the Procedure, 2008, p. 11.

Em síntese, o edital deve prever tanto os critérios objetivos para selecionar os interessados como os requisitos dos artigos 62, 67 e 69, Lei de Licitações e Contrato Administrativo para a habilitação dos licitantes. Com o término da fase de diálogo, serão apenas os licitantes pré-selecionados que participarão da fase competitiva, inexistindo novo momento para análise da existência ou não de requisitos para a habilitação na fase competitiva.

Dessa maneira, o edital determinado pelo artigo 32, § 1º, I, deve fixar tantos os requisitos para seleção dos interessados (artigo 32, § 1º, I, Lei Federal nº. 14.133/2021) como para a habilitação (artigos 62 e seguintes, Lei Federal nº. 14.133/2021) desses mesmos interessados para eventual participação na fase competitiva

Em outras palavras, os requisitos do artigo 62 devem estar presentes na seleção dos licitantes pré-selecionadas, mas não esgotam os critérios objetivos para escolha dos interessados[17]. Por óbvio, a fixação dos critérios objetivos específicos para seleção dos pré-licitantes precisa ser fundamentada com o devido aprofundamento e a demonstração da complexidade específica que justifica a adoção dessa modalidade de licitação, não sendo possível a exigência de critérios irrazoáveis e desproporcionais.

Não há previsão literal de recurso administrativo contra o ato que indeferiu a seleção dos interessados para fase de diálogo. Pela interpretação literal, seria cabível pedido de reconsideração, de acordo com o artigo 165, II, Lei de Licitações e Contratos Administrativos, o qual possui efeito suspensivo, conforme o artigo 168, Lei Federal nº. 14.133/2021.

Por sua vez, é cabível expressamente recurso (o artigo 165, I e III, Lei de Licitações e Contratos Administrativos) contra indeferimento ou deferimento de pré-qualificação, a qual é disciplinada no artigo 80 e representa um procedimento auxiliar, e contra a habilitação ou inabilitação de licitantes, que é fixada nos artigos 62 e seguintes. Ora, como a análise tanto da seleção dos interessados como da habilitação ocorre antes da fase de diálogo propriamente dito, a lógica jurídica determina a possibilidade de interpor recurso administrativo.

[17] Sobre a questão, conferir também: JUSTEN FILHO, Marçal. Comentário ao Artigo 32, item 13. In: ______. *Comentários à Lei de Licitações e Contratações Administrativas – ebook*. São Paulo: Revista dos Tribunais, 2021.

Ainda, incide inexoravelmente os direitos fundamentais ao contraditório, à ampla defesa e ao devido processo legal (artigo 5º, LIV e LV, CF/88) com sua aplicabilidade imediata (artigo 5º, § 1º, CF/88), consistindo em mais um argumento para o cabimento de recurso administrativo (artigo 165, I, Lei Federal nº. 14.133/2021), no prazo de 3 (três) dias úteis contra o indeferimento da seleção dos pré-licitantes.

7.2. Fase de diálogo

Nesta fase, a cooperação efetivamente ocorre entre Administração Pública e privados, devendo ser compreendidos adequadamente os dispositivos legais que regulamentam o tema. Dentre os recursos escassos de pessoas físicas e jurídicas, encontram-se o tempo e os recursos financeiros. Os licitantes que foram selecionados vão empregar tempo e importes econômicos para construir a solução que necessita a Administração Pública. Assim se justifica plenamente que, com a conclusão da fase de diálogo, apenas os licitantes que foram selecionados participem da fase competitiva, de acordo com o artigo 32, VIII, Lei de Licitações e Contratos Administrativos.

De outra banda, pela finalidade e pela natureza jurídica dessa modalidade de licitação, a efetiva participação dos interessados selecionados na fase de diálogo é essencial no êxito da construção da solução ou das soluções, sendo um ônus do selecionado atuar com dedicação e afinco nessas discussões.

Caso o interessado descumpra o ônus de atuação efetiva no diálogo, é justificável, após o devido contraditório e a ampla defesa (art. 5º, LV, CF/88), a vedação da participação desse selecionado na parte competitiva. É importante a previsão, no edital (artigo 32, § 1º, I, Lei Federal nº. 14.133/2021), da exclusão do interessado selecionado, em razão da ausência de dedicação[18].

Em outras palavras, os interessados necessitam interagir de forma efetiva com a Administração Pública, porque a construção de uma solução ou de soluções pressupõe essa participação. O benefício aos selecionados

[18] Em sentido semelhante, sustentando a possibilidade de exclusão a qualquer tempo por infrações e impossibilidade para contribuir, cf. JUSTEN FILHO, Marçal. Comentário ao Artigo 32, item 16. In: ______. *Comentários à Lei de Licitações e Contratações Administrativas – ebook*. São Paulo: Revista dos Tribunais, 2021.

para a adequada atuação, na fase de diálogo, consiste na possibilidade de disputar a fase competitiva. De outro lado, caso um interessado não tenha participado com afinco da fase de diálogo, observa-se claro descumprimento de um ônus, impossibilitando seu ingresso na competição propriamente dita[19].

Não se pode confundir inexistência de dedicação adequada na fase de diálogo com a não adoção pela Administração Pública da proposta construída com participação do selecionado interessado. Mesmo com colaboração efetiva, a Administração Pública de forma fundamentada pode entender que a proposta de um licitante não atende satisfatoriamente suas necessidades. Não há fundamento para a exclusão do interessado que, apesar de contribuir, não teve sua proposta acolhida pela Administração Pública.

A Lei de Licitações e Contratos Administrativos não afirma expressamente que, na fase de diálogo, as reuniões acontecem de forma individualizada com cada participante, mas essa compreensão exsurge dos incisos III, IV e VI, do artigo 32, Lei Federal nº. 14.133/2021.

Veja-se: sem o consentimento do(s) licitante(s), a Administração Pública encontra-se proibida de revelar aos demais competidores as informações sigilosas e as soluções propostas, conforme o artigo 32, § 1º, IV, Lei nº. 14.133/2021.

Trata-se de previsão legal para incentivar que os selecionados apresentem relevantes dados, informações, ideias, concepções e soluções, porque se "soubessem que o Poder Público poderia entregar ao mercado as suas propostas de solução, os competidores não se sentiriam

[19] Também Rafael Sérgio Lima de Oliveira registra a necessidade de participação efetiva do interessado para posterior ingresso na fase competitiva, cf. OLIVEIRA, Rafael Sérgio Lima de. *O Diálogo Competitivo Brasileiro.* Belo Horizonte: Fórum, 2021, p. 49. Por sua vez, sustenta Oliveira que a ausência de dedicação do interessado poderia ser tipificada como infração administrativa (artigo 155, IV e IX, Lei de Licitações e Contratos Administrativos). Os autores do presente comentário pensam que a dedicação do interessado para colaborar com a Administração Pública é um ônus, sendo requisito para posterior ingresso na fase competitiva. Não se pode olvidar que as infrações administrativas indicadas por Oliveira acarretam impedimento para licitar e contratar e declaração de inidoneidade para licitar e contratar, não parecendo proporcionais para a simples ausência de participação efetiva do selecionado na fase de diálogo.

suficientemente confortáveis a abrir suas melhores ideias para o Estado contratante"[20].

Dessa forma, impõe-se uma leitura sistemática dos incisos IV e VI do artigo 32. A comissão de contratação deve registrar em ata e gravar as reuniões com os licitantes pré-selecionados com o emprego de recursos tecnológicos de áudio e vídeo, de acordo com o artigo 32, § 1º, VI, Lei nº. 14.133/2021. Por sua vez, apesar da gravação, as informações sigilosas e as soluções propostas não acolhidas pela Administração Pública não podem ser comunicadas sem o consentimento do licitante.

De outro banda, existe a vedação da divulgação de informações de forma discriminatória que sejam aptas a produzir vantagem para algum dos licitantes, segundo o artigo 32, § 1º, III, Lei nº. 14.133/2021. Como o diálogo é realizado individualmente com os selecionados, tratar de forma desigual com informações vantajosas a um ou alguns dos licitantes em detrimento dos demais é ilegal e principalmente inconstitucional (artigo 5º, *caput* e 37, *caput*, CF/88).

Também, o edital na modalidade de diálogo competitivo permite, dentro da fase de diálogo, a previsão de subfases que restringirão as soluções ou as propostas em discussão na licitação, nos termos do artigo 32, § 1º, VII, Lei nº. 14.133/2021.

Na fase preparatória interna comentada acima, a Administração Pública precisa planejar as etapas do diálogo competitivo, estando atenta, na medida do possível, à complexidade das necessidades a serem atendidas e buscando estruturar o processo licitatório da maneira mais eficiente, concretizando ainda a publicidade e a impessoalidade, segundo o artigo 37, *caput*, CF/88.

Por fim, a fase de diálogo conclui-se com a declaração da Administração Pública da solução ou das possíveis soluções, sendo carreado aos autos do processo licitatório os registros e as gravações desta fase, nos termos do artigo 32, § 1º, VIII, Lei nº. 14.133/2021. Sobre a conclusão da fase de diálogo e as soluções, algumas considerações são relevantes.

Em primeiro lugar, não se pode desconsiderar a possibilidade de nenhuma solução ser construída, por meio da fase de diálogo com os licitantes pré-selecionados, impondo-se nesse caso o encerramento do

[20] OLIVEIRA, Rafael Sérgio Lima de. *O Diálogo Competitivo Brasileiro*. Belo Horizonte: Fórum, 2021, p. 45.

processo licitatório. Quando a fase de diálogo se estrutura em diversas subfases, é "possível que uma solução reputada como satisfatória quanto a determinado aspecto revele-se como de execução inviável ou inadequada em momento posterior", permitindo-se "retomar uma etapa anterior do procedimento e avaliar outras alternativas"[21].

Existem várias razões para que a solução não tenha sido construída ou apresentada, as quais podem ser assim sintetizadas: a) problema na estruturação do processo licitatório como a ausência de seleção dos licitantes adequados para a fase de diálogo ou b) impossibilidade de construção da solução técnica, tecnológica ou jurídica apta a atender as necessidades da Administração Pública.

Em segundo lugar, no término da fase de diálogo, a Administração Pública pode entender que mais de uma solução é possível, permitindo que as propostas na fase competitiva sejam ofertadas a partir de uma ou de outra solução.

7.3. Fase competitiva

A fase competitiva[22] inicia-se com a divulgação de edital, nos termos dos artigos 54 e 174, I, da Lei Federal n. 14.133/2021, com os seguintes elementos: a) a indicação da solução ou das soluções que suprem as necessidades da Administração Pública, b) a apresentação dos critérios

[21] JUSTEN FILHO, Marçal. Comentário ao Artigo 32, item 17.8. In: ______. *Comentários à Lei de Licitações e Contratações Administrativas – ebook*. São Paulo: Revista dos Tribunais, 2021.

[22] A regulamentação da fase competitiva é bastante similar com a disciplina da Diretiva 2014/24/UE do Parlamento Europeu e do Conselho, de 26 de fevereiro de 2014: "6. Depois de declararem encerrado o diálogo e de informarem do facto os participantes apurados, as autoridades adjudicantes solicitam a cada um deles que apresente as suas propostas finais com base na solução ou soluções apresentadas e especificadas durante o diálogo. Essas propostas devem incluir todos os elementos exigidos e necessários à execução do projeto. A pedido das autoridades adjudicantes, essas propostas podem ser clarificadas, precisadas e otimizadas. Todavia, estas especificações, clarificações, ajustamentos ou informações complementares não podem alterar elementos fundamentais da proposta ou do concurso público, incluindo as necessidades e os requisitos estabelecidos no anúncio de concurso ou na memória descritiva, quando as variações relativamente a estes aspetos, necessidades e requisitos sejam suscetíveis de distorcer a concorrência ou de ter um efeito discriminatório. 7. As autoridades adjudicantes avaliam as propostas recebidas com base nos critérios de adjudicação indicados no anúncio do concurso ou na memória descritiva (...)". Sobre essa fase, especialmente cf. OLIVEIRA, Rafael Sérgio Lima de. *O Diálogo Competitivo Brasileiro*. Belo Horizonte: Fórum, 2021, p. 47-50.

objetivos que serão empregados na seleção da proposta mais vantajosa e c) a abertura de prazo que não seja menor de 60 (sessenta) dias úteis para que os licitantes pré-selecionados remetam suas propostas, contendo estas os elementos para efetivação do projeto, segundo o artigo 32, § 1º, VIII, Lei nº. 14.133/2021.

Sobre os critérios para julgamento das propostas na fase competitiva, o artigo 32 não indica a adoção necessariamente de um ou de alguns dos critérios previstos nos incisos do artigo 36, Lei Federal nº. 14.133/2021. Em virtude da complexidade envolvida na modalidade de diálogo competitivo, acredita-se que, como regra geral, o critério técnica e preço é aquele que pode selecionar a proposta mais vantajosa, ponderando as notas concedidas à técnica e o preço da proposta, conforme o artigo 36, Lei de Licitações e Contratos Administrativos[23].

Também é possível que a Administração Pública requeira esclarecimentos e ajustes às propostas apresentadas. Essa faculdade atribuída não pode produzir discriminação entre os licitantes ou distorcer a concorrência, nos termos do artigo 32, IX, Lei nº. 14.133/2021. Como se trata de esclarecimentos e ajustes em relação às propostas apresentadas, a solicitação será realizada antes do julgamento.

Por fim, a partir dos critérios objetivos divulgados no edital da fase competitiva, a Administração Pública definirá a proposta vencedora mais vantajosa, de acordo com o artigo 32, X, Lei nº. 14.133/2021.

O *caput* do artigo 61, Lei Federal nº. 14.133/2021 reza que: "Definido o resultado do julgamento, a Administração poderá negociar condições mais vantajosas com o primeiro colocado". De outro banda, inexiste uma regulamentação específica, no artigo 32, sobre o tema. A Diretiva 2014/24/UE do Parlamento Europeu e do Conselho Europeu, de 26 de fevereiro de 2014, fixa que:

> A pedido da autoridade adjudicante, podem ser conduzidas negociações com o proponente identificado como tendo apresentado a proposta com a melhor relação qualidade/preço nos termos do artigo 67.o, para confirmar os compromissos financeiros ou outros termos nela constantes, finalizando os termos do contrato, desde que tal não resulte numa alteração material

[23] Cf. OLIVEIRA, Rafael Sérgio Lima de. *O Diálogo Competitivo Brasileiro*. Belo Horizonte: Fórum, 2021, p. 51-54.

de aspetos essenciais da proposta ou do contrato público, incluindo as necessidades e requisitos definidos no anúncio de concurso ou na memória descritiva, e não sejam suscetíveis de distorcer a concorrência ou dar azo a discriminações[24].

Pela existência do artigo 61, Lei de Licitações e Contratos Administrativos, é possível a negociação com o vencedor da licitação em diálogo competitivo, mas é relevante, com inspiração na previsão da Diretiva 2014/24/EU, que não sejam modificados aspectos essenciais da proposta, assim como não ocorra a distorção da concorrência e não promova discriminações.

Nos termos do artigo 165, I, 'b', Lei Federal nº. 14.133/2021, é cabível recurso contra o julgamento das propostas, no prazo de 3 (três) dias úteis, com efeito suspensivo.

8. Dos crimes

O artigo 178 da Lei nº. 14.133/2021 incluiu o Capítulo II – B, na Parte Especial do Código Penal, sobre Crimes em Licitações e Contratos Administrativos. Por sua vez, o artigo 337-O trouxe a previsão de omissão grave de dado ou de informação por projetista, a qual se aplica no diálogo competitivo, indicando ao leitor a consulta do comentário neste livro dos aspectos penais.

Conclusões

A modalidade de diálogo competitivo é importante inclusão da Lei Federal nº. 14.133/2021, estabelecendo um instrumento jurídico mais adequado para lidar com objetos e contratos complexos. O sucesso ou não do instituto passa por diversos fatores, mas a correta interpretação e a adequada aplicação do instituto são medidas essenciais, devendo as autoridades, os agentes públicos, os licitantes e os estudiosos perceberem que se trata de modalidade diversa da tradição dos processos licitatórios brasileiros, a qual requer forte compromisso republicano, transparência e *accountability*, para não se tornar mais um instituto distorcido e vulnerável a fraudes e outros ilícitos.

[24] UNIÃO EUROPEIA. *Diretiva 2014/24/UE do Parlamento Europeu e do Conselho, de 26 de fevereiro de 2014, relativa aos contratos públicos e que revoga a Diretiva 2004/18/CE. OJ L 94, 28.3.2014 (BG, ES, CS, DA, DE, ET, EL, EN, FR, HR, IT, LV, LT, HU, MT, NL, PL, PT, RO, SK, SL, FI, SV).*

De outra feita, é certo que o novo não pode ser visto e lido com os olhos do antigo. A compreensão excessivamente burocrática dessa modalidade de licitação pelos órgãos de controle pode inviabilizar ou mesmo fazer letra morta dessa interessante inovação que, *a priori*, pode contribuir para o desenvolvimento de melhores soluções em políticas públicas.

Referências

CELONE, Cristiano; ROBL FILHO, Ilton Norberto. A Garantia Constitucional da Responsabilidade Gerencial no Brasil e na Itália. *Revista Jurídica da Presidência Brasília*, v. 21, n. 125, p. 452-481, out. 2019/Jan. 2020.

CASSESE, Sabino. Che Cosa Resta Dell'amministrazione Pubblica? *Rivista Trimestrale di Diritto Pubblico*. n. 1, p. 1-12, 2019.

CELONE, Cristiano. *La Responsabilità Dirigenziale tra Stato ed Enti locali*. Torino: Napoli, 2018.

JUSTEN FILHO, Marçal. *Comentários à Lei de Licitações e Contratações Administrativas – Ebook*. São Paulo: Revista dos Tribunais, 2021.

OLIVEIRA, Rafael Sérgio Lima de. *O Diálogo Competitivo Brasileiro*. Belo Horizonte: Fórum, 2021.

OLIVEIRA, Rafael Carvalho Rezende. *Nova Lei de Licitações e Contratos Administrativos*. Rio de Janeiro: Grupo GEN, 2021.

TEIXEIRA, Angelina. *Diálogo Concorrencial – Monólogo ou Mito?* No Âmbito do Código dos Contratos Públicos. Lisboa: Verbo Jurídico, 2011.

TEIXEIRA, Cláudia Margarida Ramos. *As Parcerias para a Inovação*. Dissertação de Mestrado em Direito e Prática Jurídica com especialidade em Direito Administrativo e Administração Pública. Universidade de Lisboa, 2019.

Ting, I-Jen; YANG, Jyh-Bin. Feasibility Study of Implementing Competitive Dialogue in Taiwan. I*nternational Journal of Innovation, Management and Technology, Vol. 10, No. 1, p. 8-14, February 2019.*

UNIÃO EUROPEIA. *Diretiva 2004/18/CE do Parlamento Europeu e do Conselho, de 31 de março de 2004, Relativa à Coordenação dos Processos de Adjudicação dos Contratos de Empreitada de Obras Públicas, dos Contratos Públicos de Fornecimento e dos Contratos Públicos de Serviços*. OJ L 134, 30.4.2004, p. 114–240 (ES, DA, DE, EL, EN, FR, IT, NL, PT, FI, SV).

______. *Diretiva 2014/24/UE do Parlamento Europeu e do Conselho, de 26 de fevereiro de 2014, Relativa aos Contratos Públicos e que Revoga a Diretiva 2004/18/CE. OJ L 94, 28.3.2014, p. 65–242 (BG, ES, CS, DA, DE, ET, EL, EN, FR, HR, IT, LV, LT, HU, MT, NL, PL, PT, RO, SK, SL, FI, SV).*

UNITED KINGDOM. *Competitive Dialogue in 2008*: OGC/HMT Joint Guidance on Using the Procedure, 2008.

______. *HM Treasury Review of Competitive Dialogue*, 2010.

10.
Edital e Apresentação de Propostas – Comentários aos Artigos 53 ao 58 da Lei nº 14.133/2021

Mártin Haeberlin
Alexandre Pasqualini

CAPÍTULO III
DA DIVULGAÇÃO DO EDITAL DE LICITAÇÃO

Art. 53. Ao final da fase preparatória, o processo licitatório seguirá para o órgão de assessoramento jurídico da Administração, que realizará controle prévio de legalidade mediante análise jurídica da contratação.

§ 1º Na elaboração do parecer jurídico, o órgão de assessoramento jurídico da Administração deverá:

I – apreciar o processo licitatório conforme critérios objetivos prévios de atribuição de prioridade;

II – redigir sua manifestação em linguagem simples e compreensível e de forma clara e objetiva, com apreciação de todos os elementos indispensáveis à contratação e com exposição dos pressupostos de fato e de direito levados em consideração na análise jurídica;

III – (VETADO).

§ 2º (VETADO).

§ 3º Encerrada a instrução do processo sob os aspectos técnico e jurídico, a autoridade determinará a divulgação do edital de licitação conforme disposto no art. 54.

§ 4º Na forma deste artigo, o órgão de assessoramento jurídico da Administração também realizará controle prévio de legalidade de contratações diretas, acordos, termos de cooperação, convênios, ajustes, adesões a atas de registro de preços, outros instrumentos congêneres e de seus termos aditivos.

§ 5º É dispensável a análise jurídica nas hipóteses previamente definidas em ato da autoridade jurídica máxima competente, que deverá considerar o baixo valor, a baixa complexidade da contratação, a entrega imediata do bem ou a utilização de minutas de editais e instrumentos de contrato, convênio ou outros ajustes previamente padronizados pelo órgão de assessoramento jurídico.

§ 6º (VETADO).

Na sequência da fase preparatória (única fase da *etapa interna* do processo licitatório), conforme o art. 17 da NLL[1], segue-se a primeira das seis fases existentes na *etapa externa*: a divulgação do edital de licitação.[2] A NLL refere divulgação do "edital de licitação", e não mais "instrumento convocatório". Trata-se de uma adequação técnica, uma vez que o termo genérico "instrumento convocatório", que remetia ao edital e também à carta-convite, tornou-se desnecessário, haja vista a exclusão – celebrável, ainda que tardia – da modalidade convite no processo licitatório.

A divulgação do edital sinaliza, portanto, o início da etapa externa, a partir da qual surgem duas diferenças jurídicas fundamentais aos atos administrativos que envolvem o processo licitatório. Primeiro, eles passam a exigir *publicação consecutiva* a sua edição (diferente do que ocorre da etapa interna, em que a publicidade, conquanto passou a ser obrigatória, pode ser diferida ao momento posterior à homologação – art. 24 e art. 54, § 3º, da NLL). Segundo, esses atos, que na etapa interna possuem marcas de discricionariedade, notadamente na definição de objeto, atraem a característica da *vinculação,* corolária de diversos princípios licitatórios, em especial os da vinculação ao edital e do julgamento objetivo.

Curiosamente, porém, o legislador, no art. 53, que inaugura o Capítulo III, intitulado "Da Divulgação do Edital de Licitação", refere-se a um

[1] Utilizaremos a abreviação NLL para Nova Lei de Licitações e Contratos Administrativos (Lei nº 14.133/2021) e a abreviação ALL para Atual – ou "Antiga" – Lei de Licitações e Contratos Administrativos (Lei nº 8.666/1993).

[2] Diferente do que se convencionou doutrinariamente com a operacionalização da ALL, entendemos que é melhor substituir a conhecida expressão "fase", para o momento interno e externo da licitação (isso é, anterior e posterior à publicação do edital), pela expressão "etapa", para não confundir com aquelas situações que a NLL, no artigo 17, nomina literalmente "fases" do processo de licitação.

último momento ainda da etapa interna, porque anterior a essa divulgação. Ou, ao menos, um momento que se encontra num limiar entre a fase preparatória e a etapa externa, qual seja: o controle prévio de legalidade, a ser realizado pelo órgão de assessoramento jurídico da Administração Pública acerca da contratação – esperada e futura –, considerando os documentos (edital, termo de referência, minuta de contrato, estudo técnico preliminar, etc.) preparados pelos órgãos responsáveis.

Portanto, sem prejuízo do exercício da autotutela fazer-se sempre e a qualquer momento do processo licitatório, a NLL prescreve um controle de legalidade – evidentemente, em sentido amplo, e não apenas de literalidade de regras e procedimentos – em dois momentos: este controle prévio (*a priori*) do art. 53, que se dá antes da divulgação do edital e é realizado sob a competência do órgão de assessoramento jurídico; e outro controle superveniente (*a posteriori*), prescrito no art. 71, que se dá no encerramento da licitação – fase final da etapa externa –, sob a competência da autoridade superior. Em relação a este último, independentemente de exigência expressa, é recomendável que ele seja acompanhando do assessoramento jurídico, nas mesmas bases prescritas pelo art. 53, uma vez que no momento do "Encerramento da Licitação", procura-se a existência de vícios e irregularidade e, quando presentes, a possibilidade de saneamento ou a determinação de anulação.

Ao formular o parecer de controle de legalidade (mandamental quando prévio, neste art. 53; recomendável quando superveniente, naquele art. 71), o órgão de assessoramento jurídico deverá, nos termos da lei, utilizar critérios objetivos, analisando os pressupostos de fato e de direito – notadamente as adequações na competência, conteúdo, forma, motivo e finalidade – de maneira *clara e objetiva*.

Essa intenção de aproximar a linguagem dos procuradores, frequentemente pouco acessível às pessoas em geral e aos agentes públicos sem formação específica em particular, não é nova. Lembra-se que exatamente nesse contexto de crítica ao vocabulário pernóstico dos advogados, Martinho Lutero, ainda no século XVI, costumava repetir um conhecido provérbio da época: "*Juristen, böse Christen.*" ("*Juristas, maus cristãos.*").[3]

[3] HERBERBERGER, Maximilian. Juristen, böse Christen. In: ERLER, Adalbert (org.). *Handwörterbuch zur deutschen Rechtsgeschichte*. II. Band. Berlin: Erich Schmidt, 1978, p. 482. Disponível em: <http://rechtsgeschichte-life.jura.uni-sb.de/Herberger_Juristen.htm>. Acesso em: 19 jun. 2021.

E nesse sentido também os conhecidos esforços de Napoleão Bonaparte na confecção do Código Civil Francês ainda no início do século XIX.

No Direito Administrativo brasileiro, ao menos a lei adjetiva federal (Lei nº 9.784), já em 1999, prescrevia em seu art. 50, § 1º, que a motivação dos atos deve ser "*explícita, clara e congruente*". Diz-se mais: naquilo em que for compatível, deve-se orientar esse parecer jurídico de controle da legalidade aos ditames do art. 489 do Código de Processo Civil, em especial para que o parecer não se limite à indicação de atos normativos sem explicar sua relação de causalidade com o caso (inciso I), para que não utilize conceitos jurídicos indeterminados sem demonstrar sua incidência ao caso, em especial não fazendo uma vezeira utilização etérea do conceito de "interesse público" (inciso II), e para que não repita motivos que servem para todos os processos licitatórios, posto que a justificativa que serve falaciosamente a todos, não serve de fato para nenhum (inciso III).

Apenas ultrapassado o controle prévio de legalidade, com os contornos referidos, encerra-se a instrução (fase preparatória) e se determina a divulgação do edital.

O § 4º do art. 53 prescreve que esse controle prévio de legalidade seja realizado nos casos de contratação direta e outros negócios (acordos, convênios, ajustes, etc.) e atos jurídicos (adesão à ata de registro de preço), mesmo quando não dependam de processo licitatório. É uma boa providência, mesmo quando – como nos casos de contratação direta – isso já deveria ser realizado no regime de compras fulcrado na ALL. Em tais casos, embora a lei não deixe claro, entende-se que o controle prévio antecede a assinatura dos termos ou a edição dos atos.

Por fim, no § 5º, a lei permite que a autoridade máxima dispense essa análise jurídica considerando circunstâncias como baixo valor, baixa complexidade, entrega imediata ou utilização de minutas padronizadas. Essa dispensa por ato administrativo de expressa determinação legal deve ser lida e utilizada *cum granus salis*. Há sentido em dispensar, claro, nas pequenas compras de pronto pagamento (art. 95, § 2º) e em hipóteses excepcionais. De resto, ter-se minutas padronizadas de casos jurídicos não significa ter uma justificativa padronizada sobre objeto e motivo das contratações.

Art. 54. A publicidade do edital de licitação será realizada mediante divulgação e manutenção do inteiro teor do ato convocatório e de seus anexos no Portal Nacional de Contratações Públicas (PNCP).

§ 1º (VETADO).

§ 1º Sem prejuízo do disposto no caput, é obrigatória a publicação de extrato do edital no Diário Oficial da União, do Estado, do Distrito Federal ou do Município, ou, no caso de consórcio público, do ente de maior nível entre eles, bem como em jornal diário de grande circulação. (Promulgação partes vetadas)

§ 2º É facultada a divulgação adicional e a manutenção do inteiro teor do edital e de seus anexos em sítio eletrônico oficial do ente federativo do órgão ou entidade responsável pela licitação ou, no caso de consórcio público, do ente de maior nível entre eles, admitida, ainda, a divulgação direta a interessados devidamente cadastrados para esse fim.

§ 3º Após a homologação do processo licitatório, serão disponibilizados no Portal Nacional de Contratações Públicas (PNCP) e, se o órgão ou entidade responsável pela licitação entender cabível, também no sítio referido no § 2º deste artigo, os documentos elaborados na fase preparatória que porventura não tenham integrado o edital e seus anexos.

Se há um traço distintivo fundamental entre a ALL e a NLL, esse traço é o Portal Nacional de Contratações Públicas (PNCP). Ou, ao menos, o que ele representa na teoria e pode – com boa vontade dos agentes públicos, licitantes e sociedade – representar na prática: a saída das licitações públicas do mundo analógico para o mundo digital. Sem ele, ousa-se acreditar que não faria sentido a edição de uma nova lei, bastando uma reforma, ainda que ampla, na lei vigente. O art. 54, com a redação atual, é uma infeliz derrota dessa percepção. Explica-se.

O PNCP, consoante sua diagramação pelo art. 174, possui duas funções: uma obrigatória, de divulgação centralizada dos atos do processo licitatório e de contratação (inciso I); outra facultativa, de realização, no Portal, dos processos licitatórios e contratações pelos entes federados (inciso II).

O *caput* do art. 54, portanto, indica essa primeira função do PNCP, de publicizar os editais de licitação e todos os seus anexos. Trata-se de um marco da concretização do princípio da publicidade no país a determinação de que editais de licitações, antes dispersos em um sem-número de diários oficiais e em páginas e páginas de jornais impressos, concentrem-se em um único endereço eletrônico. Isso permite o acesso à informação sobre as futuras contratações públicas a todos os interessados de qualquer lugar, bastando alguns cliques do computador ou alguns toques em um dispositivo eletrônico (celular, *tablet*, etc.). Mais: esse acesso é gratuito para quem busca a informação – ao contrário, por exemplo, da necessidade de compra de um jornal – e gratuito para o órgão público que divulga a informação – ao contrário do que ocorre com a publicação em diário ou em jornais, que envolvem custos muitas vezes elevados. Ou seja, além da concretização máxima do princípio da publicidade, a novidade promove uma concretização máxima também do princípio da eficiência.

A regra da publicação do edital e dos seus anexos no PNCP, portanto, nesse novo modelo de processo licitatório digital, é "bastante em si". A expressão, cunhada por Pontes de Miranda no contexto da aplicabilidade de algumas regras constitucionais, vem bem a calhar aqui: "*quando uma regra se basta, por si mesma, para a sua incidência, diz-se bastante em si,* self executing, self acting, self enforcing."[4] A regra do *caput*, de fato, se basta por si mesma para a concretização do princípio da publicidade, e o faz com a maior eficiência, subtraindo os custos daquilo que era oneroso aos cofres públicos. Isso, em especial, considerando ainda a faculdade de o órgão ou entidade divulgar e manter os documentos em sítio eletrônico oficial, adicionalmente ao PNCP, conforme disposto no § 2º. Nesse caso, garante-se a publicidade no plano universal (o "todo" dos órgãos e entidades) e no plano particular (a "parte" do respectivo órgão ou entidade). Fazer mais pela publicidade é prescindível.

Por essa razão, a Presidência da República vetou o § 1º, que determina a obrigatoriedade de publicação do extrato do edital em Diário Oficial *bem como* – assim mesmo, em conjunção coordenada aditiva – em jornal diário de grande circulação. Na mensagem do acertado veto, caracterizava-se a desnecessidade de outra publicação para além daquela no PNCP e mesmo a antieconomicidade do dispositivo.

Difícil acreditar, mas onde o direito determina a proibição de retrocesso, por vezes os poderes o proclamam. Nessa linha, sem qualquer explicação plausível senão a força e influência dos grupos de comunicação do país, que possuem portentosas receitas com a publicização desses atos em seus jornais, o Poder Legislativo tornou o redundante § 1º redivivo.

[4] MIRANDA, Francisco Cavalcanti Pontes de. *Comentários à Constituição de 1946*. São Paulo: Max Limonad, 1953, p. 148.

Espera-se, na linha do exposto, que algum dos legitimados ao controle concentrado de constitucionalidade dê a esse dispositivo o golpe fatal. O argumento intransponível para isso, dentre outros disponíveis, é aquele de sua ofensa ao princípio da proporcionalidade. Com efeito, o § 1º, ainda que passe pelo exame da adequação (um maior acesso à informação é obtido, em tese, com a sua publicação em diários oficiais e jornais, o que em si é discutível, a considerar o número decrescente de pessoas que leem jornais impressos no mundo e no país), certamente não passa pelo exame da necessidade (o meio eleito – de publicação em PNCP e sítio eletrônico oficial – supre a concretização do acesso) e da proporcionalidade em sentido estrito (essas publicações adicionais geram custos que não se justificam à concretização do direito). Aliás, a determinação do § 1º guarda evidente semelhança com o *leading case* do STF no qual, exatamente com base no princípio da proporcionalidade, julgou-se inconstitucional a lei paranaense que determinava presença dos consumidores nas pesagens de botijões de gás.[5] É inconstitucional porque é redundante para a proteção do direito e onera os cofres públicos. Outra solução não se vislumbra ao inexplicável dispositivo.

Outra inovação da NLL, referida quando do comentário ao art. 53, está inserida no § 4º do art. 54. Trata-se da obrigatoriedade de publicação da etapa interna (fase preparatória) da licitação. No regime anterior, formou-se a noção de que o princípio da publicidade não se aplicava na etapa interna. Agora, tem-se a obrigatoriedade da publicação de todos os atos instrutórios ao processo que não foram divulgados no momento da publicação do edital e anexos. Importante medida no sentido de colocar à luz do dia a preparação do processo e toda a linha do tempo de motivação do poder público para contratar. Ressalva-se, evidentemente, que essa publicidade da etapa interna não é imediata e consecutiva, como ocorre na etapa interna, mas diferida para após a homologação da licitação. Concretiza-se assim a publicidade, sem comprometer dados que poderiam influenciar indevidamente a condução do processo licitatório caso fossem conhecidos antecipadamente pelos licitantes e interessados, em especial a estimativa de orçamento, quando a Administração opte pelo seu sigilo (art. 24).

[5] STF. Tribunal Pleno. ADI nº 855. Relator Min. Octavio Gallotti. Relator para acórdão Min. Gilmar Mendes. DJe 27.03.2009.

CAPÍTULO IV
DA APRESENTAÇÃO DE PROPOSTAS E LANCES

Art. 55. Os prazos mínimos para apresentação de propostas e lances, contados a partir da data de divulgação do edital de licitação, são de:

I – para aquisição de bens:

a) 8 (oito) dias úteis, quando adotados os critérios de julgamento de menor preço ou de maior desconto;

b) 15 (quinze) dias úteis, nas hipóteses não abrangidas pela alínea "a" deste inciso;

II – no caso de serviços e obras:

a) 10 (dez) dias úteis, quando adotados os critérios de julgamento de menor preço ou de maior desconto, no caso de serviços comuns e de obras e serviços comuns de engenharia;

b) 25 (vinte e cinco) dias úteis, quando adotados os critérios de julgamento de menor preço ou de maior desconto, no caso de serviços especiais e de obras e serviços especiais de engenharia;

c) 60 (sessenta) dias úteis, quando o regime de execução for de contratação integrada;

d) 35 (trinta e cinco) dias úteis, quando o regime de execução for o de contratação semi-integrada ou nas hipóteses não abrangidas pelas alíneas "a", "b" e "c" deste inciso;

III – para licitação em que se adote o critério de julgamento de maior lance, 15 (quinze) dias úteis;

IV – para licitação em que se adote o critério de julgamento de técnica e preço ou de melhor técnica ou conteúdo artístico, 35 (trinta e cinco) dias úteis.

§ 1º Eventuais modificações no edital implicarão nova divulgação na mesma forma de sua divulgação inicial, além do cumprimento dos mesmos prazos dos atos e procedimentos originais, exceto quando a alteração não comprometer a formulação das propostas.

§ 2º Os prazos previstos neste artigo poderão, mediante decisão fundamentada, ser reduzidos até a metade nas licitações realizadas pelo Ministério da Saúde, no âmbito do Sistema Único de Saúde (SUS).

Em meio a inovações importantes da NLL, há impropriedades e impertinências. Por certo, há muito não se acredita na figura do legislador iluminista, cuja racionalidade insofismável permite que ele tudo disponha com clareza, coerência e completude. Vezes há, porém, que a essa figura inalcançável parece se opor uma outra, de um obscurantismo atroz. Esse dispositivo é, acima de todos os outros da lei, um exemplo disso. Lendo e relendo o dispositivo, parece quase forçoso acreditar que sua construção teve como móbil dificultar o que poderia ser simples. E, diga-se: o móbil foi alcançado com mestria.

A ALL consagrava quatro diferentes prazos (45, 30, 15 e 5 dias) para, respectivamente: concurso e concorrência por técnica, técnica e preço ou regime de empreitada integral; concorrência nos demais casos e tomada de preço por técnica ou técnica e preço; tomada de preço nos demais casos; e convite. Poderia ser ainda mais simples. Mas há uma lógica no desenho dos prazos, que se mostram de fácil assimilação.

A NLL, no lugar de adotar uma lógica de mais fácil assimilação, a desafia. Utiliza seis diferentes prazos (8, 10, 15, 25, 35 e 60 dias úteis) que se entrecruzam entre modalidades, critérios de julgamento e regimes de contratação. À vista de tentar simplificar o que foi tornado complexo – mas já se enunciando algum fracasso na hercúlea tarefa –, constrói-se abaixo um quadro, com as hipóteses de incidência por prazo, do maior ao menor:

Dias (úteis)	Hipóteses
8	– Aquisição de bens por menor preço ou maior desconto
10	– Obras e serviços comuns por menor preço ou maior desconto
15	– Aquisição de bens por outros critérios – Licitação por maior lance
25	– Obras e serviços especiais por menor preço ou maior desconto
35	– Obras e serviços (comuns ou especiais) por outros critérios – Contratação semi-integrada – Licitação por técnica e preço, melhor técnica ou conteúdo artístico
60	– Contratação integrada

Acaso modificado o edital, esses mesmos prazos deverão ser cumpridos novamente caso a modificação afete, de algum modo, a formulação das propostas.

A NLL ainda prevê a possibilidade de redução desses prazos pela metade, quando se tratar de contratações do Ministério da Saúde no âmbito do SUS.

> Art. 56. O modo de disputa poderá ser, isolada ou conjuntamente:
>
> I – aberto, hipótese em que os licitantes apresentarão suas propostas por meio de lances públicos e sucessivos, crescentes ou decrescentes;
>
> II – fechado, hipótese em que as propostas permanecerão em sigilo até a data e hora designadas para sua divulgação.
>
> § 1º A utilização isolada do modo de disputa fechado será vedada quando adotados os critérios de julgamento de menor preço ou de maior desconto.
>
> § 2º A utilização do modo de disputa aberto será vedada quando adotado o critério de julgamento de técnica e preço.
>
> § 3º Serão considerados intermediários os lances:
>
> I – iguais ou inferiores ao maior já ofertado, quando adotado o critério de julgamento de maior lance;
>
> II – iguais ou superiores ao menor já ofertado, quando adotados os demais critérios de julgamento.
>
> § 4º Após a definição da melhor proposta, se a diferença em relação à proposta classificada em segundo lugar for de pelo menos 5% (cinco por cento), a Administração poderá admitir o reinício da disputa aberta, nos termos estabelecidos no instrumento convocatório, para a definição das demais colocações.
>
> § 5º Nas licitações de obras ou serviços de engenharia, após o julgamento, o licitante vencedor deverá reelaborar e apresentar à Administração, por meio eletrônico, as planilhas com indicação dos quantitativos e dos custos unitários, bem como com detalhamento das Bonificações e Despesas Indiretas (BDI) e dos Encargos Sociais (ES), com os respectivos valores adequados ao valor final da proposta vencedora, admitida a utilização dos preços unitários, no caso de empreitada por preço global, empreitada integral, contratação semi-integrada e contratação integrada, exclusivamente para eventuais adequações indispensáveis no cronograma físico-financeiro e para balizar excepcional aditamento posterior do contrato.

A noção de "modo de disputa" é uma das diversas importações que a NLL realizou do Regime Diferenciado de Contratações (Lei nº 12.462/2011). Dez anos após a edição dessa lei, de fato, alguns de seus institutos mostraram-se bem-vindos, razão inclusive de se ter alargado cada vez mais o escopo de utilização dessa lei que nascera para hipóteses excepcionais. Ademais, a possibilidade de modos de disputa aberto ou fechado – assim como a utilização híbrida de ambos – guarda sintonia com o fato de a modalidade pregão, cuja natureza invoca uma fase de lances, passar a fazer parte do rol das modalidades da lei geral licitatória, e não mais uma modalidade apartada em lei específica (Lei nº 10.502/2002).

Em síntese: o modo de disputa caminha em compasso com a modalidade licitatória e o critério de julgamento. Na disputa aberta, há a apresentação de lances públicos e sucessivos. Isso impede a utilização desse modo de disputa nos casos em que se julga por técnica e preço (§ 2º), uma vez que a proposta técnica, ao contrário da proposta de preços, não se compatibiliza com realização de lances. Na disputa fechada, as propostas ficam em sigilo até o momento designado para sua divulgação. Isso não recomenda sua utilização, ao menos isolada, nos casos em que se julga por menor preço ou maior desconto, uma vez que é salutar, quando se disputa valor, melhorar a vantajosidade da Administração Pública o máximo possível, o que se faz por meio da fase de lances. Daí porque a lei ter vedado a utilização do modo unicamente fechado nesses casos (§ 1º). Nada impede, claro, que essa disputa por menor preço ou maior desconto inicie fechada e, depois, abra-se aos lances.

Encerrada a fase de lances na disputa aberta com uma proposta mais vantajosa e regular, será sua apresentante declarada vencedora, dando-se curso ao processo licitatório para colher seus documentos de habilitação. Nos casos de licitação de obras e serviços de engenharia em que a fase de lances alterou a proposta inicialmente apresentada, caberá ao licitante vencedor readequar suas planilhas, com os reflexos incidentes em quantitativos, custos unitários e outros (§ 5º).

A NLL prevê, ainda (§ 4º), a possibilidade de reinício da fase de lances para a decisão das demais colocações – além da proposta mais vantajosa – restrita ela ao caso em que a segunda melhor proposta estiver em uma margem de 5% da melhor.

> Art. 57. O edital de licitação poderá estabelecer intervalo mínimo de diferença de valores entre os lances, que incidirá tanto em relação aos lances intermediários quanto em relação à proposta que cobrir a melhor oferta.

A NLL define lances intermediários no § 3º do art. 56, mas não apresenta regras objetivas de limite para lances, nem de participação nessa fase, nem de valores, nem de tempos mínimos. Apenas, neste art. 57, dispõe que o edital poderá estabelecer intervalo mínimo de diferença de valores entre lances. Entende-se, então, que o legislador legou à função administrativa certa discricionariedade nesse ponto. Essa discricionariedade, contudo, deve ser olhada com alguns temperamentos, que realizamos abaixo.

Como se sabe, a Lei do Pregão restringia a participação na fase de lances aos licitantes que apresentavam propostas na faixa de 10% do valor mais baixo (art. 4º, inciso VIII) ou, estendendo essa possibilidade aos seguintes quando não houvesse três ofertas nessas condições, para angariar o mínimo de três licitantes na fase de lances (art. 4º, IX). Não há dispositivo semelhante na NLL.

Também não se encontra restrição sobre o valor dos lances, nos termos, por exemplo, prescritos nos §§ 3º e 4º do art. 30 do Decreto Federal nº 10.024/2019 (que regulamenta o pregão em âmbito federal), segundo os quais, respectivamente, "*o licitante somente poderá oferecer valor inferior ou maior percentual de desconto ao último lance por ele ofertado e registrado pelo sistema, observado, quando houver, o intervalo mínimo de diferença de valores ou de percentuais entre os lances, que incidirá tanto em relação aos lances intermediários quanto em relação ao lance que cobrir a melhor oferta*" e "*não serão aceitos dois ou mais lances iguais e prevalecerá aquele que for recebido e registrado primeiro*". Apenas, nesta regra do art. 57, *sugere-se* a possibilidade de uma limitação.

E, por fim, a NLL não indica a necessidade de intervalo mínimo de tempo entre lances, consoante o mesmo referido Decreto Federal regulamenta, em seu art. 32: "*No modo de disputa aberto, de que trata o inciso I do caput do art. 31, a etapa de envio de lances na sessão pública durará dez minutos e, após isso, será prorrogada automaticamente pelo sistema quando houver lance ofertado nos últimos dois minutos do período de duração da sessão pública.*"

Ora, a restrição de pessoas na participação da fase de lances incentiva que os lances iniciais sejam próximos ao limite das possibilidades dos participantes. Não havendo esse limite, corre-se o risco de valores iniciais em autêntico caráter especulativo. Flerta-se, pois, com o sobrepreço. Já as limitações de valores mínimos entre lances garantem maior celeridade ao processo licitatório. Por fim, as limitações de tempo entre os lances limitam a indesejável atuação de robôs. A limitação se justifica pela vantagem competitiva, muitas vezes desleal, nessa utilização.

Desse modo, essas limitações, que não vieram expressas na lei, são altamente recomendáveis aos agentes. Entende-se que elas têm lugar nos próprios editais de licitação ou, algo que muito possivelmente virá a acontecer, pela via do exercício do poder regulamentar. Vale lembrar, nesse ponto, que o art. 187 da NLL permite que Estados, Distrito Federal e Municípios apliquem os regulamentos editados pela União. Essa a via que se desenha como a mais prudencial no horizonte, especialmente para conceder às licitações alguma segurança jurídica, evitando que cada órgão ou entidade adote regras próprias, com isso criando dificuldades à participação universalizada de licitantes.

> Art. 58. Poderá ser exigida, no momento da apresentação da proposta, a comprovação do recolhimento de quantia a título de garantia de proposta, como requisito de pré-habilitação.
>
> § 1º A garantia de proposta não poderá ser superior a 1% (um por cento) do valor estimado para a contratação.
>
> § 2º A garantia de proposta será devolvida aos licitantes no prazo de 10 (dez) dias úteis, contado da assinatura do contrato ou da data em que for declarada fracassada a licitação.
>
> § 3º Implicará execução do valor integral da garantia de proposta a recusa em assinar o contrato ou a não apresentação dos documentos para a contratação.
>
> § 4º A garantia de proposta poderá ser prestada nas modalidades de que trata o § 1º do art. 96 desta Lei.

A NLL adota ainda uma cautela adicional à condução do processo licitatório, a fim de evitar situações de participação na disputa de licitantes que não ostentem saúde financeira para ali estar. Trata-se de uma "pré-qualificação", caracterizada pela exigência de comprovação de recolhimento de quantia – não superior a 1% (um por cento) do valor estimado do contrato –, para garantir a proposta realizada.

Essa garantia – que pode ser apresentada na forma de caução em dinheiro, de caução em títulos da dívida pública, de seguro-garantia ou de fiança bancária – será devolvida ao licitante até 10 (dez) dias após a assinatura do contrato, ou se declarada fracassada a licitação. Embora a lei não refira, é possível cogitar que a eventual garantia exigida para o contrato, na forma do art. 96, seja apenas complementada com a diferença dessa garantia de proposta. Por outro lado, se o licitante recusar a assinatura do contrato, a garantia se perde, integralmente, em favor da Administração Pública.

11.
A Lei 14.133/2021 e as Inovações na Fase Definitiva – Notas sobre Julgamento, Habilitação e Encerramento do Certame Licitatório

ALEXANDRE SCHUBERT CURVELO

RODRIGO FÜHR DE OLIVEIRA

Introdução

A Lei 14.133/21, que estabelece o novo regime jurídico de licitações e contratos administrativos para a Administração Pública, longe de romper com o modelo estabelecido pela Lei 8.666/93, incorporou interpretações consolidadas pela jurisprudência (construída ao longo de 28 anos de aplicação da lei), bem como absorveu modalidades e procedimentos que foram sendo previstos em lei esparsas (a exemplo do pregão e do RDC, em grande parte).

A lei foi promulgada em boa hora. Isso porque o direito administrativo brasileiro, em constante transformação e modernização, convivia ainda com um regime jurídico licitatório e contratual de preceitos jurídicos ultrapassados, visões enviesadas do fenômeno e dos conceitos jurídicos, preso a procedimentos excessivamente formais, morosos e ineficientes – tudo isso num ambiente largamente favorável à corrupção e aos desvios de recursos públicos.

O texto normativo inova, para além disso, em vários aspectos: cria um ambiente de conformidade e com regras que privilegiam o *compliance*; eleva o planejamento à condição de princípio jurídico-licitatório; adota o procedimento eletrônico como regra; e transforma o procedimento em verdadeiro processo administrativo, incorporando preceitos-garantia de direitos dos participantes do certame e, sobretudo, dos contratados.

Nesse quadro, e, especialmente ao garantir maior fluidez ao procedimento pela adoção, como regra, do modelo proposta-habilitação (e não mais habilitação-proposta), os aspectos atinentes ao julgamento das propostas, da habilitação e do encerramento do procedimento licitatório devem ser analisados sob um novo enfoque e um novo modelo interpretativo. Toma relevo, assim, analisar a matéria dentro da sistemática legal estabelecida pelo novo regime jurídico-licitatório.

1. Nova sistemática do procedimento licitatório

É inegável que a Lei 14.133/21 concretizou avanços nos mais diferentes aspectos do processo licitatório[1], inclusive no que se refere à sequência de desenvolvimento das fases (art. 17), adotando-se sistemática mais célere ao priorizar o modelo proposta-habilitação (art. 17, incisos III e IV). Excepcionalmente, será ainda possível inverter-se a ordem de fases do procedimento (trazendo-se a habilitação para antes do julgamento), desde que devidamente justificada a opção e esclarecidos os benefícios concretos dela decorrentes em ato administrativo próprio (art. 17, §1º)[2].

Reforça o interesse de maior celeridade a adoção do procedimento, como regra, sob a forma eletrônica (art. 17, §2º), inclusive podendo-se determinar, como condição de validade e eficácia, a pratica de atos exclusivamente eletrônicos pelos licitantes (art.17, §4º). No mesmo sentido, a celeridade vai contemplada com a autorização para que se aufira a conformidade apenas da proposta mais bem classificada no certame licitatório (art. 59, §1º), e não de todas as propostas apresentadas.

É possível vislumbrar, no entanto, críticas que devem ser dirigidas à redação dispensada ao novel procedimento, uma vez que a carência de um maior detalhamento do *iter* procedimental constituirá entrave à efetivação do controle de legalidade. Esse controle, vale pontuar, tem início desde os primeiros atos administrativos praticados ainda em sede da

[1] A nova lei avança ao reconhecer os aspectos substanciais de verdadeiro processo administrativo, especialmente ao tonificar os direitos dos licitantes e dos contratados.

[2] A opção pela inversão de fases, por constituir hipótese excepcional, não poderá prescindir de motivação clara e congruente, a qual servirá de elemento validador para a regra que posteriormente deverá compor o edital que balizará o certame. Trata-se de uma garantia dos potenciais interessados no certame a ciência das razões que determinaram a opção pela inversão de fases para aquele específico procedimento licitatório, inclusive para que possam impugnar o ato convocatório.

fase preparatória, cuja importância é ressaltada a partir do momento em que se elevou a regra do planejamento ao patamar de princípio licitatório (art. 5º)[3].

A premissa que se deve adotar é de que apenas serão consideradas, para fins de efetivação da disputa e posterior julgamento, propostas classificadas, isto é, propostas nas quais se reconheça a presença de requisitos mínimos de aceitabilidade. Somente propostas classificadas, isto é, que tenham ultrapassado os requisitos essenciais para reconhecido de sua validade, é que poderão ser agrupadas sob o prisma da vantajosidade, a partir do qual serão organizadas, seguindo os critérios objetivos o edital.

Talvez nenhum outro dispositivo tenha tencionado tanto o debate entre princípio da legalidade e o formalismo moderado, no tema relacionado às licitações, quanto o regime de desclassificação das propostas previstos no disposto no art.48 da Lei 8.666/93. Isso porque a decisão de desclassificação deveria ocorrer em duas situações: (i) na hipótese de verificação de desconformidade com as regras editalícias (sem nenhuma ressalva[4]) e (ii) e caso de inexequibilidade, a partir de critérios legais e editalícios.

Pelo novo regramento[5], contudo, a desclassificação somente poderá ocorrer quando a proposta estiver maculada por vícios insanáveis, não mais sendo possível a desclassificação automática decorrente da ausência de conformidade formal entre lei e edital, de acordo com o disposto no art. 12, inciso III. Dessa forma, tem-se que, pelo novo regime jurídico, o defeito apresentado na proposta desclassificada deve se inserir no contexto de uma verdadeira invalidade, o que demonstra um maior prestígio ao princípio do formalismo moderado, destinado fundamentalmente à garantia dos direitos dos interessados[6], com a condenação de exageros formais por parte da Administração.

[3] Existe fundada expectativa de que, assim como ocorreu com o RDC, a explicitação mais detalhada do procedimento ocorra pela via regulamentar.

[4] A adoção dessa posição enviesada sobre o modo de aplicação do princípio da legalidade ou da vinculação ao instrumento convocatório fez com que se adotasse, como regra, a inclusão de cláusula editalícia prevendo a exclusão automática de proposta que contivesse qualquer desconformidade com os termos do modelo previsto no edital.

[5] Confluente com a previsão constante do artigo 24, inciso I, da Lei do RDC – Lei 14.462/11.

[6] CARVALHO FILHO, José dos Santos. *Processo administrativo federal*: comentários à lei nº 9.784, de 29.1.1999. 5. ed. São Paulo: Atlas, 2013, pp. 73-74.

2. Julgamento das propostas

Se a licitação é um processo administrativo que tem como objetivo selecionar a "proposta apta a gerar o resultado de contratação mais vantajoso para a Administração Pública" (art. 11, inciso I), então o julgamento das propostas é o momento em que essa vantajosidade é escrutinada. As réguas disponíveis para se medir a vantajosidade, a seu turno, são aquelas previstas em lei: são os critérios objetivos de julgamento (art. 33). O novo diploma, nesse tocante, manteve as medidas pormenorizadas no plano legal, restringindo as escolhas do administrador e vinculando sua ação ao critério previamente estabelecido.

A seleção da proposta mais vantajosa, portanto, deflui mais do procedimento legal que da decisão do administrador, cuja discricionariedade se vê bastante reduzida. Embora essa sistemática não seja novidade na legislação pátria[7], nem por isso deixa de ter importância a constatação de que o paradigma francês do início do século passado – para o qual, na escolha do contratante pela Administração, o poder discricionário deveria ser a regra geral[8] – ficou para trás: quando o assunto é julgamento de propostas, o pêndulo se aproxima da vinculação e se afasta da discricionariedade.

Pela nova sistemática, ultrapassada a fase de apresentação das propostas ou esgotadas as ofertas de lances, terá lugar a fase de julgamento das propostas, a partir dos seis critérios possíveis[9]: menor preço, maior desconto, melhor técnica ou conteúdo artístico, técnica e preço, maior lance (no caso de leilão) e maior retorno econômico (art. 33).

[7] O Decreto-Lei 200/67 determinava que se incluísse no edital o critério de julgamento das propostas, cuja fixação pelo administrador deveria levar em conta "as condições de qualidade, rendimento, preços, condições de pagamento, prazos e outras pertinentes" (art. 133). Essa considerável margem de discricionariedade foi reduzida no Decreto-Lei 2.300/86, que discorreu sobre os tipos possíveis de licitação, cada qual correspondendo a um critério de julgamento (art. 37, parágrafo único). A regulação legal dos critérios se manteve na Lei 8.666/93, que não só dispôs sobre os tipos possíveis (art. 45, §1º) como explicitou serem eles os *únicos* possíveis (art. 45, §5º).

[8] JÈZE, Gastón. *Principios generales del derecho administrativo*: teoría general de los contratos de la administración. Vol. IV. Trad. da 3ª ed. francesa (1934) por Julio N. San Millán Almagro. Buenos Aires: Depalma, 1950, p. 72-76.

[9] Não há dúvida acerca da taxatividade dos seis critérios de julgamento e da reduzida margem de discricionariedade administrativa para a sua escolha, à exceção dos critérios de menor preço e de técnica e preço.

O julgamento das propostas constitui ato administrativo vinculado a ser exercido, primeiramente, sob a forma de exame de conformidade, tanto no que diz respeito aos aspectos formais estabelecidos pelo edital (cuja adequação à lei é presumida[10]), quanto no que se refere aos aspectos substanciais da proposta (vantajosidade que, objetivamente, deve ser extraída dos critérios definidos previamente no edital). Esse exame de conformidade, vale pontuar, poderá se limitar à proposta mais bem classificada (art. 59, §1º), ficando as demais em passo de espera para serem avaliadas apenas em caso de desclassificação da que lhes precedeu na ordem de classificação ou de inabilitação do licitante melhor classificado. A lógica é de simplificação e agilização do procedimento: seria desperdício de tempo avaliar, desde logo, a conformidade de todas as propostas, quando a avaliação positiva da conformidade da proposta mais bem classificada tem por efeito prático prejudicar a análise das demais.

Nessa etapa de julgamento das propostas, três aspectos ganham relevo: (i) a avaliação do preço (se excessivo ou inexequível), (ii) o desempate entre propostas e (iii) a negociação de condições mais vantajosas.

A nova lei alçou à condição de objetivo do processo licitatório "evitar contratações com sobrepreço ou com preços manifestamente inexequíveis" (art. 11, inciso III). É na avaliação do preço das propostas que tal objetivo encontra seu último guardião. De um lado, não poderão ser classificadas propostas que veiculem preço acima do orçamento estimado para a contratação[11] (ver art. 18, inciso IV e art. 23). De outro, não poderão ser classificadas propostas que veiculem preços que, por excessivamente baixos, mostrem-se inexequíveis.

[10] Presume-se que se tenha levado a efeito exame de legalidade do edital antes da fase de julgamento. Nesse contexto, salvo hipótese excepcional, não cabe ao agente de licitação o exame de legalidade do edital e das exigências editalícias dirigidas à formulação das propostas pelos licitantes. Ao contrário: os licitantes, que participam do procedimento e elaboram propostas de boa-fé, possuem direito subjetivo público a um julgamento administrativo vinculado objetivamente às regras editalícias, cujo conhecimento, por todos, é prévio à fase de disputa.

[11] A leitura do art. 61, §1º, indica que a desclassificação por motivo de preço excessivo (art. 59, inciso III) só poderá ocorrer se o proponente melhor colocado, chamado a negociar, não reduzir o preço a patamar inferior ao preço máximo definido pela Administração para a contratação.

A avaliação da exequibilidade costuma atrair dificuldades práticas. Na Lei 8.666/93, o art. 48, inciso II, relacionava exequibilidade a coerência entre os custos dos insumos e o mercado e compatibilidade dos coeficientes de produtividade com a execução do objeto do contrato. Não há, na nova lei, dispositivo semelhante. Ainda assim, a lógica da análise da exequibilidade há de seguir a mesma: avaliar se a proposta econômica é suficiente para o desenvolvimento do objeto, ou seja, se os valores apresentados são suficientes para assegurar os custos envolvidos na operação, de modo a mitigarem-se os riscos de inexecução (ou execução defeituosa) e de práticas anticoncorrenciais[12].

Para obras e serviços de engenharia, a exemplo do que ocorria na lei antiga, a nova lei estabeleceu critério objetivo de aferição de exequibilidade: valores inferiores a 75% (setenta e cinco por cento) do orçado pela Administração, em princípio, são considerados inexequíveis (na lei antiga, o percentual era de 70%). Diz-se em princípio porque, na esteira da jurisprudência solidificada na Súmula nº 262 do TCU, o critério objetivo denota mera presunção relativa, devendo sempre facultar-se ao licitante a demonstração de que sua proposta, apesar de reduzida, é sim exequível, o que deflui também da leitura do art. 59, inciso IV e §2º. Nessa toada, a desclassificação de proposta, ao argumento de inexequibilidade, sem antes realizar-se diligência para possibilitar a defesa do proponente, configura nulidade.

No que se refere ao desempate de propostas, a nova lei trouxe novidades consideráveis. Seguem vigentes as regras de preferência para contratação de microempresas e empresas de pequeno porte (em especial o empate ficto) postas na Lei Complementar 123/06. Em acréscimo, a nova lei prevê, em seu art. 60, *caput*, que o desempate deverá ocorrer em favor do licitante que, nesta ordem: (i) apresentar menor preço em nova proposta em sede de disputa final entre os empatados, (ii) ostentar melhor avaliação de desempenho contratual prévio (ver, em especial, art. 88, §3º), (iii) desenvolver ações de equidade entre homens e mulheres no ambiente de trabalho, conforme regulamento a ser editado, e (iv) desenvolver programa de integridade (*compliance*), conforme orientações dos órgãos de controle.

[12] Cfr. GARCIA, Flávio Amaral. *Licitações e contratos administrativos:* casos e polêmicas. 5. Ed. São Paulo: Malheiros, 2018, pp. 269-270.

Se, ainda assim, persistir o empate, terá preferência para contratação (art. 60, §1º), nesta ordem: (i) a empresa sediada no Estado (ou Distrito Federal) do órgão ou entidade licitante, (ii) a empresa brasileira, (iii) a empresa que invista em pesquisa e desenvolvimento de tecnologia no Brasil, (iv) a empresa que comprove a prática da mitigação de que trata a Lei 12.187/09, a saber, mudanças e substituições tecnológicas que reduzam o uso de recursos e as emissões, além da implementação de medidas de redução da emissão de gases de efeito estufa e de aumento de sumidouros.

Por fim, ainda na fase do julgamento das propostas, a nova lei previu uma etapa de negociação, a ser conduzida pelo agente de contratação ou pela comissão de contratação na forma de regulamento. De acordo com o art. 61, uma vez "definido o resultado do julgamento", o primeiro colocado poderá ser instado a oferecer condições mais vantajosas que as já oferecidas, em diálogo reservado que será divulgado aos demais licitantes apenas depois de concluído.

A previsão de negociação mesmo após o resultado do julgamento tem atraído críticas de parte da doutrina. De um lado, diz-se que não há incentivo para que o licitante, já classificado em primeiro lugar, reduza ainda mais sua proposta de preço, sendo a negociação dificilmente eficaz. De outro, diz-se que poderá deixar o licitante vulnerável a pressões indevidas por parte da Administração, dado o receio de não ser contratado caso recuse reduzir sua proposta de preço, sendo a negociação instrumento de chantagem. As preocupações parecem válidas, sendo desejável que a regulamentação da etapa de negociação (art. 61, §2º) enderece esses pontos.

3. Habilitação

Se, por um lado, é do interesse da Administração que o maior número de interessados acuda à licitação – quanto maior a competição, maiores as chances de obter-se proposta mais vantajosa –, também é do seu interesse que o futuro contratado seja pessoa com efetivas condições de executar o objeto. Uma proposta só é de fato vantajosa se puder ser cumprida em boas condições. Daí de se prever, na licitação, uma fase destinada à avaliação da segurança da contratação: busca-se prever o futuro do contrato com base nas características presentes e passadas do proponente.

A habilitação é, portanto, a fase do procedimento licitatório em que se avalia se o proponente ostenta as qualificações necessárias e suficientes para ser contratado pela Administração Pública. Essas qualificações são exaustivamente previstas em lei, razão pela qual se diz que a habilitação é "o reconhecimento dos requisitos legais para licitar"[13]. As exigências impostas, a seu turno, compõem um delicado equilíbrio entre competitividade e segurança: quanto menores as exigências, maior o número de interessados admitidos a contratar com a Administração e maior a competitividade; quanto maiores as exigências, maior será a segurança da contratação, mas menor a competitividade.

Convém lembrar, nesse ponto, que a Constituição Federal foi restritiva com relação à habilitação em licitações, privilegiando mais amplamente o direito dos interessados em contratar com a Administração. De acordo com o art. 37, inciso XXI, o "processo de licitação pública (...) somente permitirá as exigências de qualificação técnica e econômica indispensáveis à garantia do cumprimento das obrigações". Em outras palavras, pode-se dizer que, ao ponderar competitividade e segurança, o constituinte decidiu pelo máximo de competitividade, temperado com o mínimo de segurança necessária para que se garanta o cumprimento das obrigações. É dizer, se as obrigações puderem ser bem executadas independentemente de uma determinada exigência de qualificação, então essa exigência carecerá de legitimidade constitucional e não poderá ser imposta. O teste do "mínimo indispensável" deve sempre pautar a interpretação dos dispositivos legais e editalícios em matéria de habilitação.

Dentre as novidades da nova lei em matéria de habilitação, são notáveis os regramentos relativos (i) ao momento de entrega dos documentos comprobatórios, (ii) à qualificação técnica, (iii) à qualificação econômico-financeira e (iv) à forma de apresentação dos documentos.

Pelo regime geral da Lei 8.666/93, todos os licitantes deveriam entregar, até a data fixada no edital, concomitantemente, envelopes contendo os seus documentos de habilitação e de proposta. Caso inabilitado, o licitante receberia de volta o seu envelope de proposta inviolado (art. 43, inciso II). O novo pregão eletrônico do Decreto 10.024/19 adotou sistemática semelhante à do regime geral, exigindo de todos os licitantes que encaminhassem, até a data fixada no edital, concomitantemente, seus documentos de proposta e de habilitação.

[13] MEIRELLES, Hely Lopes. *Licitação e contrato administrativo*. 15. ed. São Paulo: Malheiros, 2010, p. 185.

A Lei 14.133/21 afastou-se dessas sistemáticas, optando pelo procedimento do RDC: todos os licitantes devem encaminhar suas propostas (e, caso exigido pelo edital, uma declaração de que atendem às exigências de habilitação), podendo-se exigir a documentação completa de habilitação apenas em um segundo momento, e somente do licitante melhor classificado (art. 63, inciso II). Essa sistemática ficará prejudicada na hipótese de inversão das fases da licitação, quando, para promover-se a habilitação, todos os licitantes deverão encaminhar seus documentos desde logo. Ainda assim, a lei ressalta que, independentemente da ordem das fases, os documentos relativos à regularidade fiscal só poderão ser exigidos depois do julgamento das propostas, e apenas do licitante mais bem classificado (art. 63, inciso III). Caso haja inversão de fases, portanto, os documentos relativos à qualificação fiscal não precisam acompanhar, desde logo, os documentos de habilitação.

No que se refere à qualificação técnica, a nova lei repete a distinção entre qualificação técnico-profissional e qualificação técnico-operacional (art. 67, incisos I e II), esta última, desta vez, não objeto de veto[14]. Enquanto a habilitação técnico-profissional se refere à comprovação de que um profissional integrante da empresa licitante possui experiência anterior na execução de obra ou serviço de características semelhantes ao objeto licitado, a habilitação técnico-operacional exige a comprovação de que a própria empresa licitante possui tal experiência.

A comprovação da experiência anterior se dá, normalmente, por meio de atestados técnicos, registrados, quando for o caso, perante os conselhos profissionais competentes. Mas poderá também, para licitações que não

[14] Na Lei 8.666/93, a alínea "b" do §1º do art. 30 e, depois, o inciso II do §1º art. 30 (com a redação dada pela Lei 8.883/94), que previam a exigência de comprovação de qualificação técnico-operacional, foram objeto de veto jurídico ao argumento de que representariam violação ao princípio da competitividade, por segmentar, "de forma incontornável, o universo dos prováveis competidores, na medida em que, embora possuindo corpo técnico de comprovada experiência, uma empresa somente se habilita a concorrer se comprovar já haver realizado obra ou serviço de complexidade técnica idêntica à que estiver sendo licitada", o que estaria a serviço de "possíveis direcionamentos em proveito de empresas de maior porte" (cf. Mensagem de veto nº 335, de 21 de junho de 1993). Não obstante o veto, a exigência de qualificação técnico-operacional foi e seguiu sendo imposta em editais de licitação, com o aval dos órgãos de controle.

de obras e serviços de engenharia, ser demonstrada por meio de "provas alternativas", a serem disciplinadas em regulamento (art. 67, §3º). Em todo caso, serão ineficazes para fins de comprovação da qualificação técnico-profissional os atestados emitidos em nome de quem tenha dado causa, no exercício de ato profissional sob sua responsabilidade, à aplicação das sanções de impedimento de licitar e contratar e de declaração de inidoneidade (art. 67, §12).

A nova lei limita, como a antiga já fazia, a exigência de experiência anterior às parcelas de maior relevância ou valor significativo do objeto da licitação, sendo que, para essas, as exigências podem atingir no máximo a metade (50%) dos quantitativos objetos da licitação. É dizer, portanto, que não se pode exigir experiência prévia em absolutamente todos os detalhes envolvidos no objeto, mas apenas naqueles efetivamente relevantes – e, para esses, não se pode exigir que o licitante já tenha realizado obra ou serviço do mesmo vulto, mas apenas da sua metade.

Como tentativa de superar a vagueza da expressão "parcelas de maior relevância", a nova lei tratou de lançar critério objetivo que antes não havia no plano legal: são consideradas de maior relevância aquelas parcelas que tenham valor igual ou superior a 4% (quatro por cento) do total estimado da contratação (art. 67, §1º). Em linha com o teste do "mínimo indispensável", contudo, entendemos que a regra dos 4% deve ser interpretada como um critério necessário, mas não suficiente, para alçar uma parcela do objeto à condição de "maior relevância" para fins de exigência habilitatória. É perfeitamente possível que itens meramente ancilares representem, no orçamento total da contratação, valor superior a 4%, e nem por isso terão peso relativo tal que justifique a exigência de experiência anterior.

A nova lei também criou critérios para a valoração de atestados de capacidade técnica emitidos em nome de consórcios. A dificuldade que existe é, em suma, a seguinte: pode ser que a experiência anterior de uma empresa licitante provenha de obra ou serviço que executou não sozinha, mas em consórcio com outra empresa. Nesse caso, como definir as parcelas e os quantitativos de experiência que cabem a cada qual? O art. 67, §10, tratou da questão em duas etapas.

Em primeiro lugar, deve-se verificar se o contrato de constituição do consórcio detentor do atestado identifica quais atividades seriam desempenhadas individualmente pelos consorciados. Em caso positivo, a experiência atestada deverá ser atribuída à empresa licitante se pertinente às suas atribuições dentro do consórcio. Em caso negativo, a avaliação passa por uma segunda etapa.

Em segundo lugar, deve-se então verificar se o consórcio era homogêneo (composto por empresas do mesmo ramo de atuação) ou heterogêneo (composto por empresas de ramos diferentes de atuação). Sendo homogêneo, a experiência deverá ser atribuída integralmente à empresa licitante em casos de serviços técnicos especializados de natureza predominantemente intelectual, ou então proporcionalmente à sua participação no consórcio nos demais casos. Sendo heterogêneo, a experiência deverá, em qualquer caso, ser atribuída à empresa licitante se pertinente ao seu ramo de atuação.

No que se refere à qualificação econômico-financeira, a nova lei segue autorizando a exigência de certidão negativa de falência, já não mais fazendo referência, contudo, a concordata nem, de outro modo, a recuperação judicial. Haja vista a atual redação do art. 52, inciso II, da Lei 11.101/05, dada pela Lei 14.112/20, que ampliou o alcance da dispensa judicial nele referida, há de pacificar-se o entendimento de que o regular processamento da recuperação judicial de uma empresa não a impede, por si só, de licitar nem de contratar com o Poder Público, desde que atendidos os demais requisitos legais[15].

Além da certidão negativa, a nova lei também segue autorizando a exigência de demonstrações contábeis da empresa, agora com a possibilidade de abarcar não apenas o último, mas os dois últimos exercícios sociais. A análise das demonstrações terá por objeto a verificação de índices econômicos usualmente adotados em avaliações de situação econômico-financeira (como Índice de Liquidez Corrente – ILC, Índice de Liquidez Geral – ILG e Índice de Solvência Geral – ISG), dispostos de forma objetiva no edital e com patamares devidamente justificados no processo licitatório. Em acréscimo, pode-se prever exigência de capital social ou de patrimônio líquido mínimos em percentual de até 10% (dez por cento) do valor estimado da contratação.

[15] Para um panorama da celeuma envolvendo a participação de empresas em recuperação judicial em licitações, inclusive com a exposição de entendimento desfavorável a tal possibilidade, ver JUSTEN FILHO, Marçal. *Comentários à lei de licitações e contratos administrativos:* lei 8.666/1993. 18. ed. São Paulo: Revista dos Tribunais, 2019, pp. 806-808.

A ampliação da exigência documental aos dois últimos exercícios sociais poderá trazer complicadores adicionais à habilitação. Os índices econômicos ou contábeis deverão ser extraídos dos documentos de qual exercício: do mais antigo, do mais recente, de ambos isoladamente, de ambos conjuntamente? O capital social ou o patrimônio líquido mínimos deverão constar dos documentos de qual exercício? Se o balanço mais recente cumprir os requisitos do edital, mas o mais antigo não, a empresa poderá ser inabilitada? A lei não detalha essas questões, que, na falta de regulamentação, deverão ser postas de forma clara nos editais.

Não é demais repisar que, em virtude da limitação constitucional das exigências de qualificação ao mínimo indispensável, as imposições de qualificação devem, como regra, partir do zero, justificando-se sempre a necessidade de aumento de exigências[16]. Não se afigura legítimo, assim, estabelecer exigência de capital social ou patrimônio líquido equivalente a 10% do valor da contratação puramente com base na autorização legal do art. 69, §4º. A autorização legal deve ser lida como patamar máximo, não como mínimo nem como regra. Para que se exija tal qualificação dos licitantes, deve haver justificativa técnica compatível demonstrando tratar-se efetivamente do mínimo indispensável à garantia do cumprimento das obrigações.

Ainda quanto à habilitação, cumpre ressaltar pontos relativos à forma de apresentação dos documentos comprobatórios. De um lado, a nova lei prevê expressamente a possibilidade de dispensar-se a sua apresentação, seja total ou parcialmente, em licitações consideradas de menor risco, a saber, aquelas para entrega imediata de bens, as que envolverem valores inferiores a 25% (vinte e cinco por cento) do limite para dispensa de licitação para compras em geral, bem assim as contratações para pesquisa e desenvolvimento com valor de até R$ 300.000,00 (trezentos mil reais). Nesses casos, portanto, os editais poderão dispensar a apresentação de comprovantes de habilitação pelos licitantes.

Disso não resulta, ademais, que todos os documentos de habilitação devam necessariamente ser exigidos nos demais casos: a lógica, como

[16] Nesse sentido, aliás, é a *ratio* da Súmula 289 do TCU: "A exigência de índices contábeis de capacidade financeira, a exemplo dos de liquidez, deve estar justificada no processo da licitação, conter parâmetros atualizados de mercado e atender às características do objeto licitado, sendo vedado o uso de índice cuja fórmula inclua rentabilidade ou lucratividade."

dito, é de que os dispositivos legais em matéria de habilitação servem como parâmetro máximo, e não como mínimo nem como regra. Em outras palavras, se a comprovação de uma dada qualidade do licitante for dispensável para a garantia do cumprimento das obrigações, então essa comprovação não poderá ser imposta, ainda que haja autorização legal em abstrato para a sua imposição.

Por fim, é relevante notar que, em linha com os preceitos da Lei 13.726/18 (Lei da Desburocratização) e da Lei 13.874/19 (Lei da Liberdade Econômica), que introduziram no ordenamento regras de simplificação e de presunção de boa-fé do particular, a nova lei de licitações abandonou a exigência de autenticação dos documentos habilitatórios, garantindo ao licitante a possibilidade de apresentá-los em cópia simples (art. 70, inciso I). Trata-se de uma salutar mudança de paradigma: no lugar da desconfiança e da irreal busca por evitar fraudes com barreiras burocráticas, entra a confiança no particular, de quem se cobra a responsabilidade correspondente (vide, por exemplo, a infração administrativa tipificada no art. 155, inciso VIII).

4. Encerramento do certame

Ultrapassadas as fases de julgamento e de habilitação e superados eventuais recursos, o curso normal e esperado da licitação é a adjudicação do objeto ao licitante vencedor e a homologação do certame (art. 71, inciso IV). Com isso, o processo terá cumprido a sua função principal, que é a de viabilizar a contratação do particular pela Administração Pública.

É possível, contudo, que a licitação não siga o curso normal. Isso se dará em duas hipóteses: verificação de nulidades ou perda do interesse da Administração na contratação. A cada qual se liga uma consequência jurídica prevista na lei.

As eventuais nulidades podem ser divididas em duas categorias: as sanáveis, que não acarretam lesão ao interesse público nem prejuízo a terceiros, tratadas pela nova lei como “irregularidades” (art. 71, inciso I); e as insanáveis, que maculam o certame como um todo, tratadas como “ilegalidade” (art. 71, inciso III). Havendo irregularidade, o processo deve retornar à origem para saneamento, com a anulação dos atos insuscetíveis de aproveitamento e o seu refazimento. Já no caso de ilegalidade, a licitação deverá ser de todo anulada.

A perda do interesse da Administração, a seu turno, decorre da alteração superveniente das circunstâncias que antes haviam fundamentado o juízo positivo de conveniência e oportunidade para a abertura do certame. Não se trata nem pode se tratar de uma simples mudança de ideia por parte do administrador, sob pena de minar-se por completo a confiança dos particulares nos atos administrativos, em violação ao princípio da segurança jurídica. A lei exige, para tanto, que o motivo determinante da perda de interesse resulte, comprovadamente, de fato superveniente (art. 71, §2º), o que deverá ser demonstrado pela autoridade competente. Em casos tais, a licitação será, então, revogada.

Tanto para a anulação como para a revogação, a lei garante aos interessados o direito de prévia manifestação (art. 71, §3º). Tal previsão condensa as garantias constitucionais do devido processo legal, do contraditório e da ampla defesa (art. 5º, LIV e LV): antes de decidir questão que agrave, suspenda ou sacrifique atributos da liberdade ou da propriedade, a Administração deve oportunizar manifestação por parte dos interessados[17].

Qualquer que seja o desfecho da licitação, o ato de encerramento cabe à autoridade superior, não ao agente de contratação, ao pregoeiro ou à comissão de contratação. Isso é válido inclusive para adjudicação do objeto na ausência de recursos, que no pregão da Lei 10.520/02 cabia ao pregoeiro (art. 4º, inciso XX) – na nova lei de licitações, adjudicação, homologação, anulação e revogação, todos são, sempre, atos de competência da autoridade superior.

Conclusões

A Lei 14.133/21, por sua novidade e pela ausência de maior detalhamento procedimental, certamente apresentará desafios à medida da sua aplicação. Caberá ao poder regulamentar, à jurisprudência (administrativa, de controle e judicial) e à doutrina enfrentá-los e extrair do novo regime a sua melhor utilidade.

É importante que se tenha em vista, nesse contexto, que a nova lei consagra interpretações sedimentadas ao longo da vida da Lei 8.666/93, tendo promovido o aproveitamento de regramentos esparsos e a sua

[17] MELLO. Celso Antônio Bandeira de. *Curso de direito administrativo*. 32. ed. São Paulo: Malheiros, 2015, p. 119.

adaptação ao moderno direito público brasileiro, sobretudo aquele decorrente das importantes inclusões promovidas na Lei de Introdução às normas do Direito Brasileiro (LINDB) pela Lei 13.655/18. Na aplicação do novo regramento, portanto, o intérprete terá a missão de compatibilizar o texto legal tanto com as orientações passadas que lhe serviram de fundamento como com o novo paradigma do direito público, menos voltado a formalidades rígidas e mais afeito à proporcionalidade, à razoabilidade e à moderação em busca da efetividade do interesse público.

Nesse contexto, será de fundamental importância aprofundar o entendimento sobre o julgamento das propostas, a habilitação e o encerramento do certame, etapas chave do processo licitatório. Afinal, do correto manejo do procedimento depende, ao fim e ao cabo, a realização dos fins materiais a cuja tutela se presta a forma[18]. Em suma, a vantajosidade das propostas, a segurança das contratações, a igualdade entre os participantes e o efetivo atendimento do interesse público estão confiados, agora, aos aplicadores da novel legislação.

Referências

CARVALHO FILHO, José dos Santos. *Processo administrativo federal*: comentários à lei nº 9.784, de 29.1.1999. 5. ed. São Paulo: Atlas, 2013.

GARCIA, Flávio Amaral. *Licitações e contratos administrativos:* casos e polêmicas. 5. Ed. São Paulo: Malheiros, 2018.

JÈZE, Gastón. *Principios generales del derecho administrativo*: teoría general de los contratos de la administración. Vol. IV. Trad. da 3ª ed. francesa (1934) por Julio N. San Millán Almagro. Buenos Aires: Depalma, 1950.

JUSTEN FILHO, Marçal. *Comentários à lei de licitações e contratos administrativos:* lei 8.666/1993. 18. ed. São Paulo: Revista dos Tribunais, 2019.

MEIRELLES, Hely Lopes. *Licitação e contrato administrativo.* 15. ed. São Paulo: Malheiros, 2010.

MELLO. Celso Antônio Bandeira de. *Curso de direito administrativo.* 32. ed. São Paulo: Malheiros, 2015.

PASQUALINI, Alexandre. Ato administrativo: conceito e elementos. In: HEINEN, Juliano; OHLWEILER, Leonel Pires; RAMOS, Rafael (Orgs.). *Fundamentos do direito administrativo contemporâneo.* Porto Alegre: Sapiens, 2017.

[18] PASQUALINI, Alexandre. Ato administrativo: conceito e elementos. In: HEINEN, Juliano; OHLWEILER, Leonel Pires; RAMOS, Rafael (Orgs.). *Fundamentos do direito administrativo contemporâneo.* Porto Alegre: Sapiens, 2017, p. 148.

12. Aspectos Setoriais e Especiais do Processo Licitatório

Fabio Henrique Di Lallo Dias

Mariana Campos de Carvalho

Introdução

Como sabido, a Lei nº 8.666/1993 já estava obsoleta e, muitas vezes, não se prestava ao objetivo inicial de gerar o resultado de contratação mais vantajoso para a Administração Pública. A desatualização da norma geral frente a outros diplomas licitatórios e mesmo a outras normas gerais de Direito Público ensejaram a sua revisão. Assim, a Lei nº 14.133/2021 surge como consolidação normativa de experiências pretéritas e reprodução atualizada de dispositivos bem-sucedidos da Lei nº 13.303/2016, Lei nº 11.079/2004, do Decreto-Lei nº 4.657/1942 (e sua atualização pela Lei nº 13.655/2018).

Tais atualizações, como se verá, também se refletem nos arts. 40 a 51 da norma, que trata de disposições setoriais das licitações, a exemplo das compras, das obras e serviços de engenharia, dos serviços em geral e da locação de imóveis.

1. Das compras

De acordo com o art. 4o da Lei nº 14.133/2021, o planejamento de compras deverá considerar a expectativa de consumo anual e observar as condições de aquisição e pagamento semelhantes às do setor privado; o processamento por meio de sistema de registro de preços, quando pertinente; a determinação de unidades e quantidades a serem adquiridas em função de consumo e utilização prováveis, cuja estimativa será obtida, sempre que possível, mediante adequadas técnicas quantitativas, admitido o fornecimento contínuo; as condições de guarda e armazenamento que não permitam a deterioração do material; o atendimento aos princípios da padronização (considerada a compatibilidade de especificações estéticas, técnicas ou de desempenho), do parcelamento (quando for tecnicamente viável e economicamente vantajoso)[1] e da responsabilidade fiscal (mediante a comparação da despesa estimada com a prevista no orçamento).

Para tanto, o documento necessário para a contratação de bens e serviços (termo de referência) deverá conter elementos adicionais específicos, como a especificação do produto, preferencialmente conforme catálogo eletrônico de padronização, observados os requisitos de qualidade, rendimento, compatibilidade, durabilidade e segurança; a indicação dos locais de entrega dos produtos e das regras para recebimentos provisório e definitivo, quando for o caso; a especificação da garantia exigida e das condições de manutenção e assistência técnica, quando for o caso.

Em linha com o que já dispõe a Lei nº 13.303/2016,[2] a Nova Lei de Licitações prevê que, no caso de licitação que envolva o fornecimento de bens, a Administração Pública poderá, em caráter excepcional,

[1] Na aplicação do princípio do parcelamento, referente às compras, deverão ser considerados a viabilidade da divisão do objeto em lotes; o aproveitamento das peculiaridades do mercado local, com vistas à economicidade, sempre que possível, desde que atendidos os parâmetros de qualidade; e o dever de buscar a ampliação da competição e de evitar a concentração de mercado. No mais, o parcelamento não será adotado quando a economia de escala, a redução de custos de gestão de contratos ou a maior vantagem na contratação recomendar a compra do item do mesmo fornecedor; o objeto a ser contratado configurar sistema único e integrado e houver a possibilidade de risco ao conjunto do objeto pretendido; e o processo de padronização ou de escolha de marca levar a fornecedor exclusivo.

[2] "Art. 47. A empresa pública e a sociedade de economia mista, na licitação para aquisição de bens, poderão: I – indicar marca ou modelo, nas seguintes hipóteses: a) em decorrência da necessidade de padronização do objeto; b) quando determinada marca ou modelo comercializado por mais de um fornecedor constituir o único capaz de atender o objeto do contrato; c) quando for necessária, para compreensão do objeto, a identificação de determinada marca ou modelo apto a servir como referência, situação em que será obrigatório o acréscimo da expressão "ou similar ou de melhor qualidade"; II – exigir amostra do bem no procedimento de pré-qualificação e na fase de julgamento das propostas ou de lances, desde que justificada a necessidade de sua apresentação; III – solicitar a certificação da qualidade do produto ou do processo de fabricação, inclusive sob o aspecto ambiental, por instituição previamente credenciada."

indicar uma ou mais marcas ou modelos, mediante motivação (justificativa formal), em quatro hipóteses delimitadas: em decorrência da necessidade de padronização do objeto; em decorrência da necessidade de manter a compatibilidade com plataformas e padrões já adotados pela Administração; quando determinada marca ou modelo comercializados por mais de um fornecedor forem os únicos capazes de atender às necessidades do contratante; quando a descrição do objeto a ser licitado puder ser mais bem compreendida pela identificação de determinada marca ou determinado modelo aptos a servir apenas como referência.

Exemplo disso seria a contratação de parcela adicional de algum aparelho tecnológico já utilizado pela Administração Pública – o que, por razões de compatibilidade ou padronização, justificaria a indicação de marca compatível com os aparelhos já adquiridos, para evitar que seja realizada nova compra da totalidade de aparelhos a serem utilizados. Pode-se cogitar aqui da contratação de um software compatível com o sistema operacional dos computadores já adquiridos pela Administração Pública; ou mesmo a compra de novos *walkie-talkies* que operem em conjunto com aparelhos do gênero já utilizados pelos servidores públicos. Com isso, para evitar que se gaste novamente com a compra de bens já existentes, relativiza-se a isonomia para promover a eficiência e evitar o desperdício de recursos públicos.[3] Nesses casos, a indicação de preferência de marca ou modelo pode levar à contratação mais vantajosa pelo Poder Público.

Para disciplinar o processo de padronização, a Lei nº 14.133/2021 determina que deverá conter parecer técnico sobre o produto, considerados especificações técnicas e estéticas, desempenho, análise de contratações anteriores, custo e condições de manutenção e garantia. Em obediência ao princípio da motivação,[4] deverá haver despacho motivado da autoridade superior, com a adoção do padrão e síntese da justificativa e descrição sucinta do padrão definido, divulgadas em sítio eletrônico oficial. Cumpre

[3] Na lição do jurista Marçal Justen Filho, "um dos aspectos essenciais do direito administrativo reside na vedação ao desperdício ou má utilização dos recursos destinados à satisfação de necessidades coletivas. É necessário obter o máximo de resultados com a menor quantidade possível de desembolsos." JUSTEN FILHO, Marçal. *Curso de direito administrativo.* 8ª edição, Belo Horizonte: Editora Fórum, 2012. 182.

[4] Cf. Lei nº 9.784/1999: "Art. 2º A Administração Pública obedecerá, dentre outros, aos princípios da legalidade, finalidade, motivação, razoabilidade, proporcionalidade, moralidade, ampla defesa, contraditório, segurança jurídica, interesse público e eficiência."

destacar que a norma permite a padronização com base em processo de outro órgão ou entidade de nível federativo igual ou superior ao do órgão adquirente, devendo o ato que decidir pela adesão a outra padronização ser devidamente motivado.

A nova lei também permite que a Administração Pública, excepcionalmente, exija amostra ou prova de conceito do bem no procedimento de pré-qualificação permanente, na fase de julgamento das propostas ou de lances, ou no período de vigência do contrato ou da ata de registro de preços, desde que previsto no edital da licitação e justificada a necessidade de sua apresentação. Tal situação restringir-se-á ao licitante provisoriamente vencedor quando realizada na fase de julgamento das propostas ou de lances. Ademais, a norma traz a possibilidade de vedar a contratação de marca ou produto, quando, mediante processo administrativo, restar comprovado que produtos adquiridos e utilizados anteriormente não atendem a requisitos indispensáveis ao pleno adimplemento da obrigação contratual.

Como se vê, a nova norma geral cuidou de disciplinar a compra de bens de determinada marca ou modelo para conferir segurança ao gestor público e afastar eventual questionamento quanto à isonomia dos critérios definidos do edital.

Para contornar essa questão, a Lei nº 14.133/2021 estabeleceu a possibilidade de apresentação, pelos proponentes, de prova de qualidade de produto como similar ao das marcas eventualmente indicadas no edital. Nesse sentido, especificou três meios de o fazer: mediante comprovação de que o produto está de acordo com as normas técnicas determinadas pelos órgãos oficiais competentes, pela Associação Brasileira de Normas Técnicas (ABNT) ou por outra entidade credenciada pelo Inmetro; apresentação de declaração de atendimento satisfatório emitida por outro órgão ou entidade de nível federativo equivalente ou superior que tenha adquirido o produto; exibição de certificação, certificado, laudo laboratorial ou documento similar que possibilite a aferição da qualidade e da conformidade do produto ou do processo de fabricação, inclusive sob o aspecto ambiental, emitido por instituição oficial competente ou por entidade credenciada.

Ainda no que diz respeito a essa possibilidade, o edital poderá exigir, como condição de aceitabilidade da proposta, certificação de qualidade do produto por instituição credenciada pelo Conselho Nacional de Metrologia, Normalização e Qualidade Industrial (Conmetro). A Administração Pública também poderá oferecer protótipo do objeto pretendido e exigir, na fase de julgamento das propostas, amostras do licitante provisoriamente vencedor, para atender a diligência ou, após o julgamento, como condição para firmar contrato.

Importante salientar que os licitantes devem se vincular ao instrumento convocatório,[5] princípio do Direito Administrativo que – assim como os demais – comporta temperamentos. Nesse cenário, cumpre destacar a possibilidade de apresentação de equipamentos equivalentes ou superiores àqueles exigidos no edital de licitação, desde que a solução apresentada não implique prejuízos para a Administração Pública.[6]

Esse, inclusive, é o entendimento firme do Tribunal de Contas da União ("TCU"). Em casos recentes, a Corte de Contas já decidiu que, quando apresentada solução equivalente ou de melhor qualidade àquela marca ou modelo desenhado no instrumento convocatório, o licitante ainda assim atende o objeto contratual.[7] Mas não é só. O TCU delineou alguns requisitos que, na sua visão, respaldariam a substituição dos bens em marcas ou modelos previamente estipulados no edital de licitação. Assim, para ser legítima, a substituição (i) não pode prejudicar competitividade do certame; (ii) não pode afrontar o interesse público ou os princípios licitatórios; e (iii) deve resultar em preço mais vantajoso para a Administração Pública.[8]

A orientação voltada à economicidade das contratações se coaduna com a disposição expressa no art. 44 da Nova Lei de Licitações. Isso porque, de acordo com o dispositivo, quando houver a possibilidade de compra ou de

[5] Na lição de Hely Lopes Meirelles, o edital de licitação funciona como "a lei interna da licitação e vincula inteiramente a Administração e os proponentes". MEIRELLES, Hely Lopes. *Direito Administrativo Brasileiro.* 30ª ed., São Paulo: Malheiros. 283. A isonomia, aqui, se faz presente, "pois aquele que se prendeu aos termos do edital poderá ser prejudicado pela melhor proposta apresentada por outro licitante que os desrespeitou", nos termos do art. 37, XXI, da CRFB. DI PIETRO, Maria Sylvia Zanella de. *Direito Administrativo.* 24ª ed., São Paulo: Atlas, 2011. 367.

[6] GASPARINI, Diógenes. *Direito Administrativo.* 9ª ed., São Paulo: Saraiva, 2004. 530.

[7] TCU. Acórdão nº 113/2016 – Plenário. Processo nº 031.921/2015-9, Rel. Min. Bruno Dantas, j. em 27/01/2016.

[8] TCU. Acórdão nº 394/2013 – Plenário. Processo nº 044.822/2012-0, Rel. Ministro Raimundo Carreiro, j. em 06/03/2013.

locação de bens, o estudo técnico preliminar deverá considerar os custos e os benefícios de cada opção, com indicação da alternativa mais vantajosa.

Por certo, a conduta administrativa deve ser norteada por uma série de princípios constitucionais, expressamente previstos no art. 37, *caput* da CRFB[9]. No bojo do processo licitatório, a Administração Pública deve selecionar a proposta vencedora considerando que o particular a executará da melhor maneira e levando em consideração o valor cobrado.[10] Desse modo, o agir administrativo deve observar as possíveis opções, a fim de nortear a decisão do gestor àquela que se demonstra mais conveniente para a sociedade como um todo.[11]

2. Do regime de execução das obras e serviços de engenharia

A Nova Lei de Licitações tratou das obras e serviços de engenharia na Subseção II da Seção IV, que trata das disposições setoriais, mais especificamente nos artigos 45 e 46.

O art. 45 da Nova Lei de Licitações[12] dispõe, basicamente, que as licitações de obras e serviços de engenharia devem respeitar normas relativas a questões de sustentabilidade, patrimoniais e sociais.

O art. 45 não tem correspondente na Lei de Licitações anterior (Lei nº 8.666/1993), sendo praticamente uma cópia do art. 4º, §1º e incisos da Lei

[9] "Art. 37. A administração pública direta e indireta de qualquer dos Poderes da União, dos Estados, do Distrito Federal e dos Municípios obedecerá aos princípios de legalidade, impessoalidade, moralidade, publicidade e eficiência (...)".

[10] Lucas Rocha Furtado entende que a eficiência se demonstra na obtenção do fim pretendido, sem que haja o gasto desnecessário de recursos públicos. FURTADO, Lucas Rocha. *Curso de Direito Administrativo.* 3ª edição, Belo Horizonte: Fórum, 2012. 97/98.

[11] ARAGÃO, Alexandre Santos de. O princípio da eficiência. Revista de Direito Administrativo, Rio de Janeiro, v. 237, p. 1-6, jul. 2004. ISSN 2238-5177. Disponível em: <https://bit.ly/3akHm0C>. Acesso em 17/05/2021.

[12] "Art. 45. As licitações de obras e serviços de engenharia devem respeitar, especialmente, as normas relativas a: I – disposição final ambientalmente adequada dos resíduos sólidos gerados pelas obras contratadas; II – mitigação por condicionantes e compensação ambiental, que serão definidas no procedimento de licenciamento ambiental; III – utilização de produtos, de equipamentos e de serviços que, comprovadamente, favoreçam a redução do consumo de energia e de recursos naturais; IV – avaliação de impacto de vizinhança, na forma da legislação urbanística; V – proteção do patrimônio histórico, cultural, arqueológico e imaterial, inclusive por meio da avaliação do impacto direto ou indireto causado pelas obras contratadas; VI – acessibilidade para pessoas com deficiência ou com mobilidade reduzida."

que trata do Regime Diferenciado de Contratações (Lei nº 12.462/2011) e do art. 32, §1º e incisos da Lei das Estatais (Lei nº 13.303/2016).

As Leis nº 12.462/2011 e nº 13.303/2016 trazem[13], ainda, o dever de compensação em razão de impacto negativo ao patrimônio coletivo, que não foi reproduzido na Nova Lei de Licitações. A ausência desse dispositivo não significa, contudo, que os impactos negativos decorrentes de obras e serviços de engenharia decorrentes de licitação na forma da Nova Lei de Licitações não devam ser compensados ou mesmo que haja uma proibição de haver tais impactos negativos nessa modalidade. Como as disposições do Regime Diferenciado de Contratações e da Lei das Estatais remetem à legislação específica, no presente caso, tais legislações devem igualmente ser respeitadas.

Da leitura do art. 45, pode-se observar que se trata de uma norma de caráter orientativo, considerando que o cumprimento de normas advém do princípio da legalidade, insculpidos no arts. 5º, II e 37, *caput*, da Constituição da República, além de ser defeso o não cumprimento da lei, em virtude do seu desconhecimento, conforme art. 3º da Lei de Introdução às normas do Direito Brasileiro (Decreto-Lei nº 4.657/1942 ou LINDB).

No entanto, apesar do caráter orientativo, é salutar a sua inserção na Nova Lei de Licitações, considerando que as matérias envolvidas têm suas competências espalhadas pelos diversos entes da federação, servindo a lei como verdadeiro guia para licitar novas obras e serviços de engenharia de forma sustentável e condizentes com matérias socialmente relevantes. Assim, se houver uma obra de engenharia em determinada cidade, a licitação deverá se atentar para respeitar as normas dos diferentes entes envolvidos (União, Estado e Município), especialmente as normas

[13] Lei 12.462/2011, art. 4º, §2º: "O impacto negativo sobre os bens do patrimônio cultural, histórico, arqueológico e imaterial tombados deverá ser compensado por meio de medidas determinadas pela autoridade responsável, na forma da legislação aplicável". Lei 13.303/2016, art. 32, §2º: "A contratação a ser celebrada por empresa pública ou sociedade de economia mista da qual decorra impacto negativo sobre bens do patrimônio cultural, histórico, arqueológico e imaterial tombados dependerá de autorização da esfera de governo encarregada da proteção do respectivo patrimônio, devendo o impacto ser compensado por meio de medidas determinadas pelo dirigente máximo da empresa pública ou sociedade de economia mista, na forma da legislação aplicável".

ambientais, urbanísticas e outras abarcadas pelos conceitos descritos nos incisos do art. 45.

Assim, considerando esse caráter orientativo de respeito às normas atinentes, eventual licitação de obras e serviços de engenharia sem avaliação de impacto de vizinhança por ausência de legislação urbanística correlata não contrariaria o art. 45 da Nova Lei de Licitações.

Com relação ao regime de execução, as obras e serviços de engenharia podem ser executadas diretamente pelo Estado ou, conforme art. 46 da Nova Lei de Licitações, indiretamente sob sete diferentes regimes, a saber: (i) empreitada por preço unitário; (ii) empreitada por preço global; (iii) empreitada integral; (iv) contratação por tarefa; (v) contratação integrada; (vi) contratação semi-integrada; e (vii) fornecimento e prestação de serviço associado.

De início, cumpre ressaltar que a Nova Lei de Licitações trouxe as hipóteses em que um ou outro regime deve ser aplicado. Nesse aspecto, a Administração Pública deverá eleger o regime mais adequado para sua finalidade, levando-se em consideração os princípios que regem o Direito Público, em especial o da eficiência, da economicidade e o da vantajosidade para a Administração Pública. Além disso, a Administração Pública deve sempre privilegiar o regime que lhe conferirá maior segurança para a finalidade que se almeja e, ainda, maior poder de controle e fiscalização sobre a obra ou serviço. Adiante, passamos a expor cada uma das modalidades.

A empreitada por preço unitário, conforme redação do inciso XXVIII do art. 6º da Nova Lei de Licitações, é a "contratação da execução da obra ou do serviço por preço certo de unidades determinadas". Nessa modalidade, a Administração Pública não consegue antever o preço global da obra ou do serviço, de forma que é mais eficiente contratar por unidade de medida previamente determinada. No caso de contratação por dose aplicada de vacina, por exemplo, é mais prudente e eficiente que a Administração contrate sob o regime de preço unitário, sob pena de incorrer em contratação de bens e serviços que não serão utilizados. Além disso, a empreitada por preço unitário justifica-se pela impossibilidade prática de se unitizar os itens do todo. Segundo o TCU, a empreitada por preço único "deve ser nos casos em que os objetos, por sua natureza, possuam uma imprecisão inerente de quantitativos em seus itens orçamentários, como são os casos de reformas de edificação, obras com grandes movimentações de terra e interferências, obras de manutenção rodoviária, dentre outras".[14]

A empreitada por preço global, conforme redação do inciso XXIX do art. 6º da Nova Lei de Licitações, é a "contratação da execução da obra ou do serviço por preço certo e total". Por sua vez, a empreitada por preço global é preferível quando "for possível definir previamente no projeto, com boa margem de precisão, as quantidades dos serviços a serem posteriormente executados na fase contratual".[15] Nessa modalidade, o contratado irá executar a obra ou serviço em sua totalidade por sua conta e risco, ressalvadas as hipóteses de caso fortuito e força maior, bem como aquelas ressalvadas por lei ou pelo contrato.

A empreitada integral, conforme redação do inciso XXX do art. 6º da Nova Lei de Licitações, é "a contratação de empreendimento em sua integralidade, compreendida a totalidade das etapas de obras, serviços e instalações necessárias, sob inteira responsabilidade do contratado até sua entrega ao contratante em condições de entrada em operação, com características adequadas às finalidades para as quais foi contratado e atendidos os requisitos técnicos e legais para sua utilização com segurança estrutural e operacional". Nessa modalidade, o contratante obriga-se não somente pela entrega da obra ou serviço pronto, mas também pela sua plena capacidade de uso. Caberá ao contratado, pois, a entrega do empreendimento em plenas condições de operação, assumindo toda responsabilidade até a sua entrega. Assim, dificilmente será admitida alteração de quantitativos e valores, sob pena de desnaturação do regime eleito.

A contratação por tarefa, conforme redação do inciso XXXI do art. 6º da Nova Lei de Licitações, refere-se ao "regime de contratação de mão de obra para pequenos trabalhos por preço certo, com ou sem fornecimento de materiais". Por se tratar de contratação de pequenos trabalhos, esse tipo de regime dispensa a licitação (art. 75, incisos I e II) e presta-se a serviços pontuais que extrapolam os serviços ordinários. Se determinada

[14] TCU. Acórdão nº 1.977/2013 – Plenário. Processo nº 044.312/2012-1, Rel. Valmir Campelo, j. em 31/07/2013. V: Acórdãos nº 1.374/2021 – Plenário; nº 797/2021 – Plenário; nº 2.846/2020 – Plenário; nº 2.428/2020 – Plenário; nº 1.828/2020 – Plenário; nº 2.881/2018 – Plenário; nº 1.194/2018 – Plenário; nº 19/2017 – Plenário; nº 1.388/2016 – Plenário; nº 1.850/2015 – Plenário; 3.415/2014 – Plenário; nº 1.863/2014 – Plenário; nº 2.224/2013 – Plenário; nº 1.978/2013 – Plenário.

[15] Idem. Adicionalmente, v.: Acórdãos nº 3.032/2013 – Plenário; nº 2.362/2013 – Plenário.

escola pública, por exemplo, tem um serviço de limpeza durante a semana, a contratação por tarefa seria aplicável para uma limpeza após uma festa escolar realizada durante um final de semana.

A contratação integrada, conforme redação do inciso XXXII do art. 6º da Nova Lei de Licitações, refere-se ao "regime de contratação de obras e serviços de engenharia em que o contratado é responsável por elaborar e desenvolver os projetos básico e executivo, executar obras e serviços de engenharia, fornecer bens ou prestar serviços especiais e realizar montagem, teste, pré-operação e as demais operações necessárias e suficientes para a entrega final do objeto". Aqui, como na empreitada integral, o contratado assume toda a responsabilidade pela entrega do objeto licitado em operação, diferenciando-se daquela pela responsabilidade adicional de elaborar os projetos básico e executivo. Nessa modalidade, a Administração Pública será responsável unicamente pela elaboração de um anteprojeto, conforme requisitos presentes no art. 6º, inciso XXIV da Nova Lei de Licitações[16], sendo dispensada da elaboração dos projetos básico e executivo (art. 46, §2º)

Por sua vez, a contratação semi-integrada, conforme redação do inciso XXXIII do art. 6º da Nova Lei de Licitações, refere-se ao "regime de contratação de obras e serviços de engenharia em que o contratado é responsável por elaborar e desenvolver o projeto executivo, executar obras e serviços de engenharia, fornecer bens ou prestar serviços especiais e realizar montagem, teste, pré-operação e as demais operações necessárias e suficientes para a entrega final do objeto". Ela se diferencia

[16] "XXIV – anteprojeto: peça técnica com todos os subsídios necessários à elaboração do projeto básico, que deve conter, no mínimo, os seguintes elementos: a) demonstração e justificativa do programa de necessidades, avaliação de demanda do público-alvo, motivação técnico-econômico-social do empreendimento, visão global dos investimentos e definições relacionadas ao nível de serviço desejado; b) condições de solidez, de segurança e de durabilidade; c) prazo de entrega; d) estética do projeto arquitetônico, traçado geométrico e/ou projeto da área de influência, quando cabível; e) parâmetros de adequação ao interesse público, de economia na utilização, de facilidade na execução, de impacto ambiental e de acessibilidade; f) proposta de concepção da obra ou do serviço de engenharia; g) projetos anteriores ou estudos preliminares que embasaram a concepção proposta; h) levantamento topográfico e cadastral; i) pareceres de sondagem; j) memorial descritivo dos elementos da edificação, dos componentes construtivos e dos materiais de construção, de forma a estabelecer padrões mínimos para a contratação".

da contratação integrada na medida em que confere à Administração Pública a elaboração e desenvolvimento do projeto básico, relegando ao contratado a elaboração do projeto executivo, que poderá oferecer solução mais adequada considerando a sua expertise.

Por fim, o fornecimento e prestação de serviço associado, conforme redação do inciso XXXIV do art. 6º da Nova Lei de Licitações refere-se ao "regime de contratação em que, além do fornecimento do objeto, o contratado responsabiliza-se por sua operação, manutenção ou ambas, por tempo determinado". Nos termos do art. 113 da Nova Lei de Licitações, o prazo máximo para operação e manutenção será de até 5 (cinco) anos contados da data de recebimento do objeto licitado, que poderá, nos termos do art. 107, ser prorrogado sucessivamente, desde que respeitada a vigência máxima de dez (dez anos) e desde que haja previsão em edital e que a autoridade competente ateste que as condições e os preços permanecem vantajosos para a Administração. Essa solução somente deverá ser eleita quando a contratação conjunta trouxer vantagem à Administração em relação à contratação separada. Uma das vantagens desse tipo de contratação é que, sendo somente um contratado, não haverá discussão sobre eventual responsabilização sobre determinado dano, se do construtor ou do executor, que se reúne na mesma figura.

Dentre os regimes possíveis de execução indireta de obras e serviços de engenharia elencados acima, a contratação integrada e semi-integrada, as quais permitem a licitação sem um projeto pré-existente, é que surgem como as principais novidades. Embora prevista na Lei nº 12.462/2011, a novidade reside no fato de que tais regimes podem ser empregados independentemente do tipo de obra ou serviço e de seu valor. No Congresso Nacional, havia um piso mínimo de dez milhões de reais para esse tipo de contratação, que foi vetado pelo Presidente da República sob o argumento de que essa restrição "contraria o interesse público na medida que restringe a utilização dos regimes de contratação integrada e semi-integrada para obras, serviços e fornecimentos de pequeno e médio valor, em prejuízo à eficiência na Administração, além do potencial aumento de custos com a realização de posteriores aditivos contratuais". Ainda, as razões de veto ressaltam "risco de que tecnologias diferenciadas fiquem impossibilitadas de serem internalizadas em obras de médio e menor porte, tais como: obras de estabelecimentos penais e de unidades de atendimento socioeducativo, no âmbito da segurança pública, melhorias na mobilidade urbana ou ampliação de infraestrutura logística, SUS e PAC", impactando "negativamente em diversas políticas públicas sociais que hoje utilizam a contratação integrada como meio mais efetivo para a realização dos fins traçados no planejamento estatal".

Com a nova lei, a contratação integrada e semi-integrada poderá ser utilizada por todos os entes da Federação. Ressalta-se, contudo, que, embora não haja condicionantes para a contratação integrada ou semi-integrada como na Lei nº 12.462/2011, a escolha por determinada modalidade deve ser sempre pautada na busca pela vantajosidade e economicidade para a Administração Pública. Uma questão delicada refere-se ao dever de o contratado, na elaboração dos projetos, seguir as premissas do anteprojeto. Sobre o tema, o TCU já enfrentou a questão ressaltando que as soluções alternativas devem ser sempre superiores ao anteprojeto, seja trazendo maior segurança ou maior economia a obras ou serviços licitados.[17] (nesse sentido, v. acórdãos 865/2017 e 2777/2018).

Outra questão importante foi o veto ao dispositivo (§ 4º do art. 115) que previa a necessidade de manifestação prévia ou licença prévia ambiental antes da divulgação do edital, quando estas fossem de responsabilidade da Administração. Segundo as razões de veto, tal dispositivo "contraria o interesse público, uma vez que restringe o uso do regime de contratação integrada, tendo em vista que o projeto é condição para obter a licença prévia numa fase em que o mesmo ainda será elaborado pela futura contratada."

Na contratação integrada, a Administração deverá avaliar a adequação do projeto básico em relação aos parâmetros definidos no edital e conformidade com as normas técnicas, sendo vedadas alterações que reduzam a qualidade ou a vida útil do empreendimento e mantida a responsabilidade integral do contratado pelos riscos associados ao projeto básico (cf. art. 46, §3º).

Conforme dicção do art. 46, §5º, "na contratação semi-integrada, mediante prévia autorização da Administração, o projeto básico poderá ser alterado, desde que demonstrada a superioridade das inovações propostas pelo contratado em termos de redução de custos, de aumento

[17] TCU. Acórdão nº 865/2017 – Plenário. Processo nº 033.891/2016-8, Rel. Augusto Sherman, j. em 03/05/2017; TCU. Acórdão nº 2.777/2018 – Plenário. Processo nº 033.891/2016-8, Rel. Augusto Sherman, j. em 28/11/2018.

da qualidade, de redução do prazo de execução ou de facilidade de manutenção ou operação, assumindo o contratado a responsabilidade integral pelos riscos associados à alteração do projeto básico".

A norma, ainda, veda, a realização de obras e serviços de engenharia sem projeto executivo (art. 46, §1º), ressalvada a hipótese de estudo técnico preliminar para contratação de obras e serviços comuns de engenharia, se demonstrada a inexistência de prejuízo para a aferição dos padrões de desempenho e qualidade almejados (cf. art. 18, §3º).

À exceção da empreitada por preço unitários, todos os demais regimes deverão ser licitados por preço global e adotarão sistemática de medição e pagamento associada à execução de etapas do cronograma físico-financeiro vinculadas ao cumprimento de metas de resultado, vedada a adoção de sistemática de remuneração orientada por preços unitários ou referenciada pela execução de quantidades de itens unitários (cf. art. 46, § 9º).

3. Dos serviços em geral

De acordo com o art. 47 da norma, as licitações de serviços atenderão aos princípios da padronização (considerada a compatibilidade de especificações estéticas, técnicas ou de desempenho) e do parcelamento (quando for tecnicamente viável e economicamente vantajoso). Na aplicação deste último princípio, a lei dispõe que deverão ser considerados alguns elementos, como a responsabilidade técnica, o custo de transação[18] para a Administração Pública de vários contratos frente às vantagens da redução de custos, com divisão do objeto em itens, e o dever de buscar a ampliação da competição e de evitar a concentração de mercado.

[18] De acordo com os Profs. Armando Castelar e Jairo Saddi, os custos de transação são aqueles "incorridos pelos agentes econômicos na procura, na aquisição de informação e na negociação com outros agentes com vistas à realização de uma transação, assim como na tomada de decisão acerca da concretização ou não da transação e no monitoramento e na exigência de cumprimento, pela outra parte, do que foi negociado". PINHEIRO, Armando Castelar; SADDI, Jairo. *Direito, economia e mercados*. Rio de Janeiro: Elsevier, 2005. 75. Robert Cooter e Thomas Ulen complementam que são custos que correspondem a três momentos das trocas que ocorrem no mercado: custos da busca para celebração do negócio, custos da negociação em si e custos da fiscalização do cumprimento daquilo que foi negociado pelos agentes econômicos. COOTER, Robert; ULEN, Thomas. *Direito & Economia*. 5ª ed, Porto Alegre: Bookman Companhia Editora, 2010. 105.

A disposição revela o alinhamento da norma às noções de consequencialismo prescritas no art. 20 do Decreto-Lei 4.657/1942.[19] Assim, cabe ao Poder Público se valer de "juízo prévio sobre a aptidão do meio a ser utilizado e o resultado a ser alcançado, dentro de um universo de possibilidades".[20] É preciso examinar as possíveis soluções e antecipar os efeitos de cada uma delas para que se possa decidir, de modo refletido, pela solução mais vantajosa para a Administração Pública.

A esse respeito, o TCU já se pronunciou quanto à necessidade de o Poder Público avaliar o impacto das possíveis escolhas e suas consequências. No âmbito do processo nº 006.943/2019-5, os ministros da Corte de Contas entenderam que determinada medida imposta pelo Estado poderia ocasionar mais prejuízos ao interesse público do que prováveis benefícios.[21] Em outra oportunidade, o Ministro Benjamin Zymler afirmou que "*a ação estatal deve se orientar por uma avaliação de custo-benefício que varia conforme a estrutura de incentivos existente*",[22] conforme preconiza o art. 20 da LINDB.

De igual modo, o dispositivo privilegia a competitividade nos certames, em linha com o art. 170, inciso IV[23] da Constituição da República, que dispõe que o princípio da livre concorrência deve ser observado para a garantia da higidez da ordem econômica nacional. E, como se sabe, toda licitação busca alcançar a proposta mais vantajosa para a Administração Pública. Para tanto, a Lei nº 14.133/2021, em seu art. 47, cuidou de estabelecer o dever de buscar a ampliação da competição e de evitar a concentração de mercado.

Tal orientação se coaduna com o dever de a Administração Pública adotar condutas capazes de maximizar a concorrência entre os participantes

[19] "Art. 20. Nas esferas administrativa, controladora e judicial, não se decidirá com base em valores jurídicos abstratos sem que sejam consideradas as consequências práticas da decisão."

[20] NETO, Floriano de Azevedo Marques. Et al. *Respostas aos comentários tecidos pela Consultoria Jurídica do TCU ao PL nº 7.448/2017.* Disponível em: <https://bit.ly/3tryaPJ>. Acesso em 09/06/2021. 4-5.

[21] TCU. Acórdão nº 3062/2019 – Plenário. Processo nº 006.943/2019-5, Rel. Augusto Sherman, j. em 10/12/2019.

[22] TCU. Acórdão nº 1689/2020 – Plenário. Processo nº 013.382/2017-9, Rel. Benjamin Zymler, j. em 01/07/2020.

[23] "Art. 170. A ordem econômica, fundada na valorização do trabalho humano e na livre iniciativa, tem por fim assegurar a todos existência digna, conforme os ditames da justiça social, observados os seguintes princípios: (...) IV – livre concorrência;".

capazes de prestar o serviço de maneira satisfatória, evitando a ocorrência de situações inibidoras da competição.[24] Por evidente, o Supremo Tribunal Federal já se manifestou sobre o assunto, oportunidade em que defendeu que "a função da licitação é a de viabilizar [a satisfação do interesse público], através da mais ampla disputa".[25]

Ainda sobre serviços em geral, a Nova Lei de Licitações prevê que a Administração Pública poderá, mediante justificativa expressa, contratar mais de uma empresa ou instituição para executar o mesmo serviço, desde que essa contratação não implique perda de economia de escala. Tal orientação se aplica em duas hipóteses: quando o objeto da contratação puder ser executado de forma concorrente e simultânea por mais de um contratado; e quando a múltipla execução for conveniente para atender o Poder Público. Nessas situações, o gestor público deverá manter o controle individualizado da execução do objeto contratual relativamente a cada um dos contratados.

Por fim, cumpre destacar que a norma abordou a possibilidade de terceirização do serviço – tema que já foi controverso em alguns tipos de contratação com a Administração Pública.[26] Pela redação do art. 48, poderão ser objeto de execução por terceiros as atividades materiais acessórias, instrumentais ou complementares aos assuntos que constituam área de competência legal do órgão ou da entidade.

Contudo, a Nova Lei de Licitações trouxe algumas balizas para a contratação do serviço terceirizado. Assim, fica vedado à Administração Pública ou a seus agentes: (i) indicar pessoas expressamente nominadas para executar direta ou indiretamente o objeto contratado; (ii) fixar salário inferior ao definido em lei ou em ato normativo a ser pago pelo contratado; (iii) estabelecer vínculo de subordinação com funcionário de empresa prestadora de serviço terceirizado; (iv) definir forma de pagamento mediante exclusivo reembolso dos salários pagos; (v) demandar a funcionário de empresa prestadora de serviço terceirizado a execução

[24] Sobre regimes específicos de contratação, v. RIBEIRO, Maurício Portugal. *Concessões e PPP – Melhores práticas em licitações e contratos*. São Paulo: Atlas. 2011. 10.

[25] STF, ADI nº 2.716, Rel. Min. Eros Grau, Tribunal Pleno, j. em 29.11.2007, DJe 07.03.2008.

[26] Trata-se da contratação com base na Lei nº 8.987/1995 (Lei de Concessões). Em 2019, o STF decidiu que é constitucional o instituto da terceirização em qualquer área da atividade econômica. V. STF. ADC nº 57. Rel. Min. Edson Fachin, j. em 03/10/2019, p. em 05/12/2019.

de tarefas fora do escopo do objeto da contratação; (vi) e prever em edital exigências que constituam intervenção indevida da Administração Pública na gestão interna do contratado.

Em observância à Súmula Vinculante nº 13 do STF,[27] a norma determina que, durante a vigência do contrato, é vedado ao contratado contratar cônjuge, companheiro ou parente em linha reta, colateral ou por afinidade, até o terceiro grau, de dirigente do órgão ou entidade contratante ou de agente público que desempenhe função na licitação ou atue na fiscalização ou na gestão do contrato, devendo essa proibição constar expressamente do edital de licitação.

4. Da locação de imóveis

Como regra geral, a locação de imóveis deve ser precedida de licitação, por força do art. 37, XXI, da Constituição Federal[28]e do art. 2º, inciso III, da Nova Lei de Licitações.[29]

No art. 51[30] da Nova Lei de Licitações reforça-se a obrigatoriedade de licitação para locação de imóveis, quando a Administração Pública for locatária. Nessa hipótese, será necessária a avaliação prévia (i) do bem, (ii) do seu estado de conservação, e (iii) dos custos de adaptações e do prazo de amortização dos investimentos necessários.

Caso haja um imóvel cujas características de instalações e de localização tornem necessária sua escolha para a Administração Pública, haverá inexigibilidade de licitação, conforme art. 74, inciso V da Nova Lei de Licitações.

Nesse caso, para a locação de imóvel com inexigibilidade de licitação, a Administração Pública deverá cumprir os seguintes requisitos, conforme

[27] STF. Súmula Vinculante nº 13. Sessão Plenária de 21/08/2008.

[28] "Art. 37. (...) XXI – ressalvados os casos especificados na legislação, as obras, serviços, compras e alienações serão contratados mediante processo de licitação pública que assegure igualdade de condições a todos os concorrentes, com cláusulas que estabeleçam obrigações de pagamento, mantidas as condições efetivas da proposta, nos termos da lei, o qual somente permitirá as exigências de qualificação técnica e econômica indispensáveis à garantia do cumprimento das obrigações".

[29] "Art. 2º Esta Lei aplica-se a: (....) III – locação".

[30] "Art. 51. Ressalvado o disposto no inciso V do *caput* do art. 74 desta Lei, a locação de imóveis deverá ser precedida de licitação e avaliação prévia do bem, do seu estado de conservação, dos custos de adaptações e do prazo de amortização dos investimentos necessários".

art. 74, § 5º, da Nova Lei de Licitações: (i) avaliação prévia do bem, do seu estado de conservação, dos custos de adaptações, quando imprescindíveis às necessidades de utilização, e do prazo de amortização dos investimentos; (ii) certificação da inexistência de imóveis públicos vagos e disponíveis que atendam ao objeto; e (iii) justificativas que demonstrem a singularidade do imóvel a ser comprado ou locado pela Administração e que evidenciem vantagem para ela.

Note-se que na Lei de Licitações anterior, essa mesma hipótese – locação de imóvel cujas características de instalações e de localização tornem necessária sua escolha – configurava dispensa de licitação, o que não era a forma mais apropriada. Havendo a inviabilidade de competição, diante da singularidade do imóvel, é mais apropriado tratar a hipótese como inexigibilidade de licitação, como fez a Nova Lei de Licitações.

Como hipóteses de dispensa de licitação, desde que subordinada à existência de interesse público devidamente justificado, temos a hipótese de locação dos imóveis da Administração Pública com as seguintes características e finalidades: (i) bens imóveis residenciais construídos, destinados ou efetivamente usados em programas de habitação ou de regularização fundiária de interesse social desenvolvidos por órgão ou entidade da Administração Pública; e (ii) e bens imóveis comerciais de âmbito local, com área de até 250 m^2 (duzentos e cinquenta metros quadrados) e destinados a programas de regularização fundiária de interesse social desenvolvidos por órgão ou entidade da Administração Pública, conforme art. 76, inciso I, alíneas 'f' e 'g' da Nova Lei de Licitações.

Por fim, ressalta-se que, especificamente para imóveis da União, deve-se observar o Decreto-lei nº 9.760/1946, que apesar de não ter sido ressalvado expressamente como na Lei nº 8.666/1993, suas disposições devem ser seguidas, considerando tratar-se de lei especial que não foi revogada pela Nova Lei de Licitações.[31]

Conclusões

Diante do exposto, os arts. 40 a 51 da norma, que tratam de disposições setoriais das licitações, a exemplo das compras, das obras e serviços de

[31] Conforme art. 2º, §2º da LINDB a lei geral superveniente não revoga lei especial anterior: "§ 2º A lei nova, que estabeleça disposições gerais ou especiais a par das já existentes, não revoga nem modifica a lei anterior."

engenharia, dos serviços em geral e da locação de imóveis, incorporaram algumas práticas já utilizadas por alguns diplomas gerais de contratações específicas e endereçaram algumas questões que, no passado, foram controvertidas. A Nova Lei de Licitações, ao consolidar princípios constitucionais e administrativos para disciplinar essas questões, sinaliza ao gestor público a necessidade de se buscar contratações mais vantajosas, conferindo-lhe segurança para fazer escolhas mais eficientes.

Referências

ARAGÃO, Alexandre Santos de. O princípio da eficiência. Revista de Direito Administrativo, Rio de Janeiro, v. 237, p. 1-6, jul. 2004. ISSN 2238-5177. Disponível em: <https://bit.ly/3akHm0C>. Acesso em 17/05/2021.

COOTER, Robert; ULEN, Thomas. *Direito & Economia.* 5ª ed, Porto Alegre: Bookman Companhia Editora, 2010.

DI PIETRO, Maria Sylvia Zanella de. *Direito Administrativo.* 24ª ed., São Paulo: Atlas, 2011.

FURTADO, Lucas Rocha. *Curso de Direito Administrativo.* 3ª edição, Belo Horizonte: Fórum, 2012.

GASPARINI, Diógenes. *Direito Administrativo.* 9ª ed., São Paulo: Saraiva, 2004.

JUSTEN FILHO, Marçal. *Curso de direito administrativo.* 8ª edição, Belo Horizonte: Editora Fórum, 2012.

MEIRELLES, Hely Lopes. *Direito Administrativo Brasileiro.* 30ª ed., São Paulo: Malheiros.

NETO, Floriano de Azevedo Marques. Et al. *Respostas aos comentários tecidos pela Consultoria Jurídica do TCU ao PL nº 7.448/2017.* Disponível em: <https://bit.ly/3tryaPJ>. Acesso em 09/06/2021.

PINHEIRO, Armando Castelar; SADDI, Jairo. *Direito, economia e mercados.* Rio de Janeiro: Elsevier, 2005.

RIBEIRO, Maurício Portugal. *Concessões e PPP – Melhores práticas em licitações e contratos.* São Paulo: Atlas. 2011.

13. Licitações Internacionais na Lei n. 14.133/2021: Da Dispersão à Unificação Normativa

Leonardo de Camargo Subtil

Introdução

A presente contribuição científica "Licitações Internacionais na Lei n. 14.133/2021: Da Dispersão à Unificação Normativa" tem por objetivo geral estabelecer uma prévia e possível compreensão sobre a problemática das licitações internacionais na belíssima obra "Nova Lei de Licitação", publicada pela renomada Editora Almedina.

Em uma primeira parte destinada a compreender e a transitar pela chamada *gramática das licitações internacionais*, serão delineados os principais conceitos, fundamentos e características ao correto entendimento das tradições e do novo regime jurídico das Licitações no Brasil. Para tanto, serão realizadas apreciações analíticas do histórico conceitual das licitações internacionais, tanto no plano doutrinário-administrativista quanto na dogmática jurídica aplicável ao tema.

Na segunda parte, reservada a estudar e a esclarecer o conteúdo jurídico do novo marco regulatório das Licitações no Brasil, será traçado um paralelo normativo entre a Lei n. 14.133/2021 e a antiga Lei n. 8.666/1993, em suas principais manifestações relativas ao tema. Por meio de um critério lógico-sequencial de análise dos artigos da Nova Lei de Licitações, serão construídas aproximações e diferenciações quanto à disciplina dos conteúdos e à extensão das obrigações jurídicas presentes na Lei n. 14.133/2021 em comparação à Lei n. 8.666/1993.

Por fim, espera-se que a partir das duas principais reflexões a serem realizadas, será possível inferir o modelo transicional entre os marcos regulatórios envolvendo Licitações internacionais no Brasil, levando-se em consideração as categorias da dispersão e da unificação normativas.

1. Gramática das licitações internacionais: entre conceitos e características

A problemática das licitações internacionais pode ser lida, inicialmente, a partir de uma espécie de gramática constitutiva. Nela, os principais conceitos, fundamentos e características podem ser descritos e elaborados de modo a oferecer maior estabilidade e clareza no âmbito do regime jurídico das licitações internacionais. Logicamente, tal distinção conceitual residirá sobretudo, em um primeiro momento, no plano doutrinário – na disciplina rigorosa dos administrativistas – e, em um segundo momento, na dimensão da dogmática jurídica – no caso do tratamento jurídico-conceitual dado pela legislação aplicável ao tema.

No plano da doutrina jurídica brasileira, a disciplina conceitual dos administrativistas adota uma pluralidade de conceitos e características para delinear os contornos das licitações internacionais. Em síntese, diferentes padrões descritivos desenvolvidos por administrativistas brasileiros contemplam uma tentativa de melhor esclarecer o significado e as características das licitações internacionais.

Em viés reducionista, Celso Antônio Bandeira de Mello adota a perspectiva segundo a qual "*licitação internacional é aquela aberta à participação de empresas estrangeiras que não estejam em "funcionamento no país"*."[1]. De modo muito semelhante, Hely Lopes Meirelles sustenta que, em relação à concorrência internacional, "*[...] se permite a participação de firmas nacionais e estrangeiras, isoladamente ou em consórcio com empresas nacionais.*"[2]. Em tom crítico a este aparente reducionismo, Eros Grau entende que a licitação internacional, para além da abertura aos licitantes estrangeiros, assegura

[1] MELLO, Celso Antônio Bandeira de. *Curso de direito administrativo*. 21. ed. São Paulo: Malheiros, 2006. p. 546.

[2] MEIRELLES, Hely Lopes. *Direito administrativo brasileiro*. 42. ed. São Paulo: Malheiros, 2016. p. 389.

a própria publicidade do procedimento licitatório no exterior, com a finalidade de internacionalizar a disputa[3].

Em perspectiva mais ampla e genérica, para Maria Luiza Machado Granziera, pode-se falar em licitação internacional a partir de dois momentos distintos, em um mesmo procedimento administrativo. O primeiro momento refere-se ao exercício do poder discricionário em definir um objeto e em dar abertura a uma licitação pública. Já o segundo momento concerne à possibilidade de a Administração Pública contratar empresa estrangeira mediante um instrumento particular de contrato internacional, em decorrência do procedimento licitatório, desencadeado internamente[4].

Categorizando uma tentativa de conceituação das licitações internacionais, Rafael Wallbach Schwind preconiza que *"[...] as licitações internacionais podem ser definidas como sendo as licitações realizadas com recursos nacionais ou estrangeiros, expressamente abertas a licitantes estrangeiros, em regra sem a necessidade de autorização para funcionamento no Brasil, com a possibilidade de pagamento (ao estrangeiro) em moeda estrangeira."*[5].

Thiago Marrara e Carolina Silva Campos, de modo substancialmente analítico e rigoroso, entendem pela necessária diferenciação entre *licitação internacional* e *licitação realizada sob normas internacionais*[6]. De um lado, a *licitação realizada sob normas internacionais* concerne a procedimentos licitatórios executados por entidade brasileira federal, estadual ou municipal sob um regime jurídico diferenciado, pois composto parcialmente por normas e condições estabelecidas por organizações internacionais ou entidades externas. De outro, a *licitação internacional* configura procedimentos licitatórios marcados pelo objetivo de atrair licitantes brasileiros e estrangeiros, sendo assim, *"[d]eterminante para sua configuração é apenas o*

[3] GRAU, Eros Roberto. Concorrência, execução de serviços, empresa estrangeira, qualificação, irregularidade, proposta, preço, cotação, moeda estrangeira, impossibilidade. *Boletim de Licitações e Contratos*, v. 5, n. 11, p. 427-435, 1992. p. 427-428.

[4] GRANZIERA, Maria Luiza Machado. Licitações internacionais. *Revista da Faculdade de Direito de São Bernardo do Campo*, v. 4, 1998. p. 236.

[5] SCHWIND, Rafael Wallbach. *Licitações internacionais*: participação de estrangeiros e licitações realizadas com financiamento externo. 2. ed. Belo Horizonte: Editora Fórum, 2017. p. 38.

[6] MARRARA, Thiago; CAMPOS, Carolina Silva. Licitações internacionais: regime jurídico e óbices à abertura do mercado público brasileiro a empresas estrangeiras. *Revista de Direito Administrativo*, Rio de Janeiro, v. 275, p. 155-187, 2017. p. 159.

intuito de incentivar a competição pela presença de estrangeiros, sem prejuízo da participação de brasileiros."[7].

Por fim, no sentido da impossibilidade em ser estabelecido um conceito sobre licitações internacionais, Egon Bockmann Moreira, Bernardo Strobel Guimarães e Lino Torgal sustentam que "*[...] existe a possibilidade de se definir com razoável clareza o regime aplicável às empresas estrangeiras, sejam as que possuem autorização, sejam as que não possuem. A distinção de regimes que pode ser estabelecida diz respeito, precisamente, a essa circunstância.*"[8].

Na dimensão da dogmática jurídica, especificamente no que toca à definição de *licitação internacional*, há uma substantiva diferenciação normativa entre a obscuridade da Lei n. 8.666/1993 – e de outros instrumentos normativos subsequentes – e a maior clareza conceitual da Lei n. 14.133/2021.

Em primeiro lugar, a Lei n. 8.666/1993 não contemplou uma definição conceitual de licitação internacional, "*[...] tratando do tema com pouca sistematicidade, pois menciona as licitações internacionais de modo confuso e fragmentado no corpo de inúmeros dispositivos.*"[9]. Em segundo lugar, a disciplina do tema em uma intensa profusão e dispersão normativas pela antiga Lei n. 8.666/1993, a teor do artigo 3º, parágrafo 1º, inciso II, artigo 23, parágrafo 3º, artigo 32, parágrafos 4º e 6º, artigo 40, inciso IX, artigo 42, artigo 53, parágrafo 3º, e artigo 55, parágrafo 2º, clama por uma reunião e tentativa prévias de sistematização de tais dispositivos para um mínimo entendimento[10]. Por fim, o artigo 6º da Lei n. 8.666/1993, que continha as principais definições gerais básicas das licitações no Brasil,

[7] MARRARA, Thiago; CAMPOS, Carolina Silva. Licitações internacionais: regime jurídico e óbices à abertura do mercado público brasileiro a empresas estrangeiras. *Revista de Direito Administrativo,* Rio de Janeiro, v. 275, p. 155-187, 2017. p. 161.

[8] MOREIRA, Egon Bockmann; GUIMARÃES, Bernardo Strobel; TORGAL, Lino. Licitação internacional e empresa estrangeira: os cenários brasileiro e europeu. *Revista de Direito Administrativo,* Rio de Janeiro, v. 269, 2015. p. 94.

[9] MARRARA, Thiago; CAMPOS, Carolina Silva. Licitações internacionais: regime jurídico e óbices à abertura do mercado público brasileiro a empresas estrangeiras. *Revista de Direito Administrativo,* Rio de Janeiro, v. 275, p. 155-187, 2017. p. 158.

[10] MARRARA, Thiago; CAMPOS, Carolina Silva. Licitações internacionais: regime jurídico e óbices à abertura do mercado público brasileiro a empresas estrangeiras. *Revista de Direito Administrativo,* Rio de Janeiro, v. 275, p. 155-187, 2017. p. 159.

não definira a expressão *licitação internacional*[11], apesar de dela fazer uso, e de outras expressões tais como *concorrência de âmbito internacional* e *leilão internacional*[12].

Outros instrumentos normativos subsequentes à Lei n. 8.666/1993, tais como a revogada Lei n. 10.520/2002, que institui, no âmbito da União, Estados, Distrito Federal e Municípios, nos termos do art. 37, inciso XXI, da Constituição Federal, a modalidade de licitação denominada pregão, para aquisição de bens e serviços comuns, bem como os Decretos n. 3.555/2000 (pregão presencial) e n. 5.450/2005 (pregão eletrônico), revogado pelo Decreto 10.024/2019, não especificaram ou se utilizaram da expressão *licitação internacional*, disciplinando apenas a participação de empresas estrangeiras em pregões no Brasil[13].

Apesar dos atos normativos que, de algum modo ou extensão, dialogaram com a problemática das licitações internacionais, foi a Lei n. 11.732/2008 que definiu, no sistema normativo brasileiro, as licitações internacionais, em seu artigo 3º, especificamente para interpretação e aplicação da Lei n. 8.032/1990, na figura jurídica do *drawback*[14]: "*Art. 3º. Para efeito de interpretação do art. 5º da Lei no 8.032, de 12 de abril de 1990, licitação internacional é aquela promovida tanto por pessoas jurídicas de direito público como por pessoas jurídicas de direito privado do setor público e do setor privado*".

Ainda, conforme bem apontado por Rafael Wallbach Schwind, o *caput* do artigo 3º ainda foi complementado pelo parágrafo 1º do mesmo dispositivo, esclarecendo que, na licitação internacional, as pessoas jurídicas de

[11] MARRARA, Thiago; CAMPOS, Carolina Silva. Licitações internacionais: regime jurídico e óbices à abertura do mercado público brasileiro a empresas estrangeiras. *Revista de Direito Administrativo*, Rio de Janeiro, v. 275, p. 155-187, 2017. p. 159.

[12] SCHWIND, Rafael Wallbach. *Licitações internacionais*: participação de estrangeiros e licitações realizadas com financiamento externo. 2. ed. Belo Horizonte: Editora Fórum, 2017. p. 30.

[13] SCHWIND, Rafael Wallbach. *Licitações internacionais*: participação de estrangeiros e licitações realizadas com financiamento externo. 2. ed. Belo Horizonte: Editora Fórum, 2017. p. 31.

[14] Em síntese, "Drawback consiste em incentivo à exportação que permite eliminar os gravames tributários incidentes na importação de mercadorias, que tenham por objeto a utilização nas operações concernentes à fabricação, beneficiamento, acondicionamento ou complementação de produtos destinados à exportação. O incentivo colima diminuir o custo de produtos nacionais, para possibilitar que concorram com seus similares estrangeiros.". Ver: MELO, José Eduardo Soares de. *ICMS*: teoria e prática. 13. ed. Porto Alegre: Livraria do Advogado, 2016. p. 331.

direito público e as de direito privado do setor público deverão observar as normas e procedimentos previstos na legislação específica, e as pessoas jurídicas de direito privado do setor privado, as normas e procedimentos das entidades financiadoras[15].

Em momento posterior, o Decreto n. 6.702/2008, com a finalidade de regulamentar o artigo 3º da Lei n. 11.732/2008, tentou estabelecer um novo conceito de licitação internacional, em seu artigo 2º, segundo o qual:

> Considera-se licitação internacional, para efeito deste Decreto, o procedimento promovido por pessoas jurídicas de direito público e por pessoas jurídicas de direito privado do setor público e do setor privado, destinado à seleção da proposta mais vantajosa à contratante, observados os princípios da isonomia, da impessoalidade, da publicidade, da probidade, da vinculação ao instrumento convocatório, da ampla competição e do julgamento objetivo.

Igualmente, em seu artigo 3º, contemplou o que denominou de *requisitos* da licitação internacional, elencados em: (I) Obediência aos princípios previstos no art. 2º; (II) Existência de fases mínimas de abertura, recebimento de propostas, julgamento, declaração da proposta vencedora e celebração do contrato; (III) Publicidade do instrumento convocatório e do resultado final da licitação, com amplo acesso aos documentos respectivos pelas empresas participantes da licitação; e (IV) Instrução procedimental contendo: (a) Edital de abertura da licitação, com convite para participação no certame; (b) Instruções gerais aos licitantes acerca do procedimento a ser seguido, dos prazos correspondentes, da forma de apresentação e entrega das propostas, e das condições indispensáveis à contratação; (c) Especificação do objeto da contratação, com definição da natureza, quantidade, projetos e informações técnicas relevantes para sua execução; e, por fim, (d) Descrição dos critérios objetivos de julgamento.

Contudo, como pode ser observado *prima facie*, o conceito de licitação internacional dado pela Lei n. 11.732/2008 e especificado pelo Decreto n. 6.702/2008 restou controverso e incompleto em termos gerais[16]. Isso

[15] SCHWIND, Rafael Wallbach. *Licitações internacionais*: participação de estrangeiros e licitações realizadas com financiamento externo. 2. ed. Belo Horizonte: Editora Fórum, 2017. p. 31.

[16] MARRARA, Thiago; CAMPOS, Carolina Silva. Licitações internacionais: regime jurídico e óbices à abertura do mercado público brasileiro a empresas estrangeiras. *Revista de Direito Administrativo*, Rio de Janeiro, v. 275, p. 155-187, 2017. p. 161.

se dá em função de que as licitações internacionais descritas nestes instrumentos normativos são destinadas à aplicação concreta do *drawback* (I) e de que os elementos e requisitos mencionados poderiam ser aplicados indistintamente ainda a qualquer licitação nacional (II)[17].

A obscuridade normativa em relação às licitações internacionais, demonstrada sobretudo pela Lei n. 8.666/1993, pela Lei n. 10.520/2002, pela Lei n. 11.732/2008 e pelos Decretos regulamentadores, perde força com o advento da Lei n. 14.133/2021, ganhando novos contornos normativos. Em especial, pela edição do artigo 6º, inciso XXXV, que estabeleceu o seguinte conceito à referida expressão:

> XXXV – licitação internacional: licitação processada em território nacional na qual é admitida a participação de licitantes estrangeiros, com a possibilidade de cotação de preços em moeda estrangeira, ou licitação na qual o objeto contratual pode ou deve ser executado no todo ou em parte em território estrangeiro.

Segundo Marçal Justen Filho, o novo conceito trazido pela Lei n. 14.133/2021 insere-se na moldura a partir da qual a licitação internacional subordina-se a regime jurídico próprio, processado em território nacional, que pode envolver inclusive a ausência de aplicação de algumas regras previstas para as licitações nacionais[18].

Em um primeiro momento, esse regime jurídico próprio das licitações internacionais caracteriza-se não apenas pela simples admissão da participação de licitante estrangeiro, isto é, "*[c]omo regra, o licitante estrangeiro está autorizado a participar de qualquer licitação.*"[19]. A própria Instrução Normativa n. 10/2020, que altera a Instrução Normativa n. 3, de 26 de abril de 2018, estabelece regras de funcionamento do Sistema de Cadastramento Unificado de Fornecedores – SICAF, no âmbito do Poder Executivo Federal. Mais especificamente, altera a redação

[17] SCHWIND, Rafael Wallbach. *Licitações internacionais*: participação de estrangeiros e licitações realizadas com financiamento externo. 2. ed. Belo Horizonte: Editora Fórum, 2017. p. 32.

[18] JUSTEN FILHO, Marçal. *Comentários à lei de licitações e contratações administrativas* [livro eletrônico]. 1. ed. São Paulo: Thomson Reuters, 2021.

[19] JUSTEN FILHO, Marçal. *Comentários à lei de licitações e contratações administrativas.* [livro eletrônico]. 1. ed. São Paulo: Thomson Reuters, 2021.

do artigo 20-A, reconhecendo que as empresas estrangeiras que não funcionem no País, para participar dos procedimentos de licitação, dispensa, inexigibilidade e nos contratos administrativos, poderão se cadastrar no SICAF, mediante código identificador específico fornecido pelo sistema, mediante o cumprimento de uma série de condições específicas[20].

Em um segundo momento, como se pode observar no conceito trazido pelo inciso XXXV, do artigo 6º, da Lei n. 14.133/2021, a licitação internacional configura-se ainda pela previsão de formulação de propostas, cotação de preços e, eventualmente, de pagamento em moeda estrangeira. Em um terceiro e último momento, existe ainda a possibilidade de o objeto da licitação internacional ser executado, no todo ou em parte, em território estrangeiro[21].

Tal desenho das licitações internacionais trazido especialmente pelo artigo 6º, inciso XXXV, e pelo artigo 52 da Lei n. 14.133/2021, "*[...] se refletem sobre a modelagem da licitação e do contrato, que são configurados de modo a prever soluções para as hipóteses de licitantes oriundos do estrangeiro.*"[22]. Se estas modelagens das licitações internacionais se mostrarão harmônicas em relação à nova estrutura conceitual trazida pela Lei n. 14.133/2021, a transição e o amadurecimento do novo marco regulatório, enquanto prática social e institucional, poderá nos trazer novas pistas.

[20] Art. 20-A. I – os documentos exigidos para os níveis cadastrais de que trata o art. 6º poderão ser atendidos mediante documentos equivalentes, inicialmente apresentados com tradução livre; e II – para fins de assinatura do contrato ou da ata de registro de preços: a) os documentos de que trata o inciso I deverão ser traduzidos por tradutor juramentado no País e apostilados nos termos do disposto no Decreto nº 8.660, de 29 de janeiro de 2016, ou de outro que venha a substituí-lo, ou consularizados pelos respectivos consulados ou embaixadas; e b) deverão ter representante legal no Brasil com poderes expressos para receber citação e responder administrativa ou judicialmente.

[21] JUSTEN FILHO, Marçal. *Comentários à lei de licitações e contratações administrativas.* [livro eletrônico]. 1. ed. São Paulo: Thomson Reuters, 2021.

[22] JUSTEN FILHO, Marçal. *Comentários à lei de licitações e contratações administrativas.* [livro eletrônico]. 1. ed. São Paulo: Thomson Reuters, 2021.

2. Licitações internacionais e paralelo normativo entre a Lei n. 14.133/2021 e a antiga Lei n. 8.666/1993: entre dispersão e unificação normativas

As licitações internacionais, como observado no item anterior, sofreram substancial impacto em decorrência de um tratamento jurídico diferenciado dado pela Lei n. 14.133/2021. Pode-se dizer *prima facie* que haveria a transição de um modelo de dispersão e de ausência de sistematização, inscrito na antiga Lei n. 8.666/1993, a um modelo de unificação normativa e organização tipológica, ao mesmo tempo, com aproximações e diferenciações tanto na abrangência e na amplitude dos temas tratados (I), quanto na disciplina dos conteúdos abarcados normativamente, sobretudo em termos de obrigações jurídicas (II).

Com a finalidade de esboçar um possível paralelo normativo entre a Lei n. 14.133/2021 e a antiga Lei n. 8.666/1993, inserido em um conjunto de aproximações e de diferenciações em abrangência e em conteúdo, este item concentrará seus esforços no esclarecimento das principais modificações trazidas pela Nova Lei de Licitações em relação às licitações internacionais. Esta análise será realizada, por assim dizer, através de um critério sequencial dos artigos que disciplinam a matéria nas próprias Leis referidas, bem como das principais inovações abarcadas pelo novo marco legal das licitações no Brasil.

O primeiro ponto a ser analisado comporta uma similitude, com diferenças pontuais, justamente quanto ao âmbito de aplicação da Lei n. 14.133/2021, contida no artigo 1º, parágrafo 3º, em comparação ao artigo 42, parágrafo 5º, da antiga Lei n. 8.666/1993[23]. Nesta primeira observação, as principais inovações concernem ao fato de que nas contratações que

[23] Art. 42. [...] §5º Para a realização de obras, prestação de serviços ou aquisição de bens com recursos provenientes de financiamento ou doação oriundos de agência oficial de cooperação estrangeira ou organismo financeiro multilateral de que o Brasil seja parte, poderão ser admitidas, na respectiva licitação, as condições decorrentes de acordos, protocolos, convenções ou tratados internacionais aprovados pelo Congresso Nacional, bem como as normas e procedimentos daquelas entidades, inclusive quanto ao critério de seleção da proposta mais vantajosa para a administração, o qual poderá contemplar, além do preço, outros fatores de avaliação, desde que por elas exigidos para a obtenção do financiamento ou da doação, e que também não conflitem com o princípio do julgamento objetivo e sejam objeto de despacho motivado do órgão executor do contrato, despacho esse ratificado pela autoridade imediatamente superior.

envolvam recursos provenientes de empréstimo ou doação oriundos de agência oficial de cooperação estrangeira ou de organismo financeiro de que o Brasil seja parte, poderão ser admitidas:

> (I) Condições decorrentes de acordos internacionais aprovados pelo Congresso Nacional e ratificados pelo Presidente da República;
>
> (II) Condições peculiares à seleção e à contratação constantes de normas e procedimentos das agências ou dos organismos, desde que: a) Sejam exigidas para a obtenção do empréstimo ou doação; b) Não conflitem com os princípios constitucionais em vigor; c) Sejam indicadas no respectivo contrato de empréstimo ou doação e tenham sido objeto de parecer favorável do órgão jurídico do contratante do financiamento previamente à celebração do referido contrato.

Neste sentido, são dois âmbitos normativos de aplicação distintos estabelecidos pelo artigo 1º, parágrafo 3º da Lei n. 14.133/2021. O primeiro refere-se às condições decorrentes de tratados internacionais incorporados definitivamente à ordem jurídica brasileira. O segundo concerne às regras previstas em contratos de doação ou de financiamento concedidos por organismos financeiros estrangeiros. Em outras palavras, "*admite-se o afastamento das normas da Lei 14.133/2021. No entanto, trata-se de casos distintos.*"[24].

Em termos diferenciais, sem correspondência na antiga Lei n. 8.666/1993, o parágrafo 4º, do mesmo artigo 1º, da Lei n. 14.133/2021, inova ao dispor sobre o fato de que a documentação a ser encaminhada ao Senado Federal para autorização do empréstimo referido no parágrafo 3º deverá fazer referência às condições contratuais incidentes.

Por fim, o parágrafo 5º, do mesmo dispositivo legal, sem correspondência na antiga Lei de Licitações, estabelece que as contratações relativas à gestão, direta e indireta, das reservas internacionais do País, inclusive as de serviços conexos ou acessórios a essa atividade, serão disciplinadas em ato normativo próprio do Banco Central do Brasil, assegurada a observância dos princípios estabelecidos no *caput* do art. 37 da Constituição Federal. Sendo assim, "*[t]em sido reconhecida ao Banco Central*

[24] JUSTEN FILHO, Marçal. *Comentários à lei de licitações e contratações administrativas.* [livro eletrônico]. 1. ed. São Paulo: Thomson Reuters, 2021.

uma parcela muito significativa de autonomia em face do Poder Executivo. A regra constante do § 5.º do art. 1.º dá respaldo a uma atuação que tem sido desenvolvida ao longo do tempo, orientada por parâmetros técnicos e dissociada de conveniência política"[25].

O segundo ponto a ser observado consiste na definição de licitação internacional trazida pelo artigo 6º, inciso XXXV, da Lei n. 14.133/2021, que consiste justamente na licitação processada em território nacional na qual é admitida a participação de licitantes estrangeiros, com a possibilidade de cotação de preços em moeda estrangeira, ou licitação na qual o objeto contratual pode ou deve ser executado no todo ou em parte em território estrangeiro. Como se sabe, sem equivalência na Lei n. 8.666/1993.

O terceiro ponto a ser verificado reside na semelhança do artigo 9º, inciso II, da Lei n. 14.133/2021, ao artigo 3º, parágrafo 1º, inciso II, da Lei n. 8.666/1993[26]. Segundo o referido dispositivo do novo marco legal das licitações, é vedado ao agente público designado para atuar na área de licitações e contratos estabelecer tratamento diferenciado de natureza comercial, legal, trabalhista, previdenciária ou qualquer outra entre empresas brasileiras e estrangeiras, inclusive no que se refere à moeda, modalidade e local de pagamento, mesmo quando envolvido financiamento de agência internacional. Por fim, a vedação ao tratamento discriminatório de licitantes "*[...] envolve inclusive a adesão do Brasil ao Acordo de Compras Governamentais ("Government Procurement Agreement" – GPA) da Organização Mundial do Comércio – OMC.*"[27].

O quarto ponto a ser referenciado diz respeito à inovação trazida pela Lei n. 14.133/2021, no parágrafo 5º, do artigo 14, sem correspondência na antiga Lei n. 8.666/1993, determinando que em licitações e contratações realizadas no âmbito de projetos e programas parcialmente financiados

[25] JUSTEN FILHO, Marçal. *Comentários à lei de licitações e contratações administrativas.* [livro eletrônico]. 1. ed. São Paulo: Thomson Reuters, 2021.

[26] Art. 3º, §1º [...] II – estabelecer tratamento diferenciado de natureza comercial, legal, trabalhista, previdenciária ou qualquer outra, entre empresas brasileiras e estrangeiras, inclusive no que se refere a moeda, modalidade e local de pagamentos, mesmo quando envolvidos financiamentos de agências internacionais, ressalvado o disposto no parágrafo seguinte e no art. 3º da Lei nº 8.248, de 23 de outubro de 1991.

[27] JUSTEN FILHO, Marçal. *Comentários à lei de licitações e contratações administrativas.* [livro eletrônico]. 1. ed. São Paulo: Thomson Reuters, 2021.

por agência oficial de cooperação estrangeira ou por organismo financeiro internacional com recursos do financiamento ou da contrapartida nacional, não poderá participar pessoa física ou jurídica que integre o rol de pessoas sancionadas por essas entidades ou que seja declarada inidônea nos termos da Nova Lei de Licitações.

O quinto ponto a ser analisado consiste na semelhança contida tanto na antiga Lei n. 8.666/1993[28] quanto na Lei n. 14.133/2021, em seu artigo 26, parágrafo 1º, inciso III, no que diz respeito à *margem de preferência*[29]. Segundo este dispositivo, no processo de licitação, poderá ser estabelecida margem de preferência para (I) bens manufaturados e serviços nacionais que atendam a normas técnicas brasileiras e (II) bens reciclados, recicláveis ou biodegradáveis, conforme regulamento, podendo ser estendida a bens manufaturados e serviços originários de Estados Partes do Mercado Comum do Sul (Mercosul), desde que haja reciprocidade com o País, prevista em acordo internacional aprovado pelo Congresso Nacional e ratificado pelo Presidente da República.

Contudo, quanto à eficácia das soluções protetivas, "*[n]ão se admite a previsão de benefícios à indústria nacional mediante simples argumentação teórica. É imperiosa a existência de estudos concretos evidenciando a relação de causalidade entre as contratações públicas e a promoção dos resultados referidos.*[30]"

O sexto e mais importante ponto a ser destacado reside no Título II (Das Licitações), Capítulo II (Da Fase Preparatória), da Lei n. 14.133/2021, que criou a Subseção V sobre Licitações Internacionais, compreendendo o artigo 52. Mesmo que tal Seção não tenha tido correspondência na Lei n. 8.666/1993, o artigo 52 da Nova Lei de Licitações assemelha-se, em grande medida, ao artigo 42 da antiga Lei de Licitações, conforme quadro comparativo a seguir:

[28] Art. 3º [...] §10. A margem de preferência a que se refere o § 5º poderá ser estendida, total ou parcialmente, aos bens e serviços originários dos Estados Partes do Mercado Comum do Sul – Mercosul.

[29] GOMES, Magno Federici; PIGHINI Bráulio Chagas. Da margem de preferência nas licitações e empresas estrangeira. *Revista Direito, Estado e Sociedade*, n. 42, 2013. p. 24-48.

[30] JUSTEN FILHO, Marçal. *Comentários à lei de licitações e contratações administrativas*. [livro eletrônico]. 1. ed. São Paulo: Thomson Reuters, 2021.

Quadro comparativo sobre Licitações Internacionais	
Lei n. 14.133/2021	**Lei n. 8.666/1993**
Artigo 52. Nas licitações de âmbito internacional, o edital deverá ajustar-se às diretrizes da política monetária e do comércio exterior e atender às exigências dos órgãos competentes.	**Artigo 42.** Nas concorrências de âmbito internacional, o edital deverá ajustar-se às diretrizes da política monetária e do comércio exterior e atender às exigências dos órgãos competentes.
§ 1º Quando for permitido ao licitante estrangeiro cotar preço em moeda estrangeira, o licitante brasileiro igualmente poderá fazê-lo.	**§ 1º** Quando for permitido ao licitante estrangeiro cotar preço em moeda estrangeira, igualmente o poderá fazer o licitante brasileiro.
§ 2º O pagamento feito ao licitante brasileiro eventualmente contratado em virtude de licitação nas condições de que trata o § 1º deste artigo será efetuado em moeda corrente nacional.	**§ 2º** O pagamento feito ao licitante brasileiro eventualmente contratado em virtude da licitação de que trata o parágrafo anterior será efetuado em moeda brasileira, à taxa de câmbio vigente no dia útil imediatamente anterior à data do efetivo pagamento.
§ 3º As garantias de pagamento ao licitante brasileiro serão equivalentes àquelas oferecidas ao licitante estrangeiro.	**§ 3º** As garantias de pagamento ao licitante brasileiro serão equivalentes àquelas oferecidas ao licitante estrangeiro.
§ 4º Os gravames incidentes sobre os preços constarão do edital e serão definidos a partir de estimativas ou médias dos tributos.	**§ 4º** Para fins de julgamento da licitação, as propostas apresentadas por licitantes estrangeiros serão acrescidas dos gravames consequentes dos mesmos tributos que oneram exclusivamente os licitantes brasileiros quanto à operação final de venda.
§ 5º As propostas de todos os licitantes estarão sujeitas às mesmas regras e condições, na forma estabelecida no edital.	**§ 6º** As cotações de todos os licitantes serão para entrega no mesmo local de destino.

Sem correspondência específica na Lei n. 8.666/1993, o único item diferenciado do artigo 52, da Lei n. 14.133/2021, é o parágrafo 6º, segundo o qual observados os termos da Nova Lei de Licitações, o Edital não poderá prever condições de habilitação, classificação e julgamento que constituam barreiras de acesso ao licitante estrangeiro, admitida a previsão de margem de preferência para bens produzidos no País e serviços nacionais que atendam às normas técnicas brasileiras, na forma definida no artigo 26. Conforme Marçal Justen Filho, "*[o] §6.º consagra uma determinação extremamente relevante, que se relaciona diretamente à manifestação de intento do Brasil de acessar ao sistema do ACG (GPA).*[31]"

O sétimo ponto a ser sublinhado consiste na documentação para Habilitação, requisitada no artigo 70 da Lei n. 14.133/2021. Mais particularmente, o seu parágrafo único determina que as empresas estrangeiras que não funcionem no País deverão apresentar documentos equivalentes, na forma de regulamento emitido pelo Poder Executivo federal, ou seja, "*[o] parágrafo único reafirma a aplicação da lei do local da constituição da pessoa jurídica.*"[32]. De modo semelhante, ocorria com a exigência prevista no artigo 32, parágrafo 4º, da antiga Lei n. 8.666/1993[33].

O oitavo ponto a ser observado trata da hipótese de dispensa de licitação internacional, trazida pelo artigo 75, inciso IV, alínea "b", da Nova Lei de Licitações. Em especial, é dispensável a licitação para contratação que tenha por objeto bens, serviços, alienações ou obras, nos termos de acordo internacional específico aprovado pelo Congresso Nacional, quando as condições ofertadas forem manifestamente vantajosas para a Administração. Tal ponto praticamente não apresenta divergência com o inciso XIV, do artigo 24, da antiga Lei n. 8.666/1993[34], a não ser a

[31] JUSTEN FILHO, Marçal. *Comentários à lei de licitações e contratações administrativas.* [livro eletrônico]. 1. ed. São Paulo: Thomson Reuters, 2021.

[32] JUSTEN FILHO, Marçal. *Comentários à lei de licitações e contratações administrativas.* [livro eletrônico]. 1. ed. São Paulo: Thomson Reuters, 2021.

[33] Art. 32. [...] § 4º As empresas estrangeiras que não funcionem no País, tanto quanto possível, atenderão, nas licitações internacionais, às exigências dos parágrafos anteriores mediante documentos equivalentes, autenticados pelos respectivos consulados e traduzidos por tradutor juramentado, devendo ter representação legal no Brasil com poderes expressos para receber citação e responder administrativa ou judicialmente.

[34] Art. 24. É dispensável a licitação: XIV – para a aquisição de bens ou serviços nos termos de acordo internacional específico aprovado pelo Congresso Nacional, quando as condições ofertadas forem manifestamente vantajosas para o Poder Público.

referência expressa do novo dispositivo às *alienações* ou *obras*, para além de *bens* e *serviços*.

Interessante questão se coloca em relação à possibilidade jurídica, prevista e autorizada em tratado internacional, de dispensa de licitação para uma série indeterminada de contratações. Em princípio, tal possibilidade seria contemplada no plano normativo em função do provável status jurídico de lei ordinária em relação a um tratado internacional na matéria. Contudo, em decorrência de possível incompatibilidade de cláusulas previstas no tratado internacional com os princípios constitucionais, "*[h]averia grande risco de infração aos princípios da República, da soberania nacional e da isonomia.*"[35].

O nono e último ponto a ser referido consiste em que as licitações internacionais para a aquisição de bens e serviços, cujo pagamento seja feito com o produto de financiamento concedido por organismo financeiro internacional de que o Brasil faça parte ou por agência estrangeira de cooperação, dispensam cláusula que declare competente o foro da sede da Administração para dirimir qualquer questão contratual, em conformidade ao artigo 92, parágrafo 1º, inciso I, da Lei n. 14.133/2021. Tal entendimento se aproxima substantivamente da redação do artigo 32, parágrafo 6º, da Lei n. 8.666/1993[36].

Estes nove pontos, dentre outros que poderiam ter sido debatidos e discutidos, espelham um conjunto de aproximações e de diferenciações, em abrangência e em conteúdo, trazido pela Nova Lei de Licitações em relação às licitações internacionais, quando comparado ao antigo regime jurídico. Esse paralelo normativo entre a Lei n. 14.133/2021 e a antiga Lei n. 8.666/1993, ainda carente de substrato social e movimentação pública devido à proximidade temporal de edição do novo marco regulatório,

[35] JUSTEN FILHO, Marçal. *Comentários à lei de licitações e contratações administrativas*. [livro eletrônico]. 1. ed. São Paulo: Thomson Reuters, 2021.

[36] Art. 32. [...] § 6º O disposto no § 4º deste artigo, no § 1º do art. 33 e no § 2º do art. 55, não se aplica às licitações internacionais para a aquisição de bens e serviços cujo pagamento seja feito com o produto de financiamento concedido por organismo financeiro internacional de que o Brasil faça parte, ou por agência estrangeira de cooperação, nem nos casos de contratação com empresa estrangeira, para a compra de equipamentos fabricados e entregues no exterior, desde que para este caso tenha havido prévia autorização do Chefe do Poder Executivo, nem nos casos de aquisição de bens e serviços realizada por unidades administrativas com sede no exterior.

denota um movimento progressivo de unificação normativa e de organização tipológica no tratamento das licitações internacionais no Brasil.

Conclusões

Em um mundo marcado pela evolutiva interação do fluxo de pessoas, bens, serviços e mercadorias, e pelo incremento dos investimentos estrangeiros, a problemática do acesso aos mercados públicos, especialmente em países emergentes como o Brasil, desperta peculiar interesse dos atores negociais internacionais. Por assim dizer, a globalização da contratação pública espelha-se em novas formas jurídicas de ação e de atuação na relação público-privada[37], de modo a conferir maior lisura, flexibilidade e agilidade aos processos negociais internacionais.

A presente contribuição científica, inserida nesse movimento de abertura de oportunidades negociais estrangeiras ao Estado brasileiro, dedicou-se ao estudo das licitações internacionais a partir de duas dimensões.

Em uma primeira dimensão ligada ao estudo da chamada *gramática das licitações internacionais*, na busca por seus conceitos e características, concluiu-se que a delimitação conceitual e normativa das licitações internacionais, no caso brasileiro, passa, especialmente, pelo tratamento doutrinário-administrativista (I) e pelo papel decisivo da dogmática jurídica (II).

Em relação ao tratamento doutrinário-administrativista das licitações internacionais, foram diagnosticados diferentes padrões descritivos, que poderiam ser diferentemente caracterizados como: (a) Reducionista; (b) Crítico; (c) Genérico; (d) Categorizado; (e) Analítico; (f) Impreciso. Quanto ao papel decisivo da dogmática jurídica, observou-se uma substantiva evolução na clareza conceitual das licitações internacionais, que culmina na leitura mais cristalina do inciso XXXV, do artigo 6º, e do artigo 52, da Lei n. 14.133/2021.

Em uma segunda dimensão ligada ao chamado *paralelo normativo* estabelecido entre a Lei n. 14.133/2021 e a antiga Lei n. 8.666/1993, concluiu-se que houve *prima facie* uma transição – ao menos no plano

[37] VIANA, Cláudia. A globalização da contratação pública e o quadro jurídico internacional. *In*: GONÇALVES, Pedro (org.). *Estudos de contratação pública*. Coimbra: Coimbra Ed., 2008. p. 23.

conceitual – do que se poderia chamar de um *modelo de dispersão e de ausência de sistematização* a um *modelo de unificação normativa e organização tipológica*. Ainda, foram observadas inovações – pontuais ou substantivas – trazidas pela Nova Lei de Licitações nas seguintes matérias conexas às licitações internacionais: (a) Âmbito de aplicação; (b) Definição; (c) Vedação de tratamento diferenciado entre empresas brasileiras e estrangeiras por agentes públicos; (d) Vedação de participação de pessoas físicas ou jurídicas sancionadas ou inidôneas; (e) Margem de preferência; (f) Regime jurídico das licitações internacionais; (g) Documentação para habilitação; (h) Dispensa de licitação; e (i) Dispensa de cláusula de declaração de foro.

Espera-se que estas contribuições tragam maior organização e sistematização sobre tema tão interessante e complexo no sistema jurídico brasileiro, considerando as novas formas jurídicas que o direito administrativo assume frente à globalização dos mercados públicos e às interações do Estado brasileiro com empresas estrangeiras.

Referências

GOMES, Magno Federici; PIGHINI Bráulio Chagas. Da margem de preferência nas licitações e empresas estrangeira. *Revista Direito, Estado e Sociedade*, n. 42, 2013. p. 24-48.

GRANZIERA, Maria Luiza Machado. Licitações internacionais. *Revista da Faculdade de Direito de São Bernardo do Campo*, v. 4, 1998. p. 235-251.

GRAU, Eros Roberto. Concorrência, execução de serviços, empresa estrangeira, qualificação, irregularidade, proposta, preço, cotação, moeda estrangeira, impossibilidade. *Boletim de Licitações e Contratos*, v. 5, n. 11, 1992. p. 427-435.

JUSTEN FILHO, Marçal. *Comentários à lei de licitações e contratações administrativas* [livro eletrônico]. 1. ed. São Paulo: Thomson Reuters, 2021.

MARRARA, Thiago; CAMPOS, Carolina Silva. Licitações internacionais: regime jurídico e óbices à abertura do mercado público brasileiro a empresas estrangeiras. *Revista de Direito Administrativo*, Rio de Janeiro, v. 275, 2017. p. 155-187.

MEIRELLES, Lopes Hely. *Direito administrativo brasileiro*. 42. ed. São Paulo: Malheiros, 2016.

MELO, José Eduardo Soares de. *ICMS*: teoria e prática. 13. ed. Porto Alegre: Livraria do Advogado, 2016.

MELLO, Celso Antônio Bandeira de. *Curso de direito administrativo*. 21. ed. São Paulo: Malheiros, 2006.

MOREIRA, Egon Bockmann; GUIMARÃES, Bernardo Strobel; TORGAL, Lino. Licitação internacional e empresa estrangeira: os cenários brasileiro e europeu. *Revista de Direito Administrativo*, Rio de Janeiro, v. 269, 2015. p. 67-106.

SCHWIND, Rafael Wallbach. *Licitações internacionais*: participação de estrangeiros e licitações realizadas com financiamento externo. 2. ed. Belo Horizonte: Editora Fórum, 2017.

VIANA, Cláudia. A globalização da contratação pública e o quadro jurídico internacional. *In*: GONÇALVES, Pedro (org.). *Estudos de contratação pública*. Coimbra: Coimbra Ed., 2008. p. 23-49.

14.
Contratos Administrativos e as Prerrogativas da Administração Pública na Lei n. 14.133/2021

Licurgo Mourão

Ariane Shermam

Mariana Bueno

Introdução

Com a recente publicação da Lei n. 14.133, de 1º de abril de 2021, que vem sendo denominada de nova lei geral de licitações e contratos, surge a necessidade de verificar quais das recém-editadas disposições legais promovem efetivamente a mudança, com vistas ao aprimoramento da legislação anterior, no sentido da busca por contratações públicas mais efetivas e que de fato atendam aos interesses da coletividade.

Entre as previsões do novo diploma legal, serão enfocadas neste artigo aquelas relativas às chamadas cláusulas exorbitantes, conforme elencadas no art. 104 da Lei n. 14.133/2021. As referidas cláusulas traduzem as prerrogativas da Administração Pública, exercida sobre seus contratados, no âmbito dos contratos administrativos.

Embora, à primeira vista, a leitura tão somente do art. 104 da Lei n. 14.133/2021, em comparação com o art. 58 da Lei n. 8.666/1993, do qual constitui reprodução quase que literal, indique não ter havido qualquer alteração do regime legal de tratamento das cláusulas exorbitantes, uma interpretação sistemática da nova lei aponta para mudanças no regime geral de contratação, em um contexto que propicia mais diálogo e consensualidade.

Dessa forma, formula-se a hipótese de que um conjunto de dispositivos da Lei n. 14.133/2021, a exemplo daqueles que tratam da matriz de alocação de riscos, ao absorverem os influxos da jurisprudência e, sobretudo, da doutrina administrativista, rompem com uma visão estática sobre o papel da Administração nas contratações públicas, em favor de uma posição menos verticalizada e de maior proximidade entre o Estado e seus contratados.

Com base nessa premissa, partiu-se do estudo da doutrina clássica do direito administrativo sobre as cláusulas exorbitantes, a partir das lições de Maria Sylvia Zanella Di Pietro,[1] até a doutrina mais recente, formulada a propósito da lei publicada há pouco, a qual, diante de específicas alterações introduzidas no regime geral de contratação pública pela Lei n. 14.133/2021, ressalta o potencial da nova legislação para propiciar modelagens contratuais mais paritárias.[2]

Destaca-se nossa abordagem jurídico-dogmática, que considera o Direito com autossuficiência metodológica e trabalha com os elementos internos ao ordenamento jurídico, além de desenvolver investigações com vistas à compreensão das relações normativas e à avaliação das estruturas interiores ao ordenamento jurídico.[3] Por fim, considerando-se as técnicas de análise de conteúdo, foi realizada pesquisa teórica e qualitativa, baseada principalmente na análise de textos doutrinários do Direito e na legislação pertinente ao tema estudado.

1. Prerrogativas da Administração Pública nos contratos administrativos: percurso

Há muito se convencionou dizer, na doutrina e na jurisprudência administrativista, que as prerrogativas da Administração Pública exercidas no âmbito dos contratos administrativos estão traduzidas nas chamadas cláusulas exorbitantes.

Tratam as referidas cláusulas de poderes excepcionais, da competência do Estado contratante, a serem exercidos sobre os contratados; excepcionais na medida em que, em tese, não encontram paralelo no regime de

[1] DI PIETRO, Maria Sylvia Zanella. *Direito administrativo*. 33. ed. Rio de Janeiro: Forense, 2020.

[2] BINENBOJM, Gustavo; TOLEDO, Renato. *A exorbitância contratual na nova lei de licitações*. 2021. Disponível em: https://www.jota.info/coberturas-especiais/inova-e-acao/a-exorbitancia-contratual-na-nova-lei-de-licitacoes-26042021. Acesso em: 11 maio 2021.

[3] GUSTIN, Miracy Barbosa de Sousa; DIAS, Maria Tereza Fonseca; NICÁCIO, Camila Silva. *(Re)pensando a pesquisa jurídica*: teoria e prática. 5. ed. rev., ampl. e atual. São Paulo: Almedina, 2020.

contratação comum, ou de direito privado, sobretudo no que diz respeito às prerrogativas de modificar e rescindir, unilateralmente, os contratos.

No âmbito da Lei n. 8.666/1993, lei geral de licitação e contratos da Administração ainda em vigor, o art. 58 dispõe o rol das denominadas cláusulas exorbitantes, consubstanciadas nas já mencionadas prerrogativas de modificar e rescindir os contratos, unilateralmente, assim como de fiscalizar, aplicar sanções e de ocupar provisoriamente, visando acautelar a apuração administrativa de faltas contratuais, assim como na hipótese de rescisão do contrato.

Quando se passa ao exame da Lei n. 14.133, publicada em 1º de abril de 2021, a leitura tão somente do rol das prerrogativas exorbitantes da Administração Pública (art. 104) pode levar a crer que não houve qualquer mudança em relação à Lei n. 8.666/1993, fundada muitas vezes no exercício de poderes estatais sem paralelo no regime de contração comum.

Continuam previstas no art. 104 da Lei n. 14.133/2021, em reprodução quase literal do atual art. 58, as prerrogativas de modicar os contratos unilateralmente, de extingui-los (veja-se que não se usa mais o termo "rescindir"), também de forma unilateral, assim como de fiscalizar sua execução, de aplicar sanções motivadas pela inexecução parcial ou total do ajuste e de ocupar provisoriamente bens móveis e imóveis e utilizar pessoal e serviços vinculados ao objeto do contrato nas hipóteses de risco à prestação de serviços essenciais e de necessidade de acautelar a apuração administrativa de faltas contratuais.

Antes de prosseguir na análise, precisa ser mencionado o fato de que o art. 89 da Lei n. 14.133/2021 prevê expressamente que os contratos por ela regidos são regulados por suas cláusulas e pelos preceitos de direito público, disposição sem paralelo na Lei n. 8.666/1993. De acordo com a nova lei, aplicam-se também aos contratos administrativos, de forma supletiva, a teoria geral dos contratos e as disposições do direito privado.

Em que pese a quase literal reprodução dos dispositivos legais que tratam das prerrogativas exorbitantes, a interpretação sistemática nos leva a observar que um conjunto de dispositivos da Lei n. 14.133/2021 aponta na direção de uma relação menos desigual entre Estado e seus contratados, priorizando a busca de soluções consensuais. Esse assunto será tratado adiante. Por ora, entende-se que é relevante tratar do percurso, sobretudo doutrinário, que possibilitou o caminho para a mudança.

Retomam-se as ponderações da professora Maria Sylvia Zanella Di Pietro[4] sobre a doutrina segundo a qual sequer seria possível cogitar a existência da categoria jurídica dos contratos administrativos. No âmbito desses ajustes, devido à posição de supremacia ocupada pelo Estado, não seria possível se falar na observância dos princípios da igualdade entre as partes, da autonomia da vontade ou da força obrigatória das convenções, todas essas características dos "verdadeiros" contratos, a partir das concepções "emprestadas" do direito civil.

Os chamados contratos administrativos estariam cindidos em duas partes: uma composta pelas cláusulas regulamentares decorrentes de ato unilateral da Administração; a outra, efetivamente de natureza contratual, seria integrada pelas cláusulas econômicas, regidas pelo direito comum. Um dos expoentes dessa corrente foi o professor Oswaldo Aranha Bandeira de Mello.[5]

Prevaleceu o entendimento de que os contratos administrativos constituem uma espécie do gênero (ou categoria jurídica) dos contratos. Predominou a compreensão de que o conceito de contrato não é específico ou exclusivo do direito privado, devendo ser buscado na teoria geral do direito. Como gênero, a categoria dos contratos abrange os contratos de direito público, que, por sua vez, abarcam os contratos regidos, em maior ou menor grau, pelo direito administrativo.[6]

Justamente por compor uma categoria jurídica própria, os contratos administrativos apresentam diversas especificidades. As dimensões de um artigo são insuficientes para tratar de todas elas, por isso é importante concentrar naquilo que concerne às prerrogativas da Administração.

As prerrogativas são um reflexo da concepção de que o regime jurídico administrativo está fundado, entre outros, no princípio da supremacia do interesse público sobre o interesse privado. Esse princípio confere primazia à Administração na consecução dos interesses da coletividade e legitima que tais interesses se sobreponham aos interesses particulares. Dessa forma, as prerrogativas seriam instrumentos conferidos à Administração,

[4] DI PIETRO, Maria Sylvia Zanella. *Direito administrativo*. 33. ed. Rio de Janeiro: Forense, 2020. p. 290-291.

[5] Ibid., p. 291.

[6] DI PIETRO, Maria Sylvia Zanella. *Direito administrativo*. 33. ed. Rio de Janeiro: Forense, 2020. p. 292.

colocando-a em posição de destaque, a fim de melhor atingir os fins coletivos estabelecidos nas normas do sistema jurídico-constitucional.

No âmbito dos contratos administrativos, como já dito, as prerrogativas se traduzem nas chamadas cláusulas exorbitantes, que seriam aquelas que "não são comuns ou que são ilícitas nos contratos entre particulares, por encerrarem prerrogativas ou privilégios de uma das partes em relação à outra".[7]

A exorbitância deriva da circunstância de que tais cláusulas não seriam comuns nos contratos regidos pelo direito privado[8] por colocarem as partes em posição de desigualdade, em detrimento de um dos pilares da contratação sob esse regime, que é justamente a igualdade, pressuposta em lei.

Para Maria Sylvia Zanella Di Pietro, algumas dessas cláusulas exorbitantes são admitidas nos contratos de direito privado, desde que livremente pactuadas pelas partes, em observância ao princípio da autonomia da vontade, e desde que não haja ofensa à disposição expressa de lei.

Nesse ponto, vale retomar as lições de Agustín Gordillo,[9] que, ao distinguir entre contratos de direito civil e contratos administrativos, a partir da teoria clássica, destaca que a última categoria (a dos contratos administrativos) é caracterizada pela presença das cláusulas exorbitantes, as quais estão fora da órbita do direito privado, seja porque não seria usual convencioná-las nesse âmbito, seja porque seriam antijurídicas à luz das normas privatistas. Portanto, se a Administração inclui esse tipo de cláusula em um contrato que celebra, o que implica, por exemplo, a executoriedade direta de penalidades ao contratado, então, o contrato automaticamente estará submetido a um regime jurídico de direito público.

Por outro lado, voltando às considerações de Maria Sylvia Zanella Di Pietro sobre os caracteres de exorbitância no direito privado, vê-se que são exemplos as cláusulas que asseguram a uma das partes o poder de

[7] Ibid., p. 295.

[8] A propósito: "Neste caso é a cláusula exorbitante ou derrogatória do direito comum que constitui, pois, o critério decisivo do contrato administrativo." [...] "considera-se como tais as que, na prática, não são normais nas relações privadas, porque respondem a preocupações de interesse geral, estranhas aos particulares". (RIVERO, Jean. *Direito administrativo*. Coimbra: Livraria Almedina, 1981. p. 136).

[9] GORDILLO, Augustín. *Los contratos administrativos*. 1967. Disponível em: https://www.gordillo.com/pdf_tomo11/secc6/ca1.pdf. Acesso em: 15 jun. 2021.

alterar o contrato unilateralmente ou de, eventualmente, rescindi-lo, independentemente da vontade da outra parte e antes do prazo final estabelecido para o ajuste,[10] algo que se tornou comum, por exemplo, com a proliferação dos contratos de adesão no âmbito das relações de consumo.

Em certos casos, porém, a previsão dessas cláusulas em um contrato de direito privado acarretaria ilicitude, por conceder a uma das partes o "poder de império", de autoridade, do qual somente a Administração seria detentora, por envolver a autoexecutoriedade.[11] Como exemplo, citam-se as cláusulas que preveem a aplicação de sanções ou a responsabilização do contratado independentemente da intervenção do Poder Judiciário.

Importante destacar o entendimento, que se pode tomar como majoritário, de que as cláusulas exorbitantes existem implicitamente, ou seja, ainda que não previstas de forma expressa nos contratos administrativos elas subsistiriam, por serem "indispensáveis para assegurar a posição de supremacia do Poder Público sobre o contratado e a prevalência do interesse público sobre o particular".[12]

Essa compreensão tem sido cada vez mais relativizada por parte da doutrina, por diversos motivos, calcados, invariavelmente, no questionamento da necessidade quase que perene de a Administração exercer poder em todas as relações, contratuais ou não, que entabula com particulares. Tais críticas absorvem os questionamentos ao próprio princípio da supremacia do interesse público sobre o interesse privado, que não se sustentaria no Estado Democrático de Direito. Nesse contexto, emergem os autores que apresentam críticas à Lei n. 14.133/2021 pelo fato de ela não ter sido enfática ao romper com o modelo de tratamento legal das chamadas cláusulas exorbitantes previsto na Lei n. 8.666/1993.[13]

[10] DI PIETRO, Maria Sylvia Zanella. *Direito administrativo.* 33. ed. Rio de Janeiro: Forense, 2020. p. 295.

[11] Ibid., p. 295.

[12] Ibid., p. 296.

[13] Vide, a propósito, entre outros autores: OLIVEIRA, Rafael Carvalho Rezende. *Nova lei de licitações e contratos administrativos.* Rio de Janeiro: Forense, 2021; BINENBOJM, Gustavo. *A Lei nº 14.133/2021 e a segurança jurídica nos contratos administrativos.* 2021. Disponível em: https://www.jota.info/opiniao-e-analise/colunas/publicistas/a-lei-n-14-133-2021-e-a-seguranca-juridica-nos-contratos-administrativos-11052021; e GARCIA, Flávio Amaral. *Uma visão geral da Lei nº 14.133/2021*: avanços e omissões. 2021. Disponível em: https://www.zenite.blog.br/uma-visao-geral-da-lei-n-14-133-2021-avancos-e-omissoes/..

Antes mesmo da publicação da Lei n. 14.133/2021, Floriano de Azevedo Marques Neto já criticava o fato de que, embora a doutrina predominante tenha reconhecido a figura do contrato administrativo como uma espécie de contrato bilateral, esse reconhecimento veio acoplado à noção de que, mesmo na relação contratual, a Administração Pública conservaria sua posição sobranceira, superior e assimétrica.[14]

Para o autor,[15] tal concepção naturalizou a desigualdade das partes e as prerrogativas de intervenção unilateral da Administração sobre as condições pactuadas, as quais se traduzem nas cláusulas exorbitantes. Nesse sentido, no extremo, o contrato administrativo se converteria, enquanto fonte relativa de obrigações para a Administração, numa "pactuação provisória", cujo cumprimento se submeteria à permanente análise de conveniência e oportunidade pelo ente público, considerado guardião por excelência do interesse público.[16] Um exemplo dessa assimetria está nas restrições à aplicação da cláusula de exceção do contrato não cumprido, que, do rechaço inicial na doutrina, passou a ser prevista expressamente na Lei n. 8.666/1993 (art. 78, inciso XV), ainda assim, com a fixação de um prazo de 90 (noventa) dias após o qual se permite que o particular suspenda a execução de suas obrigações, quando a Administração deixa de pagar.

Uma evidência de que a Lei n. 14.133/2021 poderia ter rompido de forma mais ousada com os pressupostos que sustentam o exercício (em certos casos) indiscriminado das prerrogativas da Administração está na continuidade da previsão da exceção do contrato não cumprido, submetida a prazo, agora, de dois meses, a partir do qual se aperfeiçoa o direito do contratado à extinção do contrato (art. 137, §2º, IV). Esse assunto, por sua relevância, será retomado e aprofundado no segundo tópico deste artigo.

Cabe destacar novamente as considerações de Floriano de Azevedo Marques Neto, anteriores à Lei n. 14.333/2021: em que pese o contexto de desigualdade narrado, o autor visualiza mudanças na abordagem do tema "contrato administrativo", sobretudo com a busca pela superação

[14] MARQUES NETO, Floriano de Azevedo. Do contrato administrativo à administração contratual. *Revista do Advogado*, São Paulo, v. 107, p. 74-82, dez. 2009. p. 76.

[15] Ibid., p. 76.

[16] Ibid., p. 76.

de concepções autoritárias subjacentes à ideia de supremacia do interesse público e à teoria das cláusulas exorbitantes, quando manejada para subsidiar autoritarismos governamentais.[17]

Cita-se também Odete Medauar,[18] que, no mencionado cenário de mudanças, observa uma atenuação do agir unilateral e impositivo da Administração, em um pano de fundo de busca pela valorização da democracia no exercício do poder, com vistas ao diálogo, ao consenso, à negociação, ao acordo e à mediação. Esse contexto, em consonância com a visão da autora,[19] faz emergirem técnicas contratuais (denominadas consensuais ou convencionais) que desafiam as concepções tradicionais sobre o que são e, principalmente, como devem ser executados os contratos administrativos, assunto que será mais bem desenvolvido no terceiro tópico deste artigo, quando serão abordadas de modo mais específico as mudanças promovidas pela Lei n. 14.133/2021, nova lei geral de licitações e contratos.

2. As prerrogativas contratuais da Administração Pública na nova lei de licitações e contratos

Como mencionado no primeiro tópico, a Lei n. 14.133/2021 optou por manter a existência do regime contratual tradicional ao prever, em capítulo específico intitulado "Das prerrogativas da Administração", a lista das cláusulas exorbitantes consagradas pela Lei n. 8.666/1993 e pela doutrina administrativista.

Nesse sentido, o já citado art. 104 estabeleceu como prerrogativas da Administração a possibilidade de (a) modificação unilateral; (b) extinção unilateral; (c) fiscalização; (c) aplicação de sanções; (d) ocupação provisória de bens móveis e imóveis; e (e) utilização de pessoal e serviços vinculados ao objeto do contrato.

Em que pese a previsão de cláusulas que proporcionam posição de superioridade da Administração Pública no âmbito da relação contratual, a nova legislação, na esteira do regramento jurídico anterior, também

[17] MARQUES NETO, Floriano de Azevedo. Do contrato administrativo à administração contratual. *Revista do Advogado*, São Paulo, v. 107, p. 74-82, dez. 2009. p. 79.

[18] MEDAUAR, Odete. O florescimento de novas figuras contratuais. *Revista do Advogado*, São Paulo, v. 107, p. 150-154, dez. 2009. p. 152.

[19] Ibid., p. 152.

se incumbiu de limitar a existência das referidas cláusulas exorbitantes, estabelecendo condições e limites para sua aplicação, sobretudo ao considerar o direito constitucionalmente imposto de manutenção das condições efetivas da proposta (CRFB/88, art. 37, inciso XXI), prevendo que a alteração que acarrete os encargos do contratado deverá restabelecer, no mesmo termo aditivo, o equilíbrio econômico-financeiro inicial (Lei n. 14.133/2021, art. 130).

Já nesse aspecto, é possível verificar o olhar mais acurado do legislador para os direitos do contratado, ao impor que o reequilíbrio econômico-financeiro deve ser reestabelecido no mesmo termo aditivo de alteração contratual.

Para além das referidas cláusulas expressamente tratadas como prerrogativas contratuais, a Lei n. 14.133/2021 também estabeleceu, em dispositivos esparsos, a possibilidade de exigência de garantia (artigos 96 a 103) e de retenção de valores para fazer face aos prejuízos causados à Administração (art. 139, IV).

Impende destacar, mais uma vez, que a nova legislação manteve a restrição à oposição da exceção do contrato não cumprido (art. 137, IV), previsão que possibilita o atraso no pagamento devido ao contratado. Nos contratos regidos precipuamente pelo direito civil, um contratante pode se recusar a cumprir sua obrigação em razão de o outro contratante não ter cumprido a obrigação que lhe cabia; é o que prevê o art. 476 do Código Civil (Lei n. 10.406/2002), segundo o qual "nos contratos bilaterais, nenhum dos contratantes, antes de cumprida a sua obrigação, pode exigir o implemento da do outro".

No âmbito dos contratos administrativos, já se ressaltou que a doutrina tradicional entendia pela impossibilidade de utilização da referida cláusula, considerando-se a necessidade de continuidade dos serviços públicos, que imporia ao particular o dever de continuar executando seus encargos, ainda que a Administração Pública se mostrasse inadimplente.

Com a Lei n. 8.666/1993, a oposição ao contrato não cumprido foi positivada no âmbito dos contratos administrativos, mediante a possibilidade de atraso no pagamento por 90 (noventa) dias. A partir desse prazo, a Administração se constituía em mora, dando azo ao pleito de rescisão contratual.

Apesar das críticas tecidas ao longo dos anos acerca da utilização indiscriminada do dispositivo, o qual deveria ser utilizado pela Administração apenas em casos excepcionais,[20] elevando os custos das contratações públicas e facilitando a corrupção[21], a Lei n. 14.133/2021 optou por manter a regra, embora reduzindo o ônus para o contratante, que deve suportar o atraso no pagamento por dois meses, prevendo um marco inicial para a contagem do prazo, nos seguintes termos:

> Art. 137. Constituirão motivos para extinção do contrato, a qual deverá ser formalmente motivada nos autos do processo, assegurados o contraditório e a ampla defesa, as seguintes situações: [...]
>
> § 2º O contratado terá direito à extinção do contrato nas seguintes hipóteses: [...]
>
> IV – atraso superior a 2 (dois) meses, contado da emissão da nota fiscal, dos pagamentos ou de parcelas de pagamentos devidos pela Administração por despesas de obras, serviços ou fornecimentos; [...]

O parágrafo terceiro do referido dispositivo impede a utilização da exceção ao contrato não cumprido em caso de calamidade pública, de grave perturbação da ordem interna ou de guerra e, ainda, nos casos que decorram da atuação ou contribuição do contratado. Além disso, o dispositivo deixa expressa a possibilidade de que o contratado opte pela suspensão do cumprimento das obrigações assumidas até que a situação seja normalizada, com o consequente equilíbrio econômico-financeiro da avença, de forma que não haja necessidade da medida extrema de extinção do contrato.

[20] Na tentativa de reduzir a prática do atraso dos pagamentos e de suspensão dos contratos administrativos por falta de verbas, foi previsto no Projeto da Nova Lei de Licitações o art. 115, § 2º, segundo o qual a expedição de ordem de serviço para execução de cada etapa deveria ser precedida de depósito do valor para custear as despesas em conta vinculada. Ocorre que referido dispositivo foi vetado pelo Presidente da República.

[21] Nesse sentido, leciona Joel de Menezes Niebuhr que "outro efeito extremamente negativo do inadimplemento da Administração é a corrupção. O inadimplemento força muitas empresas privadas, ainda que a contragosto, a oferecer propinas às autoridades responsáveis pelos pagamentos, criando espécie de padrão de comportamento, de certa forma arraigado em boa parte da Administração, como demonstram os escândalos de corrupção noticiados diariamente pela imprensa". (NIEBUHR, Joel Menezes. *O que fazer diante do inadimplemento da Administração Pública?* 2016. Disponível em: http://www.direitodoestado.com.br/colunistas/joel-de-menezes-niebuhr/o-que-fazer-diante-do-inadimplemento-da-administracao-publica. Acesso em: 11 maio 2021).

Ainda sobre o tema, importante destacar que a novel legislação não se desincumbiu de esclarecer situação controvertida acerca da possibilidade de o particular exercer diretamente seu direito de suspender a execução do contrato sem prévia autorização judicial ou da própria Administração.

A interpretação dos dispositivos legais que melhor se coaduna com o princípio da segurança jurídica é no sentido de se conferir ao contratado, decorrido o período previsto em lei, o direito de suspender a execução contratual, independentemente de autorização expressa, apenas com a comunicação, à Administração Pública, da paralisação das suas atividades.

Sobre o tema, o Superior Tribunal de Justiça (STJ) já se posicionou no sentido de que, nos casos nos quais a Administração deixa de efetuar o pagamento por período superior ao previsto na legislação, "pode o contratado, licitamente, suspender a execução do contrato, sendo desnecessária, nessa hipótese, a tutela jurisdicional".[22] Consolidando referido entendimento, foi aprovado o seguinte enunciado, na I Jornada de Direito Administrativo realizada pelo STJ e pelo Centro de Estudos Judiciários do Conselho da Justiça Federal:

> Enunciado 6 – O atraso superior a 90 (noventa) dias dos pagamentos devidos pela Administração Pública autoriza o contratado a suspender o cumprimento de suas obrigações até que seja normalizada a situação, mesmo sem provimento jurisdicional.[23]

Obviamente que a orientação dada pelo enunciado deverá ser adaptada ao novo prazo de dois meses previsto pela Lei n. 14.133/2021.

Ainda, no tocante à exceção do contrato não cumprido, José dos Santos Carvalho Filho defende que, mesmo dentro do período estipulado pela legislação, em casos especiais nos quais o atraso do pagamento impediria a continuidade da execução contratual, o contratado poderia acionar

[22] STJ. Recurso Especial n. 910.802/RJ. Segunda Turma. Relatora: Ministra Eliana Calmon. Publicação: DJe 06/08/2008.

[23] CONSELHO DA JUSTIÇA FEDERAL. JORNADA DE DIREITO ADMINISTRATIVO, 1. *Enunciados aprovados*. 2020. Disponível em: https://www.cjf.jus.br/cjf/corregedoria-da-justica-federal/centro-de-estudos-judiciarios-1/publicacoes-1/cjf/corregedoria-da-justica-federal/centro-de-estudos-judiciarios-1/publicacoes-1/Jornada%20de%20Direito%20Administrativo%20-%20Enunciados%20aprovados/?_authenticator=f147b8888b42ee73c25f9f3ea6258093fadd0b5a. Acesso em: 14 jun. 2021.

o poder judiciário objetivando suspender a execução contratual. Para o autor, caso contrário, admitir-se-ia "a ruína do contratado por falta contratual imputada à outra parte, o que parece ser inteiramente iníquo e injurídico".[24]

3. O regime jurídico incidente aos contratos administrativos e a mitigação da posição de superioridade na Lei n. 14.133/2021

Há quem entenda que a nova lei de licitações e contratos, embora tenha avançado em diversos aspectos, deixou escapar oportunidade relevante para modernizar o regime jurídico incidente nos contratos administrativos, sobretudo diante do custo indireto que as cláusulas exorbitantes agregam aos contratos e da necessidade de adequação das cláusulas contratuais às especificidades de cada caso concreto. Nesse sentido, Rafael Carvalho Rezende Oliveira sustenta que

> [...] o legislador perdeu uma oportunidade de avançar no tratamento e na relativização das cláusulas exorbitantes. Ao contrário do entendimento convencional majoritário, que definem as cláusulas exorbitantes como inerentes aos contratos administrativos, ainda que não haja previsão contratual, sustentamos a implementação das referidas cláusulas dependeria de expressão previsão contratual e de análise motivada por parte da Administração Pública.[25]

Embora a princípio as cláusulas exorbitantes sejam estabelecidas para realizar o interesse público por meio das contratações, verifica-se que, na prática, referidas previsões podem ocasionar consequências indesejáveis, tais como: (a) contratos mais onerosos para a Administração; (b) estímulo à ineficiência da Administração na fase de planejamento, diante das facilidades em alterar os contratos celebrados; (c) legitimação de práticas autoritárias dos agentes públicos; e (d) facilitação de comportamentos ímprobos na execução dos contratos.[26]

[24] CARVALHO FILHO, José dos Santos. *Manual de direito administrativo*. São Paulo: Atlas, 2012. p. 196.

[25] OLIVEIRA, Rafael Carvalho Rezende. *Nova lei de licitações e contratos administrativos*. Rio de Janeiro: Forense, 2021. p. 508.

[26] "Pode, por exemplo, o administrador ímprobo ofertar favores ou mesmo fazer ameaças ao particular contratado, em troca de vantagens pessoais indevidas, manejando seus poderes

Dessa forma, parte da doutrina administrativista defende a previsão de maior flexibilidade[27] para que o gestor possa acordar as prerrogativas incidentes a cada caso concreto, reconhecendo-se a ineficiência do modelo tradicional dos contratos administrativos, que "não mais é apto a resolver a complexidade do fenômeno contratual vivido pela Administração."[28]

Ao tratar sobre a temática dos contratos administrativos, Floriano de Azevedo Marques Neto mencionou a "maldição do regime único", que pretende dar tratamento isonômico às compras governamentais extremamente diversificadas, tornando todas as relações de que participa o Estado marcadas pelo poder extroverso, desde um contrato de fornecimento de água mineral até a delegação de um serviço público.[29]

Em que pese a timidez na alteração das prerrogativas previstas na Lei n. 8.666/1993, necessário reconhecer que a Lei n. 14.133/2021 adotou, em certa medida, o movimento vivido pela Administração Pública de transição da posição autoritária e de superação da visão do particular

de ação contratual unilateral. Ao mesmo resultado se chega na situação em que o particular contratado propõe ao administrador ímprobo alguma modificação no contrato no exclusivo interesse privado e em detrimento do interesse público — como, por exemplo, muitas vezes se verifica em obras, nas quais nem bem começa a executar o contrato, o particular contratado já procura a Administração para renegociar aspectos de sua execução." (ALMEIDA, Fernando Dias Menezes de. Contrato administrativo no Brasil: aspectos críticos da teoria e da prática. *Revista de Contratos Públicos - RCP*, Belo Horizonte, ano 1, n. 1, p. 125-139, mar./ago. 2012.).

27 "A conciliação necessária, para superar as antigas desvantagens, que tanto encarecem a Administração Pública e favorecem a corrupção em larga escala, de modo a fazê-la enveredar por esses novos promissores caminhos, está, pois, na flexibilização, já que, ante a imensa diversidade de contratos possíveis que são firmados nos inúmeros setores de atividade da Administração Pública, não é lógico que o administrador público permaneça jungido a comandos excessivamente padronizados que, sobre serem em grande parte anacrônicos, e, desde logo, por serem muito gerais, não admitem a necessária modulação para atender às miríades de circunstâncias próprias de cada contratação." (MOREIRA NETO, Diogo de Figueiredo. O futuro das cláusulas exorbitantes nos contratos administrativos. *In*: ARAGÃO, Alexandre Santos de; MARQUES NETO, Floriano de Azevedo (Coord.). *Direito administrativo e seus novos paradigmas*. Belo Horizonte: Fórum, 2017. p. 556.).

28 ALMEIDA, Fernando Dias Menezes de. Contrato administrativo no Brasil: aspectos críticos da teoria e da prática. *Revista de Contratos Públicos - RCP*, Belo Horizonte, ano 1, n. 1, p. 125-139, mar./ago. 2012.

29 MARQUES NETO, Floriano Peixoto de Azevedo Do contrato administrativo à administração contratual. *Revista do Advogado*, São Paulo, v. 107, p. 74-82, 2009. p. 78.

como adversário, buscando implementar uma atuação mais consensual e harmônica.

Assim, ainda que a lista dos privilégios da Administração Pública tenha sido mantida sem alterações disruptivas, é possível verificar, pela análise do conjunto das disposições da nova legislação, a alteração do regime geral incidente às contratações para um modelo mais horizontal de contratação, que busca trazer segurança jurídica ao contratado e sanar alguns desvios observados pela experiência nas contratações.

Dentre os dispositivos preocupados em trazer maior segurança jurídica aos contratos administrativos e, consequentemente, aos particulares contratantes, está a possibilidade de previsão, no edital, de matriz de alocação de riscos (art. 22), obrigatória para obras e serviços de grande vulto[30] e para os regimes de contratação integrada e semi-integrada (art. 22, §3º). Ao tratar da formalização dos contratos, a Lei n. 14.133/2021 também prevê a previsão de cláusula de matriz de risco, quando for o caso (art. 92, IX), e disciplina a alocação de riscos no art. 103, determinando sua atribuição à parte com maior capacidade para gerenciá-lo.

Observa-se que a matriz de riscos não é novidade no ordenamento jurídico brasileiro, uma vez que já estava prevista na lei das parcerias público-privadas – Lei n. 11.079/2004, na lei do regime diferenciado de contratações públicas – Lei n. 12.462/2011, e na lei das estatais – Lei n. 13.303/2016; mas há um avanço na sua previsão para as contratações de modo geral, com o reconhecimento da "legitimidade da assunção efetiva de obrigações e riscos pela Administração Pública, seja ela integral ou compartilhada, podendo impulsionar desenhos contratuais mais paritários."[31]

Sabe-se que alocação eficiente dos riscos contratuais impacta no sucesso da execução contratual e reduz os custos de transação dos contratos. Nesse sentido, lecionam Flávio Amaral Garcia e Egon Bockmann Moreira que:

[30] Art. 6º. Para os fins desta Lei, consideram-se: [...] XXII – obras, serviços e fornecimentos de grande vulto: aqueles cujo valor estimado supera R$ 200.000.000,00 (duzentos milhões de reais).

[31] BINENBOJM, Gustavo; TOLEDO, Renato. *A exorbitância contratual na nova lei de licitações*. 2021. Disponível em: https://www.jota.info/coberturas-especiais/inova-e-acao/a-exorbitancia-contratual-na-nova-lei-de-licitacoes-26042021. Acesso em: 11 maio 2021.

A definição dos riscos contratuais *ex ante* e respectiva distribuição expressa às partes permite que se tenha mais clareza na futura execução do contrato e respectivas soluções se e quando este ou aquele risco se concretizar. Autoriza o contingenciamento de recursos e confere eficácia à solução dos eventuais desequilíbrios. Inibe, portanto, custos extraordinários em razão de surpresas e esvazia os litígios, tornando harmoniosa a relação entre as partes. Ao antecipar e predefinir, transforma custos e esforços presentes em vantagens futuras."[32]

Além de trazer a matriz de risco para as contratações públicas em geral, a Lei n. 14.133/2021 também previu mecanismos que possibilitam a consensualidade na estipulação das cláusulas contratuais, reconhecendo a relevância da participação privada no momento de planejamento e elaboração das contratações administrativas, com a previsão, tanto de procedimento prévio à licitação (procedimento de manifestação de interesse[33] – art. 81), quanto de modalidade licitatória (diálogo competitivo – art. 32), que permitem a interface com o setor privado no momento de estruturação da contratação.

Outro ponto de alteração na legislação que demonstra a mitigação da posição de superioridade da Administração Pública é a previsão de ferramentas de gestão contratual tais como a previsão de prazo para manifestação da Administração após solicitação do contratado e de parâmetros objetivos para suspensão dos contratos, que trazem mais previsibilidade ao particular contratado.

[32] GARCIA, Flavio Amaral; MOREIRA, Egon Bockmann. O projeto da nova lei de licitações brasileira e alguns de seus desafios. *Revista de Contratos Públicos*. Coimbra: Almedina, n. 21, set. 2019.

[33] "Ao contrário da Lei 8.666/93, elaborada em um cenário de extrema desconfiança em relação à participação da iniciativa privada no planejamento das contratações públicas, a Lei 14.133/2021, Nova Lei de Licitações e Contratos, reconhece que os privados podem agregar informações úteis à produção de atos convocatórios e seus anexos e prevê, em âmbito nacional, para licitações e contratos em geral, a utilização do procedimento de manifestação de interesse – PMI, instrumento que surgiu na Lei 8.987/95, como se verá a seguir." (FORTINI, Cristiana; RESENDE, Mariana Bueno. A nova lei de licitações e contratos e a ampliação da utilização do procedimento de manifestação de interesse. *In:* VARESCHINI, Julieta Mendes Lopes (Coord.). *Diálogos sobre a nova lei de licitações e contratações – Lei 14.133/2021* [livro eletrônico]. Pinhais: Editora JML, 2021).

Ao tratar das cláusulas necessárias aos contratos, a lei prevê a obrigatoriedade de estipulação de prazo de resposta para o pedido de repactuação (art. 92, X) e de restabelecimento do equilíbrio econômico-financeiro (art. 92, XI), além de estabelecer que nos contratos para serviços contínuos com regime de dedicação exclusiva de mão de obra ou com predominância de mão de obra, o prazo para resposta ao pedido de repactuação de preços será preferencialmente de um mês (art. 92, §6º).

A lei determina como dever da Administração a manifestação explícita sobre todas as solicitações e reclamações relacionadas à execução dos contratos, ressalvados os requerimentos manifestamente impertinentes, meramente protelatórios ou de nenhum interesse para a boa execução do contrato (art. 123). Para tanto, a legislação prevê o prazo de um mês para que a Administração decida, admitida prorrogação motivada por igual período, caso cláusula contratual não estabeleça prazo específico.

A Lei n. 14.133/2021 também traz parâmetros para suspensão dos contratos administrativos nos casos discriminados no art. 147,[34] ressaltando a necessidade de compatibilidade com o interesse público, o que acaba por impor o dever de motivação às decisões estatais.[35] No mesmo

[34] "Art. 147. Constatada irregularidade no procedimento licitatório ou na execução contratual, caso não seja possível o saneamento, a decisão sobre a suspensão da execução ou sobre a declaração de nulidade do contrato somente será adotada na hipótese em que se revelar medida de interesse público, com avaliação, entre outros, dos seguintes aspectos: I – impactos econômicos e financeiros decorrentes do atraso na fruição dos benefícios do objeto do contrato; II – riscos sociais, ambientais e à segurança da população local decorrentes do atraso na fruição dos benefícios do objeto do contrato; III – motivação social e ambiental do contrato; IV – custo da deterioração ou da perda das parcelas executadas; V – despesa necessária à preservação das instalações e dos serviços já executados; VI – despesa inerente à desmobilização e ao posterior retorno às atividades; VII – medidas efetivamente adotadas pelo titular do órgão ou entidade para o saneamento dos indícios de irregularidades apontados; VIII – custo total e estágio de execução física e financeira dos contratos, dos convênios, das obras ou das parcelas envolvidas; IX – fechamento de postos de trabalho diretos e indiretos em razão da paralisação; X – custo para realização de nova licitação ou celebração de novo contrato; XI – custo de oportunidade do capital durante o período de paralisação."

[35] Sobre o referido dispositivo, Flávio Amaral Garcia e Egon Bockmann Moreira asseveram que "o problema das obras públicas paralisadas no país é, de fato, uma das maiores preocupações identificadas no PL, o que se justifica pelo gravíssimo prejuízo aos cofres públicos e pela frustração das legítimas expectativas da sociedade. Por isso que o PL cria determinados parâmetros e condicionantes que devem nortear a decisão do gestor em suspender a execução do contrato." (GARCIA, Flavio Amaral; MOREIRA, Egon Bockmann. O projeto da nova

sentido, o art. 115, §1º, proíbe o retardamento imotivado da execução da obra ou serviço, inclusive na hipótese de posse do respectivo chefe do Poder Executivo ou de novo titular no órgão ou entidade contratante.

A tendência de maior diálogo nas contratações públicas no novo regramento jurídico é percebida pela previsão expressa da resolução extrajudicial de conflitos, trazendo rol exemplificativo consistente na conciliação, mediação, comitê de resolução de disputas e arbitragem (arts. 151/154) e pela possibilidade da decisão consensual pela extinção do contrato por meio da utilização de referidos instrumentos (art. 138, II).

Conclusões

A Lei n. 14.133/2021 seguiu o posicionamento doutrinário tradicional ao prever, assim como a Lei n. 8.666/1993, o rol das prerrogativas da Administração no âmbito dos contratos por ela celebrados, o que, a princípio, poderia levar à conclusão de que não houve alterações no regime jurídico incidente às contratações públicas.

No entanto, a interpretação sistemática da nova legislação demonstra que houve avanço na temática, seguindo a tendência da Administração Pública atual de atuação menos verticalizada, buscando-se maior segurança jurídica ao particular nos vínculos estabelecidos com o Poder Público.

A Lei n. 14.133/2021 dispôs, entre outros aspectos, sobre a possibilidade de alocação de riscos, participação privada na modelagem da contratação, ferramentas de gestão contratual e mecanismos de resolução consensual de conflitos, além de reduzir o prazo para utilização da exceção do contrato não cumprido para 60 (sessenta) dias, o que torna menos gravoso o ônus suportado pelo contratado.

Conquanto sejam relevantes as mudanças promovidas ao regime jurídico incidente nas contratações, impende salientar que a alteração deve ser acompanhada da adequação da cultura administrativa[36] acerca da visão

lei de licitações brasileira e alguns de seus desafios. *Revista de Contratos Públicos*. Coimbra: Almedina, n. 21, set. 2019.).

[36] No mesmo sentido de que os problemas atinentes à atuação da Administração Pública por meio das cláusulas exorbitantes não é uma questão apenas de previsão legislativa, Thiago Marrara dispõe que "as pretensas vantagens e desvantagens das cláusulas exorbitantes na gestão de contratos (e.g., proteção do interesse público primário ou, de outro lado, o aumento de custos estatais e de abusos de poder) não podem ser pensadas sem a contextualização do

de que os interesses da Administração Pública e do contratado não são eminentemente antagônicos, com o entendimento de que as prerrogativas contratuais incidentes sobre as contratações públicas devem ser utilizadas apenas na medida da satisfação do interesse público, enfatizando-se seu caráter instrumental e a observância aos direitos fundamentais dos particulares.

Referências

ALMEIDA, Fernando Dias Menezes de. Contrato administrativo no Brasil: aspectos críticos da teoria e da prática. *Revista de Contratos Públicos – RCP*, Belo Horizonte, ano 1, n. 1, p. 125-139, mar./ago. 2012.

BINENBOJM, Gustavo. *A Lei nº 14.133/2021 e a segurança jurídica nos contratos administrativos*. 2021. Disponível em: https://www.jota.info/opiniao-e-analise/colunas/publicistas/a-lei-n-14-133-2021-e-a-seguranca-juridica-nos-contratos-administrativos-11052021. Acesso em: 14 jun. 2021.

BINENBOJM, Gustavo; TOLEDO, Renato. *A exorbitância contratual na Nova Lei de Licitações*. 2021. Disponível em: https://www.jota.info/coberturas-especiais/inova-e-acao/a-exorbitancia-contratual-na-nova-lei-de-licitacoes-26042021. Acesso em: 11 maio 2021.

CARVALHO FILHO, José dos Santos. *Manual de direito administrativo*. São Paulo: Atlas, 2012.

DI PIETRO, Maria Sylvia Zanella. *Direito administrativo*. 33. ed. Rio de Janeiro: Forense, 2020. p. 290-291.

FORTINI, Cristiana; RESENDE, Mariana Bueno. A nova lei de licitações e contratos e a ampliação da utilização do procedimento de manifestação de interesse. *In:* VARESCHINI, Julieta Mendes Lopes (Coord.). *Diálogos sobre a nova lei de licitações e contratações – Lei 14.133/2021* [livro eletrônico]. Pinhais: Editora JML, 2021.

problema à luz da gestão pública brasileira. E isso equivale a dizer que, hipoteticamente, os problemas que os juristas vinculam à existência de cláusulas exorbitantes podem não decorrer integralmente de uma norma jurídica que as reconhece (seja na Lei de Licitações, seja em leis especiais). Assim, mesmo que a norma ou o instituto seja modificado no direito positivo (por exemplo, mediante a criação de explícita discricionariedade no uso das cláusulas), é possível que os problemas se mantenham no quotidiano da Administração. Partir da crença de que os males da gestão pública estão necessariamente nas leis afigura-se, pois, perigoso teoricamente e arriscadamente inútil para transformar a realidade administrativa." (MARRARA, Thiago. As cláusulas exorbitantes diante da contratualização administrativa. *Revista de Contratos Públicos – RCP*, Belo Horizonte, ano 3, n. 3, mar./ago. 2013.).

GARCIA, Flávio Amaral. *Uma visão geral da Lei nº 14.133/2021: avanços e omissões*. 2021. Disponível em: https://www.zenite.blog.br/uma-visao-geral-da-lei-n-14-133-2021-avancos-e-omissoes/. Acesso em: 14 jun. 2021.

GARCIA, Flavio Amaral; MOREIRA, Egon Bockmann. O projeto da nova lei de licitações brasileira e alguns de seus desafios. *Revista de Contratos Públicos*. Coimbra: Almedina, n. 21, set. 2019.

GORDILLO, Augustín. *Los contratos administrativos*. 1967. Disponível em: https://www.gordillo.com/pdf_tomo11/secc6/ca1.pdf. Acesso em: 15 jun. 2021.

GUSTIN, Miracy Barbosa de Sousa; DIAS, Maria Tereza Fonseca; NICÁCIO, Camila Silva. *(Re) pensando a pesquisa jurídica*: teoria e prática. 5. ed. rev., ampl. e atual. São Paulo: Almedina, 2020.

MARQUES NETO, Floriano de Azevedo. Do contrato administrativo à administração contratual. *Revista do Advogado*, São Paulo, v. 107, p. 74-82, dez. 2009.

MEDAUAR, Odete. O florescimento de novas figuras contratuais. *Revista do Advogado*, São Paulo, v. 107, p. 150-154, dez. 2009.

MOREIRA NETO, Diogo de Figueiredo. O futuro das cláusulas exorbitantes nos contratos administrativos. *In:* ARAGÃO, Alexandre Santos de; MARQUES NETO, Floriano de Azevedo (Coord.). *Direito administrativo e seus novos paradigmas*. Belo Horizonte: Fórum, 2017.

NIEBUHR, Joel Menezes. *O que fazer diante do inadimplemento da Administração Pública?* 2016. Disponível em: http://www.direitodoestado.com.br/colunistas/joel-de-menezes-niebuhr/o-que-fazer-diante-do-inadimplemento-da-administracao-publica. Acesso em: 11 maio 2021.

OLIVEIRA, Rafael Carvalho Rezende. *Nova lei de licitações e contratos administrativos*. Rio de Janeiro: Forense, 2021.

RIVERO, Jean. *Direito administrativo*. Coimbra: Livraria Almedina, 1981. p. 136.

STJ. Recurso Especial. n. 910.802/RJ. Segunda Turma. Relatora: Ministra Eliana Calmon. Publicação: DJe 06/08/2008.

15.
O Seguro-Garantia e a Alocação Eficiente de Riscos na Nova Lei de Licitações

Wesley Bento

Introdução

Com apenas 28 anos, a Lei n. 8.666/93 estava senil e representava um cenário de burocracia excessiva contrastante com os ideais de uma administração gerencial, com os reclames constitucionais de eficiência e com os níveis crescentes de exigência do cidadão em relação ao Estado, forçando o administrador a buscar meios alternativos de superação das amarras, como advertia de longa data DI PIETRO (2008, p. 27) ao criticar a Lei:

> "Toda essa sistemática burocratizante acabou, indiretamente, por incentivar a procura de novos caminhos, alguns lícitos, outros ilícitos, mas, quase como regra geral, colocando o administrador público muitos passos adiante do legislador e fazendo com que se coloque em xeque o próprio princípio da legalidade, na versão segundo a qual a Administração Pública só pode fazer o que a lei prevê. A Administração foi abrindo brechas naquela órbita de ação definida pela lei. (...)"[1]

Depois de longa tramitação no Congresso Nacional, a Lei n. 14.133/2021 nasceu sem representar, no entanto, uma revolução no mecanismo de contratação estatal e frustrou quem esperava uma legislação que

[1] DI PIETRO, Maria Sylvia Zanella, *Parcerias na Administração Pública*. 6ª ed., Atlas, São Paulo: 2008, p. 27/28.

tivesse não apenas acompanhado a modernidade das relações privadas, mas que fosse ainda dotada da ousadia de ser uma norma geral de vanguarda, antecipando tendências e colocando a Administração um passo à frente.

Perdeu-se a oportunidade de radicalizar os modelos tradicionais e de aprimorar mecanismos de aquisição pronta e acelerada, com ampla simplificação de procedimentos e de exigências formais superáveis. Mas é possível ser condescendente e até otimista com o resultado alcançado quando se reconhece a pluralidade de interesses em torno das discussões subjacentes à aprovação do texto, a necessidade de controle administrativo e os justos receios de que avanços ousados trazem consigo riscos consideráveis e que podem não ser desejados em norma geral que presidirá milhões de processos administrativos em todo o país, devendo se manter coerente e eficaz em disciplinar licitações vultosas da União e pequenos certames em municípios pobres do interior do país.

Assim, se a Lei não é exatamente a melhor possível, nem por isso deixa de estar dotada de avanços consideráveis na consolidação do novelo de leis esparsas, na sua atualização com diversas orientações da doutrina e com a evolução da jurisprudência – especialmente do Tribunal de Contas da União. Também é seu mérito que a lei tenha procurado conversar mais e melhor com o restante do ordenamento jurídico – como a Lei de Introdução às Normas de Direito Brasileiro – e de estar ainda mais conectada com a Constituição Federal, como sinal inequívoco da constitucionalização do direito administrativo percebida já há algum tempo por doutrinadores como BINENBOJM (2008, p. 35):

> "Talvez o mais importante aspecto dessa constitucionalização do direito administrativo seja a ligação direta da Administração aos princípios constitucionais, vistos estes como núcleos de condensação de valores[2]. A nova principiologia constitucional, que tem exercido influência decisiva sobre outros ramos do direito, passa também a ocupar posição central na constituição de um direito administrativo democrático e comprometido com a realização dos direitos do homem. Como assinala Santamaria Pastor, as bases profundas do direito administrativo são de corte inequivocamente

[2] J. J. Gomes Canotilho & Vital Moreira, *Fundamentos da Constituição*, 1991, p. 49.

autoritário; até que fosse atraído para a zona de irradiação do direito constitucional, manteve-se ele alheio aos valores democráticos e humanistas que permeiam o direito público contemporâneo.[3]"

Esse novo panorama de ligação direta do gestor à Constituição, superando o dogma da legalidade e o substituindo pela juridicidade, está a exigir do gestor público ajuntar a seu comportamento legal, razoável e impessoal, também uma conduta eficiente, voltada à realização dos direitos fundamentais[4].

A proposta atual é de superação do Direito Administrativo do *clips*, "que age por autos e atos, trata direitos e deveres em papel, é estatista, desconfia dos privados, despreza a relação tempo, custos e resultados, e não assume prioridades" pelo Direito Administrativo de Negócios, focado em resultados e que, para obtê-los, fixa prioridades, e com base nelas gerencia a escassez de tempo e de recursos[5].

Nesse sentido, merece registro as alterações que buscaram, para além da seleção da melhor proposta, assegurar – ou ao menos a fortalecer – aspectos de maior segurança de execução dos contratos, seja a segurança jurídica decorrente da maior previsibilidade, seja o aprimoramento dos meios de garantia. Dentre as alvissareiras evoluções nesse sentido, há justas expectativas gravitando em torno da figura do *performance bond* e da alocação eficiente de riscos contratuais, dos quais esse artigo trata e que fazem parte de um conjunto de outros medidas customizadas para superar problemas históricos no cumprimento de contratos administrativos no Brasil.

1. As garantias de execução contratual pelo contratado

Assim como em diversos outros pontos tratados na antiga Lei n. 8.666/93, não ocorreu uma completa alteração no panorama de garantias na nova Lei n. 14.133/21, mas se verificaram avanços. Não há propriamente mudanças

[3] Santamaria Pastor, *Princípios de Derecho Administrativo, 2000,* p. 88.

[4] JUSTEN FILHO, Marçal. *Curso de Direito Administrativo,* 2005, p. 1.

[5] SARMENTO, Daniel. Supremacia do interesse público? As colisões entre direitos fundamentais e interesses da coletividade. In: ARAGÃO, Alexandre Santos de; MARQUES NETO, Floriano de Azevedo (Coord.). Direito administrativo e seus novos paradigmas. Belo Horizonte: Fórum, 2012, p. 97-143

nas modalidades de garantia, permanecendo a caução em dinheiro ou título da dívida pública, seguro-garantia e fiança bancária (art. 96, § 1º). De regra, o limite permanece em 5%, mas pode justificadamente (complexidade técnica e riscos envolvidos) ser majorado a até 10%, e não necessariamente em obras, serviços e fornecimentos de grande vulto, o que não se se dava sob a batuta da Lei n. 8.666/93.

A mais relevante novidade, porém, é o impulso conferido pela lei à figura do seguro-garantia, que deve assegurar o fiel cumprimento das obrigações do contratado perante a Administração, inclusive as multas, os prejuízos e as indenizações decorrentes de inadimplemento. E a inovação não está na circunstância de seu prazo de vigência dever ser igual ou superior ao do contrato, e que deverá continuar em vigor mesmo que o contratado deixe de pagar o prêmio à seguradora nas datas convencionadas. A pedra de toque está na autorização para que em obras e serviços de engenharia, exija-se a garantia na forma de seguro-garantia de até 30% do valor do contrato e, ainda, do tipo *performance bond,* com a previsão de que a seguradora, em caso de inadimplemento pelo contratado possa assumir a execução e concluir o objeto do contrato (*step in*).

1.1. *Performance bond*

O *performance bond* é o seguro-garantia que assegura o cumprimento de um determinado contrato na forma em que foi pactuado, já que se houver falha por parte do contratado, a seguradora assume a execução do ajuste. Como a seguradora poderá ter que assumir a obra, ela terá interesse em fiscalizar *pari passu* a atuação do contratado/tomador do seguro e por isso a lei tratou de lhe dotar da condição de interveniente anuente, com direito de ter livre acesso às instalações em que for executado o contrato; acompanhar sua execução; ter acesso a auditoria técnica e contábil; e requerer esclarecimentos ao responsável técnico pela obra ou pelo fornecimento.

Em caso de inadimplemento, a seguradora passará a ocupar a posição contratual do tomador (*step in*) e terá que prosseguir na execução do objeto contratual, ainda que naturalmente obras de engenharia não componha suas atividades regulares, nem se pretenda que se torne uma empreiteira. Diante disso, a lei permitiu a subcontratação parcial ou total do objeto, rompendo com o dogma da vedação à subcontratação total que vigeu incólume na Lei n. 8.666/93. Ela será então a gestora da execução do contrato, responsabilizando-se perante a Administração, mas não a artífice da encomenda.

Por consequência, a seguradora terá o empenho dos pagamentos emitido em seu próprio nome, bastando ter regularidade fiscal, ou seja, sem ter que comprovar requisitos de qualificação técnica e econômico-financeira semelhantes aos exigidos do segurado na licitação, o que seria mesmo praticamente impossível.

Ainda que haja a obrigação de a seguradora assumir o contrato e concluir o objeto, a lei lhe faculta se exonerar dessa obrigação, como é próprio do *performance bond*, mediante o pagamento do valor total segurado indicado na apólice, coerentemente com a limitação de responsabilidade do segurador prevista no art. 781 do Código Civil[6]. Ou seja, se diante do caso concreto, a seguradora entender que é mais vantajoso o pagamento do valor segurado – o que pode ocorrer se o contrato tiver peculiaridades que o tornem mais oneroso que a indenização, ou ainda se a seguradora contar com contragarantias que lhe permitam acionar e receber rapidamente o valor do tomador – estará livre de executar o objeto contratual.

1.2. Vantagens e desafios do *performance bond*

A vantagem mais perceptível do seguro-garantia com essa configuração é a profunda mitigação do risco de a obra ser abandonada, que é uma infeliz realidade em diversos contratos pelo país, ainda que a paralisação de obras tenha também causas diversas, muitas delas relacionadas com a Administração e que o *performance bond* não poderá resolver. Mas há vantagens adicionais decorrentes da fiscalização exercida pela seguradora sobre o contrato, como a maior dificuldade de se operar casos de corrupção e a redução de entrega de obras defeituosas.

Porém, nem tudo são flores pelo caminho do seguro-garantia. Essa possibilidade de o edital escolher a modalidade de garantia e de ela poder chegar a 30% do valor contratual representa um desafio também para as seguradoras, pois terão que aprimorar os produtos oferecidos no mercado e lidar com questões que certamente influenciarão as taxas cobradas e a maior ou menor oferta dessa modalidade de seguro, como

[6] Art. 781. A indenização não pode ultrapassar o valor do interesse segurado no momento do sinistro, e, em hipótese alguma, o limite máximo da garantia fixado na apólice, salvo em caso de mora do segurador.

o aumento na complexidade dos contratos, a maior avaliação do risco e capacidade do tomador de honrar as obrigações contratuais assumidas perante o segurado; o estabelecimento de novas relações com o mercado ressegurador; o estabelecimento de estrutura de engenharia para fiscalização da execução contratual, dentre outras. Afinal, por ser um contrato de seguro, o seguro-garantia também está submetido aos princípios do mutualismo, da solidariedade e da boa-fé, de modo que sua estrutura deva ser financeiramente sustentável.

Como nem todas as empresas potencialmente tomadoras poderão contar com o acesso a contratos de seguro dessa magnitude em condições vantajosas, licitações com essa nota de obrigação adicional podem ter menos participantes, reduzindo a competitividade do certame. O custo da contratação do seguro, por sua vez, será revertido para a proposta da empresa vencedora e elevará o preço final pago pela Administração.

Deverá ser preocupação da Administração, na fase interna da licitação, ainda, aquilatar meios de se aferir o perfil das seguradoras passíveis de oferecimento do seguro-garantia, especialmente em obras de grande vulto, abrindo oportunidade para a reflexão sobre a verificação das notas de crédito (*rating*) das seguradoras contratadas.

2. Gestão de riscos na lei 14.133/2021

Segundo GRAEFF (2011, p. 3), pode-se caracterizar o risco como a ocorrência de um evento desfavorável, imprevisto ou de difícil previsão, que onera demasiadamente os encargos contratuais de uma ou de ambas as partes, afetando a rentabilidade do projeto, no caso da parte privada, e a eficiência na realização dos objetivos, no caso da parte pública.

O tratamento adequado de eventos adversos em um contrato de qualquer natureza e, especialmente nos de maior prazo e complexidade, é imprescindível por envolver uma quantidade expressiva de riscos que podem ser minimizados ou transferidos, sem descuidar de que não há capitalismo sem riscos, e os parceiros públicos e privados devem ter essa consciência[7].

[7] NÓBREGA, Marcos. Riscos em projetos de infraestrutura: Incompletude contratual; concessões de serviço público e PPPs. Revista Brasileira de Direito Público RBDP, Belo Horizonte, ano 8, n. 28, jan./mar. 2010. Disponível em: <http://www.bidforum.com.br/bid/PDI0006.aspx?pdiCntd=66032>. Acesso em: 3 ago. 2019.

Na sistemática da Lei n. 8.666/93, o risco é regulado pelo que ficou conhecido como teoria das áleas. O art. 65, II, d, da Lei enuncia a alteração do contrato para restabelecer a relação que as partes pactuaram inicialmente entre os encargos do contratado e a retribuição da administração para a justa remuneração da obra, serviço ou fornecimento, objetivando a manutenção do equilíbrio econômico-financeiro inicial do contrato, na hipótese de sobrevirem fatos imprevisíveis, ou previsíveis porém de consequências incalculáveis, retardadores ou impeditivos da execução do ajustado, ou, ainda, em caso de força maior, caso fortuito ou fato do príncipe, configurando álea econômica extraordinária e extracontratual.

Nesse modelo, excetuados os inseridos na álea econômica ordinária e contratual, a Administração Pública assume todos os riscos do contrato, inclusive os decorrentes de caso fortuito e força maior, a fim de preservar o equilíbrio econômico-financeiro da avença, cumprindo a promessa inserida no art. 37, XXI da Constituição Federal.

A existência de uma matriz de riscos em contratos administrativos no Brasil não se situa, exatamente, como um ineditismo da Lei n. 14.133/2021. Antes dela, a Lei n. 11.079, de 30 de dezembro de 2004, que instituiu normas gerais para licitação e contratação de parceria público-privada no âmbito da administração pública, rompia com o paradigma instaurado pela tradicional fórmula da Lei n. 8.666/93, dispondo que os contratos decorrentes da então nova legislação deveriam contar com "repartição objetiva de riscos entre as partes, inclusive os referentes a caso fortuito, força maior, fato do príncipe e álea econômica extraordinária". Com isso, mesmo não nominando essa cláusula como "matriz de riscos", essas licitações passaram a contar com esse quadro atributivo de responsabilidades.

Depois da Lei das PPPs, a Lei n. 12.462, de 4 de agosto de 2011, que instituiu o Regime Diferenciado de Contratações Públicas – RDC, admitiu a existência de "matriz de alocação de riscos"[8] no regime de contratação integrada. Já a Lei n. 13.303, de 30 de junho de 2016, que dispõe sobre o estatuto jurídico da empresa pública, sociedade de economia mista e de suas subsidiárias, foi mais abrangente por trazer inédita definição da matriz de riscos como "cláusula contratual definidora de riscos e responsabilidades entre as partes e caracterizadora do equilíbrio econômico-financeiro inicial do contrato, em termos de ônus financeiro

[8] Art. 9º, § 5º

decorrente de eventos supervenientes à contratação" e disciplinando as informações que a comporiam[9]. E foi além, previu como obrigatória a matriz em todos os contratos a ela submetidos (art. 69, X).

Finalmente, no âmbito estritamente privado, com o advento da Lei n. 13.847/2019, inseriu-se o art. 421-A no Código Civil para deixar expresso que nos contratos civis e empresariais, deve-se respeitar a alocação de riscos definida pelas partes.

Se não é pelo ineditismo em fazer ingressar a matriz de riscos em contratos celebrados pela Administração Pública, tampouco em definir seu conteúdo, o mérito da Lei n. 14.133/2021 está em expandir a previsão da matriz para todos os contratos administrativos, aproveitar o conhecimento adquirido com a Lei das Estatais e avançar no tratamento do tema na esfera legislativa, dotando o administrador de certos parâmetros e conferindo maior segurança jurídica ao instituto.

Com maior segurança em torno de suas responsabilidades, as licitantes poderão apresentar propostas mais aderentes à realidade, precificando adequadamente as contingências pelas quais terá que responder, granjeando maior confiança entre as partes. Também com essa definição prévia, há tendência de se reduzirem as discussões em torno de pedidos de reequilíbrio econômico-financeiro, minimizando a litigiosidade nos ajustes administrativos.

2.1. Obrigatoriedade da matriz de riscos

Ainda que a matriz de riscos reúna atributos que a qualifique como importante na gestão mais eficiente dos contratos administrativos, a Lei não a erigiu em condição de obrigatoriedade em todos os contratos e essa

[9] a) listagem de possíveis eventos supervenientes à assinatura do contrato, impactantes no equilíbrio econômico-financeiro da avença, e previsão de eventual necessidade de prolação de termo aditivo quando de sua ocorrência;
b) estabelecimento preciso das frações do objeto em que haverá liberdade das contratadas para inovar em soluções metodológicas ou tecnológicas, em obrigações de resultado, em termos de modificação das soluções previamente delineadas no anteprojeto ou no projeto básico da licitação;
c) estabelecimento preciso das frações do objeto em que não haverá liberdade das contratadas para inovar em soluções metodológicas ou tecnológicas, em obrigações de meio, devendo haver obrigação de identidade entre a execução e a solução pré-definida no anteprojeto ou no projeto básico da licitação.

conclusão pode ser extraída inicialmente da própria redação do artigo 22, ao prever que o edital "poderá" (não "deverá") contemplar matriz de alocação de riscos entre o contratante e o contratado.

Não se ignora que a interpretação puramente gramatical é de extrema pobreza para se alcançar o sentido da norma, ainda mais em um cenário pós-positivista e em matéria de direito administrativo em que não é exatamente raro que um "poderá" signifique, à luz do interesse público, que a Administração "deverá" adotar determinada conduta[10]. Há, porém, outros aspectos que confirmam essa impressão.

A Lei manejou bem a distinção entre o futuro do presente de ambos os verbos em outros dispositivos, em situações em que fica suficientemente claro se tratar de uma imposição ou de uma opção ao administrador, de sorte a não se esperar que precisamente nesse artigo a lei tenha apresentado falha na redação legislativa, com inobservância das diretrizes indicadas no artigo 11 da Lei Complementar n. 95, de 26 de fevereiro de 1998[11].

[10] Considerando tratar-se de legislação federal, de onde se espera um melhor aparato de consultoria legislativa – ao menos quando comparado com a esfera municipal – e, portanto, um maior rigor técnico na redação da norma, a avaliação semântica dos verbos "poderá" e "deverá" constitui fonte importante para interpretação da vontade da lei. Em outras normas de direito administrativo, o legislador teve o cuidado de utilizar "deverá", quando pretendia impor determinada conduta (vide Lei n. 9.784/99)

[11] Art. 11. As disposições normativas serão redigidas com clareza, precisão e ordem lógica, observadas, para esse propósito, as seguintes normas:
I – para a obtenção de clareza:
a) usar as palavras e as expressões em seu sentido comum, salvo quando a norma versar sobre assunto técnico, hipótese em que se empregará a nomenclatura própria da área em que se esteja legislando;
b) usar frases curtas e concisas;
c) construir as orações na ordem direta, evitando preciosismo, neologismo e adjetivações dispensáveis;
d) buscar a uniformidade do tempo verbal em todo o texto das normas legais, dando preferência ao tempo presente ou ao futuro simples do presente;
e) usar os recursos de pontuação de forma judiciosa, evitando os abusos de caráter estilístico;
II – para a obtenção de precisão:
a) articular a linguagem, técnica ou comum, de modo a ensejar perfeita compreensão do objetivo da lei e a permitir que seu texto evidencie com clareza o conteúdo e o alcance que o legislador pretende dar à norma;

Ainda, o § 3º indicou hipóteses[12] em que a lei exige a adoção de matriz de riscos, confirmando que o *caput* conferiu alternativas ao administrador no campo geral. Nesse sentido, porque a matriz de riscos somente constitui cláusula necessária em todo contrato, "quando for o caso", conforme a redação do inciso IX do artigo 92 da Lei, resta confirmado que não haverá matriz em todos os casos. Além disso, a construção da matriz não é algo trivial e exige esforço adicional da Administração, que é injustificado em contratos de pequena monta, de curto prazo e/ou de baixa complexidade.

Por fim, a previsão de que o órgão deve promover "análise dos riscos que possam comprometer o sucesso da licitação e a boa execução contratual" na fase preparatória da licitação, por imposição do inciso X do artigo 18, não significa dizer que o resultado dessa análise dos riscos implique, necessariamente, na construção de uma matriz em todo e qualquer contrato, inclusive porque a conclusão da avaliação preparatória pode ser exatamente de que se está diante de riscos diminutos no caso concreto

b) expressar a idéia, quando repetida no texto, por meio das mesmas palavras, evitando o emprego de sinonímia com propósito meramente estilístico;
c) evitar o emprego de expressão ou palavra que confira duplo sentido ao texto;
d) escolher termos que tenham o mesmo sentido e significado na maior parte do território nacional, evitando o uso de expressões locais ou regionais;
e) usar apenas siglas consagradas pelo uso, observado o princípio de que a primeira referência no texto seja acompanhada de explicitação de seu significado;
f) grafar por extenso quaisquer referências feitas, no texto, a números e percentuais;
f) grafar por extenso quaisquer referências a números e percentuais, exceto data, número de lei e nos casos em que houver prejuízo para a compreensão do texto; (Redação dada pela Lei Complementar nº 107, de 26.4.2001)
g) indicar, expressamente o dispositivo objeto de remissão, em vez de usar as expressões 'anterior', 'seguinte' ou equivalentes; (Incluída pela Lei Complementar nº 107, de 26.4.2001)
III – para a obtenção de ordem lógica:
a) reunir sob as categorias de agregação – subseção, seção, capítulo, título e livro – apenas as disposições relacionadas com o objeto da lei;
b) restringir o conteúdo de cada artigo da lei a um único assunto ou princípio;
c) expressar por meio dos parágrafos os aspectos complementares à norma enunciada no caput do artigo e as exceções à regra por este estabelecida;
d) promover as discriminações e enumerações por meio dos incisos, alíneas e itens.

[12] § 3º Quando a contratação se referir a obras e serviços de grande vulto ou forem adotados os regimes de contratação integrada e semi-integrada, o edital obrigatoriamente contemplará matriz de alocação de riscos entre o contratante e o contratado.

ou que podem ser suficientemente geridos sob influência da tradicional teoria da imprevisão.

Portanto, salvo na hipótese das contratações de grande vulto e naquelas sob regime de contratação integrada ou semi-integrada, a decisão sobre a adoção de matriz de riscos será casuística e deverá preferencialmente ser objeto da devida motivação no processo administrativo.

2.2. Responsabilidade pela elaboração da matriz de riscos

A definição da matriz de riscos é atribuição da Administração Pública, o que não significa que ela esteja impedida de ouvir os possíveis interessados para que formulem sugestões ou críticas ao modelo idealizado, o que é bastante coerente com o mecanismo dialógico que deve presidir as ações administrativas.

Não é sequer recente a percepção de que a atividade de consenso-negociação entre Poder Público e particulares assume papel importante no processo de identificação e definição de interesses públicos e privados e que disso decorre um novo modo de agir, não mais centrado sobre o ato como instrumento exclusivo de definição e atendimento do interesse público, mas como atividade aberta à colaboração dos indivíduos, colocando em relevo o momento do consenso e da participação[13].

É natural que a doutrina majoritária, portanto, acentue as virtudes de se incrementar a utilização de mecanismos de consenso pela Administração Pública, como o abandono de um viés autoritário e o ganho de eficiência e de melhor governança na ação administrativa[14].

Esse diálogo cooperativo com os particulares pode se dar em duas oportunidades: previamente à publicação da licitação, o que é desejável em licitações complexas e de grande vulto, mediante audiência pública ou consulta pública (art. 21), ou mediante impugnações ao edital já publicado (art. 164), quando se oferecerá ao órgão a oportunidade de refletir sobre a eficiência do quadro de responsabilidades que propunha e para que possa adaptá-lo a partir das sugestões recebidas.

[13] MEDAUAR, Odete. O direito administrativo em evolução. 2. Ed. São Paulo: R. dos Tribunais, 2003, p. 211

[14] ALMEIDA, Fernando Dias. Menezes de. Mecanismos de consenso no direito administrativo. In: ARAGÃO, Alexandre Santos de; MARQUES NETO, Floriano de Azevedo (Coord.). Direito administrativo e seus novos paradigmas. Belo Horizonte: Fórum, 2012, p. 335-349

A matriz também poderá ser alterada por provocação da advocacia pública e dos órgãos de controle, especialmente quando a proposta estiver em desacordo com as diretrizes oferecidas pela Lei, com parâmetros gerais adotados pela administração ou pelo mercado, ou ainda quando as escolhas da Administração não estiverem suficientemente motivadas.

2.3. Alocação eficiente de riscos e suas consequências

Não há uma regra legal para a alocação de riscos nos contratos administrativos. É tarefa a ser executada no caso concreto e que exige conhecimento dos riscos envolvidos e da melhor forma de ser distribuído entre as partes (alocação eficiente).

Apesar disso, a Lei pretendeu que o administrador tivesse um norte para dirigir a elaboração da matriz e levou em consideração o princípio de que "a maximização da eficiência econômica do contrato é obtida por meio da alocação de cada risco à parte que tem melhor condição de gerenciá-lo a menor custo"[15]ou, visto de outro modo, deve-se alocar o risco ao agente que tem melhores condições de controlar o resultado e de suportar o risco com menor custo.

Para tanto, conferiu algumas diretrizes gerais como ao determinar que a alocação deve ser compatível com as obrigações e os encargos atribuídos às partes no contrato, a natureza do risco, o beneficiário das prestações a que se vincula e a capacidade de cada setor para melhor gerenciá-lo (§ 1º); que os riscos que tenham cobertura oferecida por seguradoras serão preferencialmente transferidos ao contratado (§ 2º); e que poderão ser adotados métodos e padrões utilizados por entidades públicas e privadas, e que os ministérios e secretarias supervisores dos órgãos e das entidades da Administração Pública poderão definir os parâmetros e o detalhamento dos procedimentos necessários à identificação, alocação e quantificação financeira dos riscos envolvidos no projeto (§ 6º). Segundo, estabeleceu no § 4º do art. 22 que nas contratações integradas ou semi-integradas, os riscos decorrentes de fatos supervenientes à contratação associados à escolha da solução de projeto básico pelo contratado deverão ser alocados como de sua responsabilidade na matriz de riscos.

[15] RIBEIRO, Marcelo Portugal. *A necessidade de aperfeiçoamento da distribuição de riscos a ser prevista nos novos contratos de concessão de rodovias do Estado de São Paulo.* Disponível em <http://www.portugalribeiro.com.br>. Acesso em 2/8/2019

A Lei também não ignora que assunção de riscos implica incremento de custos e por isso prevê que a alocação dos riscos contratuais será quantificada para fins de projeção dos reflexos de seus custos no valor estimado da contratação. A matriz de riscos acaba sendo também, portanto, a disciplina sobre a remuneração das partes por assumir riscos que possam ocorrer ao longo do contrato.

Outro cuidado a ser adotado é evitar que a matriz de riscos transfira, com generalidade, riscos desconhecidos ao contratado, fazendo-o suportar eventos não previsíveis ou não expressamente previstos, quantificá-los e estimar suportá-los. Nesse sentido:

> (...) deve-se evitar que seja prevista na matriz de risco termos residuais e genéricos que determinem que todos os fatos supervenientes, que não estejam discriminados em sua listagem, sejam atribuídos ao contratado. Trata-se de previsão que cria um dever impossível de ser contingenciado e precificado por qualquer sujeito que pretenda assumir o contrato. Pode gerar situação de onerosidade excessiva e impossibilidade gravíssima de execução contratual.[16]

Os riscos poderão ser de variadas naturezas. O Tribunal de Contas da União – TCU[17] descreveu alguns a serem considerados em contratos de obras, como os riscos de execução, riscos normais ou comuns de projetos de engenharia, riscos de erros de projeto de engenharia, riscos de fatos da administração e riscos associados à álea extraordinária/extracontratual. Estabelecidos os riscos e quem caberá suportar os ônus decorrentes da ocorrência de cada um deles, considera-se aperfeiçoada a matriz, que presidirá a relação das partes no contrato. É dizer, como faz a lei, que estando atendidas as condições do contrato e da matriz de riscos, considera-se mantido o equilíbrio econômico-financeiro, vedados pedidos de restabelecimento, exceto se houver alterações unilaterais determinadas pela Administração e no aumento ou redução de tributos pagos pelo contratado em decorrência do contrato.

[16] JUSTEN FILHO, Marçal. Estatuto Jurídico das Empresas Estatais. Lei 13.303/2016 – "Lei das Estatais". São Paulo: Editora Revista dos Tribunais, 2016, p. 391

[17] TCU – Acórdão n. 2.622/2014-Plenário

Por outro lado, se ocorrer o evento previsto na matriz, cujo ônus recaia para a parte que não o assumiu ou que não o assumiu integralmente na matriz de riscos, caberá o restabelecimento da equação econômico-financeira.

Como a matriz de riscos não é obrigatória em todos os contratos e porque, mesmo com todos os esforços das partes, podem ocorrer eventos não previstos na matriz e que, portanto, não foram alocados para qualquer das partes contratantes, permanece a regra geral de aplicação da teoria da imprevisão consagrada na Lei n. 8.666/93, obviamente respeitada a matriz de riscos quando existir.

Conclusões

A Lei n. 14.133/2021 conseguiu superar 3 dogmas da Lei 8.666/93 em relação às garantias e execução contratual ao fortalecer a figura do seguro-garantia com *performance bond:* estabeleceu novo limite (30%) do valor do contrato para exigência de garantia; admitiu que o edital retire do contratado a livre escolha da modalidade; e admitiu expressamente a subcontratação total do objeto, sem prova da capacidade técnico-operacional ou técnico-profissional da seguradora, que passará a ser gestora da obra e não sua executora propriamente.

A novidade tem boas intenções e vem em boa hora atualizar o cardápio de opções da Administração, permitindo uma melhor customização da licitação e do contrato, sobretudo porque a exigência ou não do *performance bond* continua na esfera discricionária, a ser exercida motivadamente na fase interna e a partir da análise dos riscos envolvidos no contrato (art. 18, X) e do custo-benefício a ser auferido, levando em consideração, dentre outros fatores, o incremento de preço a ser pago pela obra e a diminuição do rol de competidores no certame.

Esse ajuste fino, inclusive no percentual do valor do contrato a ser exigido como segurado, definirá o sucesso ou não da inteligência do modelo negocial, e certamente dependerá não apenas de estudos aprofundados do projeto e do mercado, mas será consolidado ao longo do tempo a partir de experiências bem ou mal sucedidas que ocorrerão a partir do advento da nova Lei de Licitações e Contratos.

Ao lado das garantias, a condução ordenada do contrato a um resultado profícuo está ainda intimamente ligado à gestão adequada dos riscos inerentes à sua execução, e a Lei n. 14.133/2021 não ignorou esse ponto.

Tendo consagrado a possibilidade de a administração se valer de matriz de riscos, especialmente em contratos de maior duração e complexidade, conseguiu munir as partes de cláusula relevante e que se bem calibrado pode trazer mais segurança aos contratos, minimizar litígios e colaborar com o sucesso da contratação.

Afinal, partindo-se do pressuposto de que os contratos administrativos são celebrados para garantir direitos fundamentais e atender a interesse público relevante, sua frustração por má gestão dos riscos e/ou por deficiência no sistema de garantias atinge diretamente o interesse da coletividade, o que conspiraria contra a vantagem agora decorrente das inovações trazidas pela Lei n. 14.133/21.

Essa vantagem pode ser materializada, muitas vezes, em simplesmente poupar-se os custos de transação de um novo contrato, como são a "análise comparativa de preço e qualidade antes de tomar a decisão, o desenho da garantia quanto ao cumprimento das obrigações pela outra parte, a certeza do adimplemento, seguro e a tempo, as garantias que se exija para fazer frente a eventual inadimplemento ou adimplemento imperfeito pela contraparte, a redação de instrumentos contratuais que reflitam as tratativas entre contratantes e disponham sobre direitos, deveres e obrigações"[18], especialmente porque nas contratações estatais esses custos de transação se evidenciam ainda muito maiores em razão da burocracia necessária a movimentar um processo licitatório de alta complexidade, sem falar no tempo e recursos gastos no desfazimento do contrato anterior, sobretudo se houver resistência da contraparte.

Por isso que mesmo sem causar uma revolução nos mecanismos de contratação estatais e de execução de seus contratos, a Lei n. 14.133/2021, com essas e outras alterações, conseguiu imprimir avanços significativos dignos de registro.

Referências

ALMEIDA, Fernando Dias. Menezes de. Mecanismos de consenso no direito administrativo. In: ARAGÃO, Alexandre Santos de; MARQUES NETO, Floriano de Azevedo (Coord.). Direito administrativo e seus novos paradigmas. Belo Horizonte: Fórum, 2012.

[18] SZTJAN, Rachel. Função social do contrato e direito de empresa. Revista de direito mercantil: industrial, econômico e financeiro, v. 44, p. 29-49, São Paulo, jul. 2005

DI PIETRO, Maria Sylvia Zanella, *Parcerias na Administração Pública.* 6ª ed., Atlas, São Paulo: 2008.

GRAEFF. Fernando. Uma análise da alocação de riscos nos contratos para prestação de serviços públicos: o caso do transporte rodoviário interestadual de passageiros por ônibus. Brasília, 2011.

J. J. Gomes Canotilho & Vital Moreira, *Fundamentos da Constituição,* 1991.

JUSTEN FILHO, Marçal. Estatuto Jurídico das Empresas Estatais. Lei 13.303/2016 – "Lei das Estatais". São Paulo: Editora Revista dos Tribunais, 2016.

MEDAUAR, Odete. O direito administrativo em evolução. 2. Ed. São Paulo: R. dos Tribunais, 2003.

NÓBREGA, Marcos. Riscos em projetos de infraestrutura: Incompletude contratual; concessões de serviço público e PPPs.Revista Brasileira de Direito Público RBDP, Belo Horizonte, ano 8, n. 28, jan./mar. 2010.

RIBEIRO, Marcelo Portugal. *A necessidade de aperfeiçoamento da distribuição de riscos a ser prevista nos novos contratos de concessão de rodovias do Estado de São Paulo.* Disponível em <http://www.portugalribeiro.com.br>. Acesso em 8/7/2021.

PASTOR, Juan Alfonso Santamaria. *Principios de Derecho Administrativo,* 2 ed. Madrid: Editorial Centro de Estudios Ramón Areces, 2000.

SARMENTO, Daniel. Supremacia do interesse público? As colisões entre direitos fundamentais e interesses da coletividade. In: ARAGÃO, Alexandre Santos de; MARQUES NETO, Floriano de Azevedo (Coord.). Direito administrativo e seus novos paradigmas. Belo Horizonte: Fórum, 2012.

SZTJAN, Rachel. Função social do contrato e direito de empresa. Revista de direito mercantil: industrial, econômico e financeiro, v. 44, p. 29-49, São Paulo, jul. 2005.

16.
Duração, Execução e Extinção dos Contratos Administrativos

Bruno Miragem

Introdução

A eficácia dos contratos administrativos, desde sua formalização, submete-se aos requisitos definidos na lei. Diferentemente do regime jurídico de direito privado, em que o exercício da autonomia privada dos contratantes domina não apenas a decisão de celebrar o contrato (liberdade de contratar), como também o seu conteúdo (liberdade contratual), segundo os limites da lei, na relação jurídica administrativa a lei é cogente, não apenas delimitando, mas conformando o próprio negócio jurídico contratual. Para tanto, fixa requisitos ou conteúdo que obrigatoriamente deve estar disposto no instrumento contratual, sob pena de invalidade.

A Lei 14.133, de 1º de abril de 2021, ao ocupar-se do contrato administrativo, segue esta orientação, definindo limites e partes do conteúdo do contrato, em caráter cogente, regras a serem consideradas na fase de formação e no tocante a seus efeitos, assim compreendida tanto a execução – e eventuais vicissitudes que daí decorram, quanto sua extinção.

Examina-se aqui, concentrando-se na eficácia do contrato administrativo, a disciplina legal relativa aos seus prazos de duração, execução contratual e causas e forma de extinção.

1. Os prazos do contrato administrativo na Lei 14.133, de 1º de abril de 2021

O prazo de duração dos contratos administrativos tem seus limites definidos na lei. Não se confunde com o prazo da licitação – que é aquele no qual se autoriza a conclusão do certame e a eventual contratação do vencedor. Prazo de duração do contrato diz respeito ao tempo em que produzirá efeitos, a partir da sua formação regular, com a celebração válida.

1.1. Os diversos prazos de duração dos contratos previstos na lei

O art. 105 da Lei 14.133/2021 dispõe: "A duração dos contratos regidos por esta Lei será a prevista em edital, e deverão ser observadas, no momento da contratação e a cada exercício financeiro, a disponibilidade de créditos orçamentários, bem como a previsão no plano plurianual, quando ultrapassar 1 (um) exercício financeiro." A norma, neste particular, privilegia critério consagrado na disciplina jurídica das finanças públicas, da necessária correspectividade entre despesa e receita, observando, igualmente, o disposto no art. 167 da Constituição da República, na sua redação original e aquela definida pela Emenda Constitucional 109/2021. A contratação só se celebra com a disponibilidade de créditos orçamentários que suportem as despesas públicas a que dão causa. Infração a esta regra implica responsabilização do agente público que a promoveu. Da mesma forma, para os contratos cujo prazo ultrapasse o exercício financeiro em que são celebrados – caso comum dos contratos de prestação de serviços e outros cujo tempo de execução supere um ano civil – é exigida também a previsão no Plano Plurianual. Distinga-se, porém, as condições desta exigência. Pode ocorrer que o contrato seja celebrado para ser executado dentro do exercício financeiro, mas que se verifique, depois, a necessidade de prorrogação. Não será o caso de condicionar a prorrogação à previsão no Plano Plurianual, mas apenas a existência de correspondente dotação orçamentária. Apenas se, já originalmente se define o prazo da execução superior ao do exercício financeiro correspondente, a previsão será exigida. Observa a mesma orientação, aliás, do disposto no art. 167, §1º, da Constituição da República, que prevê: "Nenhum investimento cuja execução ultrapasse um exercício financeiro poderá ser iniciado sem prévia inclusão no plano plurianual, ou sem lei que autorize a inclusão, sob pena de crime de responsabilidade".

Porém, não é a lei quem define o prazo de duração do contrato, mas o edital da licitação que, na fase pré-contratual, identifica a necessidade pública a ser atendida. Aqui incide o princípio da vinculação ao instrumento convocatório para além da fase licitatória, projetando-se na contratação, inclusive para confirmar a objetividade da avaliação da necessidade pública e seu atendimento.

Na lei são previstos prazos máximos para a duração dos contratos, dentro dos quais cumpre a Administração Pública definir o necessário à execução do seu objeto. A definição dependerá das características da prestação ajustada, circunstâncias que possam envolver o momento da execução e a própria necessidade pública a ser atendida, frente aos custos envolvidos e os recursos disponíveis. Tem destaque o dever de planejamento imposto à Administração Pública e seus agentes, de modo a dimensionar do modo mais preciso possível o tempo necessário à execução. Isso não significa, por óbvio, tornar-se infenso a circunstâncias imprevisíveis ou ainda, mesmo que previsíveis, sobre as quais não há como se exercer o controle (e.g. a repercussão das condições climáticas adversas sobre o ritmo de obras públicas). Tais circunstâncias se estimam e avaliam conforme as informações disponíveis, e segundo critério de razoabilidade.

1.2. Contratos de serviços e fornecimentos contínuos

Os prazos máximos para duração dos contratos administrativos estão previstos, em longo detalhamento, nos arts. 106 a 114 da Lei 14.133/2021. Houve, aqui, claro esforço do legislador no sentido de sistematizar os prazos relativos aos diversos contratos celebrados pela Administração, matéria dispersa no regime anterior. O art. 106 dispõe sobre o prazo máximo para os contratos de serviços e fornecimentos contínuos, de 5 (cinco anos). Tais contratos são definidos pela própria lei como os "serviços contratados e compras realizadas pela Administração Pública para a manutenção da atividade administrativa, decorrentes de necessidades permanentes ou prolongadas". A projeção no tempo, destes contratos, decorre do caráter permanente ou prolongado da necessidade pública; assim. por exemplo, as atividades de limpeza, conservação e segurança, que a Administração Pública não tem como deixar de contar. Também inclui os contratos de fornecimento que se projetam no tempo em relação à continuidade da prestação, neste caso envolvendo a aquisição e entrega de bens para uso no atendimento à necessidade pública. Conta, na sua gênese, com contrato que torna disponível bens para aquisição, mediante compra e venda, visando atender necessidade permanente ou periódica. Os contratos de fornecimento envolvem a entrega do bem, mas não apenas, sendo relevante o modo, o tempo e eventuais prestações do vendedor para viabilizar sua própria utilização de modo a atender o interesse do comprador (e.g. o fornecimento de oxigênio em hospitais, em que a periodicidade e adequação do produto ao uso a que se destina integram a noção mais ampla de fornecimento, que não se restringe a simples entrega/tradição). Note-se que esta periodicidade que assinala a duração no tempo não exige que seja executada a prestação sem interrupções. A frequência da entrega dos bens e execução da prestação é ditada pela exigência de atendimento da necessidade pública. Não necessita que seja prestação sem interrupções (embora eventualmente possa sê-lo). O que se exige é a disponibilidade dos bens, logo quando haja demanda da Administração, nas respectivas quantidades abrangidas pelo objeto do contrato.

Para estes contratos de serviços e fornecimento contínuos, a duração de até 5 (cinco) anos observa algumas condições definidas na lei. Primeiro, a demonstração, pelo órgão ou entidade contratante, da vantagem econômica em razão da contratação pelo período (art. 106, I). Da mesma forma, a exigência de que tanto no início da contratação, quanto em cada exercício sobre o qual ela se projete, seja atestada a existência de créditos orçamentários vinculados à contratação, e a vantagem de manutenção do contrato (art. 106, II). A exigência legal indicando que "a Administração deverá atestar" supõe a formalização de ato no respectivo processo da contratação. Por outro lado, a ausência de crédito orçamentário para continuidade do contrato, ou ainda quando se verifique que não é mais vantajoso à Administração sua manutenção, são causas para que esta possa promover sua extinção (art. 106, III). Contudo, há limite para o exercício do direito de resolução pela Administração, devendo respeitar "a próxima data de aniversário do contrato", não podendo ocorrer em prazo inferior a dois meses, contados da referida data. Ou seja, o direito de resolução não será exercido para logo quando decida a Administração, devendo observar o limite temporal fixado em lei. Neste caso, visa-se proteger o contratante particular e a situação de confiança que deriva da própria existência do contrato e do prazo originalmente ajustado, evitando que seja surpreendido. Note-se que há dois elementos que permitem o exercício do direito de resolução pela Administração: a ausência de créditos orçamentários que suportem a despesa que decorra do ajuste e a ausência (ou cessação) da vantagem da contratação. O primeiro é critério objetivo e preciso, uma vez que haverá ou não créditos orçamentários vinculados ao contrato. O segundo, contudo, é conceito indeterminado, cujo preenchimento subordina-se à discricionariedade administrativa: o juízo sobre a existência ou prevalência da vantagem na contratação impõe valoração do agente público em relação a critérios objetivos (e.g. o preço ajustado no contrato e o praticado no mercado, sujeito a oscilações), mas também a avaliação sobre o conteúdo da prestação e a preservação das suas condições de satisfazer a necessidade pública que visa atender. A prevenção de situações que possam caracterizar ofensa à moralidade e à impessoalidade administrativas na decisão discricionária, neste caso, concentra-se no escrutínio da motivação do ato administrativo que porventura venha a justificar a extinção do contrato sob tal fundamento. A vantagem ou não da Administração na manutenção do contrato é juízo que se deve formar, necessariamente, a partir de dados objetivos da realidade, não meras cogitações abstratas do agente público competente para decidir.

O prazo de cinco anos previsto para contratos de serviços e fornecimento contínuos se aplica também, por expressa previsão do art. 106, §2º, da Lei 14.133/2021, aos contratos de locação de equipamentos e à utilização de programas de informática.

1.3. Possibilidade de prorrogação

A par do limite máximo original de duração dos contratos de serviços e fornecimento contínuos, de 5 (cinco) anos, o art. 107 da Lei 14.133/2021 admite a possibilidade de sua prorrogação, em prazos sucessivos, até o limite máximo de dez anos para a vigência do contrato. Prorrogação do contrato compreende a extensão do seu prazo além daquele que foi definido originalmente, no momento da sua celebração. É prazo associado à produção de efeitos do contrato como um todo, o que não se confunde com eventual prazo que venha a ser fixado para cumprimento de determinadas obrigações previstas no seu objeto.

O disposto no art. 107 da Lei 14.133/2021 representa inovação importante em relação ao regime anterior, e visa, sobretudo assegurar a possibilidade de manutenção do contrato cuja execução satisfatória venha atendendo à necessidade pública que lhe dá causa, especialmente para evitar custos inerentes a realização de uma nova contratação em prazos ora tomados como estritos. As razões para que a lei passe a autorizar a possibilidade de prorrogação contratual de tal modo a que o mesmo contrato de serviços e fornecimento contínuos possa atingir o prazo máximo de duração de até 10 (dez) anos, justifica-se pela experiência prática no regime anterior. Como é sabido, este limitava a prorrogação dos contratos de prestação de serviços a serem executados de forma contínua ao máximo de 60 meses (art. 57, II, da Lei 8.666/1993). Em termos práticos, a necessidade de organizar-se novo procedimento licitatório dentro deste período, além dos custos inerentes, não raro encontrava obstáculos e dificuldades no próprio âmbito interno da Administração (fase interna da licitação) ou no tempo de exame por órgãos de controle, e mesmo situações em que o mínimo equívoco de estimativa do tempo necessário pelo agente público competente, ainda que escusável, inviabilizava a observância do prazo necessário. Tais circunstâncias elevaram sensivelmente os riscos de contratações emergenciais e procedimentos licitatórios dimensionados de modo incorreto. A ampliação da duração admitida para estes contratos, com as prorrogações até o limite máximo de 10 (dez) anos, tende a mitigar estes riscos.

Quantas serão as prorrogações admitidas, não distingue a lei. O que define é o prazo máximo de duração do contrato, com as respectivas prorrogações. Se seu prazo original é de dois anos, por exemplo, prorrogável por iguais períodos, poderá contar com até quatro prorrogações, o que o situará dentro do limite máximo de 10 (dez) anos.

As condições para que se admita a prorrogação do prazo original da contratação, ou as demais até que se complete o limite máximo definido na lei, estão previstas no art. 107: a) a existência de previsão em edital; b) a permanência de condições e preços vantajosos para a Administração, admitida a negociação com o contratado, ou a extinção do contrato, sem ônus para as partes.

A previsão no edital da licitação que deu origem ao contrato é exigência objetiva, terá existido ou não. Apenas se admite a prorrogação do prazo no caso de previsão expressa no edital. Mais uma vez, o efeito da vinculação ao instrumento convocatório se projeta para a fase contratual. Visa proteger a confiança dos participantes do procedimento que antecede a contratação, permitindo-lhes, inclusive, dimensionar o interesse na contratação. Por outro lado, não se cogita, em qualquer caso, a existência de um direito à prorrogação. O prazo do contrato de serviços e fornecimentos contínuos é limitado a cinco anos (art. 106), não se celebra, originalmente, por prazo superior, sob pena de infração direta à lei, e consequente nulidade. Pode ser prorrogado, não se limitando o número de prorrogações, até o limite máximo de 10 (dez) anos. Há mera possibilidade, que se subordina à decisão da Administração e consentimento do particular contratado. Não tem, portanto, o particular, direito, pretensão ou ação visando compelir a Administração a prorrogar.

A segunda condição para prorrogar é que "autoridade competente ateste que as condições e os preços permanecem vantajosos". Trata-se de ato administrativo reclamado do agente público, que como tal exige todos os requisitos para sua regular formação. Note-se que quem atesta pratica ato jurídico enunciativo, consistente na declaração da existência de determinada situação de fato, que poderá mesmo ser transitória, como no caso: as condições e os preços permanecem vantajosos no momento que o ato é praticado, podendo a situação se modificar em seguida. Logo, o ato de atestar a permanência da vantagem não prescinde da justificação adequada, inclusive, quando for o caso, da comparação entre as condições vigentes e as de mercado. Observe-se, ainda, que a norma admite a negociação com o contratado, visando reestabelecer ou reforçar a situação de vantagem da Administração, o que implicará em alteração das condições do contrato, de comum acordo, para o futuro. Esta negociação e o que dela resulte antecedem o ato da autoridade competente que atesta a vantagem; e ela deverá justificar o ato mediante comparação da situação anterior e aquela que vem a fundamentar a prorrogação com a modificação do contrato. Decidida a prorrogação do contrato com a modificação dos seus termos originais, deverá ser formalizada entre as partes.

É bem registrada a preocupação se a possibilidade de negociação não violaria a igualdade entre os competidores a ser preservada na fase pré-contratual, ou que melhor vantagem pudesse ser obtida em um novo certame.[1] Entretanto, não parece ser o caso de vê-la como procedente, afinal, a proposta do contratado era a mais vantajosa no momento que, por isso, foi selecionada, e deu causa à contratação. A negociação orienta-se para manter a vantagem à Administração, não reduzir ou suprimir.

[1] Assim HEINEN, Juliano. Comentários à Lei de Licitações e Contratos Administrativos. Salvador: Juspodium, 2021, p. 609.

De outro lado, se em novo certame se possa obter condições mais vantajosas, em parte é juízo de prognose sobre a mesma situação fática cuja avaliação define a decisão de prorrogar, com as novas bases que resultam da negociação com o contratado, ou permitir a extinção do contrato pelo exaurimento do prazo, o que deverá constar na própria motivação do ato.

Por fim, mencione-se a previsão final do art. 107 da Lei 14.133/2021, que dispõe sobre a possibilidade extinção contratual "sem ônus para qualquer das partes". A rigor, a extinção do contrato, não havendo a prorrogação, ocorre de pleno direito, pelo advento do seu termo final. A extinção, no caso previsto pela norma, diz respeito à circunstância em que, desaparecida a vantagem para a Administração, e havendo recusa, ou não sendo exitosa a negociação com o contratado para a reestabelecer, será promovida de modo unilateral pelo órgão ou entidade contratante, sem ônus para qualquer das partes.

1.4. Contratos com prazo original de até 10 (dez) anos – art. 108

A diversidade de objeto dos contratos administrativos e das necessidades públicas a serem satisfeitas por intermédio da sua execução dá causa, tradicionalmente, ao tratamento diferenciado em relação a alguns que, segundo a liberdade de conformação do legislador no *spectrum* que lhe cumpre preencher,[2] ressalva a licitação nos termos que a Constituição da República lhe autoriza (art. 37, XXI), assim também como os distingue em relação a certos efeitos ou ao prazo de duração. Daí a razão pela qual o art. 108 da Lei 14.131/2021 dispõe sobre certos contratos que, sendo celebrados com dispensa de licitação (art. 75), a par desta distinção, poderão também ser celebrados pelo prazo de até 10 (dez) anos – e não pelo prazo geral aplicável aos demais, mesmo quando envolva serviços ou fornecimento contínuos (art. 106).

São estes contratos: a) os que tenham por objeto o fornecimento de bens ou serviços produzidos ou prestados no País que envolvam, cumulativamente, alta complexidade tecnológica e defesa nacional (art. 75, IV, "f"); b) os que tenham por objeto materiais de uso das Forças Armadas, com exceção de materiais de uso pessoal e administrativo, quando houver necessidade de manter a padronização requerida pela estrutura de apoio logístico dos meios navais, aéreos e terrestres, mediante autorização por

[2] MÖLLERS, Thomas, *Juristische Methodenlehre*, 2. ed. Munich: Beck, 2019, p. 369.

ato do comandante da força militar (art. 75, IV, "g"); c) as contratações que envolvam atividades previstas na Lei 10.973/2004, de incentivo à inovação e à pesquisa científica e tecnológica no ambiente produtivo, observados os princípios gerais de contratação expressos naquela lei (art. 75, V); d) as contratações que possam causar comprometimento da segurança nacional, "nos casos estabelecidos pelo Ministro de Estado da Defesa, mediante demanda dos comandos das Forças Armadas ou dos demais ministérios" (art. 75, VI); e) as contratações cujo objeto contemple transferência de tecnologia de produtos estratégicos para o Sistema Único de Saúde (SUS), conforme elencados em ato da sua direção nacional, inclusive na aquisição desses produtos durante as etapas de absorção tecnológica, e em valores compatíveis com aqueles definidos no instrumento firmado para a transferência de tecnologia (art. 75, XII); e f) os contratos para a aquisição, por pessoa jurídica de direito público interno, de "insumos estratégicos para a saúde produzidos por fundação que, regimental ou estatutariamente, tenha por finalidade apoiar órgão da Administração Pública direta, sua autarquia ou fundação em projetos de ensino, pesquisa, extensão, desenvolvimento institucional, científico e tecnológico e de estímulo à inovação, inclusive na gestão administrativa e financeira necessária à execução desses projetos, ou em parcerias que envolvam transferência de tecnologia de produtos estratégicos para o SUS, nos termos do inciso XII do caput deste artigo, e que tenha sido criada para esse fim específico em data anterior à entrada em vigor desta Lei, desde que o preço contratado seja compatível com o praticado no mercado" (art. 75, XIV).

Note-se que, em muitas destas hipóteses que se são de contratação direta, dispensável a licitação, a razão de conveniência que afasta a necessidade de competição também fundamenta a possibilidade de duração alargada dos respectivos contratos, de até 10 (dez) anos. Porém, não se confundem os juízos de conveniência e oportunidade para a decisão de dispensar a licitação e contratar diretamente, e a definição do prazo de duração do contrato. São duas decisões com justificações autônomas. No tocante ao prazo, as razões para fixação delimitam-se em vista das características do objeto e de sua execução, de acordo com a necessidade pública a ser satisfeita. O caráter estratégico ou de conveniência que o legislador dá causa, ao permitir que seu prazo original de duração seja de até 10 (dez) anos é mera possibilidade, cuja concretização se vincula às características do objeto do contrato e da sua execução, em vista do prazo necessário a esse fim. Assim, por exemplo, pode não ser conveniente um prazo contratual tão longo em questões envolvendo bens ou transferência de tecnologia, quando se perceba a velocidade com que se torna obsoleta, exigindo atualização. A decisão de fixação do prazo, dentro do limite máximo admitindo pela lei, supõe motivação adequada da autoridade competente.

A possibilidade de determinação do prazo de duração do contrato em dez anos, nestas situações, não afasta, contudo, a necessidade de que, a cada exercício financeiro, sejam vinculados recursos específicos para seu custeio, sob pena de inviabilizar a execução e dar causa à resolução.

1.5. Contratos em que a Administração seja usuária em regime de monopólio – art. 109

Os contratos em que a Administração seja, ela própria, usuária de serviço público oferecido em regime de monopólio, poderão ser celebrados com prazo de duração indeterminado (art. 109). Para tanto, a lei apenas exige que se comprove, a cada exercício financeiro, a existência de créditos orçamentários vinculados à contratação. Sobram razões para a regra, considerando que neste caso, a prestação de serviços públicos presume-se atender necessidade pública permanente, e quando oferecido em regime de monopólio, suprime a possibilidade de competição e a seleção de condições mais vantajosas entre diferentes prestadores.

Já a exigência de comprovação da existência de créditos orçamentários vinculados ao contrato a cada exercício financeiro compreende-se em acordo com o dever de planejamento, e da própria boa-fé da Administração em relação ao prestador do serviço, respeitando a reciprocidade que caracteriza o contrato e o direito à remuneração do contratado.

1.6. Contratos que geram receita ou contratos de eficiência – art. 110

Há contratos celebrados pela Administração em que ela é remunerada pelo particular, denominados usualmente 'contratos de receita' (ou que geram receita, como prefere a lei). Assim, por exemplo, as concessões de uso onerosa de bem público ou a locação administrativa. Da mesma forma, os 'contratos de eficiência', cuja definição legal, do art. 6º, LIII, da Lei 14.133/2021, é a de "contrato cujo objeto é a prestação de serviços, que pode incluir a realização de obras e o fornecimento de bens, com o objetivo de proporcionar economia ao contratante, na forma de redução de despesas correntes, remunerado o contratado com base em percentual da economia gerada."

Em ambos os contratos, o art. 110 da Lei 14.133/2021 define limites máximos para sua duração: no caso de contratos em que não haja investimento dos particulares, o prazo de duração será de até 10 (dez) anos (inciso I); havendo investimento, o prazo poderá ser de até 35 (trinta e cinco) anos. A própria lei, contudo, define investimento, ao estabelecer que serão assim considerados "aqueles que impliquem a elaboração de benfeitorias permanentes, realizadas exclusivamente a expensas do contratado, que serão revertidas ao patrimônio da Administração Pública ao término do contrato." Será o caso, por exemplo, da concessão de direito real sobre imóvel pertencente à Administração, no qual o concessionário venha a edificar ou instalar diferentes equipamentos que não se destaquem depois sem fratura ou dano, para sua exploração. As benfeitorias se integram e acrescem o bem, podendo ser percebidas exteriormente ou não, porém sempre supõem a intervenção humana.[3] Neste sentido o art. 97 do Código Civil prevê: "Não se consideram benfeitorias os melhoramentos ou acréscimos sobrevindos ao bem sem a intervenção do proprietário, possuidor ou detentor." No caso, prevê-se investimentos dos particulares na elaboração de benfeitorias permanentes que, portanto, não deverão ser levantadas do bem ao final do contrato. A possibilidade de prazo mais extenso, de até 35 (trinta e cinco) anos, justifica-se para amortização do investimento realizado pelo contratado, e visa preservar o sinalagma contratual (equilíbrio econômico-financeiro). Não se dispensa o agente público, todavia, de justificar o prazo a ser fixado no contrato dentro do que permite a lei, demonstrando sua vantagem para a Administração.

1.7. Prorrogação de prazo nos contratos de escopo – art. 111

'Contrato de escopo' é aquele cujo objeto deve ser executado integralmente mediante entrega ao contratante. Aproxima-se da categoria das obrigações de resultado, em que o interesse do credor, e consequentemente, o adimplemento do devedor, vinculam-se ao atendimento de uma determinada finalidade definida no próprio contrato. Mesmo se houver serviços, apenas serão meios de obtenção do resultado que se quer. No regime de direito privado, é classificação que se aplica à empreitada, onde

[3] MIRAGEM, Bruno. *Teoria geral do direito civil*. Rio de Janeiro: Forense, 2021, p. 349.

se contrate a construção de determinada obra, cujo cumprimento suponha sua entrega, de acordo com as definições técnicas estabelecidas, de forma íntegra, completa e apta a desempenhar sua utilidade; ou da compra e venda com entrega do bem, mesmo que se exija que o vendedor tenha que montar e fazer funcionar, no que há tradição da coisa mais um fazer (serviço), indissociáveis para atender um resultado. Nestes contratos, o não atingimento do resultado caracteriza o inadimplemento pela não satisfação do interesse do credor.

No regime dos contratos administrativos, a Lei 14.133/2021 diferencia os contratos de escopo – tratando-os como serviços contratados por escopo – e as contratações de obras por empreitada, que poderão ser por preço unitário (art. 6º, XXVIII) ou global (art. 6º, XIX), ou a empreitada integral, que compreende a totalidade das etapas de obras, serviços e instalações necessária para sua operação (art. 6º, XXX). O art. 6º, XVII, de sua vez, define os serviços não contínuos ou contratados por escopo como "aqueles que impõem ao contratado o dever de realizar a prestação de um serviço específico em período predeterminado, podendo ser prorrogado, desde que justificadamente, pelo prazo necessário à conclusão do objeto."

O art. 111 da Lei 14.133/2021 prevê a prorrogação do prazo de vigência do contrato que previr a conclusão de escopo predefinido, quando seu objeto não for concluído no período estabelecido originalmente. Note-se que a eficácia da prorrogação é *ex lege*, independentemente de qualquer ato da Administração. A hipótese de prorrogação do prazo por inadimplemento, neste caso, bem faz a distinção entre as hipóteses na qual este tenha ocorrido em razão de culpa do contratado ou não. No caso de ter havido culpa do contratado no inadimplemento, são duas as possibilidades definidas no parágrafo único do art. 111: I) o contratado será constituído em mora, aplicáveis a ele as respectivas sanções administrativas; ou II) a Administração poderá optar pela extinção do contrato e, nesse caso, adotará as medidas admitidas em lei para a continuidade da execução contratual. Trata-se do efeito de 'perpetuação da obrigação', também reconhecido na mora do devedor, no regime de direito privado.

Trata-se, na hipótese, de facultar-se manter o contrato, ainda que tenha havido o inadimplemento, visando que seu objeto seja integralmente executado, ainda que fora do prazo originalmente previsto. Havendo inadimplemento culposo do contratado, surge para a Administração a possibilidade escolher manter o contrato, constituindo o devedor em mora, tanto para desde logo fazer eficaz sua responsabilidade patrimonial (e.g. pretensão à indenização pelas perdas e danos e juros moratórios até o efetivo cumprimento integral do objeto), ou promover a resolução do contrato com o inadimplente, sem prejuízo de pleitear, judicialmente a continuidade da execução por terceiro, às expensas do devedor original (tutela específica da obrigação).

Não dispõe o art. 111, contudo, da hipótese de inadimplemento sem culpa do contratado. Assim, por exemplo, quando o a falta de cumprimento se dê por conta de fato estranho à capacidade do contratado evitar ou impedir – caso fortuito ou força maior. Bom exemplo é o das condições climáticas desfavoráveis, que impeçam ou retardem a execução. Ou ainda, por fato de terceiro pelo qual não se responsabiliza. Não há, contudo, neste caso, direito subjetivo do contratado à prorrogação; afinal, no regime dos contratos administrativos tem precedência o interesse público. Incidirão, nesta hipótese de inadimplemento sem culpa, as normas que disciplinam a extinção do contrato e sua forma – arts. 137 a 139 da Lei 14.133/2021.

1.8. Contratos de fornecimento e prestação de serviço associado – art. 113

Fornecimento e prestação de serviço associado é regime de contratação definido pelo art. 6º, XXXIV, da Lei 14.133/2021, como aquele em que "além do fornecimento do objeto, o contratado responsabiliza-se por sua operação, manutenção ou ambas, por tempo determinado". Neste caso, o art. 113 da lei dispõe que a soma do prazo de fornecimento inicial ou entrega da obra, com aquele relativo ao serviço de operação e manutenção, está limitado a cinco anos, contados da data do recebimento do objeto inicial.

Em relação a este objeto inicial, não há prazo fixado na regra. Dependerá das características da prestação e do regime de contratação adotado. O prazo do serviço de operação e manutenção é que se submete ao limite de cinco anos, admitida a possibilidade de prorrogação, observado o disposto no art. 107 que: a) limita a prorrogação ao prazo máximo de vigência do contrato de 10 (dez) anos; b) exige previsão expressa no edital sobre a possibilidade de prorrogação; e c) exige que autoridade competente, para prorrogar, ateste a permanência das condições e preços vantajosos para a Administração, permitindo, inclusive a negociação para preservação ou recomposição da vantagem de modo a viabilizar a prorrogação.

1.9. Contratos de operação continuada de sistemas estruturantes de tecnologia da informação – art. 114

'Sistemas estruturantes de tecnologia da informação' consideram-se aqueles que permitem o exercício das funções estatais típicas, e as auxiliares à realização das atividades próprias do Estado. Atualmente, o exercício de parte significativa destas funções se dá com base na utilização de tecnologia da informação, caso da organização das atividades de pessoal, orçamento, estatística, administração financeira, contabilidade e auditoria, e serviços gerais, além de outras atividades auxiliares comuns a todos os órgãos da Administração que, a critério do Poder Executivo, necessitem de coordenação central (art. 30 do Decreto-Lei 200/1967).

A operação destes sistemas de tecnologia da informação pode ser confiada a particulares, ou mesmo a integrantes da Administração indireta, por intermédio de contratos que tenham por objeto serviços com esta característica. Em relação a tais contratos, o art. 114 da Lei 14.133/2021 dispõe sobre a vigência máxima de 15 (quinze) anos.

1.10. Prazos contratuais previstos em lei especial

Os prazos de duração dos contratos administrativos previstos em lei especial prevalecem em relação ao estabelecido na Lei 14.133/2021. Observa a regra de especialidade da norma, prevista no art. 2º, §2º da Lei de Introdução às Normas do Direito Brasileiro: "A lei nova, que estabeleça disposições gerais ou especiais a par das já existentes, não revoga nem modifica a lei anterior." É da tradição do direito (*lex specialis derrogat legi generali*).

Assim, por exemplo, os prazos previstos para os contratos celebrados pelas empresas estatais, de que trata a Lei 13.303/2016 (art. 71), das concessões sob regime das parcerias público privadas previstas na Lei 11.079/2004 (art. 5º, I), da concessão e arrendamento de bens públicos previstos em legislação especial (e.g. art. 8º, §2º, da Lei 12.815/2013, em relação aos portos ou instalações portuárias), dentre outros.

2. A execução dos contratos administrativos

A fase de execução do contrato administrativo mereceu maior atenção do legislador da Lei 14.133/2021 em relação ao regime anterior. Incorpora-se na disciplina legislativa o resultado da experiência precedente, buscando dispor sobre questões que se tornaram comuns, como também se dedica, o legislador, a oferecer certo tratamento sistemático ao contrato.

Os contratos celebram-se para serem cumpridos, o adimplemento é a finalidade que daí se espera. Para tanto, os contratantes devem colaborar entre si, para a execução do objeto ajustado. Neste sentido, o art. 115 da Lei 14.133/2021 define princípio geral do contrato administrativo, ao afirmar o dever das partes de executá-lo fielmente, de acordo com o avençado, expressão do princípio da vinculatividade, que é base da teoria do contrato (*pacta sunt servanda*). *Trata-se de princípio com* largo desenvolvimento no direito moderno, e expressa o reconhecimento jurídico ao valor social do compromisso assumido, cujo cumprimento é comportamento moral esperado das partes, por intermédio do direito também exigível juridicamente. Na sua origem, o art. 1.134 do Código Civil francês (alterado em 2016) referia: "As convenções legalmente formadas têm força de lei para aqueles que as fizeram" ("Les conventions légalement formées tiennent lieu de loi à ceux qui les ont faite"), no que foi seguido pela generalidade da legislação ocidental nele inspirado.[4]

Dispõe o art. 115, *caput*, da Lei 14.133/2021: "O contrato deverá ser executado fielmente pelas partes, de acordo com as cláusulas avençadas e as normas desta Lei, e cada parte responderá pelas consequências de sua inexecução total ou parcial." A afirmação da vinculatividade do contrato associa-se também ao regime legal próprio dos contratos administrativos na fórmula "de acordo com as cláusulas avençadas e as normas desta lei". O regime que caracteriza o contrato administrativo, comum a diversos sistemas jurídicos, é o das prerrogativas ou cláusulas exorbitantes, fixado pela lei, e fundado na preservação do interesse público.[5] É expresso, como regra, pelo poder da Administração de controle ou direção do contrato, de extingui-lo de modo unilateral, ou constranger o contratado por intermédio de ordens e sanções.[6]

[4] MIRAGEM, Bruno. *Direito das obrigações*. 3ª ed. Rio de Janeiro: Forense, 2021, p. 70.

[5] DI PIETRO, Maria Sylvia Zanella. *Direito administrativo*. São Paulo: Atlas, 2015, p. 314; MOURA, Mauro Hiane de. *A autonomia contratual da administração pública*. Rio de Janeiro: GZ, 2014, p. 444.

[6] TURPIN, Colin C. Public contracts. *International Encyclopedia of Comparative Law*, v. VII, chapter 4. Tübingen: J. C. B. Mohr (Siebeck)/ The Hague: Nijhoff, 1982, p. 37.

Não se confunde, todavia, a existência de prerrogativas ou cláusulas exorbitantes em favor da Administração com exceção à vinculatividade do contrato. O vínculo jurídico que torna obrigatório o contrato a ambos os contratantes resulta dos seus termos e do regime da lei (princípio da legalidade).

Da mesma forma, define o art. 115 que "cada parte responderá pelas consequências de sua inexecução total ou parcial" do contrato. A responsabilidade pelo inadimplemento (inexecução) é corolário da vinculatividade contratual. O inadimplemento pode ser total ou parcial, conforme o objeto do contrato tenha deixado de ser executado no todo ou em parte, o que se pode medir por critérios que o próprio contrato estabeleça, ou ainda em atenção à sua própria finalidade. Por outro lado, pode ser que não se execute para logo, nos termos do contrato, mas seja possível, sem sacrifício do interesse do credor, executar depois. Daí o que se tem é inadimplemento relativo (mora), permitindo a purga, nos termos do contrato (executando-se o objeto mesmo fora do prazo, respondendo pelos prejuízos do atraso). O princípio, contudo, é de que sempre aquele que deixa de cumprir, nos termos do contrato, responde perante o contratante que sofre o inadimplemento, inclusive pelas perdas e danos decorrentes. No caso dos contratos administrativos, esta responsabilidade, recaindo sobre o contratado particular, dá causa ainda a sanções que lhe pode impor a Administração (arts. 155 e 156), como, por exemplo, o impedimento para que realize novas contratações por certo tempo.

No tocante à inexecução total ou parcial, sua correta qualificação depende das características do objeto contratado e a necessidade pública a ser satisfeita. Tratando-se da construção de uma estrada, por exemplo, a conclusão de um trecho, mas não de todo o trajeto, permite que se refira à execução parcial; por outro lado, um serviço que se inicie a execução, mas não se conclua, de modo a não atender minimamente a necessidade pública, tem início de execução, mas o inadimplemento pode ser absoluto, considerando que o interesse do credor não será satisfeito, mesmo parcialmente. O critério do adimplemento é o interesse útil do credor.

A responsabilidade pelo inadimplemento, contudo, supõe a imputabilidade da causa que impediu a regular execução (inadimplemento imputável, ou "com culpa"). Responde quem deu causa ao descumprimento nestas condições. Contudo, pode ocorrer, igualmente, de a impossibilidade de cumprir ser transitória ou definitiva, e se verifique por fato estranho às partes, hipótese em que a causa não se vincule a qualquer comportamento dos contratantes, tampouco se insira no risco que se lhes atribui na contratação. É o caso do descumprimento que decorra de caso fortuito ou força maior, assim entendidos como o "fato necessário, cujos efeitos não era possível evitar ou impedir" (art. 393, parágrafo único, do Código Civil), fatos de terceiro, ou ainda, fatos imprevisíveis, os quais não se exige que fossem conhecidos pelas partes, mesmo quando preexistentes à contratação.

2.1. Proteção da confiança e boa-fé na execução dos contratos administrativos

Incide sobre a execução do contrato administrativo o 'princípio da proteção da confiança', próprio das relações entre os particulares e à Administração, e admitido no direito brasileiro por influência do direito alemão (*Vertrauensschutz*). Tem pro efeito proteger os particulares em relação à repercussão da atividade administrativa que venha a surpreender ou intervir, indevidamente, na esfera privada, em violação a expectativas legítimas geradas pela própria atuação precedente. Segundo Hartmut Maurer, *"a proteção da confiança parte da perspectiva do cidadão. Ela exige a proteção da confiança do cidadão que contou, e dispôs em conformidade com isso, com a existência de determinadas regulações estatais e outras medidas estatais. Ela visa à conservação de estados de posse uma vez obtidos e dirige-se contra as modificações jurídicas posteriores"*.[7] No direito brasileiro, é subsumido ao princípio da segurança jurídica, caracterizando *"a boa-fé ou a confiança que os administrados têm na ação do Estado, quanto à sua correção e conformidade com as leis"*.[8] A proteção da confiança tem na boa-fé um princípio que lhe concretiza.

A relação entre os contratantes, pautada pela boa-fé, implica, quando da execução do objeto contratual, no reconhecimento dos deveres de cooperação, lealdade e respeito às expectativas legítimas das partes, de

[7] MAURER, Hartmut. *Elementos de direito administrativo alemão*. Porto Alegre: Sérgio Antônio Fabris, 2001, p. 68.

[8] COUTO E SILVA, Almiro do. O princípio da segurança jurídica (proteção à confiança) no direito público brasileiro e o direito da administração pública e anular seus próprios atos administrativos: o prazo decadencial do art. 54 da Lei de Processo Administrativo da União (Lei n. 9.784/99). *Revista da Procuradoria-Geral do Estado do RS*. Cadernos de direito público, n. 57. Porto Alegre: PGE, dez. 2003, p. 46; PÉREZ, Jesus González. *El principio general de la buena fe en el derecho administrativo*. 3. ed. ampl. Madrid: Civitas 1999, p. 52.

modo a exigir, tanto do contratado, quanto da Administração, comportamento que vise ao adimplemento das obrigações ajustadas e a realização da finalidade contratual.

O regime de prerrogativas ou cláusulas exorbitantes da Administração não desnatura os efeitos da incidência do princípio que conforma a *autonomia pública contratual*.[9] A posição privilegiada da Administração em relação aos particulares, no contrato administrativo, não elimina os direitos reconhecidos aos contratantes, em especial no tocante à previsibilidade do plano de execução do contrato, de acordo com o edital da licitação e o contrato original, assim como o direito do contratado de manutenção do seu equilíbrio econômico financeiro.

A Lei 14.133/2021 incorpora nas suas disposições exemplos de concretização dos deveres de boa-fé, inclusive como limite ao comportamento da Administração na execução do contrato, conforme se vê a seguir.

2.2. Proibição legal a imposição de obstáculos à execução do contrato pela Administração

O §1º do art. 115, da Lei 14.133/2021, dispõe expressamente: "É proibido à Administração retardar imotivadamente a execução de obra ou serviço, ou de suas parcelas, inclusive na hipótese de posse do respectivo chefe do Poder Executivo ou de novo titular no órgão ou entidade contratante." Trata-se de precaução do legislador em relação ao comportamento contrário à boa-fé do agente público que vise impedir ou prejudicar a execução do contrato. "Retardar imotivadamente" é locução pela qual a lei se refere à inexistência de motivo legítimo, compreendendo o comportamento ativo do agente público para impedir o cumprimento nos termos originais do contrato. Em geral, associa-se à violação da moralidade e da impessoalidade administrativa, visando obter fins não autorizados pelo direito, podendo caracterizar abuso ou desvio de poder. Em caráter exemplificativo, a lei refere-se às hipóteses de posse do chefe do Poder Executivo ou de novo titular de órgão ou entidade contratante. Privilegia-se a continuidade da Administração, em detrimento da revisão de políticas públicas ou decisões administrativas das quais resultam emprego de recursos públicos, inclusive já objeto de contratação, pelo só fato da

[9] SÉRVULO CORREIA José Manuel. *Legalidade e autonomia contratual nos contratos administrativos*. Coimbra: Almedina, 1987, p. 465-473.

mudança de gestão. Sinaliza, igualmente, a vedação de comportamento que, em prejuízo do cumprimento da obrigação contratada e atendimento à necessidade pública que visa satisfazer, busque beneficiar ou prejudicar, conforme o caso, o interesse dos agentes públicos que transitoriamente exerças as funções de direção da Administração, ou de órgãos ou entidades a ela vinculados. Tal regra se justifica em razão da experiência brasileira e dos maus-hábitos políticos que violam a impessoalidade e a moralidade no uso dos recursos públicos para promoção pessoal ou de agremiação partidária; ou ao inverso, eventual perseguição a adversários.

2.3. Prorrogação do contrato e dever de transparência – art. 115, §§ 5º e 6º

O § 5º do art. 115 prevê que "em caso de impedimento, ordem de paralisação ou suspensão do contrato, o cronograma de execução será prorrogado automaticamente pelo tempo correspondente, anotadas tais circunstâncias mediante simples apostila." Define, ao mesmo tempo, eficácia e forma da prorrogação contratual no caso de interrupção da execução do contrato, no caso de impedimento, ordem de paralisação ou suspensão. Neste sentido, a prorrogação automática por efeito de lei (*ex lege*) impede, *a priori*, que fatos externos ao contrato impeçam sua execução definitiva, o que apenas poderá ocorrer se houver decisão da Administração neste sentido (art. 137). Não se afasta, contudo, a circunstância de que o impedimento, ordem de paralisação ou suspensão sejam mantidos a ponto de inviabilizar a utilidade da própria execução do objeto, hipótese de impossibilidade absoluta que dará causa à resolução.

A forma da prorrogação, de sua vez, se dá por 'apostila' do contrato, que compreende ato jurídico enunciativo de situação de fato, cujo registro visa preservar direito nele fundado. Ou seja, cumpre à Administração registrar, por apostila, junto ao contrato, a existência do impedimento, ordem de paralisação ou suspensão, para que se produza o efeito jurídico decorrente deste fato, que é a prorrogação do prazo contratual.

Quando o impedimento, ordem de paralisação ou suspensão do contrato for superior a 1 (um) mês, é imposto à Administração o dever de divulgar, "em sítio eletrônico oficial e em placa a ser afixada em local da obra de fácil visualização pelos cidadãos, aviso público de obra paralisada, com o motivo e o responsável pela inexecução temporária do objeto do contrato e a data prevista para o reinício da sua execução" (art. 115, §6º).

É medida expressiva de transparência ativa da Administração. O sentido da norma é permitir a identificação objetiva da interrupção da execução do contrato por parte da população e dos órgãos de controle. O teor do §5º restringe o aviso em questão, no caso de contratos que envolvam obras públicas, Visa-se, com a norma, permitir a identificação objetiva da causa de interrupção da execução do contrato, o responsável pela inexecução e a data prevista para sua retomada. Incentiva o caráter transitório da paralisação e o dever de planejamento do gestor, a apontar a data prevista de retomada. Cumprirá à Administração o dever de elaborar os textos com as informações a serem divulgadas (art. 115, §7º).

2.4. Da fiscalização do contrato

Os contratos administrativos supõem o poder-dever da Administração de promover a fiscalização sobre sua regular execução. São diversas as finalidades que cumprem à fiscalização, desde a verificação do correto emprego de recursos públicos destinados ao contratado e o atendimento da necessidade pública que justificou a contratação, a identificação de eventuais falhas no cumprimento ou riscos que possam comprometer a utilidade da prestação, auxiliando a prevenir sua ocorrência. Para tanto, cumpre à Administração designar um ou mais fiscais para o contrato administrativo, o que deve variar de acordo com a natureza, características e extensão do objeto contratual, eventuais especificidades técnicas que se exija para cumprir e acompanhar a execução. Neste sentido, o art. 117 da Lei 14.133/2021, ao dispor sobre a fiscalização, autoriza que sejam, inclusive, contratados terceiros para assistir e subsidiar o fiscal com informações pertinentes. No caso da contratação de terceiros, note-se que não exercerão estes o poder-dever de fiscalizar, mas auxiliarão o fiscal no seu mister. Para tanto, a própria lei define que o terceiro contratado responde objetivamente (independentemente de culpa) pela veracidade e precisão das informações que prestar, assim como deverá firmar termo de confidencialidade, de modo a abster-se de divulgar ou tornar pública informações que tenha conhecimento em razão desta atividade. Por outro lado, a contratação de terceiros não exime a responsabilidade do fiscal, "nos limites das informações recebidas" (art. 117, §4º).

O fiscal do contrato deve ser designado pela autoridade máxima do órgão ou da entidade da Administração que atue como contratante, ou por seu substituto, recaindo a escolha, preferencialmente, em servidor efetivo ou empregado público do quadro permanente. Da mesma forma é previsto que possua atribuições relacionadas a licitações e contratos, ou tenham formação compatível, ou qualificação atestada por certificação profissional emitida por escola de governo criada e mantida pelo poder público; bem como não seja cônjuge, companheiro ou tenha vínculo de parentesco colateral ou por afinidade, até o terceiro grau, ou ainda vínculo de natureza técnica, comercial, econômica, financeira, trabalhista e civil com o contratado (art. 7º). São restrições que visam prevenir o conflito de interesses. Registre-se, ainda, que o princípio de segregação de funções deve impedir que seja designado fiscal quem tenha atuado em outras fases da contratação (art. 7º, §1º).

No exercício de suas atribuições, cumpre ao fiscal do contrato anotar, em registro próprio, todas as ocorrências relacionadas à execução do contrato, determinando as providências necessárias para a regularização das falhas identificadas. Para tanto, tem o dever de informar seus superiores, em tempo hábil para adoção das medidas convenientes, quando não tenha competência para a decisão ou providência a ser adotada (art. 117, §2º). No exercício de sua atividade, o fiscal será auxiliado pelos órgãos de assessoramento jurídico e de controle interno, tanto no caso de dúvidas, quanto da necessidade de subsídios com informações para prevenir riscos na execução contratual (art. 117, §3º).

2.5. Dos deveres legais do contratado relativos à execução do contrato

A Lei 14.133/2021, para além das obrigações contratuais que devem ser satisfeitas pelo contratado (inclusive as previstas em cláusulas necessárias do contrato, art. 92), dispõe sobre deveres a serem observados, resultantes diretamente da imposição legal.

a) O dever de cumprir a reserva de vagas previstas em lei para medidas afirmativas.

Dever legal imposto ao contratado é o de cumprir a reserva de cargos previstas em lei para pessoa com deficiência, reabilitado da Previdência Social ou para aprendiz, bem como as previstas em outras normas específicas (art. 116). Trata-se de regra que visa assegurar o atendimento de políticas afirmativas fixadas em lei. A regra será, igualmente, objeto de expressa previsão do contrato, constituindo cláusula necessária conforme dispõe o art. 92, XVII da Lei 14.133/2021. Nestes termos, o desatendimento da exigência constitui ao mesmo tempo infração legal e inadimplemento contratual, dando causa às sanções aplicáveis por descumprimento.

O parágrafo único do art. 116, de sua vez, prevê o dever acessório do contratado de, sempre que solicitado, comprovar o cumprimento da reserva de vagas, o que tanto abrange o dever de fazê-lo perante o órgão ou entidade contratante, quanto aos respectivos órgãos de controle.

b) O dever de indicar representante

Dispõe seu art. 118 que o contratado deve manter preposto aceito pela Administração no local da obra ou do serviço, para representá-lo na execução do contrato. Deve ser indicado pelo contratado e aceito pela Administração. Trata-se de pessoa vinculada ao contratado quando pessoa jurídica, com o qual a Administração se relaciona nas comunicações que digam respeito ao contrato. É providência que visa organizar o fluxo do relacionamento entre os contratantes. Trata-se de preposto, logo, não se se exige que tenha atribuição para decidir sobre toda e qualquer situação, senão para receber comunicações e dar a elas seguimento e consequência.

c) O dever de garantia sobre os vícios da prestação objeto do contrato

É inerente ao contrato o dever daquele a quem cumpre realizar a prestação, de garantir sua integridade, respondendo por vícios ou defeitos. A fiel execução do contrato compreende a realização da prestação tal qual configurada no seu objeto, sem qualquer falha que comprometa seu valor ou utilidade. Quando se verifiquem tais falhas, há o direito de o credor da prestação exigir que se corrija, evitando ou atenuando os efeitos do inadimplemento. A garantia da prestação é corolário da vinculatividade do contrato.

Nestes termos, dispõe o art. 119 da Lei 14.133/2021: "O contratado será obrigado a reparar, corrigir, remover, reconstruir ou substituir, a suas expensas, no total ou em parte, o objeto do contrato em que se verificarem vícios, defeitos ou incorreções resultantes de sua execução ou de materiais nela empregados." A norma se serve aqui de múltiplas expressões, em polissemia, mas que referem, afinal, o dever essencial de garantia da prestação contratual em relação a falhas que lhe comprometam valor ou utilidade. Daí o dever, que é legal, do contratado "reparar, corrigir, remover ou substituir as suas expensas", atuação que, conforme o caso, se exige para recompor a prestação nos exatos termos descritos no contrato.

Trata-se do dever de responder (responsabilidade do contratado) que é sucessivo em relação à infração ao dever originário de prestar.

Na dogmática dos contratos administrativos, assim como na disciplina dos contratos em geral, vícios, defeitos e incorreções tomam-se como variações de um mesmo conceito de insuficiência ou falha do cumprimento da prestação. Há distinção conceitual na legislação consumerista, que diferencia os defeitos como falha que atinge a segurança da prestação, ao contrário dos vícios que comprometem sua adequação aos fins a que se destinam ou ao seu valor patrimonial. Não é o caso aqui, em que é incogitável a relação de consumo.

O dever de corrigir os vícios, defeitos ou incorreções, recompondo a integridade da prestação contratual, tem fundamento na lei, e é insuscetível de ser excluído ou atenuado pelo contrato. Note-se que os prazos para exercício do direito à reparação, correção, remoção, reconstrução ou substituição são aqueles convencionados no contrato, ou na ausência de estipulação, os da lei. No caso de prestação que envolva obra, o art. 140, §6º prevê o prazo mínimo de garantia de cinco anos contados do recebimento do objeto, o qual pode ser ampliado por disposição do edital de licitação ou do contrato. Da mesma forma, é prevista como cláusula necessária do contrato administrativo a que disponha sobre "o prazo de garantia mínima do objeto, observados os prazos mínimos estabelecidos nesta Lei e nas normas técnicas aplicáveis, e as condições de manutenção e assistência técnica, quando for o caso" (art. 92, XIII).

Por outro lado, anote-se que apenas se cogita vício ou defeito quando o contratado se afaste do objeto definido no contrato; a prestação a ser satisfeita é a aquela prevista no contrato, logo, se é a Administração quem identifica ou dimensiona mal a necessidade pública a ser satisfeita, ou a prestação necessária a este fim, cumprindo o que é definido no contrato não se cogita vício, defeito ou incorreção imputável ao contratado, tampouco seu dever de reparar ou corrigir.

d) O dever de responder pelos danos causados em razão da execução do contrato

O contratado responde pelos danos que causar diretamente à Administração ou a terceiros em razão da execução do contrato (art. 120 da Lei 14.133/2021). Trata-se de responsabilidade por danos causados na execução do contrato, para o que se exige a presença das condições para imputação próprias da responsabilidade civil em geral. Em relação à Administração, são danos que o contratado deverá reparar porque cumpriu mal o contrato.

Quando não cumpre o objeto do contrato, o contratado responde por perdas e danos causados à Administração em razão do inadimplemento. Exige-se como condição de imputabilidade, a relação de causalidade direta e imediata entre o inadimplemento e o dano a ser reparado. Assim o art. 403 do Código Civil: "Art. 403. Ainda que a inexecução resulte de dolo do devedor, as perdas e danos só incluem os prejuízos efetivos e os lucros cessantes por efeito dela direto e imediato, sem prejuízo do disposto na lei processual."

Por outro lado, pode ocorrer de o contratado ter realizado a prestação principal do contrato, porém desatendido deveres acessórios ou anexos que integram o comportamento que visa ao adimplemento. É o caso da denominada violação positiva do crédito (*positive Forderungsverletzung*), largamente desenvolvida no direito privado também como violação positiva do contrato (*positive Vertragsverletzung*), que compreende a caracterização do inadimplemento em razão do não cumprimento de deveres anexos ou laterais, originários da boa-fé objetiva, que dão causa à lesão ao interesse útil do credor.[10] É categoria dogmática desenvolvida, originalmente, pela doutrina e jurisprudência germânicas, em paralelo a situações tradicionais de impossibilidade de realização da prestação por causa imputável ao devedor (*Unmöglichkeit der Leistung*) e do atraso de cumprimento (*Verzug*)[11], de natureza tipicamente negativas. Estas são espécies de violação negativa, na medida em que o devedor deixa de realizar a prestação devida (inadimplemento absoluto ou relativo), não contemplando situações adiante associadas como de violação dos deveres de proteção[12], ou ainda, cumprimento defeituoso[13], obstáculo à satisfação

[10] Para detalhes, veja-se: MIRAGEM, Bruno. *Direito das obrigações*. 3ª ed. Rio de Janeiro: Forense, 2021, p. 279 e ss.

[11] O estudo original para o desenvolvimento da tese é de Hermann Staub, de 1902, com reedições. Examina-se a edição de STAUB, Hermann. *Die positiven Vertragsverletzungen*, editada por Eberhard Müller, Walter de Gruyter, 1904, p. 5 e ss.

[12] STOLL, Henrich. Abschied von der Lehre von der Abschied von der Lehre von der positiven Vertragsverletzung. Betrachtungen zum dreißigjährigen Bestand der Lehre. *Archiv für die civilistische Praxis*, 136. Tübingen: J. C. B. Mohr, 1932, p. 257-320.

[13] COSTA, Mário Júlio de Almeida. *Direito das obrigações* cit., p. 986-991.

do credor. Neste caso, mesmo tendo havido o cumprimento da prestação principal, sua utilidade é comprometida, ou ainda há comportamento do devedor lesando o patrimônio ou a pessoa do credor.

No direito brasileiro, a violação positiva do contrato é associada à inobservância de deveres decorrentes da boa-fé[14], assim como da lesão ao interesse útil do credor. Nada impede, contudo, o dano direto, por culpa do devedor. Em um contrato administrativo, se o contratado, no ato de entrega de bens adquiridos pela Administração, causa dano ao prédio onde se realize, ou por ocasião da instalação de equipamento compromete outros em operação, responde pela reparação dos danos que causou.

No caso de danos causados pelo contratado a terceiros, responderá perante estes nos termos da legislação civil (art. 927 do Código Civil). No caso de as vítimas exercerem pretensão contra a Administração com fundamento no art. 37, §6º da Constituição da República, poderá o contratado ser demandado regressivamente pelo que o órgão ou ente público venha a responder.

Registre-se, ainda, a parte final do art. 120 da Lei 14.133/2021, ao dispor que a fiscalização ou o acompanhamento do contratante não reduz ou exclui a responsabilidade do contratado nas situações em que der causa ao dano.

Discute-se se a responsabilidade do particular pode ser limitada por cláusula contratual, em vista do disposto em lei. A rigor, em vista do disposto no próprio art. 120, eventual limitação ou exclusão de responsabilidade não seria usual, somente podendo ser admitida por expressa autorização legal (em caráter de exceção),[15] a qual, igualmente,

[14] GOMES, Orlando. *Transformações gerais do direito das obrigações. 2ª ed. São Paulo: RT, 1980,* p. 157; AGUIAR JÚNIOR, Ruy Rosado de. *Extinção dos contratos por incumprimento do devedor.* Rio de Janeiro: Aide, 2004, p. 125; SILVA, Jorge Cesa Ferreira da. *A boa-fé e a violação positiva do contrato*, Rio de Janeiro: Renovar, 2002, p. 207 e ss.

[15] Neste sentido, o recente caso da aquisição de vacinas para a imunização da população em relação ao vírus da Covid-19, cuja autorização legal para limitação de responsabilidade das fabricantes (art. 2º, §1º da Lei 14.121, de 1º de março de 2021, e art. 12, III, da Lei 14.124, de 10 de março de 2021), nos termos do entendimento do Tribunal de Contas da União admitindo a possibilidade de limitação de responsabilidade das contratadas, considerando que "as partes podem promover um rearranjo dos riscos relacionados à eventual responsabilidade de natureza extracontratual, como forma de viabilizar o fornecimento de vacinas e evitar

estaria submetida ao crivo da proporcionalidade que marca seu controle de constitucionalidade.

f) O dever de responder pelos encargos trabalhistas, previdenciários, fiscais e comerciais resultantes da execução do contrato

Dispõe o art. 121 da Lei 14.133/2021 que "somente o contratado será responsável pelos encargos trabalhistas, previdenciários, fiscais e comerciais resultantes da execução do contrato". Reproduz-se regra do regime legal anterior (art. 71 da Lei 8.666/1993), que afasta a responsabilidade da Administração em relação aos débitos assumidos pelo contratado para a execução do contrato administrativo. Tais débitos, de que é titular o contratado, não podem onerar, posteriormente, o objeto do contrato, ou impedir a regularização e o uso das obras e edificações, inclusive perante o registro de imóveis (art. 121, §1º).

A própria lei, contudo, excepciona as hipóteses de contratação de serviços contínuos, em a Administração "responderá solidariamente pelos encargos previdenciários e subsidiariamente pelos encargos trabalhistas se comprovada falha na fiscalização do cumprimento das obrigações do contratado" (art. 121, §2º). Trata-se de matéria objeto de sensível controvérsia jurisprudencial no regime anterior. Originalmente, o Tribunal Superior do Trabalho, por intermédio do Enunciado 331, estendia ao tomador do serviço, e nesta condição, também à Administração, a responsabilidade subsidiária por todas as verbas decorrentes da condenação referentes ao período de prestação do trabalho.

Adiante, contudo, a jurisprudência do Supremo Tribunal Federal, firmada inicialmente pelo julgamento da Ação Declaratória de Constitucionalidade 16, declarou constitucional o art. 71 da Lei 8.666/1993.[16] Retomou o tema na decisão do Recurso Extraordinário 760.931, cuja repercussão geral foi reconhecida, pelo qual a Corte decidiu, reafirmando a constitucionalidade da norma, que "o inadimplemento dos encargos trabalhistas dos empregados do contratado não transfere automaticamente ao Poder Público contratante a responsabilidade pelo

que as contingências ainda incertas quanto à extensão, onerem demasiadamente o preço da contratação, a ponto de torná-la inviável" (TCU, Acórdão 534/2021, rel. Min. Benjamin Zymler, j. 17/03/2021).

[16] STF, ADC 16, Rel. Min. Cezar Peluso, Tribunal Pleno, j. 24/11/2010, p. 09/09/2011.

seu pagamento, seja em caráter solidário ou subsidiário, nos termos do art. 71, § 1º, da Lei nº 8.666/93".[17] Deste modo, como depois reafirmado em embargos de declaração ao julgado, "a responsabilização subsidiária do poder público não é automática, dependendo de comprovação de *culpa in eligendo* ou culpa in vigilando, o que decorre da inarredável obrigação da administração pública de fiscalizar os contratos administrativos firmados sob os efeitos da estrita legalidade."[18]

A norma do art. 121, §2º, reafirma, parcialmente, a jurisprudência do STF, circunscrevendo a responsabilidade solidária da Administração por encargos previdenciários, e subsidiária por encargos trabalhistas, apenas às contratações de serviços contínuos com regime de dedicação exclusiva de mão de obra, cuja definição está prevista no art. 6º, XVI,[19] e desde que comprovada falha na fiscalização do cumprimento das obrigações do contratado. A exigência de comprovação impede que se presuma a falha no dever de fiscalização por parte da Administração. Porém, a própria lei, no tocante às obrigações trabalhistas do contratado, permite que a Administração possa dispor em edital, ou no contrato, sobre medidas que lhe permitam assegurar seu cumprimento, dentre as quais: "I – exigir caução, fiança bancária ou contratação de seguro-garantia com cobertura para verbas rescisórias inadimplidas; II – condicionar o pagamento à comprovação de quitação das obrigações trabalhistas vencidas relativas ao contrato; III – efetuar o depósito de valores em conta vinculada; IV – em caso de inadimplemento, efetuar diretamente o pagamento das verbas trabalhistas, que serão deduzidas do pagamento devido ao contratado; V – estabelecer que os valores destinados a férias, a décimo terceiro salário, a ausências legais e a verbas rescisórias dos empregados do contratado

[17] STF, RE 760931, Rel. p/ Acórdão Min. Luiz Fux, Tribunal Pleno, j. 26/04/2017, p. 12/09/2017.

[18] STF, RE 760931 ED, Rel. p/ Acórdão Min. Edson Fachin, Tribunal Pleno, j. 01/08/2019, p. 06/09/2019.

[19] Define o art. 6º, XVI, da Lei 14.133/2021: "XVI – serviços contínuos com regime de dedicação exclusiva de mão de obra: aqueles cujo modelo de execução contratual exige, entre outros requisitos, que: a) os empregados do contratado fiquem à disposição nas dependências do contratante para a prestação dos serviços; b) o contratado não compartilhe os recursos humanos e materiais disponíveis de uma contratação para execução simultânea de outros contratos; c) o contratado possibilite a fiscalização pelo contratante quanto à distribuição, controle e supervisão dos recursos humanos alocados aos seus contratos".

que participarem da execução dos serviços contratados serão pagos pelo contratante ao contratado somente na ocorrência do fato gerador."

No caso de optar a Administração pelo depósito em conta vinculada (art. 121, §3º, III), tais valores são absolutamente impenhoráveis (art. 121, §4º), o que significa que não poderão servir à satisfação de qualquer outra obrigação do contratado que não as obrigações trabalhistas a cuja garantia servem. Já no caso das contribuições previdenciárias, o art. 121, §5º, determina que se observe o disposto no art. 31 da Lei 8.212/1991, o qual prevê a retenção, pelo tomador do serviço, de 11% do valor bruto da nota fiscal, procedendo seu recolhimento à Previdência Social em nome da empresa cedente da mão de obra.

2.6. Subcontratação

'Subcontrato' ou 'subcontratação' é a convenção pela qual alguém que é titular da posição de contratante em certo contrato, e sem perder tal qualidade, atribui a outra pessoa as vantagens correspondentes a esta posição. Ou seja, o subcontrato permite a um terceiro, que não era parte original de um contrato já celebrado, participar do seu objeto, seja fruindo das vantagens a que ele dê causa, seja se comprometendo a executá-lo, total ou parcialmente. Diferencia-se da cessão do contrato, no qual o contratante original transfere sua posição a terceiro e extingue o vínculo jurídico originalmente existente. No subcontrato, aqueles que contrataram originalmente preservam sua posição, admitindo que um terceiro se integre. O subcontrato supõe a existência válida do contrato a que diz respeito, e lhe segue no tocante à existência válida e aos efeitos (princípio da gravitação jurídica).

Nos contratos administrativos, a subcontratação encontra limite no princípio da licitação, afinal, ao supor a seleção do licitante mais adequado à satisfação de determinada necessidade pública, admitir que este transfira suas obrigações a outra pessoa, depois de celebrado o contrato, em princípio frustra a finalidade do certame. Por outro lado, especialmente quando o atendimento à necessidade pública apresente certa complexidade, em que concorram exigências técnicas ou habilidades distintas para sua execução, a possibilidade de subcontratar poderá atender o princípio da eficiência, ao se formalizar uma única contratação e, admitindo o subcontrato, evitar a realização de outras diversas licitações para compor partes da prestação.

Esta é, também a orientação do art. 122 da Lei 14.133/2021, que dispõe em seu *caput*: "Na execução do contrato e sem prejuízo das responsabilidades contratuais e legais, o contratado poderá subcontratar partes da obra, do serviço ou do fornecimento até o limite autorizado, em cada caso, pela Administração." Permite, a lei, portanto, a subcontratação parcial (não integral) de obra, serviço ou do fornecimento, até o limite autorizado pela Administração.

É a Administração quem autoriza ou não, a subcontratação, conforme seja identificado seu melhor atendimento à necessidade pública pela execução do objeto contratual. Nestes termos, se subordinado a autorização, não há, sem ela, um direito do contratado a subcontratar. Por outro lado, pode haver situações em que a subcontratação não se admita por distintas razões, desde o caráter personalíssimo da prestação a ser executada (ainda que se possa admitir subcontratar atividades acessórias à prestação principal, conforme o caso), ou a elevação dos custos da contratação, se comparada à possibilidade de contratação direta.

Admitida a subcontratação, deve o contratado apresentar à Administração documentação que comprove a capacidade técnica do subcontratado, a ser avaliada e juntada aos autos do processo correspondente (art. 122, §1º). Neste sentido, a avaliação da capacidade técnica do subcontratado integra o poder-dever de fiscalização do cumprimento do contrato; porém, não se pode exigir mais deste do que se exigiu do contratante original.

Há limites subjetivos, igualmente, à subcontratação. O art. 122, §3º, da Lei 14.133/2021, dispõe que "será vedada a subcontratação de pessoa física ou jurídica, se aquela ou os dirigentes desta mantiverem vínculo de natureza técnica, comercial, econômica, financeira, trabalhista ou civil com dirigente do órgão ou entidade contratante ou com agente público que desempenhe função na licitação ou atue na fiscalização ou na gestão do contrato, ou se deles forem cônjuge, companheiro ou parente em linha reta, colateral, ou por afinidade, até o terceiro grau, devendo essa proibição constar expressamente do edital de licitação." Tais limites resguardam a impessoalidade da Administração e a moralidade administrativa, prevenindo o conflito de interesses. A parte final da regra é impositiva: deve "essa proibição constar expressamente do edital de licitação", o que se dá em homenagem ao dever de transparência, próprio do princípio da publicidade administrativa. Não é condição para que valha a vedação constar no edital, seu fundamento é a lei. Nestes termos, há exigência legal para que esteja no edital; ausente, o edital está irregular, não há exceção ao cumprimento da lei. Da mesma forma, a inobservância desta vedação legal à subcontratação caracteriza falta contratual, e pode dar causa à aplicação de sanções ao contratado e até, no limite, à resolução do contrato administrativo.

A possibilidade de subcontratação, por outro lado, pode ser objeto de vedação, restrição ou ainda, submetida a condições previstas em regulamento ou no edital de licitação (art. 122, §3º). Por regulamento se podem fixar tais limitações de modo genérico e abstrato a contratações administrativas que digam respeito a determinado objeto, ou se relacionem a certas atividades. O edital de licitação relaciona-se a contratação específica a que se refira e, nestes termos, conforma a possibilidade de subcontratar naquele caso (princípio da vinculação ao instrumento convocatório).

Note-se, por fim, que ao contrário do regime anterior, no qual a celebração de subcontrato não admitida, expressamente, no edital da licitação ou na lei, constituía motivo para rescisão do contrato (art. 78, VI, da Lei 8.666/1993), no regime instituído pela Lei 14.133/2021, mesmo com ausência de previsão expressa, há possibilidade de subcontratar nos limites autorizados pela Administração, vedada a transferência, ao subcontratado, da execução integral do objeto do contrato.

Da mesma forma, a subcontratação não exime o contratado original de todos os seus deveres e responsabilidades em relação à Administração – o vínculo original decorrente do contrato administrativo celebrado é a causa destes efeitos. Já o subcontratado não tem, só pela celebração do subcontrato, direitos, pretensões, ações ou exceções em relação à Administração. Sua relação jurídica com o contratado produz efeitos entre as partes (*res inter alios acta*). A responsabilidade do subcontratado perante a Administração, por sua vez, se dá pelo regime comum, ausente vínculo contratual entre eles.

2.7. Dever de resposta, pela Administração, das solicitações e reclamações relacionadas à execução do contrato.

A execução do contrato administrativo supõe a relação entre os contratantes, de modo cooperativo, visando a satisfação do interesse comum das partes. Por outro lado, é conhecida a distinção pela qual a Administração, ao se utilizar de formas de direito privado, embora preserve certas prerrogativas, também assume obrigações derivadas do consenso.[20] Da mesma forma, dentre os marcos do Estado de Direito está o do respeito ao devido processo legal também na relação jurídica administrativa, razão pela qual a Administração tem sua atuação delimitada por deveres de consideração e respeito à posição jurídica do administrado. No âmbito da relação contratual, a execução do seu objeto supõe atuações das partes, consistentes em providências materiais e comunicações com diferentes finalidades, orientações e dúvidas sobre o modo de cumprimento, preparação de condições para o início ou prosseguimento da atividade do contratado, até reclamações e requerimentos formais de providências no caso de eventos que possam comprometer ou dificultar o cumprimento.

Na experiência comum, todavia, em muitas situações a Administração, por intermédio de seus agentes, nem sempre responde objetivamente ou comunica decisão sobre o que lhe requer o contratado, em desconsideração ao dever de cooperação que resulta do contrato, ou mesmo do devido processo que informa toda ação administrativa. As razões para isso são diversificadas, desde certa desorganização administrativa até a postura defensiva em relação aos riscos de responsabilização pelo conteúdo de suas manifestações formais. É indisfarçável que tais circunstâncias, na maior parte das vezes, prejudicam ou retardam a execução do objeto do contrato e, consequentemente, a satisfação da necessidade pública.

Daí por que o art. 123 da Lei 14.133/2021 ora impõe à Administração um dever de decidir expressamente, e de responder solicitações e reclamações do contratado, no curso da execução contratual. Dispõe a norma: "Art. 123. A Administração terá o dever de explicitamente emitir decisão sobre todas as solicitações e reclamações relacionadas à execução dos contratos regidos por esta Lei, ressalvados os requerimentos manifestamente impertinentes, meramente protelatórios ou de nenhum interesse para a boa execução do contrato." Nem toda a solicitação ou reclamação deve, contudo, ser objeto de decisão ou resposta, conforme ressalva a própria norma. Não se exige que Administração decida ou responda requerimentos: a) manifestamente impertinentes, assim entendidos os que não tem qualquer relação lógica com o contrato ou a posição jurídica das partes, como aqueles cuja resposta não altera a situação jurídica ou

[20] ESTORNINHO, Maria João. *A fuga para o direito privado. Contributo para o estudo da atividade privada da Administração Pública.* Coimbra: Almedina, 1999, p. 121-122.

afeta qualquer interesse do requerente; b) meramente protelatórios, como aqueles em que a resposta seja desnecessária, já tenha sido prestada ou seja de conhecimento do contratado, de modo que o requerimento tem por objetivo apenas retardar providência ao seu encargo, comportamento ou resultado que lhe seja exigível, inclusive para impedir ou retardar prazos definidos no contrato ou na lei; e c) de nenhum interesse para a boa execução do contrato, assim compreendido que a posição jurídica do contratado perante a Administração informa seu direito de solicitar ou requerer em vista do conteúdo do contrato e visando seu cumprimento. É de se notar, contudo, que quando o contratado solicita ou reclama exercendo direito ou pretensão diretamente perante a Administração, terá direito à resposta com a decisão sobre a procedência ou não do seu pedido, e a respectiva motivação.

Pode o contrato ou a lei definirem prazo para resposta, caso em que deverão ser observados. Não havendo prazo expresso, o parágrafo único do art. 123 dispõe que a Administração terá o prazo de 1 (um) mês para decidir, contado de quando concluída a instrução do requerimento, admitida sua prorrogação motivada por igual período. Note-se, neste particular, que cumpre à Administração, naquelas situações em que é necessário instruir o requerimento – como é o caso de buscar informações em diferentes órgãos, juntar documentos, ou formalizar decisões ou escolhas preparatórias – que o faça com celeridade, evitando procrastinar, sob pena de infração ao dever imposto pela lei.

3. Extinção do contrato administrativo

O contrato administrativo caracteriza-se, como é próprio dos contratos em geral, por seu caráter transitório. O modo próprio de extinção do contrato é o adimplemento, quando as partes executam integralmente as obrigações assumidas, satisfazendo o interesse comum nas prestações. Todavia, cumpre à lei dispor sobre situações em que, não tendo havido o adimplemento, há causas reconhecidas para a extinção do contrato.

Acertou o legislador, na Lei 14.133/2021, ao preferir a referência às causas de 'extinção' do contrato, em relação ao regime anterior, no qual se fazia menção às hipóteses de 'rescisão'. Distanciava-se, a forma anterior, da melhor técnica. 'Rescisão' é modo de extinção do contrato em razão de vício de direito (e.g. evicção) ou do seu objeto (e.g. vício redibitório), desconstituindo o contrato e seu objeto, para retirar-lhe os efeitos. Quando o contrato se forma validamente e produz seus efeitos jurídicos, mas se extingue com efeitos retroativos, há 'resolução'. É o que ocorre, normalmente, quando não foi cumprido (inadimplemento), independentemente da causa, se em razão de conduta imputável às partes ou não (resolução por inadimplemento). Não se descura o fato de que o termo 'resolução' pode ser tomado como gênero da extinção dos efeitos ou espécie (extinção de todos os efeitos, com retroação), conforme o caso. Por fim, há situações em que a extinção do contrato preserva os efeitos já produzidos até que venha a ocorrer, hipótese de 'resilição', que poderá se dar por ato unilateral ou por consenso das partes.

A Lei 14.133/2021, ao dispor sobre as formas de extinção do contrato administrativo, concentra-se naquelas diferentes do adimplemento. Sobre este, disciplina seu art. 140 e seguintes o recebimento do objeto do contrato e os respectivos pagamentos. Antes, porém, ocupa-se dos motivos da extinção do contrato quando não tenha havido a execução integral do seu objeto, ou tenha havido violação de outros deveres por parte do contratado. Em seguida, trata da forma de extinção e seus efeitos.

3.1. Causas para extinção do contrato administrativo

O art. 137 da Lei 14.133/2021 dispõe, deste modo, dos motivos (causas) de extinção do contrato administrativo, distintas do adimplemento, todas hipóteses em que não houve a execução do seu objeto, variando situações em que se identifica causa imputável ao contratado, gerando sua responsabilidade por inadimplemento, e outras em que isso não ocorre. Considerando tais efeitos que se podem produzir em desfavor do contratado, exige a norma motivação formal da Administração, demonstrando a causa de extinção, nos autos do processo, assegurado o contraditório e a ampla defesa. Trata-se de exigência do devido processo administrativo, para os que conflui a proteção dos direitos e garantias fundamentais do particular frente à Administração, e que é causa de legitimação de toda ação administrativa no Estado de Direito.[21] O procedimento e os critérios para verificação das causas que autorizam a extinção do contrato poderá ser objeto de regulamento da lei (art. 137, §1º).

[21] MIRAGEM, Bruno. *Direito administrativo aplicado. A nova administração pública e o direito administrativo.* 3ª ed. São Paulo: RT, 2019, p. 31.

Quando se trate de hipóteses de extinção do contrato em razão do inadimplemento do contratado, o art. 137, §4º estabelece o dever de notificação, pela Administração, daqueles que tenham prestado garantias de execução do contrato (art. 96 da Lei 14.133/2021), sobre o início do processo administrativo para apuração do descumprimento. É providência que visa precaver o garante sobre a possibilidade de execução da garantia e, ainda, nas hipóteses em que a lei autoriza, e estiver previsto no título da garantia, de assumir a própria execução do contrato (o segurador, no caso de obras e serviços de engenharia, art. 102).

Examina-se, a seguir, sumariamente, cada um dos motivos (causas) previstos na lei.

a) Descumprimento de normas do edital ou de cláusulas contratuais

O art. 137, I, da Lei 14.133/2021, prevê como motivo para extinção do contrato o "não cumprimento ou cumprimento irregular de normas editalícias ou de cláusulas contratuais, de especificações, de projetos ou de prazos". Trata-se da hipótese típica de inadimplemento da obrigação como causa de resolução contratual. Neste caso, não cumprimento ou cumprimento irregular são tomados como inadimplemento. O contratado, no caso, não cumpre integralmente com a obrigação fixada no contrato, que tanto pode dizer respeito ao dever principal de prestação, quanto deveres acessórios previstos no edital da licitação (em atenção ao princípio da vinculação ao instrumento convocatório) ou nas cláusulas do contrato; ou cumpre mal (cumprimento defeituoso ou adimplemento ruim), que equivale ao inadimplemento, considerando não alcançar a satisfação do interesse do credor, expresso pela execução do objeto do contrato com a satisfação da necessidade pública que lhe deu causa.

Da mesma forma, refere-se a norma como causa para extinção no caso de não cumprimento ou cumprimento irregular de especificações, projetos e prazos. Trata-se de especificações de alguns dos deveres dos contratantes, em caráter exemplificativo, que devem ser atendidos. Considerando a extensão e diversidade dos deveres que integram a relação contratual, neste caso, é de rigor exigir que o descumprimento ou cumprimento irregular, para dar causa ao efeito de extinção do contrato, se revista de certa gravidade para a satisfação do interesse legítimo dos contratantes, em sacrifício da necessidade pública que a contratação visa atender. Neste sentido, inclusive pela incidência do princípio da proporcionalidade, descumprimento de deveres acessórios que não comprometem ou prejudicam a execução do contrato, ainda que sujeitem o infrator à sanção cabível, poderão não ser suficientes para dar causa à extinção do contrato.

b) Desatendimento das determinações de autoridade designada para acompanhar e fiscalizar a execução

No curso da sua execução, o contrato administrativo submete-se à fiscalização para que se ateste a regular atuação do contratado e o cumprimento do seu objeto. Da mesma forma, não é incomum que seja necessário, para a correta execução do objeto, e satisfação do interesse da Administração, que haja orientações ou determinações de agentes públicos com este fim. Assim, por exemplo, quem recebe um bem adquirido e orienta onde deve ser deixado íntegro, o local em que se deva instalar o equipamento, ou certos cuidados ou precauções a serem adotados na prestação de um serviço à Administração, todas orientações ou determinações visando a fiel execução do contrato. Sua inobservância pelo contratado pode comprometer o cumprimento regular, ou reduzir o proveito da prestação.

Por esta razão, dispõe o art. 137, II, como causa de extinção do contrato, "desatendimento das determinações regulares emitidas pela autoridade designada para acompanhar e fiscalizar sua execução ou por autoridade superior". Anote-se que se trata de determinações, ordens portanto, que prestadas regularmente, por agentes públicos com atribuição para representar a Administração em determinada situação concreta (daí "determinações regulares"), se desatendidas podem dar causa à extinção do contrato. Naturalmente que tais determinações não podem inovar, criando obrigações ao contratado diversas das que constam no contrato. Apenas este vincula as partes, mas em dadas situações concretas podem existir determinações que viabilizam seu cumprimento sem agravar as obrigações que nele constam, mas viabilizam sua execução. Da mesma forma, pode agente público que represente a Administração perante o contratado, ou que se ocupe da fiscalização da execução, identificar e comunicar falhas do cumprimento, solicitando correções. Se comunicado das falhas na execução, e instado a corrigi-las, o contratado deixa de fazê-lo, incide na hipótese prevista na lei que autoriza a resolução contratual.

Considerando, por outro lado, que a caracterização destas falhas dependerá de apuração formal em processo administrativo que assegure o contraditório e a ampla defesa, tais determinações, tanto quanto possível, e até para que se demonstre o descumprimento, também devem ser formalizadas.

c) Alteração social ou modificação da finalidade ou da estrutura do contratado que inviabilize o cumprimento

Nos contratos administrativos que se caracterizem como de duração, no qual a execução se projete no tempo, não é incomum que o contratado, quando pessoa jurídica, possa proceder alterações em seu objeto social, no seu quadro de sócios, em sua estrutura ou modo de funcionamento. Nelas estão abrangidas situações mais amplas de reorganização societária, como ocorre nos casos de fusão, cisão ou incorporação de empresas (v. arts. 227 a 229 da Lei 6.404/1976).

O art. 137, III, da Lei 14.133/2021, dispõe como causa para a extinção do contrato "alteração social ou modificação da finalidade ou da estrutura da empresa que restrinja sua capacidade de concluir o contrato". Destaca-se a exigência do resultado da alteração ou modificação da pessoa jurídica, que, afinal, restrinja sua capacidade de concluir a execução do contrato. Neste caso, desejando promover a extinção do vínculo contratual, deve a Administração demonstrar que a alteração realizada prejudica o cumprimento. Note-se que não se está, no caso, frente à hipótese de inadimplemento do contratado, a quem não se proíbe ou limita a auto-organização lícita. O que há é a prognose futura sobre o risco de comprometer a execução satisfatória do objeto do contrato, a cargo da Administração. É o que pode ocorrer, por exemplo, no caso da contratação de serviços especializados por sociedade empresária, em que parte substancial dos profissionais que justificavam a especialização retira-se do quadro social; ou a alteração da sua sede para local distante daquele que deve ser executado o contrato, prejudicando ou tornando excessivamente custosa a prestação.

d) Decretação de falência ou de insolvência civil, dissolução da sociedade ou falecimento do contratado;

O art. 137, IV, prevê como causa de extinção do contrato, a "decretação de falência ou de insolvência civil, dissolução da sociedade ou falecimento do contratado". São hipóteses típicas de extinção do vínculo contratual, porque o próprio contratado deixa de existir – no caso de falência e dissolução da sociedade extingue-se a pessoa jurídica; no caso de falecimento desaparece a pessoa natural – ou tem restringida a disponibilidade ou administração dos bens – caso da decretação de insolvência civil (art. 752 CPC/73).

Em relação à falência, o art. 117 da Lei 11.101/2005 dispõe que "Os contratos bilaterais não se resolvem pela falência e podem ser cumpridos pelo administrador judicial se o cumprimento reduzir ou evitar o aumento do passivo da massa falida ou for necessário à manutenção e preservação de seus ativos, mediante autorização do Comitê." É consentâneo, contudo, que não se aplica esta regra aos contratos administrativos, frente à expressa disposição da Lei 14.133/2021, o que ademais consagra prerrogativa da Administração em face do risco em relação à execução do contrato e atendimento a uma necessidade pública. Justifica, no ponto, incidência do regime especial de direito público, com solução que está em acordo com a própria condição exigida para habilitação do particular a participar da licitação pública (certidão negativa de feitos sobre falência, art. 69, II) – afinal, exigência que toma em consideração todas as restrições que se lhe impõe de atuação negocial, e sua repercussão para o cumprimento das obrigações.

A extinção do contrato, contudo, mesmo neste caso, não é de pleno direito, devendo ser motivada formalmente em processo administrativo, assegurados o contraditório e a ampla defesa.

e) Caso fortuito ou força maior

O caso fortuito ou força maior são causas que excluem o nexo de causalidade entre o comportamento do devedor e o inadimplemento, tomadas como critério para o afastamento da imputação de responsabilidade nas obrigações em geral.[22] Refere o art. 393 do Código Civil: "O devedor não responde pelos prejuízos resultantes de caso fortuito ou força maior, se expressamente não se houver por eles responsabilizado". Igualmente, o parágrafo único do mesmo artigo refere o caso fortuito e a força maior, como "fato necessário, cujos efeitos não eram possíveis evitar ou impedir". Trata-se, pois, de fato externo e irresistível ao agente, que não pode impedi-lo, de modo que assume, o próprio evento, a causa do dano.

[22] MIRAGEM, Bruno. *Direito das obrigações*. 3ª ed. Rio de Janeiro: Forense, 2021, p. 284-285.

O art. 137, V, da Lei 14.133/2021, dispõe como causa para extinção do contrato o "caso fortuito ou força maior, regularmente comprovados, impeditivos da execução do contrato". A redação é tautológica. Caso fortuito e força maior é qualificação jurídica de fatos da realidade que impossibilitam o cumprimento, impedindo a responsabilização do inadimplente. Para que determinado fato seja qualificado como caso fortuito ou força maior, exige-se que seja "ato necessário, cujo efeito não era possível evitar ou impedir". É o que se deve comprovar.

Duas são as condições que se exigem do fato em si: (a) que seja um fato necessário; e (b) que seja inevitável. Há certo tempo cogitava-se, também, da imprevisibilidade do fato. Não há sentido, todavia, em tomá-lo de modo autônomo[23]. A imprevisibilidade do fato pode existir, de modo a torná-lo inevitável. Ou seja, não se pode impedir ou evitar, justamente porque não se pode prever. Porém o inverso não é verdadeiro, uma vez que, mesmo se tratando de fato previsível, nem sempre, por isso, será evitável (assim, por exemplo, os eventos climáticos). Da mesma forma, a inevitabilidade é dos fatos, tais como se apresentem em certo lugar e tempo, seja em relação ao que dê causa ao inadimplemento, como em relação aos seus efeitos[24].

Ao caráter inevitável e necessário do fato, de sua vez, vincula-se uma terceira característica, que é a de dar causa à impossibilidade de realização da prestação devida. Esta impossibilidade é tomada em vista, não apenas de uma impossibilidade fática (a prestação é passível ou não de ser executada no plano fático), mas também toma em consideração qual o esforço do devedor será necessário para sua realização, de modo que não se deva exigir que realize providências extremamente gravosas ou extraordinárias para efeito de cumprir a prestação.

f) Atraso ou impossibilidade de obtenção de licença ambiental ou alteração substancial do projeto que dela resultar

Quando o objeto do contrato exija a obtenção de licença ambiental como condição para início da sua execução, eventual atraso, a impossibilidade da sua obtenção, ou a necessidade que se opere alteração substancial do

[23] PONTES DE MIRANDA, Francisco Cavalcante. *Tratado de direito privado*, t. XXIII. São Paulo: RT, 2012, p. 156-157.

[24] PONTES DE MIRANDA, Francisco Cavalcante. *Tratado de direito privado*, t. XXIII. São Paulo: RT, 2012, p. 164.

projeto para que seja concedida, pode dar causa à extinção do contrato. Esta é a hipótese do art. 137, VI, da Lei 14.133/2021: "atraso na obtenção da licença ambiental, ou impossibilidade de obtê-la, ou alteração substancial do anteprojeto que dela resultar, ainda que obtida no prazo previsto". Fica evidenciada a razão: destinado, o contrato administrativo, à satisfação de determinada necessidade pública, o atraso no início da execução pode tornar impossível ou inútil o objetivo pretendido; o mesmo se diga em relação à obtenção de licença para o que se exijam alterações substanciais do projeto, o que termina por modificar também o objeto do contrato, seus custos e a própria finalidade a ser atingida. Eventual obtenção de licença prévia, quando cabível, pode mitigar o problema, mas não o elimina, considerando a prevalência do juízo da autoridade ambiental, quando da expedição da licença definitiva.

g) Atraso ou impossibilidade da liberação das áreas sujeitas à desapropriação, a desocupação ou a servidão administrativa

Pode ocorrer de a execução do objeto contratual depender da liberação de determinada área onde se deva realizar a prestação (e.g. a obra que se contrate para execução em determinado imóvel, o trajeto de certa rodovia, ou outro equipamento público a ser construído que passe por imóvel ocupado por terceiros, que precisarão se deslocar). Neste caso, são inúmeras as hipóteses de atraso, pelas mais diversas causas, em tornar disponível as áreas para a execução do contrato administrativo, inclusive com litígios judiciais, que conferem a tais situações certa imprevisibilidade quanto a sua conclusão. Daí porque bem prevê o art. 137, VII, da Lei 14.133/2021, a hipótese de "atraso na liberação das áreas sujeitas a desapropriação, a desocupação ou a servidão administrativa, ou impossibilidade de liberação dessas áreas" como causa de extinção do contrato administrativo.

Note-se que o momento em que dá causa à extinção não é certo. Atraso ou impossibilidade são situações que se formam, seja com o tempo, seja com a sucessão de eventos que lhe concedem um caráter definitivo (tornar impossível). Nestes termos, nada impede que certo contrato seja celebrado e inicie sua execução, a qual não é prejudicada pela não liberação de parte da área ainda não alcançada pelo cumprimento. Apenas em certo estágio da execução, necessitando já avançar sobre a área não liberada, é que o atraso ou impossibilidade impedirá o cumprimento de todo o objeto contratual. Neste caso se pode suspender o contrato, segundo os limites da lei, para que se concluam as providências necessárias à liberação, ou promover sua resolução, pela impossibilidade de cumprimento.

h) Razões de interesse público

A extinção do contrato administrativo por razões de interesse público se insere nas prerrogativas da Administração, parte das denominadas cláusulas exorbitantes. Permite a resilição unilateral mediante juízo de conveniência e oportunidade da autoridade competente, por ato motivado submetido ao controle da sua juridicidade. Os limites para invocação, em abstrato, do interesse público como fundamento exclusivo da decisão administrativa – e no caso em exame, especialmente, de contrato celebrado com o particular, sob o marco do consenso e da reciprocidade de interesses – caracterizam o Estado de Direito. Neste sentido, a crítica da boa doutrina à excessiva abstração e vagueza da lei.[25]

Pertence à Administração a prerrogativa para identificar as necessidades públicas a serem satisfeitas pela contratação administrativa e os meios para tanto. Tais meios podem variar no tempo, como ocorre quando são atualizados, ou mesmo frente a alterações da realidade que impliquem em novo juízo sobre a necessidade, conveniência e oportunidade da solução adotada. Este juízo, contudo, exige precisa justificação, para o que a lei determina que seja prestada pela autoridade máxima do órgão ou da entidade contratante (art. 137, VIII). Ao mesmo tempo, a extinção do contrato administrativo nestas condições que, mais comum, se dá por ato unilateral da Administração, mas que não se impede também decorra do consenso dos contratantes, preserva obrigatoriamente a posição jurídica das partes até quando ocorra, em especial dos direitos adquiridos.

i) Descumprimento das obrigações relativas à reserva de cargos previstas em lei

O art. 137, IX, da Lei 14.133/2021, prevê como causa para extinção do contrato administrativo, o "não cumprimento das obrigações relativas à reserva de cargos prevista em lei, bem como em outras normas específicas,

[25] JUSTEN FILHO, Marçal. *Comentários à lei de licitações e contratações administrativas*. São Paulo: RT, 2021, p. 1479; HEINEN, Juliano. *Comentários à lei de Licitações e contratos administrativos*. Salvador: JusPodium, 2021, p. 694.

para pessoa com deficiência, para reabilitado da Previdência Social ou para aprendiz." A hipótese, como já se observou, tem por objetivo assegurar o atendimento de políticas afirmativas fixadas em lei, explicitando que seu desatendimento caracteriza também infração legal. As obrigações relativas à reserva de cargos prevista em lei são previstas também como cláusula necessária do contrato, conforme dispõe o art. 92, XVII, de modo que seu descumprimento caracteriza inadimplemento, dando causa ao direito de resolução contratual.

3.2. Direito do contratado à extinção do contrato

Respeitadas as prerrogativas da Administração, a natureza comutativa do contrato administrativo e a reciprocidade de interesses que deve resguardar, confere ao contratado o direito subjetivo à resolução na hipótese em que sofra inadimplemento. Também se lhe reconhece direito à resolução nas situações previstas em lei que caracterizem perturbação ao programa contratual, as quais possam comprometer, a seu juízo, o interesse na manutenção do ajuste. Trata-se de situações que se configuram, como regra, limites aos poderes e cláusulas exorbitantes que caracterizam a posição jurídica da Administração nos contratos administrativos.

Estas hipóteses estão previstas no art. 137, §2º da Lei 14.133/2021, cujo exame sumário se faz a seguir.

a) Supressão do objeto pela Administração que altere o valor inicial do contrato além do seja obrigado a aceitar por efeito de lei

Dentre as "cláusulas exorbitantes" ou prerrogativas da Administração nos contratos administrativos está o poder para sua alteração unilateral, impondo, nas mesmas condições ajustadas, acréscimos ou supressões de até 25% (vinte e cinco por cento) do valor inicial atualizado quando seu objeto diga respeito a obras, serviços ou compras, e, do acréscimo de até 50% (cinquenta por cento) no caso de reforma de edifício ou de equipamento (art. 125 da Lei 14.133/2021). Nestes casos, o contratado é obrigado a aceitar a alteração, sob pena de, não o fazendo, infringir a lei, submetendo-se às sanções cabíveis. No caso de alterações que superem estes limites, contudo, não está o contratado obrigado a aceitá-las, podendo, no caso de serem impostas de modo unilateral pela Administração, exercer direito de resolução do contrato.

b) Suspensão de execução do contrato superior a 3 (três) meses, ou de modo intermitente por 90 (noventa) dias úteis

Dispõe o art. 137, §2º, da Lei 14.133/2021, sobre duas situações de suspensão da execução do contrato que dão causa ao direito de resolução pelo contratado. O inciso II prevê a possibilidade de exercício do direito de resolução do contrato quando haja suspensão de sua execução, por ordem escrita da Administração, por prazo superior a 3 (três) meses. O inciso III refere-se à mesma situação, mas quando em suspensões repetidas e intermitentes, alcance 90 (noventa) dias úteis somados.

Trata-se de regra que visa proteger o interesse do contratado em relação ao tempo em que se deva manter disponível para executar o objeto do contrato, no caso em que este venha a ser suspenso. Neste sentido, superados os prazos previstos na norma, pode decidir exercer ou não o direito, conforme conclua seu melhor interesse. A *contrario sensu*, nascendo o direito de resolução apenas no caso de suspensão superior a 3 (três) meses, considera-se o dever do contratado de suportar a suspensão em prazo inferior. O mesmo seja dito em relação à suspensão em períodos intermitentes que não atinja 90 (noventa) dias úteis. Ainda se destaque que não nasce o direito à resolução pelo contratado, mesmo quando o prazo supere os limites previstos, nos casos de "calamidade pública, de grave perturbação da ordem interna ou de guerra, bem como quando decorrerem de ato ou fato que o contratado tenha praticado, do qual tenha participado ou para o qual tenha contribuído", admitido o direito ao reequilíbrio econômico-financeiro, quando for o caso (art. 137, §3º).

c) Atraso de pagamentos superior a 2 (dois) meses

O atraso de pagamento superior a 2 (dois) meses, por parte da Administração, dá causa ao direito de resolução do contrato pelo contratado, por inadimplemento. Conta-se o prazo, nos termos do art. 137, §2º, IV, "da emissão da nota fiscal, dos pagamentos ou de parcelas de pagamentos devidos pela Administração por despesas de obras, serviços ou fornecimentos". Trata-se, igualmente, de direito que pode ou não exercer o contratado, conforme avalie melhor preservar seu interesse. Não é incomum, na experiência brasileira, atraso superior ao limite definido na lei. Porém, a partir dos 2 (dois) meses que de ordinário suporta, nasce direito a promover a extinção do contrato, o que pode ocorrer, na prática, em situações nas quais o inadimplemento avance no tempo, com risco de comprometer a higidez financeira do contratado, inclusive em relação ao cumprimento de outras obrigações de que seja parte.

O direito de resolução do contratado, contudo, a exemplo de outras hipóteses já mencionadas, não nasce se o inadimplemento, mesmo superior ao prazo de 2 (dois) meses de atraso no pagamento, ocorrer em situações de "calamidade pública, de grave perturbação da ordem interna ou de guerra, bem como quando decorrerem de ato ou fato que o contratado tenha praticado, do qual tenha participado ou para o qual tenha contribuído".

Porém, sejam nestas situações em que não tem o direito de resolução, ou mesmo sendo titular do direito, admite-se que possa, o contratado, optar pela suspensão do cumprimento das obrigações assumidas (paralisar a execução do objeto contratual), até a normalização da situação (exceção de contrato não cumprido). Assim como se reconhece seu direito ao reequilíbrio econômico-financeiro do contrato, por acordo com a Administração (art. 137, §3º, II c/c art. 124, II, "d"). Neste sentido, confia-se ao próprio particular a decisão sobre como melhor conformar a preservação do seu interesse no contrato.

d) Ausência da liberação de área local ou objeto imprescindíveis à execução do contrato

A hipótese derradeira que confere ao contratado o direito de resolução do contrato administrativo é a da não liberação pela Administração, nos prazos do contrato "de área, local ou objeto, para execução de obra, serviço ou fornecimento, e de fontes de materiais naturais especificadas no projeto, inclusive devido a atraso ou descumprimento das obrigações atribuídas pelo contrato à Administração relacionadas a desapropriação, a desocupação de áreas públicas ou a licenciamento ambiental." Trata-se de hipótese típica de inadimplemento, considerando a violação do prazo previsto em contrato para cumprimento da obrigação que incumbia ao contratante.

3.3. Formas de extinção do contrato

Os contratos administrativos se extinguem, além do adimplemento (com o recebimento do objeto e o pagamento), também em razão de determinação da Administração, segundo as causas definidas na lei, por consenso das partes, ou pelo exercício do direito reconhecido por decisão judicial ou arbitral. Da mesma forma, ao tratar-se da extinção, deve-se compreender, segundo o sentido da lei, em relação aos seus efeitos, não se tratando da desconstituição do contrato no caso de invalidade, que pode ser declarada pela Administração (autotutela), segundo o regime próprio previsto na lei (art. 147 e ss), ou pelo exercício de pretensão própria em juízo, no caso de interesse do contratado ou de terceiro (e.g. por ação popular, art. 1º da Lei 4.717/1965).

O art. 138 da Lei 14.133/2021, de sua vez, dispõe sobre as formas de extinção do contrato, nos seguintes termos: "Art. 138. A extinção do contrato poderá ser: I – determinada por ato unilateral e escrito da Administração, exceto no caso de descumprimento decorrente de sua própria conduta; II – consensual, por acordo entre as partes, por conciliação, por mediação ou por comitê de resolução de disputas, desde que haja interesse da Administração; III – determinada por decisão arbitral, em decorrência de cláusula compromissória ou compromisso arbitral, ou por decisão judicial." Uma interpretação apressada da norma pode conduzir ao entendimento de que serão exclusivamente estas as formas de extinção, quando o próprio exame das causas de extinção dos contratos, previstas no art. 137, permite identificar situações em que a extinção por resolução se dá também pelo exercício do direito conferido ao contratado, o qual não se deve exigir que, necessariamente, seja exercido perante o juízo (para eventualmente dar causa à extinção por decisão judicial ou arbitral), quando ausente controvérsia entre as partes.

Neste particular, refira-se que quando a extinção do contrato ocorra por culpa exclusiva da Administração (e.g. inadimplemento), é reconhecido o direito do contratado à reparação dos prejuízos que vier a comprovar, assim como à devolução da garantia, aos pagamentos devidos pela execução até a data que o se extinguir o vínculo, bem como ao pagamento do custo de desmobilização (art. 138, §2º).

a) Extinção por ato unilateral da Administração

A extinção do contrato pode ser determinada por ato unilateral e escrito da Administração, exceto no caso de descumprimento decorrente de sua própria conduta. O poder da Administração de extinguir o contrato por decisão unilateral é característico do regime de prerrogativas e cláusulas exorbitantes dos contratos administrativos em diferentes sistemas jurídicos. A lei lhe define forma e limite. Trata-se de ato administrativo que deve ser formalizado por escrito e, nestes termos, observar os demais requisitos de validade. No caso específico, o art. 139, §1º, inclusive, dispõe que o ato de extinção em si deve ser precedido de autorização escrita e fundamentada da autoridade competente, reduzida a termo no respectivo processo. Da mesma forma, deve ele próprio ser expedido por autoridade competente, com a respectiva motivação e respeitando a finalidade que visa atingir. Neste sentido, não é demais lembrar que a legitimidade do ato administrativo se relaciona com determinada realidade objetiva que o justifica (motivo), devidamente explicitada pela autoridade competente (motivação), de modo a permitir sua verificação. Tratando-se de ato unilateral cujo objeto é a extinção de contrato administrativo, deve-se demonstrar não apenas que o autoriza uma das hipóteses previstas na lei (art. 137 da Lei 14.133/2021), como também que a decisão em questão atende determinada finalidade de interesse público, sendo a que menor sacrifício traz à posição jurídica das partes, em especial em respeito ao interesse legítimo do contratado (proporcionalidade).

Note-se que, com isso, não se trata de reconhecer ao particular direito à manutenção do contrato, mas controle da própria finalidade do ato administrativo sob diferentes perspectivas, da proteção aos princípios que informam a Administração (e.g. impessoalidade, moralidade, eficiência). A circunstância de que a extinção do contrato administrativo pode afetar direitos ou interesses do contratado dá causa a que se projete sobre a situação, e em especial, na fase antecedente à decisão sobre a extinção, a garantia do devido processo legal. Isso terá especial relevância conforme a causa definida para motivar o ato unilateral de extinção do contrato, que poderá ser relacionar a fatos que também poderão fundamentar sanções (e.g. inadimplemento do contratado, art. 137, I e II).

Há também um limite definido, em lei, para o exercício do poder de extinção unilateral do contrato pela Administração, que é o caso em que seu motivo se vincule a "descumprimento decorrente de sua própria conduta". Trata-se do reconhecimento, no regime do contrato administrativo, de comportamentos reconduzidos, no âmbito dos contratos privados, à proibição do comportamento contraditório (*venire contra factum proprium*)[26] e, neste caso, mas precisamente a *tu quoque*,[27] fórmulas cuja origem se vincula aos efeitos da boa-fé objetiva. Quando um dos contratantes desrespeita o contrato e depois exige sua observância ao outro, se contradiz de modo contrário ao comportamento que dele se espera, sobretudo, como é o caso da norma, servindo-se do descumprimento a que deu causa para extinguir o contrato.

Havendo a extinção por ato unilateral da Administração, sem prejuízo de eventuais sanções que se venham a aplicar ao contratado, prevê-se como consequências por efeito da lei, as seguintes: I) assunção imediata do objeto do contrato, por ato próprio da Administração; II) ocupação e utilização do local, das instalações, dos equipamentos, do material e do pessoal empregados na execução do contrato e necessários à sua continuidade; III) execução da garantia contratual; IV) retenção dos créditos decorrentes do contrato até o limite dos prejuízos causados à Administração Pública e das multas aplicadas (art. 139). Trata-se de providências sem caráter sancionatório, uma vez que visam assegurar o atendimento da necessidade pública a que se destinava o contrato administrativo extinto, e preservar o interesse da Administração em relação aos prejuízos decorrentes de eventual inadimplemento. A decisão sobre tais providências, contudo, observa os princípios da informam a ação administrativa, de modo que deve atender a finalidade de preservação do interesse público, observada a proporcionalidade entre meios e fins.

As providências de assunção do objeto do contrato e ocupação e utilização de local, instalação, equipamentos, dentre outros elementos (art. 139, I e II), envolvem a discricionariedade do gestor, que deve sopesar seu custo e os meios para adoção. Poderá, neste sentido, decidir, conforme o interesse público "dar continuidade à obra ou ao serviço por execução direta ou indireta."(art. 139, §1º), ou seja, tomar a si concluir a execução do objeto contratual ou proceder nova contratação, conferindo ao contratado neste ajuste a obrigação de concluí-lo. Em relação à possiblidade de ocupação e utilização de bens que pertencem ao contratado para

[26] MENEZES CORDEIRO, António Manuel da Rocha e. *Da boa fé no direito civil*. Coimbra: Almedina, 2015, p. 745.

[27] MENEZES CORDEIRO, António Manuel da Rocha e. *Da boa fé no direito civil*. Coimbra: Almedina, 2015, 841-843.

continuidade do contrato, inclusive, trata-se de providência pertinente a certos contratos administrativos (em especial, os que envolvam delegação de serviços públicos), sendo incogitável em relação a contratos cujo objeto envolva obras, prestação de serviços ou fornecimento, seja em razão do seu caráter desproporcional, seja em vista da violação direta à propriedade e livre iniciativa do particular. A gravidade da medida, neste caso, explica a razão pela qual a própria lei exija como pressuposto do ato, a autorização expressa do ministro de Estado, do secretário estadual ou do secretário municipal competente (art. 139, §2º).

A execução da garantia contratual e a retenção dos créditos decorrentes do contrato, por sua vez, são providências cuja adoção pela Administração deve considerar seu custo e efetividade na preservação do interesse público. Neste sentido, as finalidades a serem alcançadas com a execução da garantia são previstas na lei (art. 139, III), a saber: a) o ressarcimento dos prejuízos da Administração, decorrentes da não execução; b) o pagamento de verbas trabalhistas, fundiárias e previdenciárias, quando cabível; c) pagamento das multas devidas à Administração; e d) assunção da execução e da conclusão do objeto do contrato pela seguradora, quando cabível (art. 102).

Já a retenção dos créditos a que o contratado tenha direito em razão do contrato extinto, como meio de assegurar os recursos necessários à reparação dos danos decorrentes do inadimplemento, é providência útil e eficiente para preservar o interesse da Administração. Contudo, a determinação dos prejuízos a serem reparados pelo particular, e que afinal serão compensados com os créditos objeto de retenção, exige, como regra, certo tempo para sua precisa liquidação. A retenção operada pela Administração, neste sentido, não afasta o direito de o contratado receber os valores, ainda que em momento futuro, do que excede ao compensável com os prejuízos a que deu causa, de modo atualizado até a data do efetivo pagamento. Por outro lado, se desde logo seja possível identificar que os prejuízos decorrentes do inadimplemento, embora ilíquidos, serão estimados em valor notoriamente inferior aos créditos a que tem direito o contratado, impõe-se a proporcionalidade da medida, inclusive com a retenção apenas de parte dos valores, quando suficientes para atender o fim de reparar a Administração.

b) Extinção por consenso dos contratantes

A segunda forma de extinção do contrato é por consenso dos contratantes. Conforme já foi mencionado, o art. 138, II, da Lei 14.133/2021, relaciona, como forma de extinção "consensual, por acordo entre as partes, por conciliação, por mediação ou por comitê de resolução de disputas, desde que haja interesse da Administração." O consenso das partes para extinguir o contrato tanto pode se dar mediante negociação direta, quanto por meio de conciliação, mediação ou por comitê de resolução de disputas. A previsão destas hipóteses sempre pressupõe a preservação do interesse público ("desde que haja interesse da Administração), porém reconhece e promove a consideração da possibilidade de composição de interesses como meio eficiente para sua satisfação.

A mediação como meio de solução de controvérsias entre particulares e autocomposição de conflitos no âmbito da administração pública é disciplinada, detalhadamente, pela Lei 13.140, de 26 de junho de 2015, incidente na espécie. Da mesma forma o art. 151 da Lei 14.133/2021dispõe sobre os meios alternativos de solução de controvérsias.

Os comitês de resolução de disputas fazem referência a método recorrente em certos contratos, em diferentes sistemas jurídicos (*Dispute boards*), pelo qual são designados profissionais para acompanhamento da execução do contrato, com o objetivo de solucionar, de modo relativamente célere, em atenção ao disposto nas cláusulas contratuais, eventuais controvérsias que se apresentem ao longo da vigência do contrato. Destaca-se sua utilidade para evitar a paralisação da execução até que se decida a questão, uma vez que permite a solução da controvérsia tão logo ocorra, reduzindo custos de eventual litígio, e preservando o relacionamento entre os contratantes. Tais comitês devem ser previstos no contrato, tanto no tocante a formação, quanto ao modo de atuação. A autoridade de suas decisões deriva do próprio contrato e o caráter que as partes lhe conferem por seu intermédio. Neste sentido, é reconhecido pelo Enunciado 76 da I Jornada de Prevenção e Solução Extrajudicial de Litígios, promovida pelo Centro de Estudos Judiciários do Conselho da Justiça Federal (CEJ/CJF), em 2016, nos seguintes termos: "As decisões proferidas por um Comitê de Resolução de Disputas (*Dispute Board*), quando os contratantes tiverem acordado pela sua adoção obrigatória, vinculam as partes ao seu cumprimento até que o Poder Judiciário ou o juízo arbitral competente emitam nova decisão ou a confirmem, caso venham a ser provocados pela parte inconformada."

c) Extinção por decisão arbitral ou judicial

A terceira forma de extinção do contrato administrativo, prevista no art. 138, III, da Lei 14.133/2021, é "determinada por decisão arbitral, em decorrência de cláusula compromissória ou compromisso arbitral, ou por decisão judicial."

A submissão dos contratos administrativos à arbitragem foi objeto de controvérsia no direito brasileiro. A contrariedade à sua adoção nas relações com a Administração, como regra, fundava-se no argumento de que seria incompatível com o princípio da indisponibilidade do interesse público. Trata-se, contudo, de discussão superada, tanto na jurisprudência,[28] quanto pela previsão expressa da lei (art. 151 e ss da Lei 14.133/2021 e art. 1º, §§1º e 2º da Lei 9.307/1996). Refere, a norma, que a extinção será decretada em razão de decisão arbitral "em decorrência de cláusula compromissória ou compromisso arbitral". Trata-se de excesso de zelo do legislador, para precaver-se de eventual resistência ao instituto. A rigor, do que se trata é a extinção do contrato por decisão arbitral válida ou regular, cujo fundamento, ou bem é cláusula compromissória constante no contrato administrativo, que preveja o recurso à arbitragem, ou no compromisso arbitral, hipótese em que ausente previsão contratual, e surgida a controvérsia, as partes convencionam submetê-la à arbitragem. Não se deixa de notar, contudo, que a referência ao compromisso arbitral, neste caso, permitirá o recurso à arbitragem mesmo se, originalmente, não haja previsão no contrato ou no edital da licitação do qual se origina.

Como não poderia ser diferente, também a decisão judicial é forma de extinção do contrato administrativo. Neste caso, tanto se considera a decisão que resulte do exercício de direito das partes por via de ação, quanto de terceiros legitimados ao controle da atividade administrativa e contra lesão ao patrimônio público (e.g Ministério Público, Tribunais de Contas, e particulares quando a lei os reconheça legítimos para tal).

[28] STJ, MS 11.308/DF, Rel. Min. Luiz Fux, 1ª Seção, j. 09/04/2008, DJe 19/05/2008; REsp 904.813/PR, Rel. Min. Nancy Andrighi, 3ª Turma, j. 20/10/2011, DJe 28/02/2012; CC 139.519/RJ, Rel. p/ Acórdão Min. Regina Helena Costa, 1ª Seção, j. 11/10/2017, DJe 10/11/2017.

Note-se, neste particular, que a própria Administração pode recorrer a juízo para exercer seu direito à resolução, ao invés de exercer seu poder de extinção unilateral, como modo de precaver-se do risco de revisão judicial da decisão administrativa, resguardando a estabilidade e segurança jurídica em relação a determinada situação concreta.

Referências

AGUIAR JÚNIOR, Ruy Rosado de. *Extinção dos contratos por incumprimento do devedor* cit., 2004.

COSTA, Mário Júlio de Almeida. *Direito das obrigações* cit., p. 986-991.

COUTO E SILVA, Almiro do. O princípio da segurança jurídica (proteção à confiança) no direito público brasileiro e o direito da administração pública e anular seus próprios atos administrativos: o prazo decadencial do art. 54 da Lei de Processo Administrativo da União (Lei n. 9.784/99). *Revista da Procuradoria-Geral do Estado do RS*. Cadernos de direito público, n. 57. Porto Alegre: PGE, dez. 2003.

DI PIETRO, Maria Sylvia Zanella. *Direito administrativo*. São Paulo: Atlas, 2015.

ESTORNINHO, Maria João. *A fuga para o direito privado. Contributo para o estudo da atividade privada da Administração Pública*. Coimbra: Almedina, 1999, p. 121-122.

GOMES, Orlando. *Transformações gerais do direito das obrigações 2ª ed. São Paulo: RT, 1980.*

HEINEN, Juliano. *Comentários à Lei de Licitações e Contratos Administrativos*. Salvador: Juspodium, 2021.

JUSTEN FILHO, Marçal. *Comentários à lei de licitações e contratações administrativas*. São Paulo: RT, 2021.

MAURER, Hartmut. *Elementos de direito administrativo alemão*. Porto Alegre: Sérgio Antônio Fabris, 2001.

MENEZES CORDEIRO, António Manuel da Rocha e. *Da boa fé no direito civil*. Coimbra: Almedina, 2015.

MIRAGEM, Bruno. *Direito administrativo aplicado. A nova administração pública e o direito administrativo*. 3ª ed. São Paulo: RT, 2019.

MIRAGEM, Bruno. *Direito das obrigações*. 3ª ed. Rio de Janeiro: Forense, 2021.

MIRAGEM, Bruno. *Teoria geral do direito civil*. Rio de Janeiro: Forense, 2021.

MÖLLERS, Thomas, *Juristische Methodenlehre*, 2. ed. Munich: Beck, 2019.

MOURA, Mauro Hiane de. *A autonomia contratual da administração pública*. Rio de Janeiro: GZ, 2014.

PÉREZ, Jesus González. *El principio general de la buena fe en el derecho administrativo*. 3. ed. ampl. Madrid: Civitas 1999.

PONTES DE MIRANDA, Francisco Cavalcante. *Tratado de direito privado*, t. XXIII. São Paulo: RT, 2012.

SÉRVULO CORREIA José Manuel. *Legalidade e autonomia contratual nos contratos administrativos*. Coimbra: Almedina, 1987.

SILVA, Jorge Cesa Ferreira da. *A boa-fé e a violação positiva do contrato*, Rio de Janeiro: Renovar, 2002.

STAUB, Hermann. *Die positiven Vertragsverletzungen*, editada por Eberhard Müller, Walter de Gruyter, 1904.

STOLL, Henrich. Abschied von der Lehre von der Abschied von der Lehre von der positiven Vertragsverletzung. Betrachtungen zum dreißigjährigen Bestand der Lehre. *Archiv für die civilistische Praxis*, 136. Tübingen: J. C. B. Mohr, 1932.

TURPIN, Colin C. Public contracts. *International Encyclopedia of Comparative Law*, v. VII, chapter 4. Tübingen: J. C. B. Mohr (Siebeck)/ The Hague: Nijhoff, 1982.

17. Preços, Alterações dos Contratos e Pagamentos

Marcos Nóbrega

Pedro Dias de Oliveira Netto

1. Alterações contratuais sob a ótica da Lei nº 14.133/2021

Devemos analisar o escopo da Nova Lei de Licitações e Contratos Administrativos por meio de novos olhares, ainda que estejamos diante de normas que, em grande parte, representem uma reprodução de dispositivos contidos na Lei nº 8.666/93.

As cláusulas exorbitantes do contrato administrativo, em especial, a prerrogativa do Poder Público para alterar unilateralmente o contrato, dispõe de um quadrante normativo semelhante às hipóteses da lei antecessora. De tal sorte que as alterações contratuais devem estar compatibilizadas com as atuais necessidades da Administração Pública, com a finalidade de alcançar o interesse público e, de igual forma, manter o equilíbrio contratual com o contratado.

A alteração unilateral cinge-se diante da competência da Administração Pública contratante que é autorizada, por lei, a impor ao contratado determinadas modificações na execução do contrato administrativo durante a sua vigência. Trata-se de um instrumento para que o objeto do contrato seja adaptado a necessidades factuais e superveniente a sua celebração. Deve respeitar o edital, a proposta vencedora, bem como o contrato a si mesmo.

O art. 124, I, da Lei nº 14.133/2021, prescreve exaustivamente as situações em que se tornam possíveis as alterações unilaterais pela Administração, que irão ocorrer quando houver modificação do projeto ou das especificações (alteração qualitativa); ou quando for necessária a modificação do valor contratual em decorrência de acréscimo ou diminuição do objeto (alteração quantitativa). Há de se frisar que apenas nessas hipóteses é que poderão ocorrer alterações unilaterais pelo ente público, quando não houver alternativa para a fiel execução do objeto do contrato, cabe ao Poder Público, dentro dos limites da lei e de forma vinculada, realizar a alteração unilateral.

Não podemos olvidar que certos requisitos devem ser obrigatoriamente observados pelo Poder Público na alteração unilateral. A necessidade de motivação é um requisito basilar que se encontra previsto no *caput* do art. 124, haja vista a necessidade de serem apresentadas as devidas justificativas para alteração contratual.

De igual forma, a alteração contratual deve decorrer de um fato superveniente, pois, entendendo diversamente, tal situação poderia caracterizar uma violação à competitividade no processo licitatório, diante da alteração do objeto por um fato previamente já conhecido pela Administração Pública.[1]

A alteração unilateral não é um ato discricionário do Poder Público. É necessário comprovar que o fato superveniente irá corresponder à medida de alteração e, principalmente, a demonstração do nexo de causalidade entre o fato superveniente e a medida de alteração.

É indispensável expor o motivo justificador da alteração unilateral, bem como a validade da alteração demanda a sua formalização, por termo aditivo no contrato, como condição para execução das alterações.

Destaca-se, também, um requisito decorrente de inovação pontual da Nova Lei de Licitações e Contratos Administrativos, no que diz respeito à impossibilidade de descaracterização do objeto contratual por meio de alterações unilaterais, onde não há previsão semelhante na Lei nº 8.666/93, embora já houvesse entendimento jurisprudencial e doutrinário nesse sentido. O art. 126 prescreve que tais alterações unilaterais não poderão transfigurar o objeto da contratação.

As **alterações qualitativas** ocorrem quando há uma modificação do projeto ou das especificações do objeto, acarretadas por fatos supervenientes, e que imprescindíveis para garantir a fiel execução do contrato.

[1] OLIVEIRA, Rafael Carvalho Rezende. **Licitações e contratos administrativos:** teoria e prática. Rio de Janeiro: Forense, 2020, p. 146.

As **alterações quantitativas**, por sua vez, irão repercutir em um acréscimo ou diminuição do objeto previamente contratado, nos limites permitidos em lei. É dizer: as alterações quantitativas não irão modificar o projeto ou as especificações do objeto, mas sim uma modificação na quantidade inicialmente contratada e a sua repercussão, para mais ou para menos, no valor contratual.

Como bem destacado por Ronny Charles, a realidade da Administração Pública demonstra que, na prática, as alterações qualitativas também podem gerar alterações quantitativas no valor contratual, se caracterizando como uma alteração qualitativa-quantitativa.[2]

Segundo a Lei nº 14.133/2021, em seu art. 125, tanto as alterações quantitativas como as qualitativas devem estar delimitadas pelos percentuais de até 25% do valor inicial atualizado do contrato, seja para acréscimos ou supressões, que se fizerem nas obras, nos serviços ou nas compras, e, no caso de reforma de edifício ou de equipamento, o limite para acréscimos será de 50%.

Já não subsiste mais a divergência existente ao tempo da Lei nº 8.666/93, no que diz respeito à possibilidade de as alterações qualitativas ultrapassarem os limites percentuais, haja vista a lei anterior fazer menção apenas para as alterações quantitativas.

Destaca-se, por oportuno, que nas alterações contratuais para supressão de obras, bens ou serviços, se o contratado já houver adquirido os materiais e os colocado no local dos trabalhos, a Administração Pública deverá realizar o pagamento pelos custos de aquisição regularmente comprovados e monetariamente reajustados, podendo, desde que devidamente comprovados, caber indenização por outros danos eventualmente decorrentes da supressão.

Uma novidade relativa às limitações das alterações unilaterais também se encontra presente no art. 127 da Lei nº 14.133/2021, que abarca as situações em que o contrato não contemple preços unitários para obras ou serviços que necessitem de aditamento. Esses serão fixados por meio da aplicação da relação geral entre os valores da proposta e o do orçamento-base da Administração sobre os preços referenciais ou de mercado

[2] TORRES, Ronny Charles Lopes de. **Leis de licitações públicas comentadas**. 11. Ed. Salvador: Juspodivm, 2021, p. 839.

vigentes na data do aditamento, respeitados os limites estabelecidos no art. 125.[3]

Com efeito, a mutabilidade dos contratos administrativos também é possível se concretizar por meio de acordo entre as partes, ou seja, de forma bilateral.

As alterações por acordo entre as partes poderão ocorrer diante das situações em que se esteja discutindo: a) a substituição da garantia de execução; b) a modificação do regime de execução da obra ou do serviço, bem como do modo de fornecimento; c) a modificação da forma de pagamento por imposição de circunstâncias supervenientes; d) o reestabelecimento do equilíbrio econômico-financeiro inicial do contrato em caso de força maior, caso fortuito ou fato do príncipe ou em decorrência de fatos imprevisíveis ou previsíveis de consequências incalculáveis, que inviabilizem a execução do contrato tal como pactuado, respeitada, em qualquer caso, a repartição objetiva de risco estabelecida no contrato, conforme previsão do inciso II do art. 124.

Há de se ressaltar que nada impede que as hipóteses previstas para os casos de alteração unilateral também possam ser realizadas consensualmente entre os contratantes. A consensualidade para alteração contratual tende a gerar ganho de eficiência para as partes, bem como a redução dos custos de transação.

Apenas as alterações unilaterais, qualitativas ou quantitativas, é que estão delimitadas pelos parâmetros percentuais do valor inicial do contrato fixados pela Lei nº 14.133/2021. O contratado não é obrigado a aceitar aumento superior. Porém, não podemos descuidar que as alterações bilaterais devem ser interpretadas de forma sistemática e à luz dos princípios da razoabilidade e proporcionalidade. Admitir o acréscimo ou supressão em alterações consensuais e em percentuais maiores que os fixados em lei, certamente, desvirtuaria os parâmetros da vantajosidade e tudo que foi estabelecido no procedimento licitatório, estaríamos diante de situações que podem ser caracterizadas como fraude.

No que tange às situações que decorram de falhas de projeto, as alterações de contratos de obras e serviços de engenharia irão ensejar a apuração da responsabilidade do responsável técnico, inclusive, com a adoção

[3] Na Lei n. 8.666/93, de forma diversa, o art. 65, §3º, determinava que, se no contrato não houverem sido contemplados preços unitários para obras ou serviços, esses serão fixados mediante acordo entre as partes, respeitados os limites estabelecidos.

de providências necessárias para o ressarcimento dos danos causados à Administração Pública, sendo uma novidade normativa advinda pela Nova Lei de Licitações e Contratos.

Nesse sentido, a novel legislação também prescreve que, nos casos de contratações de obras e serviços de engenharia, deve ser observada a manutenção do equilíbrio econômico-financeiro do contrato quando a execução for obstada por conta do atraso na conclusão de procedimentos de desapropriação, desocupação, servidão administrativa ou licenciamento ambiental, ou por circunstâncias alheias ao contratado.

Os dispositivos acrescidos se tratam, em verdade, da positivação da jurisprudência pátria, de atos normativos secundários e dos ensinamentos doutrinários. Assim, os parágrafos primeiro e segundo do art. 124 tem como finalidade propiciar uma maior segurança jurídica para o Poder Público e o contratado.

Prosseguindo, há de se ressaltar a previsão normativa do art. 128, da Lei nº 14.133/2021, que busca mitigar os efeitos do jogo de planilha praticado pelos licitantes. O dispositivo mencionado estabelece que nas contratações de obras e serviços de engenharia, a diferença percentual entre o valor global do contrato e o preço global de referência não poderá ser reduzida em favor do contratado em decorrência de aditamentos que modifiquem a planilha orçamentária, de modo a impedir que os aditamentos contratuais possam majorar, de forma fraudulenta, o lucro do contratado.

Essa previsão, contudo, já se fazia presente no Decreto nº 7.983/2013 que, em seu art. 14, caput, estabelece redação semelhante à prevista no art. 128 da Nova Lei de Licitações. Destaca-se que o parágrafo único do art. 14 do Decreto nº 7.983/2013 preconiza que, nos casos em que sejam adotados os regimes de empreitada por preço unitário e tarefa, a diferença percentual entre o valor global do contrato e o preço global poderá ser reduzida para a preservação do equilíbrio econômico-financeiro do contrato em casos excepcionais e justificados, desde que os custos unitários dos aditivos contratuais não excedam os custos unitários do sistema de referência utilizado, sendo assegurada a manutenção da vantagem da proposta vencedora ante a da segunda colocada na licitação.

Ademais, a jurisprudência do Tribunal de Contas de União[4] demonstra que é necessário que exista parecer técnico justificando a real necessidade

[4] Acórdãos Plenários do TCU nº. 1.981/2009, 749/2010 e 1.200/2010.

de alteração contratual e, também, o aditivo contratual seja examinado pela procuradoria jurídica do órgão competente. Os preços dos aditivos contratuais devem estar acompanhados por um orçamento específico detalhado em planilhas elaboradas pelo responsável da licitação, que deverá explicitar os acréscimos e supressões de serviços.

Sem embargo, o jogo de planilha subsiste nas situações em que há uma grande assimetria de informações ente o Poder Público e o particular. A prática ocorre quando o licitante passa a atribuir preços unitários abaixo dos valores de mercado para os serviços que, supostamente, não precisarão ser executados ou que terão os quantitativos minorados. Por outro lado, o licitante irá elevar excessivamente os preços unitários dos serviços que, em regra, necessitarão ter os seus quantitativos aumentados por meio de alterações contratuais[5].

Desse modo, o art. 128 da nova lei pretende coibir os jogos de planilha, ao passo que proíbe que o desconto original entre o valor global da proposta e do orçamento estimado possa ser reduzido diante do aumento da quantidade de um serviço específico ao qual foi atribuído preço unitário mais elevado[6].

As alterações contratuais também irão repercutir em um elemento basilar dos contratos, pois, caso haja aumento ou diminuição do objeto, deverá ser reestabelecido, no mesmo termo aditivo, o equilíbrio econômico-financeiro. A equação econômico-financeira constitui uma "precificação" dos encargos em face das oportunidades de ganhos previstos no regime remuneratório ao contratado.

[5] Para combater o jogo de planilhas, podemos mencionar o posicionamento do Tribunal de Contas da União que já adota, pelo menos, três métodos: o método do balanço, método do desconto e o método da comparação com a segunda licitante melhor classificada. De forma concisa, o método do balanço tem como finalidade manter inalteradas as condições estabelecidas pela licitação, isto é, busca assegurar as condições econômicas originalmente definidas. Por sua vez, o método do desconto tem como propósito a manutenção do desconto em termos percentuais do contrato original. Já o método da comparação com a segunda licitante melhor classificada parte da premissa de comparar a planilha contratual, após as alterações contratuais realizadas, com as anteriores propostas recebidas na licitação, verificando os quantitativos de serviços ofertados pelas licitantes em relação aos quantitativos do contrato aditado.

[6] NIEBUHR, Joel de Menezes (Coord.). **Nova Lei de Licitações e Contratos Administrativos.** 2. Ed. Curitiba: Zênite, 2021, p. 192.

O direito ao reequilíbrio econômico-financeiro não surge, exclusivamente, diante de alterações contratuais realizadas de forma unilateral pela Administração Pública. A Nova Lei de Licitações e Contratos Administrativos estabelece que o contrato poderá dispor de uma cláusula relativa à matriz de riscos[7], sendo esta responsável por definir os riscos e responsabilidades entre as partes e caracterizadora do equilíbrio econômico-financeiro inicial do contrato.

O equilíbrio econômico-financeiro dos contratos cinge-se em torno das compensações de uma parte a outra, na ocorrência de eventos que configurem um ato atribuído a um contratante, mas que impacte, de um modo econômico e financeiro, a outra parte. Há de se ressaltar que não são apenas os eventos gravosos geram direito à recomposição ao equilíbrio econômico-financeiro. Muitas vezes, eventos benéficos para ambas as partes, ou apenas para uma delas, podem gerar o direito ao reequilíbrio do contrato.[8]

O processo de recomposição do equilíbrio econômico-financeiro terá como objetivo restabelecer a condição anterior à ocorrência dos aditivos contratuais, utilizando como referência a representação do contrato em estado de equilíbrio.

Por conseguinte, em seu art. 131, a nova lei prescreve que, ainda que o contrato administrativo seja extinto, tal circunstância não representará óbice para que seja reconhecido o direito ao equilíbrio econômico-financeiro, hipótese em que o contratado receberá uma indenização por meio de termo indenizatório.

Contudo, o parágrafo único do dispositivo supracitado menciona que o pedido de restabelecimento do equilíbrio econômico-financeiro deve ser realizado ainda durante a vigência do contrato, inclusive, antes de eventual prorrogação, para os contratos de serviços e fornecimentos contínuos.

[7] A Lei n. 14.133/2021, em seu art. 6º, XXVII, conceitua a matriz de riscos como sendo a "cláusula contratual definidora de riscos e de responsabilidades entre as partes e caracterizadora do equilíbrio econômico-financeiro inicial do contrato, em termos de ônus financeiro decorrente de eventos supervenientes à contratação".

[8] RIBEIRO, Mauricio Portugal. **O que todo profissional de infraestrutura precisa saber sobre o equilíbrio econômico-financeiro de concessões e PPPs**, 2014. Disponível em: http://pt.slideshare.net/portugalribeiro/o-que-todo-profissional-de-infraestrutura-precisa-saber-sobre-equilibrio-economico-financeiro-versao-publicada-na-internet-39170396. Acesso em: 5 de maio de 2021.

No entanto, é preciso ressaltar que, nos casos em que a proposta apresentada pelo contratado apresente um preço inexequível para determinado serviço, não será possível que as partes repactuem o preço previamente acordado, pois, ao ser aceita a proposta pela Administração Pública, a equação econômico-financeira é materializada, sendo protegida e assegurada por força de lei.

O desequilíbrio da equação econômico-financeira deve ocorrer diante de um evento posterior à formulação da proposta inicial, a insuficiência do preço inexequível informado no momento inicial do contrato não é apta a ensejar o rompimento da equação econômico-financeira. Para que ocorra a alteração dos preços e o reequilíbrio do contrato, a elevação dos encargos não deve decorrer de conduta dolosa ou culposa imputável ao contratado.

Para garantir maior segurança ao licitante vencedor, ainda nas hipóteses de alterações unilaterais, há de se frisar importante norma que, diante de previsão semelhante na Lei nº 8.666/93, irá contribuir para a redução de litígios judiciais em contratos complexos e vultosos. O art. 132 estabelece como condição necessária para alterações contratuais que seja formalizado o termo aditivado para, só assim, se tornar possível a exigência de execução, pelo contratado, das prestações determinadas pela Administração Pública.

Apenas de forma excepcional, nos casos de justificada, é que se faz possível a antecipação dos efeitos das alterações contratuais sem que ocorra a imediata formalização do termo aditivo, que deverá ocorrer, impreterivelmente, no prazo máximo de 1 (um) mês.

Contempladas de forma expressa também na Lei nº 14.133/2021, as contratações integradas ou semi-integradas, por possuírem certas características, receberam um tratamento próprio pelo legislador para as alterações contratuais.

Nesse diapasão, há de se considerar o regime especial estabelecido pelo art. 133 da nova lei, que impõe, como regra, vedação no que tange à modificação dos valores contratuais quando estivermos diante de contratações integradas ou semi-integradas.

São ressalvadas quatro situações, bem delineadas pelo legislador, em que os valores poderão ser alterados nas contratações integradas ou semi-integradas: 1) para restabelecimento do equilíbrio econômico-financeiro decorrente de caso fortuito ou força maior; 2) por necessidade de alteração do projeto ou das especificações para melhor adequação técnica aos objetivos da contratação, a pedido da Administração, desde que não decorrente de erros ou omissões por parte do contratado, observados os limites de acréscimos e supressões de 25% que se fizerem nas obras, nos serviços ou nas compras, e, no caso de reforma de edifício ou de equipamento, o limite para acréscimos será de 50%; 3) por necessidade de alteração do projeto nas contratações semi-integradas, nos termos do § 5º do art. 46; e 4) por ocorrência de evento superveniente alocado na matriz de riscos como de responsabilidade da Administração.

2. Repactuação de preços e o microssistema de pagamentos dos contratos administrativos

Os preços estabelecidos nos contratos administrativos podem ser impactados por variáveis e fatores externos, principalmente quando estivermos diante de contratos de serviço continuado, que poderão ser afetados por conta da variação do custo de produção ou dos insumos utilizados. Daí que se torna imprescindível realizar uma adequação dos preços contratuais aos novos preços de mercado.

Desse modo, a Nova Lei de Licitações e Contratos Administrativos, com o propósito de unificar a normatização acerca da repactuação dos preços, estabeleceu entre os artigos 134 e 136 alguns procedimentos que deverão ser observados pela Administração Pública e o contatado.

O art. 134 reproduz dispositivo que se assemelha ao art. 65, §5º, da Lei nº 8.666/93, ao afirmar que os preços serão alterados, para mais ou para menos, quando ocorrer a criação, alteração ou extinção de quaisquer tributos ou encargos legais ou a superveniência de disposições legais, e que, comprovadamente, repercuta sobre os preços inicialmente contratados.

Por sua vez, o art. 135 trata acerca da possibilidade de repactuação dos preços contratuais para os serviços contínuos com regime de dedicação exclusiva de mão de obra. Os parâmetros da repactuação dos preços, até então, encontrava amparo no Decreto nº 9.507/2018 para a adequação dos preços contratuais aos novos preços de mercado.

O art. 12 do Decreto nº 9.507/2018 admite o instrumento da repactuação para serviços continuados sob regime de mão de obra exclusiva, desde que seja observado o interregno mínimo de um ano das datas dos orçamentos para os quais a proposta se referir e, também, que seja demonstrada de forma analítica a variação dos componentes dos custos do contrato, devidamente justificada.

Para os contratos de serviço continuado sem dedicação exclusiva de mão de obra, o instrumento previsto pelo Decreto nº 9.507/2018 cinge-se no reajuste contratual. Nessa hipótese, o reajuste em sentido estrito também ocorre nos contratos de prazo de duração igual ou superior a um ano. O reajuste consiste na aplicação de um índice de correção monetária, estabelecido no contrato, para retratar a variação efetiva do custo de produção através da adoção de índices específicos ou setoriais.

Nesse diapasão, o art. 135, da Lei nº 14.133/2021, sedimenta algumas regras já existentes, tal como o dever de observar o interregno mínimo de um ano para a repactuação, bem como acrescenta alguns requisitos para a repactuação dos preços para os serviços contínuos com regime de dedicação exclusiva de mão de obra, ou que tenha uma predominância de mão de obra.

Destaca-se a vedação imposta pelo §2º do artigo supracitado, que proíbe aos órgãos ou às entidades contratantes que se vinculem às disposições previstas nos acordos, convenções ou dissídios coletivos de trabalho que tratem de obrigações e direitos que somente se aplicam aos contratos com a Administração Pública.

Há de se ressaltar também a previsão do §4º, que permite a divisão da repactuação dos preços em tantas parcelas quantas forem necessárias. No entanto, condiciona a divisão diante da observância do princípio da anualidade do reajuste de preços da contratação, que podem ser realizadas em momentos distintos para discutir a variação de custos que tenham sua anualidade resultante em datas diferenciadas, tal como os preços decorrentes de mão de obra e os decorrentes dos insumos necessários para a execução dos serviços.

Prosseguindo, a Lei nº 14.133/2021, com contornos de novidade, estabelece em seu Capítulo X o quadrante normativo acerca dos pagamentos dos contratos administrativos. A existência de uma regulamentação própria para os pagamentos é uma inovação em relação à Lei nº 8.666/93.

Interessante, no particular, observar que a Administração Pública deve obedecer a uma ordem cronologicamente de pagamento, fixada pelo legislador, para cada fonte diferenciada de recursos, que deve ser subdividida nos contratos de fornecimento de bens, prestação de serviços, locações e realização de obras.

Apenas de forma excepcional é que se faz possível uma alteração da ordem cronológica de pagamento, necessitando que seja observado, ainda, a prévia justificativa da autoridade competente e posterior comunicação ao órgão de controle interno da Administração e ao Tribunal de Contas.

De forma taxativa, o legislador permitiu que a modificação da ordem de pagamento ocorra, exclusivamente, nas situações em que o Poder Público esteja diante de: a) grave perturbação da ordem, situação de emergência ou calamidade pública; b) pagamento a microempresa, empresa de pequeno porte, agricultor familiar, produtor rural pessoa física, microempreendedor individual e sociedade cooperativa, desde que demonstrado o risco de descontinuidade do cumprimento do objeto do contrato; c) pagamento de serviços necessários ao funcionamento dos sistemas estruturantes, desde que demonstrado o risco de descontinuidade do cumprimento do objeto do contrato; d) pagamento de direitos oriundos de contratos em caso de falência, recuperação judicial ou dissolução da empresa contratada; e) pagamento de contrato cujo objeto seja imprescindível para assegurar a integridade do patrimônio público ou para manter o funcionamento das atividades finalísticas do órgão ou entidade, quando demonstrado o risco de descontinuidade da prestação de serviço público de relevância ou o cumprimento da missão institucional.

Destarte, a excepcionalidade da alteração deve estar acompanhada de procedimentos que garantam a transparência da medida, tal como a necessidade de justificação adequada e comunicação aos órgãos competentes, bem como o dever que cabe à Administração Pública demonstrar que, se a alteração na ordem cronológica de pagamentos não ocorrer, poderá ocasionar um risco de descontinuidade do cumprimento do objeto do contrato.

Daí que, ao deixar de observar a ordem cronológica de pagamento e não estar inserido nas hipóteses excepcionais, tal conduta ensejará a apuração de responsabilidade do agente público.

Com o propósito de fortalecer a transparência e publicidade dos procedimentos licitatórios, a Lei nº 14.133/2021, em seu §3º, do art. 141, no que diz respeito à divulgação da ordem cronológica de pagamentos, estabelece que o órgão ou entidade responsável pela licitação deve disponibilizar, mensalmente, em seção específica de acesso à informação em seu sítio na internet, uma lista relativa à ordem que serão realizados os pagamentos, bem como as justificativas que fundamentarem a eventual alteração dessa ordem.

Destaca-se, também, a previsão normativa que condiciona a ocorrência do pagamento apenas diante da efetiva comprovação do fato gerador. Todavia, essa condicionante deve estar expressamente prevista no edital do procedimento licitatório ou no contrato administrativo.

Por outro lado, se a Administração estiver diante de casos que envolvam controvérsia sobre a execução do objeto, no que diz respeito à sua dimensão, qualidade e quantidade, a parcela incontroversa deve ser liberada conforme o prazo previamente estabelecido para o pagamento.

Tal medida, por certo, busca garantir uma maior eficiência aos mecanismos de pagamento do ente público, evitando que litígios contratuais obstem o recebimento de qualquer valor pelo contratado, gerando um dano desproporcional aos envolvidos. Portanto, o direito à liberação da parcela incontroversa, previsto no art. 143, da Lei nº 14.133/2021, representa uma importante norma de conduta que se compatibiliza com o princípio da boa-fé objetiva nas relações contratuais.

A adoção de remuneração variável também se faz presente na Nova Lei de Licitações e Contratos Administrativos de forma expressa. Quando a Administração Pública estiver diante de contratos cujo objeto sejam a realização de obras, fornecimentos e serviços, inclusive de engenharia, será possível estabelecer remuneração variável vinculada ao desempenho do contratado. Deverão ser observados os índices de desempenho previstos com base nas metas, padrões de qualidade, e critérios de sustentabilidade ambiental e prazos entrega definidos no edital de licitação e no contrato.

Os indicadores de desempenho devem gerar incentivos econômicos para que o contratado pretenda executar o serviço de modo mais eficiente. Muito além de aplicação de sanções pecuniárias em caso de descumprimento dos indicadores, o sistema de pagamentos deve priorizar os descontos devidos ao contratado nos casos em que não houver cumprimento dos indicadores de desempenho, com fundamento na exceção de descumprimento do contrato.

Mauricio Portugal Ribeiro chama atenção para os casos em que ocorram diminuições da remuneração realizadas pelo Poder Público. O autor argumenta, sob um viés estritamente jurídico, que essas medidas não são caracterizadas como uma punição, mas sim uma redução do pagamento que se faz de modo proporcional ao serviço que efetivamente foi prestado. É preciso que conste expressamente no contrato as escalas de preços no caso do serviço não ser prestado nas quantidades e qualidades exigidas para garantir o recebimento do pagamento integral.[9]

Ainda, destaca-se que o §1º, do art. 144, da Lei nº 14.133/2021, prescreve que o pagamento poderá ser ajustado de acordo com o percentual sobre o valor economizado em determinada despesa, quando estiver diante de situações em que o objeto do contrato vise à implantação de processo de racionalização, onde, nessa situação, as despesas correrão à conta dos mesmos créditos orçamentários.

Não podemos olvidar que, ainda que a lei seja permissiva quanto a utilização de remuneração variável, é preciso que esta seja motivada e que respeite o limite orçamentário fixado pela Administração Pública para a contratação.

Dentre os dispositivos que regulamentam o microssistema de pagamentos dos contratos administrativos, A Lei nº 14.133/2021 também estabeleceu como regra a vedação ao pagamento antecipado, seja ele parcial ou total, relativo a parcelas contratuais vinculadas ao fornecimento de bens, à execução de obras ou à prestação de serviços.

Não obstante, as antecipações de pagamento poderão ocorrer de forma excepcional, desde que propicie sensível economia de recursos à Administração Pública, ou se representar condição indispensável para a obtenção do bem ou para a prestação do serviço. Atendendo um desses requisitos, a antecipação do pagamento deverá ser previamente justificada no processo licitatório e, de igual forma, estar expressamente prevista a sua possibilidade no edital de licitação ou no instrumento formal de contratação direta.

Como forma de garantir o adimplemento contratual pelo contratado, nos casos em que ocorrerem o pagamento antecipado, a Administração Pública poderá exigir a prestação de uma garantia adicional. Além do mais, caso o objeto do contrato não seja executado no prazo previsto, o valor que foi antecipado deverá ser devolvido.

Busca-se, em verdade, evitar fraudes e minorar eventual prejuízo ao Erário quando ocorrer a antecipação do pagamento e se a execução da obra, a prestação do serviço, ou o fornecimento de bens não for efetivamente realizado.

[9] RIBEIRO, Mauricio Portugal. **Concessões e PPPs:** melhores práticas em licitações e contratos. São Paulo: Atlas, 2011, p. 77.

Referências

NIEBUHR, Joel de Menezes (Coord.). **Nova Lei de Licitações e Contratos Administrativos**. 2. Ed. Curitiba: Zênite, 2021.

OLIVEIRA, Rafael Carvalho Rezende. **Licitações e contratos administrativos:** teoria e prática. Rio de Janeiro: Forense, 2020.

RIBEIRO, Mauricio Portugal. **Concessões e PPPs:** melhores práticas em licitações e contratos. São Paulo: Atlas, 2011.

RIBEIRO, Mauricio Portugal. **O que todo profissional de infraestrutura precisa saber sobre o equilíbrio econômico-financeiro de concessões e PPPs**, 2014. Disponível em: http://pt.slideshare.net/portugalribeiro/o-que-todo-profissional-de-infraestrutura-precisa-saber-sobre-equilibrio-economico-financeiro-versao-publicada-na-internet-39170396. Acesso em: 5 de maio de 2021.

TORRES, Ronny Charles Lopes de. **Leis de licitações públicas comentadas**. 11. Ed. Salvador: Juspodivm, 2021.

18. LINDB e a Nova Lei de Licitações e Contratos Administrativos (Lei 14.133/21): Em Torno do Regime Jurídico das Nulidades

Rafael Maffini

1. Notas introdutórias, surgimento da LINDB (Lei 13.655/18) e delimitação do tema

Os últimos anos têm sido generosos em matéria de inovações legislativas pertinentes ao Direito Público, em especial ao Direito Administrativo. Pretende-se, neste texto, abordar o cotejo de duas destas novidades legislativas. De um lado, a Lei de Licitações e Contratos Administrativos (Lei 14.133/21, aqui referida como NLLC); de outro, as modificações introduzidas na Lei de Introdução às Normas do Direito Brasileiro (aqui referida como LINDB), pela Lei 13.655/18.

No que diz com a NLLC, ainda que bastante recente a novel legislação, muitos são os debates sobre suas eventuais qualidades e defeitos[1]. A exata compreensão de um novo Diploma Legal, sobretudo quando veicula tema de extrema relevância social, pressupõe um certo grau de amadurecimento doutrinário e jurisprudencial que somente o decurso do tempo propiciará. Mas, um primeiro olhar sobre a NLLC já possibilita a indicação de algumas

[1] Ainda que seja muito cedo para avaliações seguras sobre as qualidades e defeitos da NLLC, parece ser adequado constatar que ela é infinitamente melhor do que Lei 8.666/93, enquanto instrumento de licitações e contratações públicas. Contudo, ainda que não seja objeto do presente ensaio, também parece ser possível constatar que se perdeu a oportunidade de o país passar a ter métodos ainda mais modernos de seleção de contratos pelo Poder Público.

novidades interessantes e dignas de nota, como é o caso do capítulo voltado à nulidade dos contratos (artigos 147 a 150 da NLLC).

Já a Lei 13.655/18 surge como instrumento de solução ou, ao menos, minimização dos efeitos colaterais causados por duas importantes conquistas provocadas pela Constituição Federal de 1988 no Direito Público – em especial, no Direito Administrativo – brasileiro[2].

De um lado, o parâmetro de aferição da validade das condutas estatais passou de uma noção de legalidade estrita para uma compreensão de que a higidez dos comportamentos estatais resta condicionada à uma atuação conforme a lei e o Direito, no que vem sendo denominado "juridicidade administrativa" e que restou corroborada pelo art. 2º, parágrafo único, I, da Lei nº 9.784/99[3]. Ocorre que a noção de juridicidade administrativa, a despeito de trazer consigo uma virtuosa maximização dos parâmetros de validade da função estatal de administração pública, inevitavelmente produz um indesejável subproduto, que, em linhas gerais, consiste no uso irresponsável das normas jurídicas de índole principiológica[4], proliferando-se o risco de que voluntarismos e subjetivismos culminem por transmudar este evoluído estágio hermenêutico num ambiente hostil ao clamor por segurança jurídica que é próprio da sociedade atual[5].Este

[2] Neste sentido, vide MAFFINI, Rafael. LINDB, COVID-19 e sanções administrativas aplicáveis a agentes públicos. *In:* MAFFINI, Rafael; RAMOS, Rafael. Nova LINDB – consequencialismo, deferência judicial, motivação e responsabilidade do gestor público. Rio de Janeiro: Lumen Juris, 2020, p. 194-198.

[3] Tal regra impõe à Administração Pública uma "atuação conforme a lei e o Direito", tendo sido inspirada no art. 20, III da Lei Fundamental da Alemanha (ROGÉRIO, Nuno. A Lei Fundamental da República Federal da Alemanha com um ensaio e anotações de Nono Rogério. Coimbra: Coimbra, 1996, p. 147).

[4] MAFFINI, Rafael. Elementos de Direito Administrativo. Porto Alegre, Livraria do Advogado, 2016, p. 31.

[5] BAPTISTA, Patrícia; ACCIOLY, João Pedro. A Administração Pública na Constituição de 1988 – 30 anos depois: disputas, derrotas e conquistas. Revista de Direito Administrativo, v. 277, n. 2, p. 45-74, maio/ago. 2018. Com efeito, Marçal Justen Filho, assevera que "a generalidade e a abstração das normas de hierarquia superior implica grandes dificuldades para a atividade de aplicação do direito. A autoridade investida de competência para aplicar as normas abstratas e para produzir uma decisão para o caso concreto deve escolher entre soluções diversas e contraditórias. A experiência brasileira evidencia que essa situação conduziu a soluções simplistas, que produzem grande insegurança jurídica" (JUSTEN FILHO, Marçal. Art. 20 da LINDB. Dever de transparência, concretude e proporcionalidade

é, estreme de dúvidas, o primeiro efeito colateral combatido pela Lei 13.655/18.

De outro lado, tem-se como outra importante evolução do Direito Público brasileiro operada a partir da Constituição Federal, a ampliação do prestígio institucional atribuído aos órgãos de controle. Alguns foram criados pela CF/88 ou por força do poder constituinte derivado[6], outros tiveram suas competências ampliadas, mas, em termos gerais, inegável que os órgãos de controle ganharam relevância institucional com a Constituição Federal. Ocorre que o efeito colateral produzido pela ampliação da estatura institucional dos órgãos de controle decorre do fato de que os órgãos de controle se legitimam justamente pelo controle que realizam. Assim, embora o controle sobre a Administração Pública seja uma função extrema e inegavelmente importante à noção de Estado de Direito[7], "os órgãos de controle, sobretudo aqueles que surgiram ou ao menos foram mais prestigiados pela Constituição Federal de 1988, acabam por ser legitimados justamente pelo controle que fazem; e isso, por vias obliquas, acaba por incentivar que o controle seja, por vezes, mais intenso ou detalhista do que devia"[8]. Aliás, quanto ao ponto, Edilson Pereira Nobre Júnior assevera que "o excessivo culto formalista aliado a uma doentia presunção de desonestidade – que, algumas vezes, raia aos lindes do doentio – vem propiciando o surgimento de um quadro que, no dizer de Hélio Beltrão, representa uma 'asfixia burocrática'"[9].

nas decisões públicas. Revista de Direito Administrativo, Edição Especial – Direito Público na Lei de Introdução às Normas de Direito Brasileiro – LINDB (Lei nº 13.655/2018), 2018, p. 23.).

6 Veja-se, por exemplo, o caso do CNJ e do CNMP criados pela EC 45/04.

7 Concorda-se, quanto ao ponto, com a relevância e a autonomia conceitual da função estatal de controle, a que se refere SCAPIN, Romano. A expedição de provimentos provisórios pelos Tribunais de Contas: das 'medidas cautelares' à técnica antecipatória no controle externo brasileiro. Belo Horizonte: Fórum,2019, p. 23-116.

8 MAFFINI, Rafael. Comentários ao art. 24 da LINDB. In: DUQUE, Marcelo Schenk; RAMOS, Rafael (Coord.). Segurança jurídica na aplicação do Direito Público. Salvador: Juspodivm, 2019, p. 114.

9 NOBRE JÚNIOR, Edilson Pereira. As normas de Direito Público na Lei de Introdução ao Direito Brasileiro – paradigmas para intepretação e aplicação do Direito Administrativo. São Paulo: Contracorrente, 2019, p. 33.

Assim, tem-se que a conjugação de tais efeitos colaterais – insegurança jurídica causada pela noção de juridicidade administrativa e exageros perpetrados pelos órgãos de controle – culmina num fenômeno que vem sendo batizado de "apagão das canetas", decorrente de um "Direito Administrativo do medo"[10] (ou "Direito Administrativo do terror"), fenômeno este que ocasionou uma reação, surgida no ambiente acadêmico[11], passando pelo devido processo legislativo[12], até determinar o surgimento, no Direito Brasileiro, da Lei 13.655/2018[13]. Trata-se de inovação legislativa digna de muita atenção, porquanto traz consigo a institucionalização de técnicas de controle – alguma das quais já de há muito empregadas, ainda que de forma não sistemática – necessárias para "reforçar a segurança jurídica num quadro de incerteza e de mudança permanente"[14].

A NLLC prevê que as disposições da LINDB são princípios orientadores das licitações e contratos administrativos[15]. E certamente as normas NLLC

[10] Sobre o tema, vide o ótimo livro de SANTOS, Rodrigo Valgas dos. Direito Administrativo do Medo – risco e fuga da responsabilização dos agentes públicos. São Paulo: Revista dos Tribunais, 2020.

[11] Tal reação surge sobretudo pelas mãos de Carlos Ari Sundfeld e Floriano de Azevedo Marques Neto (SUNDFELD, Carlos Ari; MARQUES NETO, Floriano de Azevedo. Uma nova lei para aumentar a qualidade jurídica das decisões públicas e de seu controle. In: SUNDFELD, Carlos Ari (organizador). Contratações públicas e seu controle. São Paulo: Malheiros, 2013, p. 277-285).

[12] Sobre tais antecedentes históricos ao surgimento da Lei 13.655/18, vide ANDRADE, Fábio Martins de. Comentários à Lei 13.655/2018 – proposta de sistematização e interpretação conforme. Rio de Janeiro: Lumen Juris, 2019, p. 9-106.

[13] Trata-se de Diploma Legal, que, segundo sua própria ementa, introduz "disposições sobre segurança jurídica e eficiência na criação e na aplicação do direito público" na Lei de Introdução às Normas do Direito Brasileiro – LINDB (Decreto-Lei nº 4.657, de 4 de setembro de 1942).

[14] MARQUES NETO, Floriano de Azevedo; FREITAS, Rafael Véras de. Comentários à lei nº 13.655/2018. Belo Horizonte: Fórum, 2019, p. 17.

[15] NLLC, Art. 5º Na aplicação desta Lei, serão observados os princípios da legalidade, da impessoalidade, da moralidade, da publicidade, da eficiência, do interesse público, da probidade administrativa, da igualdade, do planejamento, da transparência, da eficácia, da segregação de funções, da motivação, da vinculação ao edital, do julgamento objetivo, da segurança jurídica, da razoabilidade, da competitividade, da proporcionalidade, da celeridade, da economicidade e do desenvolvimento nacional sustentável, *assim como as*

que melhor traduzem as ideias subjacentes às modificações introduzidas na LINDB pela Lei 13.655/18 são aquelas referentes às nulidade dos contratos, previstas no Capítulo XI do Título III, sobretudo porquanto contemplam vários casos de modulações consequenciais.

Assim, serão tecidas algumas considerações, tradutoras das iniciais impressões proporcionadas pelas regras legais trazidas pela NLLC a propósito das invalidades nos contratos administrativos, especialmente os seus artigos 147 a 150. Evidentemente inexiste qualquer pretensão de exaurimento ou esgotamento sobre o tal relevante tema. Tratam-se, ao contrário, de meras provocações iniciais, mais voltadas à exata formulação das perguntas certas, do que propriamente uma busca por suas respostas, que somente serão obtidas com a necessária maturação dos estudos endereçados às nulidades dos contratos públicos.

2. O artigo 21 da LINDB e o regime de nulidades da NLLC

O tema das nulidades (ou invalidades[16]) das condutas administrativas encontra-se em constante evolução, sobretudo no tocante aos limites impostos ao exercício da prerrogativa anulatória[17]. Ainda que não sejam aqui tecidas considerações mais aprofundadas acerca da teoria das nulidades das condutas administrativas[18], pode-se afirmar que já há

disposições do Decreto-Lei nº 4.657, de 4 de setembro de 1942 (Lei de Introdução às Normas do Direito Brasileiro).

[16] Aqui, como em outro trabalho, emprega-se "nulidade" como sinônimo de "invalidade", a despeito de se reconhecer a existência de várias categorias de vícios das condutas administrativas (MAFFINI, Rafael. Elementos de Direito Administrativo. Porto Alegre: Livraria do Advogado, 2016, p. 121-122).

[17] Neste sentido, vide: COUTO E SILVA, Almiro. O princípio da segurança jurídica (proteção à confiança) no Direito Público brasileiro e o direito da administração pública de anular os seus próprios atos administrativos: o prazo decadencial do art. 54 da lei do processo administrativo da União (Lei nº 9.784/99). *In:* COUTO E SILVA, Almiro. Conceitos fundamentais do Direito no Estado Constitucional. São Paulo: Malheiros, 2015, p. 43-90; COUTO E SILVA, Almiro. O princípio da proteção da confiança e a teoria da invalidade dos atos administrativos no Direito brasileiro. *In:* COUTO E SILVA, Almiro. Conceitos fundamentais do Direito no Estado Constitucional. São Paulo: Malheiros, 2015, p. 91-119; e MARTINS, Ricardo Marcondes. Efeitos dos vícios do ato administrativo. São Paulo: Malheiros, 2008.

[18] Sobre o tema, vide: HORBACH, Carlos Bastide. Teoria das nulidades dos atos administrativos. São Paulo: RT: 2007.

certa clareza e segurança no tocante a alguns limites materiais e formais para a invalidação. No tocante aos limites materiais, podem ser referidos tanto os casos em que a invalidação será inviabilizada por motivos de segurança jurídica ou de proteção da confiança (como é o caso da decadência a que se refere o art. 54, da Lei 9.784/99[19]) ou de valoração da gravidade intrínseca aos vícios que maculam tais condutas (como é o caso da convalidação prevista no art. 55 da Lei 9.784/99[20]), como também aquelas hipóteses em que, apesar de invalidadas as condutas administrativas, seus efeitos serão preservados (como é o caso dos terceiros e dos destinatários de boa-fé[21]). Quanto aos limites formais, tem-se a necessidade de observância do devido processo legal, do contraditório e da ampla defesa quando da extinção de condutas administrativas de efeitos concretos[22].

A tais limites, somaram-se alvissareiramente outros trazidos pela Lei 13.655/18 à LINDB, dos quais duas de suas normas contemplam o que pode ser denominado de modulações consequenciais da invalidação

[19] Aliás, recentemente, o STF reconheceu a figura decadência, mesmo no curso do processo de registro de atos pelos Tribunais de Contas, consoante se depreende do tema 445 da repercussão geral (RE 636.553), segundo o qual "em atenção aos princípios da segurança jurídica e da confiança legítima, os Tribunais de Contas estão sujeitos ao prazo de 5 anos para o julgamento da legalidade do ato de concessão inicial de aposentadoria, reforma ou pensão, a contar da chegada do processo à respectiva Corte de Contas".

[20] A convalidação parte da premissa que há casos em que a invalidade de condutas administrativa decorre de defeitos sanáveis, de modo que sua preservação seria medida recomendável caso ausente lesão ao interesse público e prejuízo a terceiros. O regime jurídico da NLLC prestigia tanto a possibilidade convalidação em sede de vícios sanáveis cometidos nas licitações (art. 71, III e § 1º), quanto nos casos de vícios sanáveis presentes nos contratos administrativos (art. 147), o qual será a seguir pormenorizado.

[21] Quanto ao ponto, há precedentes do STF (*v.g.* MS 26.085) e do STJ (*v.g.* RESsp. 488.905).

[22] Quanto ao ponto, lembre-se que o STF editou no Tema 138, da repercussão geral, fixou a tese de que "ao Estado é facultada a revogação de atos que repute ilegalmente praticados; porém, se de tais atos já tiverem decorrido efeitos concretos, seu desfazimento deve ser precedido de regular processo administrativo". Especificamente quanto ao regime jurídico introduzido pela NLLC, destaca-se, no tocante a tal limite formal, o disposto no art. 71, 3º ("nos casos de anulação e revogação [da licitação], deverá ser assegurada a prévia manifestação dos interessados"). Evidentemente, a necessidade de observância do devido processo legal, do contraditório e da ampla defesa também existe nos casos de anulação do contrato administrativo, até mesmo porquanto decorrente de normas de índole constitucional (art. 5º, LIV e LV, da CF).

das condutas administrativas. Tratam-se dos artigos 20[23] e 21[24], com especial destaque endereçado, para os propósitos do trabalho, ao último deles.

Como referido, o art. 21 da LINDB institui nova limitação material à invalidação das condutas administrativas, que poderia ser considerada hipótese de "modulação consequencial", na medida em que impõe que na invalidação de condutas administrativas sejam indicadas "de modo expresso suas consequências jurídicas e administrativas". Demais disso, a norma jurídica contida no *caput* do art. 21 da LINDB também encerra o endereçamento de evidente prestígio ao princípio da motivação, tal como fazem outros tantos preceitos trazidos pela Lei 13.655/2018. A necessidade de observância das consequências jurídicas e administrativas, o que vem sendo denominado – aparentemente sem muito cuidado teórico – de "consequencialismo jurídico", indica uma inapelável característica de todos os fenômenos interpretativos, notadamente da hermenêutica jurídica, qual seja a evidente preocupação com os efeitos práticos das tomadas de decisão, sobretudo aquelas relativas ao controle da Administração Pública[25].

[23] LINDB, Art. 20. Nas esferas administrativa, controladora e judicial, não se decidirá com base em valores jurídicos abstratos sem que sejam consideradas as consequências práticas da decisão. Parágrafo único. A motivação demonstrará a necessidade e a adequação da medida imposta ou da invalidação de ato, contrato, ajuste, processo ou norma administrativa, inclusive em face das possíveis alternativas. Sobre o art. 20 da LINDB, vide: MAFFINI, Rafael. Comentários ao art. 20 da LINDB. In: DUQUE, Marcelo Schenk; RAMOS, Rafael (Coord.). Segurança jurídica na aplicação do Direito Público. Salvador: Juspodivm, 2019, p. 41-56.

[24] LINDB, Art. 21. A decisão que, nas esferas administrativa, controladora ou judicial, decretar a invalidação de ato, contrato, ajuste, processo ou norma administrativa deverá indicar de modo expresso suas consequências jurídicas e administrativas. Parágrafo único. A decisão a que se refere o caput deste artigo deverá, quando for o caso, indicar as condições para que a regularização ocorra de modo proporcional e equânime e sem prejuízo aos interesses gerais, não se podendo impor aos sujeitos atingidos ônus ou perdas que, em função das peculiaridades do caso, sejam anormais ou excessivos.

[25] Como ensinam Floriano de Azevedo Marques Neto e Rafael Véras de Freitas, "o art. 21 confere racional pragmático às decisões invalidadoras, o qual nada obstante suas variações, apresenta, ao menos, três características básicas: (i) o antifundacionalismo, de acordo com o qual rejeita a existência de entidades metafísicas ou conceitos abstratos, estáticos e definitivos no direito, imunes às transformações sociais; (ii) o contextualismo, conceito que orienta a interpretação jurídica por questões práticas; e (iii) o consequencialismo, característica de acordo com a qual as decisões devem ser tomadas a partir de suas consequências práticas

Com efeito, parece ser possível afirmar que a análise das consequências jurídicas e administrativas poderão ter o condão até mesmo de interditar a invalidação de condutas administrativas viciadas, quando a sua desconstituição possa gerar mais prejuízos do que a sua preservação. Impõe-se, pois, um fenômeno de compressão da validade finalística[26].

Já o art. 21, parágrafo único, da LINDB prevê que a decisão de invalidação de condutas administrativas "deverá, quando for o caso, indicar as condições para que a regularização ocorra de modo proporcional e equânime e sem prejuízo aos interesses gerais, não se podendo impor aos sujeitos atingidos ônus ou perdas que, em função das peculiaridades do caso, sejam anormais ou excessivos". Uma vez mais se tem presente na referida norma o prestígio aos princípios da motivação e da proporcionalidade presentes no art. 20 da LINDB, apesar de efetivamente se tratar de norma que "abusa do uso de conceitos jurídicos indeterminados"[27].

Quanto ao art. 21 da LINDB, ademais,

> "parece ser inevitável a conclusão de que o art. 21 (caput e seu parágrafo único) contempla duas bem-vindas obrigações à administração pública, quando da invalidação das condutas administrativas: de um lado, impõem explicitadas as consequências jurídicas da invalidação, a partir de modulações subjetivas (relativização em relação a quem se sujeitará aos efeitos da invalidação), objetivas (relativização em relação ao que produzirá a invalidação) e temporais (relativização em relação a quando a invalidação surtirá efeitos); de outro, impõe sejam indicadas as soluções de modo proporcional, equânime

(olhar para o futuro, e não para o passado)" (MARQUES NETO, Floriano de Azevedo; FREITAS, Rafael Véras de. Comentários à lei nº 13.655/2018. Belo Horizonte: Fórum, 2019, p. 45).

[26] Mariana Pargendler e Bruno Meyerhof Salama, ensinam que "para se analisar a pertinência entre meios jurídicos e fins normativos não basta interpretar a lei nem recorrer a instituições de justiça. É preciso, ao contrário, apelar a uma ferramenta descritira do mundo. Na terminologia empregada por Tércio Sampaio Ferraz Jr., seria possível, então, vislumbrar-se um crescimento na importância de normas sujeitas ao controle de validade finalística relativamente às normas sujeitas ao controle de validade condicional" (PARGENDLER, Mariana; SALAMA, Bruno Myerhof. Direito e consequência no Brasil: em busca de um discurso sobre o método. Revista de Direito Administrativo, Rio de Janeiro, v. 262, p. 95-144, jan./abr. 2013, p. 114).

[27] ANDRADE, Fábio Martins de. Comentários à Lei 13.655/2018 – proposta de sistematização e interpretação conforme. Rio de Janeiro: Lumen Juris, 2019, p. 170.

e atenta aos interesses gerias, não se podendo impor aos sujeitos, públicos ou privados, atingidos consequências desfavoráveis que, em função das peculiaridades do caso, sejam anormais ou excessivas”[28]

Daí porque, inclusive, se mostra viável que a decisão de invalidação de condutas administrativas fixe termo inicial futuro, ou seja, que mesmo reconhecida a invalidade de condutas administrativas, estas ainda produzam efeitos jurídicos até momento futuro determinado na decisão de invalidação. Do mesmo modo, afigura-se juridicamente viável que as decisões de invalidação de condutas administrativas possuam cláusulas de autocontenção, restringindo seus próprios efeitos[29].

Pois bem, toda a *ratio* das normas jurídicas contempladas na LINDB, que parece conflitar, em alguma medida, com o disposto na Lei 8.666/93[30], acaba por receber o reforço do elogiável arcabouço de normas contidas nos artigos 147 a 150 da NLLC, a propósito da nulidade dos contratos[31], reforço esse que fica ainda mais evidente se considerado o modo lacônico que o tema era tratado pela legislação anterior[32]. Tais normas, contidas no

[28] MAFFINI, Rafael e HEINEN, Juliano. Análise acerca da aplicação da Lei de Introdução às Normas do Direito Brasileiro (na redação dada pela Lei 13.655/2018) no que concerne à interpretação de normas de direito público: operações interpretativas e princípios gerais de direito administrativo. Revista de Direito Administrativo, v. 277 n. 3, Rio de Janeiro, 2018, p. 254.

[29] Assim, como sustentam Fabrício Motta e Irene Patrícia Nohara, “do ponto de vista prático, é evidente que tal orientação acaba por aumentar o espectro de possibilidades de invalidações, tornando-as mais customizadas e, portanto, menos padronizaras. Assim, dependerá de boa capacidade técnica, aliada à sensibilidade pragmática do aplicador, saber se haverá uma modulação de efeitos boa e justa ou uma modulação de efeitos que acaba sendo injusta e leniente em determinado caso concreto” MOTTA, Fabrício; NOHARA, Irene Patrícia. LINDB no Direito Público – Lei 13.655/2018. São Paulo: RT, 2020, p. 54.

[30] Neste sentido, vide: NOBRE JÚNIOR, Edilson Pereira. As normas de Direito Público na Lei de Introdução ao Direito Brasileiro – paradigmas para intepretação e aplicação do Direito Administrativo. São Paulo: Contracorrente, 2019, p. 69.

[31] Ainda que tais normas versem sobre as nulidades dos contratos administrativos, tendo evidentemente mais aderência a tal circunstâncias, não se pode descartar sejam empregada, ao menos como parâmetros interpretativos, também aos casos de invalidade do ou no processo licitatório, razão pela qual se sugere sejam interpretadas as normas contidas no art. 71, III e § 1º de acordo com as contidas nos arts. 147 a 150 da NLLC.

[32] O regime das nulidades contido na Lei 8.666/93 se resumia, basicamente, às normas decorrentes do seu art. 59 (“A declaração de nulidade do contrato administrativo opera

Capítulo XI do Título III, trazem consigo algumas importantes inovações, alinhadas aos ditames da LINDB, que passam a ser aqui destacadas.

A primeira delas consiste na ruptura da lógica de que os contratos nulos devem ser sempre anulados e de que, quando invalidados, seus efeitos devem ser todos desconstituídos, ressalvados somente os efeitos do objeto contratual já executado. Com efeito, a NLLC inicialmente coloca em evidência solar que um primeiro juízo a ser realizado é do relacionado com a valoração do grau da nulidade que macula o contrato ou os procedimentos que lhe antecederam, para que somente sejam considerados efetivamente suscetíveis de invalidação os vícios efetivamente insanáveis. Tal *ratio*, aliás, também se mostra presente no tocante à aferição da validade do processo licitatório, consoante se depreende do art. 71, III c/c com o seu § 1º. Especificamente em relação aos contratos públicos, o art. 147 deixa evidente que a avaliação sobre eventual anulação somente ocorrerá "caso não seja possível o saneamento". Ou seja, caso seja possível o saneamento do vício ou da irregularidade, mostra-se imperiosa a preservação do vínculo contratual.

Passando-se para um segundo patamar de aferição, decorrente da caracterização de um vício ou irregularidade não suscetível de saneamento, ainda assim não se mostrará necessariamente obrigatória a invalidação do negócio jurídico, uma vez que, neste caso, o art. 147 da NLLC impõe que eventual declaração de nulidade do contrato ou mesmo a suspensão cautelar de sua execução ocorrerá somente na hipótese de se revelar medida de interesse público, para cuja avaliação haverão de ser considerados, em enumeração exemplificativa, os seguintes aspectos: I – impactos econômicos e financeiros decorrentes do atraso na fruição dos benefícios do objeto do contrato; II – riscos sociais, ambientais e à segurança da população local decorrentes do atraso na fruição dos

retroativamente impedindo os efeitos jurídicos que ele, ordinariamente, deveria produzir, além de desconstituir os já produzidos. Parágrafo único. A nulidade não exonera a Administração do dever de indenizar o contratado pelo que este houver executado até a data em que ela for declarada e por outros prejuízos regularmente comprovados, contanto que não lhe seja imputável, promovendo-se a responsabilidade de quem lhe deu causa"). Apesar de lacônico o modo pelo qual o tema é tratado na Lei 8.666/93, há importantes estudos sobre a matéria, alguns dos quais antecipando, de modo visionário, parte do que a NLLC passou a dispor. Vide, neste sentido: FREIRE, André Luiz. Manutenção e retirada dos contratos administrativos inválidos. São Paulo: Malheiros: 2008.

benefícios do objeto do contrato; III – motivação social e ambiental do contrato; IV – custo da deterioração ou da perda das parcelas executadas; V – despesa necessária à preservação das instalações e dos serviços já executados; VI – despesa inerente à desmobilização e ao posterior retorno às atividades; VII – medidas efetivamente adotadas pelo titular do órgão ou entidade para o saneamento dos indícios de irregularidades apontados; VIII – custo total e estágio de execução física e financeira dos contratos, dos convênios, das obras ou das parcelas envolvidas; IX – fechamento de postos de trabalho diretos e indiretos em razão da paralisação; X – custo para realização de nova licitação ou celebração de novo contrato; XI – custo de oportunidade do capital durante o período de paralisação.

Evidentemente, tal avaliação aumenta o ônus argumentativo e a relevância da motivação de tal tomada de decisão, o que também é uma marca da LINDB. Mas evidenciado que o interesse público não recomenda a paralisação ou a anulação do contrato, tais medidas passam a ser proibidas pela NLLC, devendo as eventuais irregularidades ser solucionadas por meio da respectiva indenização, passível ainda de responsabilização dos causadores de tais irregularidades ou vícios[33]. Trata-se de regra de natureza vinculada[34] a qual, portanto, interdita a invalidação ou a suspensão do contrato quando tais providências forem contrárias ao interesse público. Dito de outro modo: num eventual conflito entre o princípio da legalidade, cuja inobservância recomendaria à invalidação do negócio jurídico, e o interesse público, caso este recomende a sua preservação, predominará o interesse público, eis que obrigatória, neste caso, a manutenção do vínculo contratual. Do ponto de vista hermenêutico, mostra-se elogiável tal solução contemplada na NLLC, até mesmo porque, *ultima ratio*, o princípio da legalidade consiste em instrumento de consecução do interesse público e da segurança jurídica.

[33] NLLC, Art. 147, Parágrafo único. Caso a paralisação ou anulação não se revele medida de interesse público, o poder público deverá optar pela continuidade do contrato e pela solução da irregularidade por meio de indenização por perdas e danos, sem prejuízo da apuração de responsabilidade e da aplicação de penalidades cabíveis.

[34] Lembre-se, quanto ao ponto, que a estrutura normativa da regra legal contida no art. 147, parágrafo único, da NLLC estabelece que o "poder público *deverá* optar pela continuidade do contrato" quando demonstrado que "paralisação ou anulação não se revele medida de interesse público".

Resta evidente, pois, que a NLLC prestigia princípio da conservação ou manutenção do negócio jurídico, ainda que viciado, caso sua desconstituição seja medida contrária ao interesse público. Tal princípio, tradutor de uma ideia de lógica *favor contractus* cuja incidência é de há muito reconhecida no Direito Privado[35], pode ser enquadrado inclusive como uma decorrência do princípio da proteção da confiança e da segurança jurídica[36], encontrando total compatibilidade com as ideias contidas no art. 21 da LINDB.

Esta mesma ordem de preocupações encontra-se presente na NLLC no tocante aos efeitos dos contratos quando da sua anulação. Assim, do art. 148 da NLLC depreende-se que caso o interesse público recomende a anulação do negócio jurídico, a declaração de nulidade "operará retroativamente, impedindo os efeitos jurídicos que o contrato deveria produzir ordinariamente e desconstituindo os já produzidos". Aqui, deve-se atentar para o fato de que tal comando de desconstituição dos efeitos pretéritos e de impedimento de efeitos futuros haverá de ser

[35] O princípio da conservação do contrato restou materializado no Código Civil, especialmente nos seus artigos 170 ("se, porém, o negócio jurídico nulo contiver os requisitos de outro, subsistirá este quando o fim a que visavam as partes permitir supor que o teriam querido, se houvessem previsto a nulidade"), 172 ("o negócio anulável pode ser confirmado pelas partes, salvo direito de terceiro") e 182 ("anulado o negócio jurídico, restituir-se-ão as partes ao estado em que antes dele se achavam, e, não sendo possível restituí-las, serão indenizadas com o equivalente"). Sobre o tema, vide GLITZ, Frederico Eduardo Zenedin. FAVOR CONTRACTUS: Alguns apontamentos sobre o princípio da conservação do contrato no Direito Positivo brasileiro e no Direito Comparado. *in:* Revista do Instituto do Direito Brasileiro Ano 2 (2013), nº 1, p. 475-542.

[36] Quanto ao ponto, vide: COUTO E SILVA, Almiro. Princípio da segurança jurídica no direito administrativo brasileiro. Enciclopédia jurídica da PUC-SP. Celso Fernandes Campilongo, Alvaro de Azevedo Gonzaga e André Luiz Freire (coords.). Tomo: Direito Administrativo e Constitucional. Vidal Serrano Nunes Jr., Maurício Zockun, Carolina Zancaner Zockun, André Luiz Freire (coord. de tomo). 1. ed. São Paulo: Pontifícia Universidade Católica de São Paulo, 2017. Disponível em: https://enciclopediajuridica.pucsp.br/verbete/17/edicao-1/principio-da-seguranca-juridica-no-direito-administrativo-brasileiro) e MAFFINI, Rafael. Princípio da proteção da confiança legítima. Enciclopédia jurídica da PUC-SP. Celso Fernandes Campilongo, Alvaro de Azevedo Gonzaga e André Luiz Freire (coords.). Tomo: Direito Administrativo e Constitucional. Vidal Serrano Nunes Jr., Maurício Zockun, Carolina Zancaner Zockun, André Luiz Freire (coord. de tomo). 1. ed. São Paulo: Pontifícia Universidade Católica de São Paulo, 2017. Disponível em: https://enciclopediajuridica.pucsp.br/verbete/120/edicao-1/principio-da-protecao-da-confianca-legitima.

analisado com a devida parcimônia, inclusive porquanto aplicável o art. 21 da LINDB, na dimensão normativa acima referida, até mesmo por força do que dispõe o já referido art. 5º da NLLC. Demais disso, os parágrafos do art. 148 alinham-se no mesmo sentido da LINDB, seja por se remeter à solução indenizatória e à responsabilização e sancionamento cabível nos casos em que não seja possível o retorno à situação fática anterior (art. 148, § 1º), seja por se admitir que "com vistas à continuidade da atividade administrativa, poderá decidir que ela só tenha eficácia em momento futuro, suficiente para efetuar nova contratação, por prazo de até 6 (seis) meses, prorrogável uma única vez" (art. 148, § 2º). Aliás, em relação a tal modulação temporal para o futuro, da anulação dos contratos, também o art. 21 da LINDB se mostra uma relevante fonte normativa, inclusive em razão da regulamentação dada pelo Decreto 9.830/19[37].

Do mesmo modo, o artigo 149 da NLLC, tratando dos efeitos econômico-financeiros da anulação do contrato, de modo muito similar ao disposto no art. 59, parágrafo único, da Lei 8.666/93[38] [39], estabelece que "a nulidade não exonerará a Administração do dever de indenizar o contratado pelo que houver executado até a data em que for declarada ou tornada eficaz, bem como por outros prejuízos regularmente comprovados, desde que não lhe seja imputável, e será promovida a responsabilização de quem lhe tenha dado causa". Sobre o tema, destaca-se que, ainda sob a égide da Lei 8.666/93 – no que parece ser totalmente aproveitável à NLLC –, após grande polêmica sobre o tema, o STJ consolidou a orientação jurisprudencial no sentido de inexistir dever de indenizar por parte da Administração

[37] Com efeito, o art. 4º, § 4º, do Decreto 9.830/2019 estabelece que "na declaração de invalidade de atos, contratos, ajustes, processos ou normas administrativos, o decisor poderá, consideradas as consequências jurídicas e administrativas da decisão para a administração pública e para o administrado: I – restringir os efeitos da declaração; ou II – decidir que sua eficácia se iniciará em momento posteriormente definido". Sobre o tema, vide: MAFFINI, Rafael. Modulação temporal *in futurum* dos efeitos da anulação de condutas administrativas. Revista de direito administrativo, v. 244. Rio de Janeiro: jan./abr. 2007, p. 246-247.

[38] Lei 8.666/93, Art. 159, parágrafo único. A nulidade não exonera a Administração do dever de indenizar o contratado pelo que este houver executado até a data em que ela for declarada e por outros prejuízos regularmente comprovados, contanto que não lhe seja imputável, promovendo-se a responsabilidade de quem lhe deu causa.

[39] Sobre o tema, vide: CÂMARA, Jacintho de Arruda. Obrigações do Estado derivadas de contratos inválidos. São Paulo: Malheiros, 1999.

nos casos de ocorrência de má-fé ou de ter o contratado concorrido para a nulidade da contratação[40].

Por fim, o art. 150 da NLLC traz consigo norma autoexplicativa segundo a qual "nenhuma contratação será feita sem a caracterização adequada de seu objeto e sem a indicação dos créditos orçamentários para pagamento das parcelas contratuais vincendas no exercício em que for realizada a contratação, sob pena de nulidade do ato e de responsabilização de quem lhe tiver dado causa".

Feitas tais considerações acerca das regras legais contidas na NLLC acerca das nulidades dos contratos, à luz do disposto no art. 21 da LINDB, passa-se à análise das repercussões de outra norma da LINDB – art. 24 –, na aferição da higidez jurídica das condutas administrativas.

3. Do artigo 24 da LINDB, da segurança jurídica e dos parâmetros temporais de aferição da validade das licitações e contratos

O art. 24 da LINDB confere concretização aos já referidos princípios da segurança jurídica e da proteção da confiança[41], uma vez que interdita a aplicação retroativa de novas interpretações em matéria de aferição da validade das condutas administrativas, o que, de resto, já se encontra também positivado no art. 2º parágrafo único, XIII, da Lei 9.784/99. Com efeito, a interpretação do Direito é fenômeno progressivo, de modo que não se mostra infrequente que determinada conduta seja considerada juridicamente hígida quando de sua prática, mas sobre tal conduta surjam intepretações supervenientes que possam colocar em dúvida sua validade. O art. 24 da LINDB determina que a compreensão sobre a validade de determinada conduta haverá de ser aquela contemporânea à sua concretização, cristalizando-se o seu status de validade, ainda que supervenientemente ocorram mudanças de interpretação sobre sua higidez, imunizando-a de eventuais mudanças de interpretação sobre a validade de tal conduta[42].

[40] Destacam-se, quanto ao ponto os seguintes precedentes: AgRg no AREsp 450.983 e AgRg no AREsp 345.645.

[41] Vide: MAFFINI, Rafael. Comentários ao art. 24 da LINDB. In: DUQUE, Marcelo Schenk; RAMOS, Rafael (Coord.). Segurança jurídica na aplicação do Direito Público. Salvador: Juspodivm, 2019, p. 113-128.

[42] Sobre o fato de o art. 24 da LINDB corresponder à consolidação de uma tendência que possui antecedentes normativos, acadêmicos e jurisprudenciais, vide CÂMARA, Jacintho

Desta feita, a validade das condutas administrativas, e também dos contratos públicos, deve ser aferida consideradas as "orientações gerais da época", que, como dispõe o art. 24, parágrafo único, da LINDB consistem nas "interpretações e especificações contidas em atos públicos de caráter geral ou em jurisprudência judicial ou administrativa majoritária, e ainda as adotadas por prática administrativa reiterada e de amplo conhecimento público".

Tal parâmetro temporal de aferição da validade das condutas administrativas mostra-se, pois, especialmente relevante em matéria de contratos públicos, dado o caráter dinâmico que peculiariza as interpretações dadas pelos órgãos de controle, notadamente pelos Tribunais de Contas, em matéria de licitações e contratações celebradas pela Administração Pública.

4. Do convívio da NLLC com a Lei 8.666/93 – da aplicação das normas principiológicas da NLLC aos contratos regidos pela legislação anterior

A NLLC traz consigo uma peculiar solução de direito intertemporal, sensível ao fato de que a Lei 8.666/93 encontra-se consolidada – talvez de modo exagerado, diga-se de passagem – no quotidiano da Administração Pública brasileira. Ao invés de uma abrupta revogação pura e simples da lei anterior ou mesmo de simples previsão de uma *vacaio legis* para a novel legislação, estabeleceu-se um período de convívio entre as referidas leis. Com efeito, o art. 193, II, da NLLC estabeleceu que a revogação da Lei nº 8.666/93, da Lei nº 10.520/02 (Lei do Pregão) e dos arts. 1º a 47-A da Lei nº 12.462/11 (RDC) ocorrerá após decorridos 2 (dois) anos da sua

Arruda. Art. 24 da LINDB – Irretroatividade de nova orientação geral para anular deliberações administrativas. Revista de Direito Administrativo, Edição Especial – Direito Público na Lei de Introdução às Normas de Direito Brasileiro – LINDB (Lei nº 13.655/2018), 2018, p. 113-134). Assim, "o art. 24 da LINDB parece servir para mitigar, ainda que parcialmente, a lógica de que 'não há direito adquirido a regime jurídico'. Isso porque uma vez perpetrados determinado comportamento administrativo, porquanto já completada sua produção, a análise sobre sua validade somente poderá levar em conta as interpretações decorrentes das orientações gerais do momento em que produzido, gerando-se em favor dos seus destinatários uma espécie de 'direito adquirido a regime interpretativo quanto à validade das condutas administrativas'" (MAFFINI, Rafael. Comentários ao art. 24 da LINDB. In: DUQUE, Marcelo Schenk; RAMOS, Rafael (Coord.). Segurança jurídica na aplicação do Direito Público. Salvador: Juspodivm, 2019, p. 125).

publicação oficial, a qual ocorreu em 01/04/2021. Neste período, o art. 191 da NLLC estabeleceu que a Administração Pública poderá optar por licitar ou contratar diretamente de acordo com a própria NLLC *ou* de acordo com legislação referida no art. 193, II. Tal opção, que deverá constar do expressamente no edital ou no aviso ou instrumento de contratação direta, se projetará, em princípio, para os respectivos contratos, os quais continuarão sujeitos à legislação eleita durante toda a sua vigência (art. 191, parágrafo único, da NLLC).

Destaca-se, quanto ao ponto aqui destacado, o fato de que o art. 191 veda a aplicação combinada da NLLC com a legislação referida no seu art. 193, II (Lei nº 8.666/93, Lei nº 10.520/02 e arts. 1º a 47-A da Lei nº 12.462/11). Ou seja, já se mostra viável a aplicação da NLLC[43] *ou* da Lei 8.666/93, mas não se afigura possível a adoção hibridizada e simultânea de ambas as leis gerais de licitações num mesmo processo licitatório ou num mesmo contrato público.

Compreende-se a solução legislativa adotada – ainda que com ela não se concorde integralmente –, no sentido de se evitar o emprego das vantagens de um dos regimes, sem que se observem os ônus que lhe são inerentes. O ponto de discordância antes referido consiste justamente no fato de que se poderia cogitar de um "melhor dos mundos" legislativos, desde que fossem observados os cabíveis parâmetros de controle.

Contudo, ainda que pressuposta a solução legislativa adotada da NLLC, com este período de convívio entre as duas legislações (a nova e a anterior) e vedado o hibridismo entre elas, parece-nos que mesmo assim se mostra defensável a aplicação das regras sobre nulidades do contrato contidas nos artigos 147 a 150 da NLLC mesmo para os contratos celebrados sob a égide da Lei 8.666/93 no biênio a que se refere o art. 191 c/c art. 193, II, da NLLC[44].

[43] O presente trabalho não se ocupa da necessária análise acerca da autoaplicabilidade da NLLC, sobretudo antes da implantação do Portal Nacional de Contratações Públicas (PNCP), a que se referem os artigos 174 a 176 da NLLC.

[44] Embora se desborde do tema aqui proposto, que trata das leis gerais sobre licitações e contratações públicas (a NLLC e a Lei 8.666/93), a proposta teórica veiculada de aplicação do capítulo sobre nulidades dos contratos públicos da NLLC também se estende aos contratos celebrados pelas empresas estatais, ainda que estas estejam sujeitas à legislação própria, qual seja, o Estatuto das Estatais (Lei 13.303/16), fundamentado no art. 173, § 1º, da CF. Assim, a despeito do art. 1º, § 1º, da NLLC, defende-se a aplicação dos artigos 147 a 150 da NLLC aos

Com efeito, as normas contidas no Capítulo XI do Título III da NLLC, especialmente os preceitos contidos nos artigos 147 a 149, contemplam uma espécie de detalhamento do que já se encontra disposto na LINDB, especialmente no seu art. 21. Diante disso, ainda que se cogitasse, num raciocínio cartesiano, de não se aplicar as normas pertinentes a nulidades dos contratos da NLLC aos contratos regidos pela Lei 8.666/93 em face do disposto no art. 191 c/c art. 193, II, da NLLC, ainda assim se deveria aplicar as soluções que lhe são inerentes, porquanto se tratam de normas que veiculam a *ratio* da LINDB, a qual é aplicável em todas as condutas estatais de administração pública.

Demais disso, tratam-se de regras materializam os princípios do interesse público, da segurança jurídica, da eficiência, da razoabilidade, da proporcionalidade, da motivação, entre outros vários princípios aplicáveis às condutas administrativas. Assim, seria despropositado que se deixasse de utilizar de comportamentos indiretamente determinados por princípios, em razão de limitações contempladas em regras que concretizam somente parcialmente os seus conteúdos jurídicos. Dito de outro modo: a preservação de contratos administrativos quando seu desfazimento vier a ser contrário ao interesse público e à segurança jurídica, decorrerá de tais princípios e não das regras legais que os materializam parcialmente, como é o caso do art. 147 e 148 da NLLC. Daí porque se sustenta que tais soluções se mostram aplicáveis, mesmo quando inaplicável a própria NLLC.

Conclusões

Ainda haverá muitas discussões sobre as vantagens e as desvantagens da NLLC sobre a Lei 8.666/93. Todavia, parece ser evidente que se mostram alvissareiras as novidades introduzidas pela Lei 14.133/21 em matéria de nulidades dos contratos celebrados pela Administração Pública.

Isso porque, na linha das ideias já veiculadas pela LINDB, com a redação dada pela Lei 13.655/18, sobretudo no tocante ao seu art. 21, a NLLC, demais de erigir a própria LINDB ao *status* de Diploma Legal

contratos celebrados pelas estatais, diante do argumentos a seguir expostos no texto. Pelas mesmas razões, parece ser defensável a aplicação das normas contidas na NLLC, sobretudo as relativas a nulidades, as quais possuem uma índole nitidamente principiológicas, mesmo aos contratos celebrados sob a égide da Lei 8.666/93 em momento anterior ao início da vigência da Lei 14.133/21, a despeito do disposto no seu art. 190.

veiculador de princípios norteadores das licitações e contratações públicas (art. 5º da NLLC), estabelece normas jurídicas que evidenciam a aplicação do princípio da conservação ou manutenção dos negócios jurídicos. Assim, impõe-se a conclusão de que somente vícios ou irregularidades insanáveis possam ensejar a análise sobre eventual suspensão ou invalidação dos contratos públicos. Demais disso, ainda que portadores de vícios insanáveis, a NLLC estatui que tais negócios jurídicos somente serão suspensos ou invalidados se o interesse público assim o recomendar. Em outras palavras: resta interditada a possibilidade de que sejam suspensos ou desconstituídos contratos estatais quando o interesse público recomendar, inclusive em razão das hipóteses contidas no rol exemplificativo do art. 147 da NLLC, a sua manutenção.

E, mesmo que o interesse público recomende a anulação de tais contratos, poderá haver modulações consequenciais na invalidação, inclusive com a possibilidade de fixação de termo futuro para o início da eficácia da decisão anulatória (art. 148, § 2º, da NLLC).

Demais disso, a aferição da eventual invalidade dos contratos públicos deverá levar em consideração as orientações gerais da época em que celebrados, sendo vedada a sua suspensão ou invalidação por conta de critérios interpretativos superveniente surgidos (art. 24 da LINDB c/c art. 5º da NLLC).

Por fim, sustentou-se a incidência de tais normas (artigos 147 a 150 da NLLC), mesmo em relação aos contratos celebrados sob a égide da Lei 8.666/93, a despeito do art. 191 c/c art. 193, II, da NLLC, porquanto se tratam de normas que detalham normas já contidas na LINDB, demais de materializarem os princípios do interesse público, da segurança jurídica, da eficiência, da razoabilidade, da proporcionalidade, da motivação, entre outros vários princípios aplicáveis às condutas administrativas.

Porto Alegre, junho de 2021.

Referências

ANDRADE, Fábio Martins de. Comentários à Lei 13.655/2018 – proposta de sistematização e interpretação conforme. Rio de Janeiro: Lumen Juris, 2019.

BAPTISTA, Patrícia; ACCIOLY, João Pedro. A Administração Pública na Constituição de 1988 – 30 anos depois: disputas, derrotas e conquistas. Revista de Direito Administrativo, v. 277, n. 2, p. 45-74, maio/ago. 2018.

CÂMARA, Jacintho Arruda. Art. 24 da LINDB – Irretroatividade de nova orientação geral para anular deliberações administrativas. Revista de Direito Administrativo, Edição Especial – Direito Público na Lei de Introdução às Normas de Direito Brasileiro – LINDB (Lei nº 13.655/2018), 2018, p. 113-134.

______. Obrigações do Estado derivadas de contratos inválidos. São Paulo: Malheiros, 1999.

COUTO E SILVA, Almiro. O princípio da proteção da confiança e a teoria da invalidade dos atos administrativos no Direito brasileiro. In: COUTO E SILVA, Almiro. Conceitos fundamentais do Direito no Estado Constitucional. São Paulo: Malheiros, 2015, p. 91-119.

______. O princípio da segurança jurídica (proteção à confiança) no Direito Público brasileiro e o direito da administração pública de anular os seus próprios atos administrativos: o prazo decadencial do art. 54 da lei do processo administrativo da União (Lei nº 9.784/99). In: COUTO E SILVA, Almiro. Conceitos fundamentais do Direito no Estado Constitucional. São Paulo: Malheiros, 2015, p. 43-90.

______. Princípio da segurança jurídica no direito administrativo brasileiro. Enciclopédia jurídica da PUC-SP. Celso Fernandes Campilongo, Alvaro de Azevedo Gonzaga e André Luiz Freire (coords.). Tomo: Direito Administrativo e Constitucional. Vidal Serrano Nunes Jr., Maurício Zockun, Carolina Zancaner Zockun, André Luiz Freire (coord. de tomo). 1. ed. São Paulo: Pontifícia Universidade Católica de São Paulo, 2017. Disponível em: https://enciclopediajuridica.pucsp.br/verbete/17/edicao-1/principio-da-seguranca-juridica-no-direito-administrativo-brasileiro).

FREIRE, André Luiz. Manutenção e retirada dos contratos administrativos inválidos. São Paulo: Malheiros: 2008.

GLITZ, Frederico Eduardo Zenedin. FAVOR CONTRACTUS: Alguns apontamentos sobre o princípio da conservação do contrato no Direito Positivo brasileiro e no Direito Comparado. in: Revista do Instituto do Direito Brasileiro Ano 2 (2013), nº 1, p. 475-542.

HORBACH, Carlos Bastide. Teoria das nulidades dos atos administrativos. São Paulo: RT: 2007.

JUSTEN FILHO, Marçal. Art. 20 da LINDB. Dever de transparência, concretude e proporcionalidade nas decisões públicas. Revista de Direito Administrativo, Edição Especial – Direito Público na Lei de Introdução às Normas de Direito Brasileiro – LINDB (Lei nº 13.655/2018), 2018, p. 13-42.

MAFFINI, Rafael. Comentários ao art. 20 da LINDB. In: DUQUE, Marcelo Schenk; RAMOS, Rafael (Coord.). Segurança jurídica na aplicação do Direito Público. Salvador: Juspodium, 2019, p. 41-56.

______. Comentários ao art. 24 da LINDB. In: DUQUE, Marcelo Schenk; RAMOS, Rafael (Coord.). Segurança jurídica na aplicação do Direito Público. Salvador: Juspodium, 2019, p. 113-128.

______. Elementos de Direito Administrativo. Porto Alegre, Livraria do Advogado, 2016.

______. LINDB, COVID-19 e sanções administrativas aplicáveis a agentes públicos. In: MAFFINI, Rafael; RAMOS, Rafael. Nova LINDB – consequencialismo, deferência judicial, motivação e responsabilidade do gestor público. Rio de Janeiro: Lumen Juris, 2020, p. 191-222.

______. Modulação temporal in futurum dos efeitos da anulação de condutas administrativas. Revista de direito administrativo, v. 244. Rio de Janeiro: jan./abr. 2007, p. 231-247.

______. Princípio da proteção da confiança legítima. Enciclopédia jurídica da PUC-SP. Celso Fernandes Campilongo, Alvaro de Azevedo Gonzaga e André Luiz Freire (coords.). Tomo: Direito Administrativo e Constitucional. Vidal Serrano Nunes Jr., Maurício Zockun, Carolina Zancaner Zockun, André Luiz Freire (coord. de tomo). 1. ed. São Paulo: Pontifícia Universidade Católica de São Paulo, 2017. Disponível em: https://enciclopediajuridica.pucsp.br/verbete/120/edicao-1/principio-da-protecao-da-confianca-legitima.

MARQUES NETO, Floriano de Azevedo; FREITAS, Rafael Véras de. Comentários à lei nº 13.655/2018. Belo Horizonte: Fórum, 2019

MARTINS, Ricardo Marcondes. Efeitos dos vícios do ato administrativo. São Paulo: Malheiros, 2008.

MOTTA, Fabrício; NOHARA, Irene Patrícia. LINDB no Direito Público – Lei 13.655/2018. São Paulo: RT, 2020.

NOBRE JÚNIOR, Edilson Pereira. As normas de Direito Público na Lei de Introdução ao Direito Brasileiro – paradigmas para intepretação e aplicação do Direito Administrativo. São Paulo: Contracorrente, 2019.

PARGENDLER, Mariana; SALAMA, Bruno Myerhof. Direito e consequência no Brasil: em busca de um discurso sobre o método. Revista de Direito Administrativo, Rio de Janeiro, v. 262, p. 95-144, jan./abr. 2013, p. 95-144.

ROGÉRIO, Nuno. A Lei Fundamental da República Federal da Alemanha com um ensaio e anotações de Nono Rogério. Coimbra: Coimbra, 1996

SANTOS, Rodrigo Valgas dos. Direito Administrativo do Medo – risco e fuga da responsabilização dos agentes públicos. São Paulo: Revista dos Tribunais, 2020.

SCAPIN, Romano. A expedição de provimentos provisórios pelos Tribunais de Contas: das 'medidas cautelares' à técnica antecipatória no controle externo brasileiro. Belo Horizonte: Fórum, 2019.

SUNDFELD, Carlos Ari; MARQUES NETO, Floriano de Azevedo. Uma nova lei para aumentar a qualidade jurídica das decisões públicas e de seu controle. In: SUNDFELD, Carlos Ari (organizador). Contratações públicas e seu controle. São Paulo: Malheiros, 2013, p. 277-285.

19.
Contratos Administrativos e os Meios Alternativos de Solução de Controvérsias

CESAR SANTOLIM

Introdução

A Lei nº 14.133/2021 ("Nova Lei de Licitações – NLL"), ao dispor sobre os "meios alternativos de resolução de controvérsias" (Capítulo XII, do Título III – Contratos Administrativos), não foi exatamente inovadora (pois desde a Lei nº 13.129/2015 já havia expressa referência ao uso da arbitragem na Administração Pública, e, após, a Lei nº 12.462/2011, com a redação dada pela Lei nº 13.190/2015, no seu artigo 44-A, admitiu o "emprego dos mecanismos privados de resolução de disputas, inclusive a arbitragem, a ser realizada no Brasil e em língua portuguesa, nos termos da Lei nº 9.307, de 23 de setembro de 1996, e a mediação, para dirimir conflitos decorrentes da sua execução ou a ela relacionados"). Todavia, como é sabido, o alcance do Regime Diferenciado de Contratações (RDC) era mais restrito que aquele da NLL, o que, por si só, já evidencia a importância da alteração. Mas há mais: o teor dos dispositivos da NLL sobre a matéria é diferente daquele já existente no RDC, justificando a necessidade de uma análise mais cuidadosa da matéria.

De início, cabe referir que a terminologia adotada pelo legislador não foi exatamente a mais feliz. O emprego das expressões "alternativo" (em sugestão ao que seria a "via comum", o Poder Judiciário, quando mais correto seria "extrajudicial" ou "adequado") e "controvérsia" (dado que a ênfase pode estar na prevenção) merece críticas, mas não compromete, em absoluto, qualquer sentido de validade ou eficácia da norma.

Além disso, não pode ser ignorado que a NLL se coloca em um quadro normativo substancialmente modificado pela Lei nº 13.655/2018, que deu novo tratamento à "Lei de Introdução às Normas do Direito Brasileiro – LINDB", impondo-se uma interpretação sistemática destas mudanças legislativas.

1. O contexto normativo

De forma geral, a doutrina tem reconhecido que a Lei nº 13.655/2018 impôs um viés consequencialista[1] e pragmático[2] ao direito brasileiro, e que foi reforçado em alguns dispositivos da Lei nº 13.874/2019, "Lei da Liberdade Econômica – LLE", (em especial os artigos 1º – que menciona "disposições sobre a atuação do Estado como agente normativo e regulador" e 2º, incisos III e IV – ao aludirem à "intervenção subsidiária e excepcional do Estado sobre o exercício de atividades econômicas" e ao "reconhecimento da vulnerabilidade do particular perante o Estado", como "princípios" norteadores da lei.

O pragmatismo não deixa de pertencer a uma abordagem consequencialista, como faz perceber Neil MACCORMICK[3], que, ao tratar da "argumentação baseada em consequências", deixa claro haver uma variabilidade na questão "em que medida as decisões – e não apenas as decisões jurídicas – podem ser justificadas ou tornadas corretas a partir se suas consequências". Isto porque "é possível conceber duas posições extremadas. Em uma delas, a única justificação para uma decisão poderia ser em termos da totalidade das suas consequências, ainda que remotas... No outro extremo estaria a posição segundo a qual a natureza e a qualidade da decisão seriam os únicos elementos a serem considerados relevantes na justificação de sua correção, sem considerar qualquer de suas consequências, ainda que próximas". Mas, como diz o mesmo MACCORMICK, há posições "moderadas" ou "intermediárias", entre o consequencialismo e o "deontologismo":

[1] SANTOS DE MENDONÇA (2018).

[2] JORDÃO (2018).

[3] "John Dewey, em um dos textos clássicos sobre o pragmatismo jurídico, afirmou que o Direito deveria ser desenvolvido sobre as bases de uma lógica relativa às consequências antes do que aos antecedentes". MACCORMICK (1995), p. 142.

> "os valores perseguidos através (e sustentados) pelas regras jurídicas são propriamente considerados como objetivos para os efeitos do Direito. Deve então contar em favor de uma decisão jurídica que ela promova ou dê apoio a um certo valor, e isso pode ser expresso em algum tipo de argumento de objetivo. Mas, uma vez que a argumentação judicial caminhe nos limites da universalizabilidade, a matéria também dirá respeito ao estabelecimento de normas de correção".

Ademais, como já vem sendo afirmado há algum tempo, a denominada "fuga para o direito privado" indica importante alteração na forma como se desenha o direito administrativo:

> "Esta *privatização* da atividade administrativa tem se dado por variadas formas e em diferentes setores. A emergência do *gerencialismo* procura aplicar técnicas de organização e gestão empresariais privadas à Administração Pública. A ideia de *consensualidade* tem cada vez mais permeado as relações entre administrados e Administração. A intervenção direta do Estado na economia tem sido substituída por *parcerias* com a iniciativa privada..." (BINENBOJM, 2006)[4]

A nova "Administração Consensual" prestigia a horizontalidade das relações estabelecidas com os contratados, sem ignorar completamente a assimetria existente entre os interesses envolvidos, e valoriza os meios extrajudiciais de prevenção e composição de interesses, nos contratos administrativos.

Esse ambiente hermenêutico deve ser levado em conta quando se aborde toda e qualquer norma nele produzida, o que se aplica também à NLL.

2. Os meios alternativos de solução de controvérsias

São diversas as possibilidades de solução de conflitos, decorrentes da celebração de contratos administrativos, expressamente admitidos na NLL. O artigo 151 da lei diz que "...poderão ser utilizados meios alternativos de prevenção e resolução de controvérsias, notadamente a conciliação, a mediação, o comitê de resolução de disputas e a arbitragem". Fica claro

[4] p. 20.

tratar-se de rol exemplificativo (consequência do uso do termo "notadamente"), o que significa a possibilidade do uso de outros mecanismos, dentre os quais vale destacar o ODR (*Online Dispute Resolution*), que deve ser cogitado especialmente quando se estiver diante de contratos que resultem do uso de sistemas informatizados (como é o caso do previsto no artigo 19, III, da NLL).

É sempre recorrente a discussão sobre a extensão das possibilidades da utilização de "meios alternativos" quando se trata de "interesse público", diante da sua alegada "indisponibilidade". A partir das lições de Renato ALESSI, BARROSO (2005) afirma que

> "a noção de interesse público, para os fins aqui visados, irá utilizar uma distinção fundamental e pouco explorada, que o divide em primário e secundário. O interesse público *primário* é a razão de ser do Estado e sintetiza-se nos fins que cabe a ele promover: justiça, segurança e bem-estar social... O interesse público *secundário* é o da pessoa jurídica de direito público que seja parte em uma determinada relação jurídica – quer se trate da União, do Estado-membro, do Município ou de suas autarquias..."[5]

Em decorrência desta distinção, ainda segundo BARROSO, "o interesse público secundário jamais desfrutará de supremacia *a priori* e abstrata em face do interesse particular"[6][7].

Como destacado no Manual de Mediação e Conciliação da Justiça Federal – MMCJF (2019), "na realidade, o interesse público, por si mesmo, não é indisponível. Por vezes, a preservação do interesse público depende justamente de um ato de disposição, como ocorre, por exemplo,

[5] p. XIII.

[6] p. XV

[7] Esta classificação é utilizada na decisão monocrática do Ministro Benedito Gonçalves (Superior Tribunal de Justiça, Primeira Turma), no REsp nº 1.436.312-MG, 03/04/2017, *verbis*, "o recorrente, ao indicar ofensa aos artigos 1º da Lei n. 9.307/1996 e 54 da Lei nº 8.666/1993 e direcionar a sua tese no sentido de que há interesse público no objeto do contrato, deixou de impugnar o fundamento do acórdão recorrido segundo o qual deve ser diferenciado o interesse público primário (objetivo a ser atingido) do contrato administrativo, do interesse público secundário, que seria o caso da cláusula arbitral, a qual pode ser regida pelo Direito Privado, se encaixando no âmbito das relações patrimoniais (direitos disponíveis), no qual a Administração Pública tem liberdade contratual.

no fornecimento gratuito de vacinas ou medicamentos. Segundo Carlos Alberto de Salles (2011, p. 293), é mais adequado falar em vinculação ao interesse público em vez de indisponibilidade. Essa vinculação ao interesse público permite que, em certas situações, a postura mais adequada seja dispor de determinado bem ou direito". Na dicção de BINENBOJM (2005) "o interesse público comporta, desde a sua configuração constitucional, uma imbricação entre interesses difusos da coletividade e interesses individuais e particulares, não se podendo estabelecer a prevalência teórica e antecipada de uns sobre outros"[8]. De qualquer forma, o teor do parágrafo único do artigo 151[9] da NLL deixa claro o alcance possível para o uso dos "meios alternativos", o que afasta maiores discussões sobre o tema.

A "Lei da Mediação" (Lei nº 13.140/2015) dispôs sobre a mediação "entre particulares", como meio de solução de controvérsias, reservando para os "conflitos no âmbito da administração pública" a "autocomposição", indicando se tratar de dois mecanismos distintos, ainda que assemelhados. Note-se que a "autocomposição", na forma do artigo 32, incisos II e III[10], da "Lei da Mediação", já abria a possibilidade de sua utilização nas relações entre a Administração e o administrado, o que a torna perfeitamente compatível com as normas trazidas pela NLL. É possível entender, até, que a expressão "comitê de resolução de disputas" (constante na NLL) corresponde, em sua concepção estrutural, às "câmaras de prevenção e resolução administrativa de conflitos", mencionadas na "Lei da Mediação", mas com possibilidades ampliadas. As "câmaras", pela "Lei da Mediação" só podem ser criadas "no âmbito dos respectivos órgãos da Advocacia Pública", restrição não existente na NLL, quanto ao "comitê de resolução

[8] p. 149.

[9] Parágrafo único. Será aplicado o disposto no caput deste artigo às controvérsias relacionadas a direitos patrimoniais disponíveis, como as questões relacionadas ao restabelecimento do equilíbrio econômico-financeiro do contrato, ao inadimplemento de obrigações contratuais por quaisquer das partes e ao cálculo de indenizações.

[10] Art. 32. A União, os Estados, o Distrito Federal e os Municípios poderão criar câmaras de prevenção e resolução administrativa de conflitos, no âmbito dos respectivos órgãos da Advocacia Pública, onde houver, com competência para:

...

II – avaliar a admissibilidade dos pedidos de resolução de conflitos, por meio de composição, no caso de controvérsia entre particular e pessoa jurídica de direito público;

III – promover, quando couber, a celebração de termo de ajustamento de conduta.

de disputas", cuja criação poderá ser feita, a critério da Administração", em quaisquer outros órgãos com competência para tratar do contrato administrativo no qual se deu a controvérsia.

Conforme BRAGA NETO (2020), "a Mediação se propõe a refletir sobre a complexidade da controvérsia entre os que dela participam para, com ela, promover o repensar sobre a perspectiva de futuro dos participantes, seja com a continuidade ou não do convívio ou a ruptura sem traumas ou sequelas entre eles"[11]. No "Manual de Mediação Judicial – MMJ" (2016), publicado pelo Conselho Nacional de Justiça – CNJ, a análise da "Lei da Mediação" e das regras do CPC sobre a matéria não prescinde de considerações sobre a "teoria dos jogos". Como é ali mencionado, "a teoria dos jogos oferece subsídios teóricos para aqueles que buscam entender por que e como a mediação funciona. Por essa abordagem compreende-se a autocomposição por um prisma de análise matemática". De fato, nas palavras de FIANI (2009)[12], "sempre que um conjunto de indivíduos, empresas, partidos políticos etc., estiver envolvido em uma situação de interdependência recíproca, em que as decisões tomadas influenciam-se reciprocamente, pode-se dizer que eles se encontram em um **jogo**". A "teoria dos jogos" diz respeito à análise de comportamento estratégico onde os tomadores de decisão interagem, sendo que o resultado de suas ações depende também das ações dos outros. Em se tratando de relações jurídicas, a importância da "teoria dos jogos" já foi percebida[13], uma vez que os tomadores de decisão (também chamados de jogadores ou agentes) são agentes racionais, indicando que eles (a) sabem quais são seus objetivos e preferências, (b) sabem quais são as limitações e restrições relevantes às suas ações e (c) conseguem escolher a melhor ação possível, dados seus objetivos e preferências, e respeitadas as limitações e restrições relevantes, entre as quais está a estrutura normativa.

Os "meios alternativos de prevenção e resolução de controvérsias", assim, são instrumentalizados pela compreensão destes comportamentos estratégicos, e a escolha do mecanismo não é discricionária: cada uma das soluções se adequa a uma determinada "estrutura do jogo", e, em atenção ao princípio da eficiência, que norteia a Administração Pública, a adoção

[11] Posição 381.

[12] FIANI (2009), p.2.

[13] BAIRD, GERTNER e PICKER (1994).

de um ou de outro "meio alternativo" deve ser a correta, sempre provida de motivação.

Para além da "autocomposição" (ou "negociação"), que é realizada diretamente entre as partes, "na conciliação e na mediação há a participação de um terceiro, que procura promover diálogo mais eficiente e que proporcione a melhor compreensão do conflito e dos interesses subjacentes" (conforme o MMCJF). Na medida em a NLL, expressamente, elenca a "mediação" como "meio alternativo de prevenção e resolução de controvérsias", nos contratos administrativos, é outra vez necessária a interpretação sistemática da legislação, para identificar em que medida as normas da "Lei da Mediação" (na qual, reitera-se, a "mediação" foi desenhada exclusivamente para conflitos privados) podem ser aplicadas aos contratos administrativos.

Como destacado no MMCJF, é comum que a conciliação e a mediação sejam diferenciadas a partir da postura do terceiro e das características do conflito a ser tratado, sendo que o conciliador tem atitude "mais propositiva direcionada para disputas de cunho objetivo em que não haja, preferencialmente, um vínculo anterior entre as partes". "Já o mediador atuaria em casos nos quais se verifique a existência de um relacionamento prévio entre as partes, havendo, portanto, maiores subjetividades a serem trabalhadas". Assim, o mediador, "em vez de buscar primordialmente a solução para uma disputa pontual, ... objetivaria promover o aprimoramento da comunicação entre as partes para melhor compreensão de seus interesses, sentimentos e necessidades", podendo o acordo ser ou não "uma consequência desse processo".

Esta distinção foi adotada pelo vigente Código de Processo Civil, como se denota do contido no seu artigo 165, §§ 2º e 3º[14], mas ambos os institutos são orientados por principiologia comum (artigo 2º da "Lei da Mediação"), a saber:

[14] Art. 165. [...]
§ 2º – O conciliador, que atuará preferencialmente nos casos em que não houver vínculo anterior entre as partes, poderá sugerir soluções para o litígio, sendo vedada a utilização de qualquer tipo de constrangimento ou intimidação para que as partes conciliem.
§ 3º – O mediador, que atuará preferencialmente nos casos em que houver vínculo anterior entre as partes, auxiliará aos interessados a compreender as questões e os interesses em conflito, de modo que eles possam, pelo restabelecimento da comunicação, identificar, por si próprios, soluções consensuais que gerem benefícios mútuos.

a) imparcialidade: aplicam-se ao mediador as mesmas hipóteses de impedimento e de suspeição do juiz (artigo 148, II, do CPC e artigo 5º da "Lei de Mediação"). No caso das controvérsias em torno de contratos administrativos, essa imparcialidade pode ser assegurada com a criação de uma estrutura específica, interna à Administração Pública, mas que conte com servidores não diretamente relacionados com os conteúdos em discussão, e, eventualmente, com integrantes externos à Administração, como ocorre em outras instâncias, em especial em matéria tributária;
b) isonomia entre as partes: como decorrência do disposto no *caput* do art. 5º da Constituição Federal, é importante garantir não apenas isonomia formal, mas também material. O principal aspecto a ser considerado, quando se utilizar a mediação para solucionar conflitos em relação a contratos administrativos, está relacionado à assimetria informacional: há grandes probabilidades de um dos contratantes (em regra, a Administração) dispor de mais informações que o outro, o que dificultará um resultado equilibrado. Em atenção ao princípio da isonomia entre as partes, as regras da mediação deverão assegurar o maior acesso possível às informações relevantes para as partes, com mecanismos de *disclosure* ("dever de revelação") ou de flexibilização de prazos e outras regras procedimentais;
c) oralidade: na conciliação e na mediação valorizam-se formas simples, feitas oralmente, com menor importância à forma escrita. O contato direto entre as partes estimula o diálogo e a discussão das possibilidades de acordo pelas partes, ao contrário das propostas escritas, que induzem soluções fechadas, com menor possibilidade de negociação. Na aplicação da NLL, contudo, deve ser considerada a observância ao princípio da publicidade (não só pelo impositivo constitucional, mas pelo que está expresso no artigo 152 da lei), que se impõe à Administração Pública, o que implica em compatibilizar a oralidade a alguma forma de registro dos atos praticados (gravação em áudio e vídeo, por exemplo), até para permitir a necessária sindicabilidade do conteúdo das reuniões.
d) informalidade: diz respeito à flexibilidade procedimental, o que não significa "ausência de procedimento". O que se admite é uma maior variabilidade na escolha das regras de funcionamento do

"meio alternativo de solução de controvérsias", sempre com respeito ao devido processo legal, como decorrência da norma contida no artigo 5º, LIV, da Constituição Federal;

e) autonomia da vontade das partes: consectário natural do uso da mediação é a importância atribuída a autonomia das partes envolvidas, que são quem melhor conhecem os seus interesses, e, por isso, valendo-se da lógica da "teoria dos jogos", têm as melhores condições para definir seus comportamentos estratégicos. O mediador, neste aspecto, deve assumir uma posição tão passiva quanto possível, deixando que as partes externalizem suas pretensões com ampla liberdade de ação;

f) busca do consenso: além da inclusão da busca do consenso como um dos princípios orientadores da mediação (artigo 2º, VI), a Lei nº 13.140/2015 contém dispositivo que reforça a importância desta diretriz: é o § 1º do artigo 4º, que diz que "o mediador conduzirá o procedimento de comunicação entre as partes, buscando o entendimento e o consenso e facilitando a resolução do conflito". Conforme o MMCJF, todavia, "...tanto na mediação como na conciliação, o acordo não deve ser buscado a todo custo. Dependendo do tipo de conflito, nem sempre o acordo é a melhor opção. A busca pelo consenso não deve ignorar os interesses dos envolvidos, bem como sua autonomia de vontade. Se as partes, devidamente informadas, não desejam realizar qualquer acordo, é um direito delas". Como qualquer princípio, o método de aplicação envolve a ponderação, o que implica cotejar a busca do consenso com a autonomia da vontade das partes, nem sempre convergentes;

g) confidencialidade: como destacado no MMCJF, "no caso de procedimentos que envolvam o Poder Público, a questão é ... tormentosa, tendo em vista o princípio da publicidade a que está sujeita a Administração Pública (art. 37, caput, da Constituição Federal)". Como já foi apontado em relação ao princípio da oralidade, a confidencialidade que se aplica à mediação deverá ser mitigada, quando se trate de contratos administrativos, de tal modo que o conteúdo do processo de mediação deverá ser disponibilizado a todo aquele que demonstrar legítimo interesse em obtê-lo, sem desconhecer, ainda, o acesso garantido aos órgãos de fiscalização e controle da Administração Pública (controle interno e externo) e a observância ao que determina a Lei nº 12.527/2011 ("Lei de Acesso à Informação");

h) boa-fé: é evidente tratar-se aqui da boa-fé objetiva, que corresponde a um "modo de exercício das posições jurídicas"[15], da qual um dos fatores principais é a proteção da confiança. "...Constitui uma *regra jurídica*, é um *princípio normativo* transpositivo e extra-legal para que o julgador é remetido a partir de *cláusulas gerais*... Aplicado aos contratos, o princípio da boa fé em sentido objetivo constitui uma *regra de conduta* segundo a qual os contraentes devem agir de modo *honesto, correcto e leal*, não só *impedindo* assim comportamentos *desleais* como *impondo* deveres de *colaboração* entre eles"[16]. Como lembra MOREIRA NETO (2005), "...o Estado deve reconhecer em cada um não apenas um *sujeito* da administração, mas um *cidadão* a ser respeitado e atendido, do que decorrem importantes consequências em termos de *vinculação ao Direito*: ... 6º – o reconhecimento da presunção de *boa-fé* dos administrados e de seu direito à *confiança legítima* nas relações com a Administração"[17].

Todos estes princípios devem ser orientados pela abordagem pragmática e consequencialista que foi objeto de referência no início desta abordagem. Isto significa que a interpretação mais adequada, em relação à necessária ponderação principiológica, deve privilegiar as possibilidades hermenêuticas que favoreçam soluções alinhadas com os postulados da LINDB e da LLE.

Os "comitês de resolução de disputas" (*dispute boards*) consistem em prática conhecida no cenário do direito internacional, e são compostos por profissionais, dotados de capacidade técnica, indicados pelas partes, com um foco mais específico no alinhamento de divergências sobre o conteúdo do contrato, sua execução, podendo, eventualmente, fazer o seu acompanhamento, com recomendações. Sua característica, portanto, é de desenvolverem uma atividade concomitante (e, de certo modo, preventiva), em contraste com outros meios, mais dedicados à composição de controvérsias já instaladas.

15 MENEZES CORDEIRO, p. 317.

16 MOTA PINTO, p. 125.

17 MOREIRA NETO, p. 115.

Quanto à arbitragem, o artigo 152 da NLL determina que "será sempre de direito e observará o princípio da publicidade". Vale lembrar que, nos termos da Lei nº 9.307/1996 ("Lei da Arbitragem"), "a arbitragem poderá ser de direito ou de equidade"[18], mas, quando envolver a administração pública, "será sempre de direito e respeitará o princípio da publicidade" (§ 3º do artigo 1º da lei, com a redação que lhe foi dada pela Lei nº 13.129/2015). A restrição, evidentemente, não impede o uso da equidade como técnica hermenêutica, servindo, apenas, para indicar que o(s) árbitro(s) deverá(ão) estear sua decisão nas normas de direito aplicáveis (lembrando que, na *arbitragem por equidade* o árbitro decide a controvérsia independentemente da invocação de normas jurídicas, fundando sua convicção exclusivamente na sua expertise sobre o assunto), sem qualquer inovação.

A viabilidade da utilização da arbitragem para solucionar controvérsias no âmbito da Administração Pública não é nova, pois já vinha positivada desde a inclusão do artigo 23-A[19] na Lei nº 8.987/1995 ("Lei das Concessões"), pela Lei nº 11.196/2005, muito embora não houvesse nenhuma vedação expressa do seu uso, antes da modificação legal[20][21]. Após a já mencionada alteração na "Lei da Arbitragem", o uso da arbitragem na Administração Pública foi referendado (e ampliado) com a redação do artigo 44-A da Lei nº 12.462/2011 ("Lei do Regime Diferenciado de Contratações Públicas - RDC"), a partir da redação dada pela Lei

[18] Artigo 2º da Lei nº 9.307/1996.

[19] Art. 23-A. O contrato de concessão poderá prever o emprego de mecanismos privados para resolução de disputas decorrentes ou relacionadas ao contrato, inclusive a arbitragem, a ser realizada no Brasil e em língua portuguesa, nos termos da Lei no 9.307, de 23 de setembro de 1996.

[20] Para ser mais preciso, há pelo menos cinco diplomas legais que trataram da arbitragem do âmbito da Administração Pública, antes da NLL: a) "Lei da ANATEL" (Lei nº 9.472/1997), art. 93, XV; b) "Lei da ANP" (Lei nº 9.478/1997), art. 43, X; c) "Lei da ANTT e ANTAQ" (Lei nº 10.233/2001), art. 35, XVI; d) "Lei da ANEEL" (Lei nº 10.848/2004), art. 4º, §§ 5º a 7º; e) "Lei das PPPs" (Lei nº 11.079/2004), art. 11, III, além da "Lei das Concessões" e da "Lei do Regime Diferenciado de Contratações - RDC".

[21] No julgamento do REsp nº 606.345-RS, em 07/11/2003, já ficara assentado que "são válidos e eficazes os contratos firmados pelas sociedades de economia mista exploradoras de atividade econômica de produção ou comercialização de bens ou de prestação de serviços (CF, art. 173, § 1º) que estipulem cláusula compromissória submetendo à arbitragem eventuais litígios decorrentes do ajuste" (Relator o Ministro João Otávio de Noronha).

nº 13.190/2015[22]. Assim, como destacado no Conflito de Competência nº 151130-SP, julgado pela Segunda Seção do Superior Tribunal de Justiça (STJ), "no atual estágio legislativo, não restam dúvidas acerca da possibilidade da adoção da arbitragem pela Administração Pública, direta e indireta, bem como da arbitrabilidade nas relações societárias, a teor das alterações promovidas pelas Leis nº 13.129/2015 e 10.303/2001".

Acerca desta última decisão, todavia, FINKELSTEIN, CASADO FILHO e BIOZA (2020) são severamente críticos por ter se dado uma "relativização do princípio da *kompetenz-kompetenz*", pois

> Ao meio de uma verdadeira pandemia argumentativa, foi possível identificar, em alguma medida, que o STJ entendeu que cláusula instituidora da disputa era manifestamente patológica, especificamente por (suposta e incorretamente) esbarrar nos seguintes principais blocos argumentativos: (i) inarbitrabilidade subjetiva da União Federal; (ii) não-submissão da União Federal à convenção de arbitragem; e (iii) inarbitrabilidade objetiva da matéria sub judice, i.e., conduta da União Federal enquanto acionista majoritária da Petrobrás.

Como é sabido, pelo princípio da *kompetenz-kompetenz*[23], cada julgador é competente para examinar a própria competência, muito embora se reconheça a decisão final sobre a matéria ao Poder Judiciário.

Contudo, com bem ilustram OLIVEIRA e ESTEFAM (2020)[24],

> As disposições contratuais da convenção de arbitragem são ditadas pelo direito privado, mas são parcialmente derrogados pelo direito público, pois qualificam-se como contratos privados da Administração. Assim, as convenções de arbitragem em que a Administração seja parte devem atender algumas especificidades de direito público, como i) podem ser controladas

[22] Art. 44-A. Nos contratos regidos por esta Lei, poderá ser admitido o emprego dos mecanismos privados de resolução de disputas, inclusive a arbitragem, a ser realizada no Brasil e em língua portuguesa, nos termos da Lei nº 9.307, de 23 de setembro de 1996, e a mediação, para dirimir conflitos decorrentes da sua execução ou a ela relacionados.

[23] Diz o parágrafo único do artigo 8º da Lei nº 9.307/1996 que "caberá ao árbitro decidir de ofício, ou por provocação das partes, as questões acerca da existência, validade e eficácia da convenção de arbitragem e do contrato que contenha a cláusula compromissória".

[24] OLIVEIRA e ESTEFAM (2020), posição 1102.

pelos Tribunais de Contas; ii) a autoridade que celebra a convenção de arbitragem deve ser investida de poderes para tanto; iii) o bem jurídico objetivado pelo contrato deve ser de acordo com o mandamento do ordenamento jurídico, entre outros. Em síntese, a convenção arbitral submete-se a regras de direito privado, privado, mas essas regras devem conviver com os princípios e regras de direito público.

Isto não significa a derrogação da possibilidade aberta pelo § 1º do artigo 2º da "Lei da Arbitragem"[25], podendo a escolha das regras de direito aplicáveis recair sobre direito estrangeiro ou internacional, desde que não violem os bons costumes e a ordem pública. É uma hipótese bastante provável no caso das licitações internacionais (artigo 6º, XXXV e subseção V, da Seção IV, do Capítulo II, do Título II, da NLL), ou, mesmo, aquelas que tiverem como foco a participação de licitantes de fora do país.

Outro aspecto a ser destacado é o que diz respeito à noção de confidencialidade, típica dos procedimentos arbitrais, mas que, no caso de envolver a Administração Pública, sofrerá os efeitos próprios da incidência do princípio constitucional da publicidade (assim como se dá na conciliação e na mediação).

Tema de especial relevância é aquele relacionado ao procedimento para a seleção da Câmara Arbitral pela Administração Pública. À toda evidência, é hipótese de contratação direta, nos termos do artigo 74, III, "b", da NLL, podendo ser utilizado o credenciamento (seção II, do Capítulo X, do Título II, da NLL), caso a Administração entenda que os casos a serem submetidos à arbitragem não sejam únicos, comportando alguma espécie de padronização (artigo 79 da NLL). Sobre o tema, RAMIRES (2020) afirma[26] que

> É consideravelmente controversa a questão afeta à necessidade ou não de licitação para a escolha dessas Câmaras pelo Poder Público e, no caso brasileiro, as legislações estaduais e nacional tem se inclinado à adoção do processo de credenciamento administrativo de câmaras privadas de arbitragem. A regulamentação desses processos, no entanto, não delimita os

[25] § 1º Poderão as partes escolher, livremente, as regras de direito que serão aplicadas na arbitragem, desde que não haja violação aos bons costumes e à ordem pública.

[26] Posição 6195

critérios objetivos para a designação de uma Câmara, dentre tantas outras credenciadas, para um dado litígio público em concreto, em detrimento das demais também credenciadas.

O artigo 153 da NLL diz que "os contratos poderão ser aditados para permitir a adoção dos meios alternativos de resolução de controvérsias". Trata-se de faculdade (como, aliás, todo o conteúdo referente aos "meios alternativos de prevenção e solução de controvérsias"), mas, em atenção ao princípio da legalidade, cuidou o legislador de torná-la expressa. Exatamente por se tratar de uma possibilidade, e não de uma obrigatoriedade, a regra não afeta a intangibilidade dos contratos (se fosse diferente, poder-se-ia cogitar, até, de sua inconstitucionalidade, por aplicação retroativa da lei ao ato jurídico perfeito), e tem muito mais o sentido de assegurar à Administração a revisibilidade do contrato, para a inclusão de cláusula compromissória.

Sem discrepância com a "Lei da Arbitragem", mas sendo mais específica, a NLL, no seu artigo 154, diz que "o processo de escolha dos árbitros, dos colegiados arbitrais e dos comitês de resolução de disputas observará critérios isonômicos, técnicos e transparentes". Ocorre que, especialmente no que diga respeito à escolha de árbitros feita pela Administração Pública, não se pode cogitar de ato "puramente discricionário", mas sim de caso de "atos vinculados por conceitos jurídicos indeterminados", na classificação proposta por BINENBOJM (2006)[27]. Estes conceitos são exatamente os da (a) isonomia (o que significa que, por exemplo, o número de árbitros e o modo de escolha deve ser equilibrado entre todas as partes envolvidas), (b) tecnicidade (os árbitros deverão desfrutar de *expertise* adequada à solução da controvérsia) e (c) transparência (o processo de escolha deve ser sindicável, no caso de alguma análise posterior e externa às partes).

Como ficou demonstrado, em matéria de "mecanismos alternativos de solução de controvérsias" não há, na NLL, nenhuma inovação importante no tocante à legislação antecedente, mas ocorreu, isto sim, um processo de compilação e sistematização dos assuntos (como, ademais, se deu em boa parte das mudanças operadas). Entretanto, como igualmente

[27] Para o autor, há "atos vinculados por regras", "atos vinculados por conceitos jurídicos indeterminados" e "atos vinculados diretamente por princípios... impropriamente denominados de atos discricionários" (pp. 226 a 229).

de pretendeu evidenciar, a nova produção normativa, realizada em um contexto diferente daquele no qual se deu a vigência de algumas das leis agora revogadas ou alteradas, abre possibilidades de interpretação e aplicação que podem ser extremamente frutíferas para o cenário jurídico nacional.

Referências

BAIRD, Douglas G.; GERTNER, Robert H.; PICKER, Randal C. "Game Theory and the Law". Cambridge: Harvard University Press, 1994.

BARROSO, Luís Roberto. "Prefácio", in SARMENTO, Daniel (org.). "Interesses públicos versus interesses privados: desconstruindo o princípio da supremacia do interesse público". Rio de Janeiro: Lumen Juris, 2005

BINENBOJM, Gustavo. "Uma Teoria do Direito Administrativo – Direitos Fundamentais, Democracia e Constitucionalização". Rio de Janeiro: Renovar, 2006.

BINENBOJM, Gustavo. "Da Supremacia do Interesse Público ao Dever de Proporcionalidade: Um Novo Paradigma para o Direito Administrativo", in SARMENTO, Daniel (org.). "Interesses públicos versus interesses privados: desconstruindo o princípio da supremacia do interesse público". Rio de Janeiro: Lumen Juris, 2005.

BRAGA NETO, Adolfo. "Mediação com a Administração Pública", in MOREIRA, António Júdice; NASCIMBENI, Asdrubal Franco; BEYRODT, Chistiana e TONIN, Maurício Morais (coord.). "Mediação e Arbitragem na Administração Pública". São Paulo: Almedina, 2020, Edição Kindle.

FIANI, Ronaldo. "Teoria dos Jogos", 3ª ed. Rio de Janeiro: Elsevier, 2009.

FINKELSTEIN, Cláudio; CASADO FILHO, Napoleão e BIOZA, Daniel Mendes. "*Quo vadis, kompetenz-kompetenz!* – dissecando a conduta do STJ no CC 151.130/SP", in MOREIRA, António Júdice; NASCIMBENI, Asdrubal Franco; BEYRODT, Chistiana e TONIN, Maurício Morais (coord.). "Mediação e Arbitragem na Administração Pública". São Paulo: Almedina, 2020, Edição Kindle.

JORDÃO, Eduardo. Art. 23 da LINDB – O equilíbrio entre mudança e previsibilidade na hermenêutica jurídica, in "Revista de Direito Administrativo da Fundação Getúlio Vargas do Rio de Janeiro – Edição Especial – Direito Público na Lei de Introdução às Normas de Direito Brasileiro – LINDB (Lei nº 13.655/2018)", pp. 63-92, Rio de Janeiro: FGV, 2018.

MACCORMICK, Neil. "Retórica e Estado de Direito". Rio de Janeiro: Elsevier, 2008.

MENEZES CORDEIRO, António Manuel da Rocha e. "Da Boa Fé no Direito Civil". Coimbra: Almedina, 2001.

MOREIRA NETO, Diogo de Figueiredo. "Curso de Direito Administrativo", 14ª ed. Rio de Janeiro, Forense, 2005, p. 115.

MOTA PINTO, Carlos Alberto. "Teoria Geral do Direito Civil", 4ª ed., atualizado por PINTO MONTEIRO, António e MOTA PINTO, Paulo. Coimbra: Coimbra Editora, 2005, p. 125.

OLIVEIRA, Gustavo Justino de; ESTEFAM, Felipe Faiwichow. Curso Prático de Arbitragem e Administração pública. São Paulo: Thomson Reuters Brasil Conteúdo e Tecnologia, 2020, Edição do Kindle.

RAMIRES, Rosana Laura de Castro Farias. "A escolha de câmara arbitral pela Administração Pública: uma proposta de aperfeiçoamento do sistema de credenciamento administrativo", in MOREIRA, António Júdice; NASCIMBENI, Asdrubal Franco; BEYRODT, Chistiana e TONIN, Maurício Morais (coord.). "Mediação e Arbitragem na Administração Pública". São Paulo: Almedina, 2020, Edição Kindle.

SANTOS DE MENDONÇA, José Vicente. Art. 21 da LINDB – Indicando consequências e regularizando atos e negócios, in "Revista de Direito Administrativo da Fundação Getúlio Vargas do Rio de Janeiro – Edição Especial – Direito Público na Lei de Introdução às Normas de Direito Brasileiro – LINDB (Lei nº 13.655/2018)", pp. 43-61, Rio de Janeiro: FGV, 2018.

20. Infrações Administrativas e Recursos em Licitações e Contratos Administrativos

Pedro Henrique Poli de Figueiredo

Introdução

A Nova Lei de Licitações, Lei 14.133, de 1º de abril de 2021, fez uma opção que recebeu muitas críticas de diversos autores por utilizar muito do regime anterior, com alterações que, de certa forma, consolidam regras que passaram a fazer parte do ordenamento jurídico após a Lei nº 8.666, de 21 de junho de 1993, tais como a da Lei do Pregão e do Regime Diferenciado de Contratação, bem como que incorporam importantes inovações no ordenamento jurídico brasileiro, como a Lei do Processo Administrativo da União, da Lei de Liberdade Econômica e das alterações à Lei de Introdução às Normas de Direito Brasileiro. Entendem esses autores que se perdeu a oportunidade de se criar um novo modelo de licitações e contratações que rompesse as amarras com o passado, deixando para trás um sistema que se notabilizou pela demora e emperramento da Administração Pública.

Não se compartilha aqui da crítica. Além do significativo número de inovações, crê-se que o emperramento das contratações está mais na cultura do que propriamente no sistema da lei. Aliás, a lei nova é rica em normativos que têm exatamente a finalidade de evitar o emperramento, como o direito subjetivo público à parcela incontroversa e os critérios a se considerar na suspensão de contratos pelos agentes controladores. A solidificação de regras que evoluíram dentro do sistema jurídico e a incorporação de princípios e paradigmas que vieram de uma construção jurisprudencial que se consolidou traz segurança jurídica e tranquilidade a agentes públicos, desde autoridades superiores a pregoeiros, membros de comissões de licitações e fiscais de contratos, bem como aos licitantes e contratados pelo Poder Público[1].

Essa tendência de inovação acompanhada de uniformização e complementação da nova lei está presente nas regras sobre as infrações administrativas e sobre os recursos administrativos, que passaram a ter uma disciplina procedimental própria, rompendo a lacunosidade que caracterizava o modelo anterior, que exigia maior complementariedade por outras regras, como as já mencionadas da Lei dos Processos Administrativos e da Lei de Introdução às Normas do Direito Brasileiro, assim como os princípios já consolidados no sistema jurídico nacional. O novo regramento, embora pudesse ter trazido melhores critérios para a aplicação das penas, e uma definição mais precisa do procedimento para a aplicação de penas leves, como se verá, dá maior segurança jurídica na condução de processos e procedimentos administrativos, em especial de natureza sancionatória.

Para tratar dessas importantes alterações havidas, de especial importância no âmbito do direito administrativo sancionador licitatório, divide-se o presente artigo em duas partes. Na primeira vê-se como passou a ser tratado o regime de infrações e sanções administrativas, com a tipificação e com as inovações procedimentais e os direitos e deveres dos licitantes e contratados perante a Administração. Já na segunda parte analisam-se as normas pertinentes às impugnações e aos recursos administrativos. Ao final, trar-se-ão conclusões acerca do que foi abordado.

1. Infrações e sanções administrativas

Com relação ao regime sancionatório da nova lei, cabe chamar a atenção inicialmente para o fato de que a lei optou por remeter ao Código Penal,

[1] Sobre isto, MANGULLO, Marcela. *Infrações e sanções no projeto de lei de licitações e contratos administrativos*. JOTA, 2021. Disponível em https://www.jota.info/opiniao-e-analise/colunas/direito-administrativo-sancionador/infracoes-e-sancoes-no-projeto-de-lei-de-licitacoes-e-contratos-administrativos-03022021 :
"Apesar de não ser um projeto marcado pela inovação de conceitos e institutos, que buscou unificar os regimes jurídicos já existentes, bem como a jurisprudência dos órgãos de controle quanto às licitações e contratos administrativos, andou bem o projeto com a preocupação de integrar a norma aos demais sistemas existentes, em especial as novas regras anticorrupção."

instrumento adequado para o tratamento de crimes e penas, os tipos penais que antes a Lei 8.666/93 trazia no seu próprio texto. Com isso, o regime de infrações da Lei 14.133/21 diz respeito exclusivamente às penalidades administrativas, com seus tipos, sanções e respectivos procedimentos. Entende-se que, em termos de direito administrativo sancionador, a lei traz um salto de qualidade relativamente ao modelo anterior. Passa-se ao exame.

a) Condutas tipificadas

Se no regime anterior a generalidade relativamente a condutas administrativas era a regra, no atual modelo isto não se repetiu. Em substituição à tipificação ampla que o art. 87 da Lei 8.666/93 trazia, no sentido de que a punibilidade seria decorrente da "inexecução total ou parcial do contrato", o art. 155 da nova lei prevê em 12 incisos descrição de fatos capazes de gerar a responsabilização administrativa, dentre os quais apenas os três primeiros dizem respeito à inexecução contratual, mas sim a condutas no curso da licitação e outros atos ilícitos puníveis também no âmbito criminal e na Lei Anticorrupção.[2]

[2] Diz o art. 155 da Lei 14.133/21:

Art. 155. O licitante ou o contratado será responsabilizado administrativamente pelas seguintes infrações:

I – dar causa à inexecução parcial do contrato;

II – dar causa à inexecução parcial do contrato que cause grave dano à Administração, ao funcionamento dos serviços públicos ou ao interesse coletivo;

III – dar causa à inexecução total do contrato;

IV – deixar de entregar a documentação exigida para o certame;

V – não manter a proposta, salvo em decorrência de fato superveniente devidamente justificado;

VI – não celebrar o contrato ou não entregar a documentação exigida para a contratação, quando convocado dentro do prazo de validade de sua proposta;

VII – ensejar o retardamento da execução ou da entrega do objeto da licitação sem motivo justificado;

VIII – apresentar declaração ou documentação falsa exigida para o certame ou prestar declaração falsa durante a licitação ou a execução do contrato;

IX – fraudar a licitação ou praticar ato fraudulento na execução do contrato;

X – comportar-se de modo inidôneo ou cometer fraude de qualquer natureza;

XI – praticar atos ilícitos com vistas a frustrar os objetivos da licitação;

XII – praticar ato lesivo previsto no art. 5º da Lei nº 12.846, de 1º de agosto de 2013.

O acerto da escolha da lei é flagrante. De um lado espanca qualquer dúvida quanto à punibilidade não apenas em relação à execução contratual, mas também de outras condutas em todas as fases do procedimento e nas condutas fora dos autos do processo administrativo que possam interferir na escolha da Administração Pública ou na execução do contrato, de outro dá segurança jurídica aos licitantes e contratados pelo Poder Público. Ainda que os tipos tenham uma margem de abertura, os licitantes e o Poder Público passam a ter um rol certo e determinado de atos capazes de geral a punição administrativa.

Conforme Castro Jr.,

> As prescrições contidas nos §§2º a 5º do artigo 156 também representam certo aprimoramento em relação à disciplina da Lei nº 8.666/1993, eis que buscam indicar qual a sanção cabível para cada uma das 12 infrações agora expressamente previstas (artigo 155, incisos I a XII).
>
> A ausência de tal correlação configura falha grave no texto da Lei nº 8.666/1993, posto que, embora estabeleça sanções, o faz sem observância a preceito basilar do Direito Penal Constitucional, segundo o qual não há crime sem lei anterior que o defina, nem pena sem prévia cominação legal (artigo 5º, inciso XXXIX, CF); *mutatis mutandis*, a norma só poderia fixar pena, ainda que administrativa, caso previsse especificamente a conduta que lhe é ensejadora, desacerto que o novo estatuto tencionou reparar, embora ainda remanesça considerável subjetividade na avaliação das condutas e consequente subsunção à norma legal em abstrato.
>
> Referido cuidado na adequada correlação entre causa e consequência não se restringe ao campo teórico, mas traz relevantes implicações de ordem prática, pois tende a evitar que uma mesmíssima conduta possa ensejar penas absolutamente distintas, sobretudo quando aplicadas no âmbito de diferentes administrações.[3]

b) Sanções aplicáveis

Ao lado de extinguir a pena de suspensão do direito de licitar e contratar, o art. 155 da Nova Lei de Licitação criou no seu lugar a pena de impedimento de licitar e contratar, mantendo as penas existentes no regime anterior de

[3] CASTRO JR., Sérgio de. *A questão do alcance de penas na nova Lei de Licitações*. CONJUR, 2021, disponível em: https://www.conjur.com.br/2021-mai-10/castro-jr-alcance-penas-lei-licitacoes.

advertência, multa e declaração de inidoneidade para licitar e contratar. Não se trata de mera substituição de penas. Houve a preocupação em estabelecer critérios determinados para a aplicação de penas em relação ao tipo infringido e ao grau de lesividade da conduta.

A **advertência** passou a ser aplicável exclusivamente em relação à inexecução parcial do contrato. Aqui entende-se que a não indicação explícita de que esta pena poderia ser aplicada também como alternativa para outras penas quando as circunstâncias atenuantes e o histórico positivo da empresa não justificassem a aplicação de pena mais grave foi equivocada. A lei apenas admitiu a aplicação pela inexecução parcial gerasse penas mais grave, mas não como alternativa para circunstâncias que não justificassem pena menor, diminuindo a possibilidade de a Administração valorizar as empresas que tenham histórico anterior irretorquível e mantenham programas de integridade, por exemplo. Daí que, somente caberá na inexecução parcial, sem possibilidade de se tornar alternativa de ponderação.

Já a **multa**, que é a sanção pecuniária pela prática de qualquer das condutas puníveis com base no art. 155, é a sanção mais aberta dentre todas as sanções. Caberá ao edital de licitações e ao contrato trazer os balizamentos necessários para a sua aplicação, já que a lei deu a possibilidade de ser fixada entre 0,5 e 30% do valor do contrato licitado ou celebrado com contratação direta. Podendo ser aplicada isoladamente ou em conjunto com qualquer das outras sanções, a multa precisará de muita ponderação em relação a sua dosimetria.

A lei perdeu a oportunidade de estabelecer multa também em relação ao valor orçado pela Administração Pública nas hipóteses em que o contrato não chega a ser firmado, muitas vezes porque a conduta do licitante possa ter sido tumultuária ou ter gerado a nulidade ou impossibilidade de ser firmado o pacto contratual. A fixação sobre valor contratado traz dúvidas sobre a sua aplicação decorrentes de condutas irregulares na fase pré-contratual.

Admite a compensação da multa com os pagamentos devidos pela Administração ao contratado, bem como, no caso de insuficiência desses valores, o desconto da garantia prestada e a cobrança judicial do respectivo montante.

Quanto à sanção de **impedimento de licitar e contratar**, ela é cabível nas hipóteses dos incisos II a VII do art. 155, admitindo a lei que pelos mesmos fatos seja aplicada pena de maior grau, no caso a declaração de inidoneidade para licitar. Mais uma vez, faz-se a crítica no sentido de que ela não foi prevista como pena alternativa para infrações puníveis com a declaração de inidoneidade com menor potencial ofensivo. A ausência de uma alternatividade pelas circunstâncias do fato punível e das características e histórico da pessoa física ou jurídica licitante ou contratada pode trazer algumas dificuldades na aplicação da lei em concreto.

Para as infrações mais graves foi reservada a pena de **declaração de inidoneidade para licitar ou contratar**. Os fatos típicos puníveis são os previstos nos incisos VIII a XII do art. 155 ou como agravamento de outras condutas estabelecidas nos outros incisos do dispositivo, à exceção do inciso I. As condutas estabelecidas para a declaração de inidoneidade são também fatos típicos puníveis com base na legislação penal e na Lei Anticorrupção, esta afirmada expressamente no inciso XII do art. 155.

Por sua gravidade, a declaração de inidoneidade exige prévia análise jurídica. Exige, também, a exemplo do que já existia no modelo anterior, que a autoridade a aplicar, no âmbito do Poder Executivo, seja ministro ou secretário estadual ou municipal. Diferentemente do modelo anterior, remete, e o fez bem, à máxima autoridade de autarquia e fundação pública. Também inovando, remeteu a autoridade com padrão equivalente ao de Ministro no âmbito dos demais Poderes, do Ministério Público e da Defensoria Pública, na forma de regulamento. A inexplicável omissão quanto ao Tribunal de Contas não impede que se entenda que a ele se aplica este entendimento por força do tratamento que a Constituição a ele dá enquanto órgão independente.

c) Critérios para a aplicação da pena

A Nova Lei estabeleceu parâmetros de proporcionalidade para a dosimetria da pena. No § 1º do art. 156 estabeleceu critérios que podem ser chamados de critérios de proporcionalidade para que a penalidade seja estabelecida. Embora presentes alguns conceitos jurídicos indeterminados, como "a natureza e a gravidade da infração cometida" e "as peculiaridades do caso concreto", são condicionantes para o estabelecimento da pena pelo julgador em cada processo sancionador que venha a enfrentar.

A consideração de circunstâncias agravantes e atenuantes e dos danos que advierem para a Administração é decorrência natural do processo punitivo. Ao estabelecer esses critérios como elementos fundamentais para a pena, a lei segue a tendência de outros instrumentos normativos tendentes à aplicação da pena, tais como as de processos administrativos disciplinares. Nesse ponto, vale mais uma vez reforçar que, quando tratou das penas em espécie, a lei deixou de estabelecer a possibilidade de aplicação de penas menos graves para os tipos que referiu, deixando apenas para a respectiva dosimetria.

De grande importância foi a consideração da presença de programas de integridade dentre os critérios a serem observados na aplicação das sanções. Trata-se de regra indutora da criação desses relevantes programas para as empresas, em especial como instrumento de combate a práticas que levem à corrupção. Neste particular, a Lei já fora imperativa ao exigir a imposição no edital da obrigatoriedade de criação desses programas como condição para a realização de obras e serviços de grande vulto (art. 25, § 4º), ao estabelecer a sua existência como critério de desempate (art. 60, IV) e como condição para reabilitação, como adiante se verá (art. 163, p. único).

d) Processo para a aplicação da pena e seu procedimento

Ao tempo em que se saúda o fato de que finalmente um procedimento próprio foi trazido para dentro da lei, lamenta-se que este procedimento não tenha sido devidamente regrado para a pena de advertência e sido lacunoso quanto à penalidade de multa. Aliás, a advertência não tem regra procedimental, o que poderia levar ao equivocado entendimento no sentido de que poderia ser aplicada sem processo e sem defesa, o que contraria os mais comezinhos princípios de processo administrativo disciplinar, em especial a garantia do contraditório e ampla defesa afirmada no art. 5º, LV, da Constituição da República. O que se pode concluir é que a advertência terá um procedimento semelhante ao da aplicação da multa, não necessitando ser aplicada por comissão processante, mas pela autoridade administrativa competente.

A Lei 8.666/93, em revogação, não trazia um processo próprio para o estabelecimento de penalidade administrativa, o que é, em parte corrigido pela nova Lei, em especial para as penas mais graves. Nos arts. 157 e 158, a Lei Nova regula o processo de aplicação da pena, com especial preocupação com as penas mais graves. Exige a intimação para a defesa, cujo prazo será em quinze dias úteis, sendo que para a aplicação das penas de impedimento e declaração de inidoneidade haverá a designação de comissão processante de dois ou mais servidores estáveis. No processo para a multa não há uma descrição da possibilidade de indicação de provas e de alegações finais. No entanto, a ausência de possibilidade de produção probatória pode, no nosso entendimento, nulificar o procedimento sancionador.

A Lei não estabeleceu a obrigatoriedade de defesa técnica por advogado, o que leva à conclusão de que ela é dispensável, na medida em que a Súmula vinculante nº 5, do STF, já consolidou o entendimento no sentido de que não há a obrigatoriedade de defesa técnica por advogado no processo administrativo disciplinar.

Abaixo, um breve fluxograma do processo a partir das regras legais.

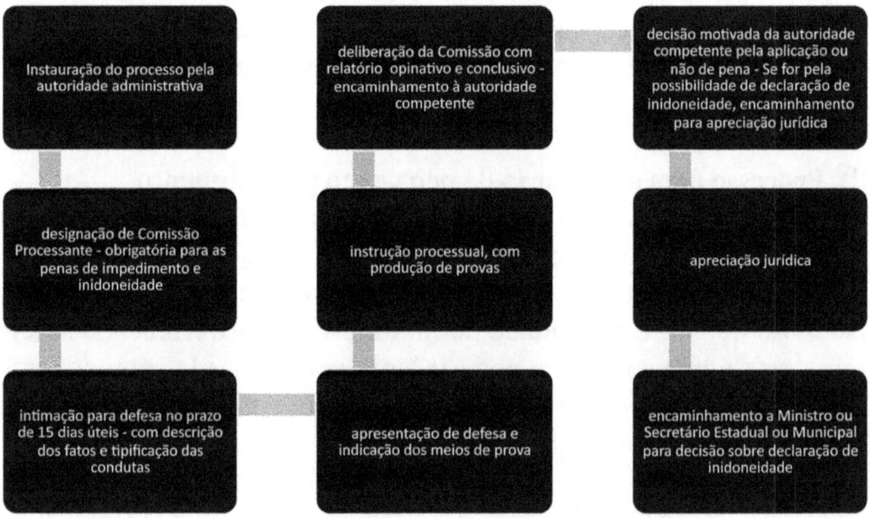

e) Prescrição da pretensão punitiva

A perda da pretensão punitiva se dá em cinco anos contados da **ciência da infração** pela autoridade administrativa competente, nos termos do § 4º do art. 158. Essa ciência deve ser ou por ato formal ou por algum meio de prova que seja demonstrado. Daí que, embora o ato infracional possa ter sido praticado em momento anterior, a sua ocultação não será suficiente para afastar a possibilidade de punição se e enquanto não houve a respectiva cientificação da autoridade administrativa.

A lei estabeleceu causa interruptiva e causas suspensivas. Como se sabe, a causa interruptiva gerará a recontagem do prazo, ao passo que as causas suspensivas levarão à retomada do prazo, ao término dos respectivos eventos que as justificam. A lei fixou como causa interruptiva a instauração do processo de responsabilização e como suspensivas a celebração de acordo de leniência da Lei Anticorrupção e decisão judicial que inviabilize a conclusão da apuração administrativa, delimitando assim o tratamento em relação à retomada da contagem dos prazos.

f) Utilização do rito da Lei Anticorrupção e desconsideração da personalidade jurídica

Seguindo a tendência da Lei 12.846/13, conhecida como Lei Anticorrupção, a Nova Lei de Licitações trouxe a possibilidade de que os atos que sejam tipificados também pela por aquela Lei, sejam apurados e julgados juntos, obedecido o procedimento daquela Lei, conforme faculta o art. 159.

Ademais, a exemplo daquela lei, a personalidade jurídica poderá ser desconsiderada em hipóteses em que a criação da pessoa jurídica se dá para os fins fraudatórios, para facilitar, encobrir ou dissimular a prática dos atos ilícitos nela previstos ou para provocar confusão patrimonial. O art. 160 irá, em hipóteses tais, admitir a extensão dos efeitos das sanções a sócios, administradores e empresas sucessoras. Embora já se entendesse possível tal extensão de penalidades, o fato de estar previsto na própria legislação de licitações e contratos administrativos deve ser saudada como elemento de reforço de controle e segurança jurídica.

g) Informação no CEIS e CNEP

A exemplo do que já fizera a Lei das Estatais, foi inserida, no art. 161, a obrigatoriedade de os entes que apliquem sanções informar e manter atualizados os dados relativos às sanções por eles aplicadas, para fins de publicidade no Cadastro Nacional de Empresas Inidôneas e Suspensas (Ceis) e no Cadastro Nacional de Empresas Punidas (Cnep), instrumentos que são diligentemente mantidos pela Controladoria-Geral da União como base de dados nacional, com o sentido de fazer valer as determinações da Lei Anticorrupção. A presença dessa base de dados é extremamente relevante para a desclassificação de empresas que tenham tido punições graves no território nacional.

h) Reabilitação

Merece destaque a iniciativa do legislador de estabelecer condições próprias para a reabilitação. A simples possibilidade, sem critérios predeterminados de reabilitação, como estabelecido no anterior regime, não dava segurança aos aplicadores da lei, bem como aos licitantes e contratados, de como poderia ser feito este processo de reabilitação. Os critérios agora são claramente fixados no art. 163, que indica a autoridade que aplicou a multa como a competente para a condução do processo de reabilitação.

As exigências de reparação integral do dano à Administração, de pagamento de multa, de ter decorrido o prazo de um ano da pena de impedimento e de três anos para a declaração de inidoneidade, de cumprimento das condições reabilitatórias do ato punitivo e prévia análise jurídica, são cumulativas e indispensáveis no processo de reabilitação.

Como mencionado anteriormente, algumas penas pressupõem, como condição reabilitatória, a presença de programa de integridade, a ser implementado ou aprimorado. É o caso de falsidade de documentação e de atos também tipificados no âmbito da Lei Anticorrupção.

No próximo item, tratar-se-á da possibilidade de impugnar, buscar esclarecimentos e recorrer.

2. Impugnações, esclarecimentos, recursos e pedidos de reconsideração

Se no item anterior tratou-se das infrações administrativas e do processo administrativo punitivo, no âmbito das licitações, neste serão tratados as impugnações, os esclarecimentos, os recursos e os pedidos de reconsideração.

O direito subjetivo público aos esclarecimentos, decorrente do princípio da transparência, bem como a possibilidade de impugnação e a recorribilidade das decisões, corolários do contraditório e da ampla defesa, foram preservados na nova legislação. No que se refere aos recursos, houve uma mudança estrutural. Passa-se, em relação ao procedimento licitatório, da pluralidade de apreciação recursal para a unicidade de apreciação, seguindo a tendência de diversos instrumentos normativos especiais relacionados a licitações e contratos administrativos. Isto tende a trazer agilidade e eficiência aos procedimentos respectivos, que, na sistemática anterior, conviviam com a paralisação do procedimento em função da necessidade de resolver o recurso de cada fase como condição para sua continuidade.

Trataremos do tema em duas partes, sendo uma relacionada às impugnações e pedidos de esclarecimentos, outra pertinente aos recursos e pedidos de reconsideração.

a) Impugnações e pedidos de esclarecimentos

Impugnação e **pedido de esclarecimentos** são instrumentos com finalidades diferenciadas, tratadas no mesmo dispositivo da Nova Lei. Enquanto a **impugnação** diz respeito a irregularidades e ilegalidades, trazendo uma **pretensão constitutiva negativa** em relação a cláusulas editalícias ou em relação ao próprio escopo do edital, o **pedido de esclarecimento**, como o próprio nome diz, busca o aclaramento do edital trazendo uma **pretensão declaratória** do seu conteúdo.

Todas as respostas dadas tanto em um como em outro caso são de ordem pública e devem ser publicadas para conhecimento geral, ficando a Administração Pública vinculada à resposta dada, que passa a ter a mesma força de Edital. Não é demais dizer o óbvio, no sentido de que, constatada ilegalidade em cláusula ou no conteúdo do edital, sua nulificação é medida que se impõe, com base no art. 71, III, devendo ser assegurada a prévia manifestação dos interessados, conforme § 3º do mesmo dispositivo, levando que a correção leve à republicação parcial ou integral, com recontagem dos prazos para a tomada de providências.

Outro fator que deve ser levado em consideração é que todo o processo licitatório tendente à contratação deve ser necessariamente motivado. Dessa forma, toda resposta a impugnação e todo o esclarecimento dado pela Administração requer adequada motivação das razões de direito e de fato que levam o administrador público a tomar a decisão administrativa tomada.

Sobre o dever de motivar, levando em consideração o primado da realidade, com precisão afirma Pedra:

> A Nesse aspecto, todos os fatos, circunstâncias e dificuldades que direta ou indiretamente circunscreviam e influenciaram o ambiente e o momento decisório do gestor público devem estar muito bem delineados na motivação da decisão administrativa.

> As decisões sobre as contratações públicas sempre estão envoltas em circunstâncias que são a ressonância do interesse público (primário ou secundário). Qualquer ato (comissivo ou omissivo) e seu conteúdo decisório é a aplicação do direito na dinâmicado agir administrativo com todos os elementos que influenciam esse movimento e a decisão, sendo que tudo deve ser levado em consideração e incorporado dentro da motivação do ato.[4]

As impugnações e pedidos de esclarecimentos tiveram o prazo estabelecido diferentemente do que previu o anterior regime. Na Lei 8.666/93 não havia uma regra própria que discriminasse o pedido de esclarecimento da impugnação ao edital. Tratava-se exclusivamente deste último. No art. 41, §§ 1º e 2º daquela Lei eram atribuídos prazos diferenciados para o exercício do direito por qualquer cidadão para impugnar o Edital, estabelecido em até cinco dias úteis antes da data da abertura dos envelopes de habilitação, e o licitante, para quem decairia o direito à impugnação em dois dias úteis anteriores à abertura dos envelopes de habilitação na concorrência e da abertura das propostas nos demais casos. No novo regime, esta diferenciação não é feita, e o prazo do art. 164 da Nova Lei é de até três dias úteis antes da abertura do certame para qualquer pessoa, licitante ou não. O prazo de três dias úteis para a resposta à impugnação ou ao pedido de esclarecimento é o mesmo da lei anterior.

b) Recursos e pedidos de reconsideração

A recorribilidade e a revisibilidade são inerentes aos processos administrativos, permitindo que uma decisão administrativa possa ser reapreciada pela própria autoridade administrativa, ou pela autoridade administrativa superior ou sucessora, quer por razões de conveniência ou oportunidade, quer em função de ilegalidade ou irregularidades que demandem correção.

Não se irá aqui tratar da principiologia que envolve os recursos administrativos, apenas far-se-á a referência no sentido de que os princípios ínsitos aos processos administrativos, tais como os do devido processo legal, do contraditório, da ampla defesa, da gratuidade, da legalidade, da publicidade, da razoabilidade, da proporcionalidade, da segurança jurídica e da motivação, entre outros, são inteiramente aplicáveis aos

[4] PEDRA, Anderon Sant'Ana. *Provocações sobre a Lei nº 14.133/2021.* In Nova Lei de Licitações: Destaques Importantes. E-book. Belo Horizonte, Fórum 2021, p.37.

recursos e pedidos de reconsideração relacionados às licitações e contratos da Administração Pública, cujas decisões devem observar a devida motivação.

O artigo 165 da Nova Lei manteve a estrutura binária já existente, relacionada a recurso para atos que indica e pedido de reconsideração para atos dos quais não caibam recursos. No entanto, inovou estabelecendo a unicidade de apreciação recursal no âmbito do procedimento licitatório. À luz do dispositivo, o recurso é cabível em relação à pré-qualificação, inscrição em registro cadastral, julgamento das propostas, habilitação ou inabilitação, revogação ou anulação e na extinção unilateral do contrato. Cabe ainda recurso relacionado à aplicação das penalidades administrativas, nos termos dos arts. 166 e 167. Dos demais atos cabe pedido de reconsideração. Muitas decisões relevantes terão a possibilidade de reapreciação por pedido de reconsideração, sendo que algumas, no nosso entendimento, poderiam ter o tratamento por meio de recurso, tais como a relacionada à alteração unilateral do contrato e à apreciação de pleitos de reequilíbrio econômico e financeiro.

O prazo de três dias úteis, previsto no art. 165, para recurso e para contrarrazões de recurso, é inferior ao do anterior regime geral, mas equivale ao das legislações especiais mais contemporâneas, como a Lei do Pregão. Neste caso, a nova Lei privilegiou a agilidade do procedimento, com vistas à celeridade nas contratações. Já o prazo para recurso e pedido de reconsideração de decisões relacionadas à aplicação de sanções, de quinze dias úteis, conforme os arts. 166 e de 167, com decisão pela autoridade em 20 dias úteis, é maior do que o que previa o sistema anterior, ficando, no nosso entender, mais adequado aos princípios que regem o direito administrativo sancionador, dando maior tempo ao apenado para produzir a peça recursal.

A manifestação da intenção de recorrer concomitante com a prática do ato, sob pena de preclusão, prevista no § 1º do art. 165, segue o modelo anterior do Pregão. Diferentemente deste modelo, no entanto, a recorribilidade não está condicionada a uma motivação breve das razões de recorrer. Basta a indicação imediata da intenção recursal, deixando que as razões sejam expressas no próprio recurso. Isto põe fim a discussões sobre a pertinência do recurso em relação à motivação original e, no nosso entender, é mais adequado para a estruturação das razões de recorrer, e para a relevância que um recurso pode ter ao licitante e ao contratado.

O efeito suspensivo, previsto no art. 168, dado tanto ao recurso como ao pedido de reconsideração deve ser saudado, como elemento de segurança jurídica ao licitante ou contratado, passando a fazer com que a decisão administrativa contra a qual há oposição passe a ter eficácia somente quando confirmada pela autoridade administrativa, que pode a revisar ou reconsiderar ou encaminhar à autoridade superior para apreciação.

A previsão de auxílio do órgão de assessoramento jurídico para as decisões administrativas relacionadas aos recursos e pedidos de reconsideração, de que trata o parágrafo único do art. 168, também merece registro positivo, pois o órgão jurídico poderá dar o caminho mais seguro e adequado e evitar que ilegalidades na condução dos processos e procedimentos possam gerar um grande número de invalidações na esfera administrativa ou judicial.

Conclusões

A Nova Lei de Licitações, embora pudesse trazer maiores avanços e uma disciplina mais explícita em alguns pontos, trouxe importantes avanços, que se refletem também no sistema relacionado ao regime punitivo e ao sistema recursal e de impugnações. Traz-se, neste sentido, as seguintes conclusões:

a) A retirada das regras gerais de licitação e contratação de tipos penais e suas penas, com a respectiva remessa ao Código Penal Brasileiro é mais adequada ao sistema penal brasileiro, que passa a ter no Código, enquanto unidade e totalidade o regramento de crimes licitatórios, sem a necessidade de busca em lei esparsa, do seu tratamento, bem como ao sistema de licitações e contratos, que deixa de ter no seu bojo matéria estranha aos seus contornos;
b) O estabelecimento de tipos administrativos próprios é avanço que adequa a Lei aos princípios próprios do direito administrativo sancionador. Ao descrever condutas passiveis de punição na esfera administrativa, dá a lei maior segurança jurídica em licitantes, contratados e às autoridades administrativas responsáveis pelo cumprimento das regras, bem como dos responsáveis pelo sistema de controle;
c) Ao retirar do sistema punitivo a pena de suspensão do direito de licitar e contratar com a Administração e criar a pena de

impedimento, a Nova Lei muda em parte o foco do regime punitivo, que agora passou a ter penas determinadas pelo tipo legal infringido pela conduta;

d) A despeito desse avanço no sistema punitivo, infelizmente deixou a Lei de admitir pena mais branda como critério atenuante quando o tipo legal infringido levasse à aplicação de pena mais grave; fixou expressamente a possibilidade de agravamento da pena em função de circunstâncias agravantes, mas não deixou expressa a possibilidade de abrandamento por conduta tipificada. Embora o brocardo "*ad maiori, ad minus*" (quem pode o mais pode o menos) possa ser utilizado, a expressa previsão no texto legal daria mais segurança a todos os envolvidos no processo sancionador;

e) A aplicação da pena de multa mantém a possibilidade de aplicação isoladamente ou em conjunto com outra pena, a exemplo do que já previa o modelo anterior. Diferentemente do modelo anterior, no entanto, há agora o estabelecimento de parâmetros que, embora elásticos (entre 0,5 e 30%), são limitativos da aplicação, em especial com a obrigatória observância de critérios de dosimetria;

f) O estabelecimento de critérios, aqui chamados de parâmetros de proporcionalidade, para a aplicação das penas é inovação positiva da nova lei, que também valoriza o licitante ou contratado que tenha programa de integridade;

g) Tendo positivamente trazido um processo próprio para a aplicação de penalidades administrativas, infelizmente não houve previsão quanto ao procedimento em relação à advertência e há lacunas quanto à aplicação de multa, cabendo a integração pelas normas relacionadas à aplicação das penas mais graves;

h) A fixação de prazo prescricional, com início a partir da data da ciência da infração, também é inovação da lei, que admite a interrupção com o processo de responsabilização e a suspensão com acordo de leniência ou decisão judicial;

i) É notória a influência da Lei Anticorrupção nos procedimentos da Nova Lei de Licitações, tanto que se admite que a apuração de fatos também tipificados naquela Lei possam ser apurados no procedimento nela previstos, conjuntamente e para os fins da penalização nas licitações e contratos, além do forte incentivo a que programas de integridade sejam realizados;

j) Fruto dessa influência, a desconsideração da personalidade jurídica se dá por causas que se assemelham aos daquela Lei, levando em consideração o intuito fraudatório que pode gerar a responsabilização de terceiros;
k) Ficou estabelecido o procedimento para a reabilitação, bem como os critérios respectivos, que superam a omissão do anterior regime, capaz de gerar insegurança;
l) O novo regime trouxe prazo único tanto para licitantes como para o cidadão de impugnar e pedir esclarecimentos ao Edital, deixando clara essa possibilidade em até três dias úteis da abertura do certame, com resposta no mesmo prazo;
m) O mesmo prazo foi também estabelecido para recursos e pedidos de reconsideração, bem como para as respectivas contrarrazões, exceto para a aplicação de sanções administrativas, sendo que a manifestação da intenção de recorrer deve ser feita imediatamente, sob pena de preclusão. O fato de que a resposta aos recursos, no curso do procedimento licitatório, é feita em um único momento agiliza o rito, que não mais depende da resposta para o seu seguimento;
n) Para a imposição de sanções, o prazo estabelecido na lei é de quinze dias úteis para recurso e pedido de reconsideração, o que dá uma possibilidade de melhor preparo das respectivas peças do que o que era estabelecido na legislação em fase de revogação;
o) O efeito suspensivo de recursos e o acompanhamento pelos órgãos de assessoramento jurídico dão maior grau de segurança jurídica e podem evitar maiores danos que possíveis invalidações de atos poderia gerar.

Oxalá a aplicação em concreto da nova Lei, em especial na aplicação das penas, nos processos sancionadores, impugnações, pedidos de esclarecimentos, recursos e pedidos de reconsideração, venha a fazer valer aquilo que foi a intenção primária do legislador, de dar a todos os que participam de procedimentos licitatórios um procedimento mais ágil, seguro e eficaz nas contratações públicas, com instrumentos mais efetivos de controle.

Referências

CASTRO JR., Sérgio de. *A questão do alcance de penas na nova Lei de Licitações*. CONJUR, 2021, disponível em: https://www.conjur.com.br/2021-mai-10/castro-jr-alcance-penas-lei-licitacoes.

MANGULLO, Marcela. *Infrações e sanções no projeto de lei de licitações e contratos administrativos*. JOTA, 2021. Disponível em https://www.jota.info/opiniao-e-analise/colunas/direito-administrativo-sancionador/infracoes-e-sancoes-no-projeto-de-lei-de-licitacoes-e-contratos-administrativos-03022021

PEDRA, Anderson Sant'Ana. *Provocações sobre a Lei nº 14.133/2021*. In Nova Lei de Licitações : Destaques Importantes. E-book. Belo Horizonte, Fórum 2021, p. 37.

21. Transparência e Portal de Contratação Pública: Limites e Possibilidades para o Controle Social

Janriê Rodrigues Reck
Caroline Muller Bitencourt

Introdução

Este trabalho versa sobre as relações que podem ser estabelecidas entre transparência, controle social e as previsões para o Portal Nacional de Contratação Pública (chamado a partir de agora de PNCP) e os limites e possibilidades que podem daí advir. O tema apresenta-se como juridicamente relevante diante não só da novidade da nova lei de licitações brasileira (Lei n. 14.13/2021), mas também das interações possíveis com a Lei do Governo Eletrônico (Lei n. 14.129/2021), a Lei de Acesso à informações (Lei 12.527/2011) e a Lei de Responsabilidade Fiscal (LC 101/2000). É possível dizer que já é possível notar a emergência de um Direito Administrativo da Informação, isto é, uma perspectiva diferenciada que advém do cruzamento entre transparência, informação, Administração Pública e controle social[1]. Neste trabalho, o foco será orientado para o PNCP e suas potencialidades para o controle social. Socialmente o trabalho se justifica também pela necessidade de melhorias nas formas de contratação pública. No momento em que os meios técnicos de acesso à informação se apresentam de forma generalizada, e a própria legislação faz menção à virtualização dos procedimentos administrativos, faz-se

[1] BITENCOURT, Caroline Müller; RECK, Janriê Rodrigues. Os horizontes turvos do acesso à informação no Estado Democrático de Direito: uma legislação simbólica em uma cultura de sombreamento. *International Journal of Digital Law*, v. 1, p. 31-54, 2020.

necessária uma teorização e uma adaptação do Direito Administrativo, que é precisamente o que se tenta realizar neste trabalho.

Assim, o problema que move a pesquisa é: quais são os limites e possibilidades emergentes para o controle social via PNCP advindos do regime jurídico que surge da união entre princípios da Administração Pública, virtualização e transparência? A hipótese, em primeiro lugar, é a de que existe um reforço das intenções clássicas tanto da contratação pública (igualdade e melhor proposta) como do controle social (cidadania ativa e probidade na Administração Pública), ao mesmo tempo que é possível observar o surgimento de novos valores, tais como a transparência virtual, completude e simultaneidade. Esta soma de possibilidades técnicas e regime jurídico ao menos permitem o incremento das possibilidades de controle social.

Para além do objetivo geral, que contém justamente os limites e possibilidades do controle social via PNCP e suas interações com a transparência e com a virtualidade, pode-se dizer que os objetivos específicos do presente artigo constituem-se em: 1) estabelecer as premissas da transparência da Administração Pública, conectando com as possibilidades emergentes da virtualização; 2) explorar as relações entre os valores políticos clássicos da participação, conectando com a noção de contratação pública e; 3) elencar as potencialidades do controle social dos portais de contratação pública presentes na nova de lei de licitações.

A metodologia de abordagem consistirá em uma prática hipotético-dedutiva, isto é, partir-se-á de uma hipótese, sendo que esta deverá restar provada ao final do trabalho a partir de regras gerais. Em termos de matriz teórica, este artigo valer-se-á da teoria dos sistemas, porém de forma mais livre, sem a utilização pesada das terminologias típicas daquela matriz. No que toca à metodologia de procedimento, a pesquisa está resumida a referências bibliográficas. O presente artigo está conectado com os projetos de pesquisa dos autores, notadamente na área do Direito Público, políticas públicas e administração pública.

1. Comunicação, transparência e Administração Pública

O Portal Nacional de Contratação Pública torna provável o improvável. Significa dizer: o PNCP é um mecanismo que tem por função a geração de algo muito difícil de se conseguir na sociedade – a transparência via comunicação. Transparência, aqui, significa bem comunicar. Se a comunicação ordinária já é difícil, a comunicação das escolhas da Administração Pública – em sua mistura de técnica, linguagem jurídica e interesses políticos – é muito mais desafiadora. Há uma soma de improbabilidades, a saber, as improbabilidades decorrentes da própria comunicação usual, às quais são adicionadas as dificuldades das organizações burocráticas que estão regidas pelo código governo-oposição. A hipótese desta primeira parte do trabalho é a de que de fato o PNCP realiza este objetivo. Para tanto, em um primeiro momento realizar-se-á uma leitura conjunta de uma teoria simplificada da comunicação somado aos referenciais normativos até aqui disponíveis sobre transparência.

Inicie-se com a Lei de Acesso à Informação brasileira. Há diferenças em se falar de direito à informação e direito à transparência[2]? Transparência é um conceito jurídico ainda em formação, com referências esparsas no ordenamento. O de informação é um pouco mais preciso. A Constituição Federal, em seu art. 5º, XXXIII, utiliza a palavra informação. A Lei de Acesso à Informação utiliza tanto os termos informação como transparência. Note-se que ao mesmo tempo que o art. 5º utiliza o termo "informação", o art. 37 utiliza-se da noção de publicidade. O art. 37 traz o conjunto de princípios que irão reger a Administração Pública. É sabido que a Constituição foi elaborada por diferentes comissões, e que não há uniformidade de linguagem[3]. Ocorre, entretanto, que a razão pela qual foi utilizado o termo publicidade está conectada com a tradição do Direito Administrativo. As diferenças de utilização de termo estão nas diferentes tradições advindas tanto do Direito Administrativo como no campo dos direitos fundamentais. Antes de se adentrar de forma propriamente dita nas características do PNCP, ressalve-se que o ordenamento jurídico brasileiro possui diversos referenciais que devem ser interpretados conjuntamente. Inicia-se a partir da Lei de Acesso à Informação.

[2] BITENCOURT, Caroline Müller; RECK, Janriê Rodrigues. Interações entre direito fundamental à informação e democracia para o controle social: uma leitura crítica da LAI a partir da experiência dos portais de transparência dos municípios do rio grande do sul. *Revista direitos fundamentais & democracia (Unibrasil)*, v. 23, n. 3, p. 126-153, 2018.

[3] BONAVIDES, Paulo; ANDRADE, Paes de. *História Constitucional do Brasil*. 3 ed. Rio de Janeiro: Paz e Terra, 1991.

Enquanto que há uma definição precisa para informação, prevista no art. 4º, inciso I, da Lei 12.527, a doravante chamada LIA (I – informação: dados, processados ou não, que podem ser utilizados para produção e transmissão de conhecimento, contidos em qualquer meio, suporte ou formato;), tal não se repete no que toca à transparência. O conceito de transparência acaba tendo de ser formado a partir da conjunção de diversas normas previstas na LIA.

O conceito de comunicação em Luhmann pode em tese, ajudar na compreensão do que significa transparência. Coincidentemente, o conceito de informação é exatamente aquele estabelecido por Luhmann[4]. Para este autor, o processo comunicativo é formado pelos elementos emissão, informação e compreensão. A informação é apenas o significante, antes de sua interpretação.

Importante dizer que Luhmann, assim como os pensadores de sua época, compreende que a comunicação é possível diante de um leque de experiências compartilhadas comuns. Entretanto, Luhmann trabalha com a ideia de que os sistemas psíquicos, isto é, a mente das pessoas, são sistemas. Como sistemas que são, apresentam-se como fechados. Assim, a informação é um dado que é imitido, via linguagem, a um sistema fechado, e recepcionado em outro sistema fechado – daí a improbabilidade de uma comunicação bem sucedida.

A comunicação é, deste modo, para Luhmann, uma construção social, e não o acesso a uma realidade em-si-mesma. Como se trata de um processo intersubjetivo, nenhuma das partes possui domínio sobre o sentido daí gerado. Daí a conclusão da teoria dos sistemas de que a comunicação é algo externo aos sujeitos – e como a sociedade é formada por comunicação, a sociedade também é um sistema que não inclui os sujeitos (estes estão na periferia do sistema). Este paradigma de foco na comunicação como processo intersubjetivo reside, é sabido, em Wittgenstein[5]. O significado de algo está vinculado com o "seguir uma regra". Ninguém segue uma regra em privado. Isto significa que o significado e sua validade, construídos através de regras, por evidente que são intersubjetivos. A possibilidade de que o outro critique o uso de regra por alguém não é só uma condicionante para o seguimento das regras de linguagem, mas

[4] LUHMANN, Niklas. *La ciencia de la sociedad*. Anthropos: México, 1996.

[5] WITTGENSTEIN, Ludwig. *Investigações Filosóficas*. Petrópolis: Vozes, 2004.

também uma segurança para quem quer seguir uma regra. Quem quiser se comunicar com eficiência tem de, evidentemente, seguir as regras dos jogos de linguagem de forma competente.

A partir dos referenciais acima, pode-se estabelecer algumas conclusões epistemológicas para levar adiante a argumentação:

- a informação é a distinção antes de processada por um sistema cognitivo, tal como estabelecido pela legislação;
- a comunicação é um evento social e histórico – não é possível entender transparência como uma "correspondência" com a realidade, uma vez que tal não ocorre;
- a comunicação não pertence a um sujeito específico;
- a comunicação acontece dentro de contextos históricos, estes contextos históricos implicam que as partes são capazes de descrever e falar de modo competente dentro destes mesmos contextos;
- comunicar-se implica jogar jogos de linguagem inspecionáveis por ambas partes.
- O conceito de comunicação, assim, ao analisar como unidade os momentos da emissão da informação e da compreensão, força a uma análise do todo. Esta análise do todo permite visualizar elementos previamente opacos, como por exemplo fato de a informação não estar preparada para a média dos leitores e, tampouco, permitir engajamentos para a ação posteriores (responsividade).

Em hipótese, o conceito de comunicação pode ser usado como inspiração para a formação das diferenças que fazem a diferença na transparência. Transparência significaria, então, uma unidade que compreende a disponibilização da informação, a intenção comunicativa, a compreensibilidade, a objetividade e a responsabilidade. Este inclusive é o conceito constitucionalizado de transparência, isto é, lido à luz dos princípios da moralidade, participação e igualdade.

Ao que parece, a transparência é um conceito jurídico que indica um estado de coisas. É um programa finalístico e não condicional[6]. A transparência é uma situação a ser alcançada, um objetivo a ser preenchido e a partir do qual se avaliam os portais. A disponibilização de

[6] LUHMANN, Niklas. Sociologia do Direito I. Rio de Janeiro: Tempo Brasileiro, 1983.

informações é um dos caminhos para se alcançar a transparência[7]. Um portal transparente é aquele que consegue *possibilitar* a comunicação[8].

É evidentemente que a comunicação nunca é garantida. Mesmo que o portal esteja redigido na forma mais competente possível, não significa, dado o fechamento dos sistemas, que a finalidade será alcançada.

Observe-se alguns elementos que podem ser observados na legislação. O próprio art. 4º, I, ao dispor sobre o conceito de informação, estabelece que esta pode ser utilizada para *produção e transmissão de conhecimento.* Sabendo-se que conhecimento é comunicação estabilizada[9] (LUHMANN, 2007), a própria legislação indica que a transparência é um estado alcançável via informação. Ainda, o art. 7º, § 3º estabelece que § 3º "forma objetiva, transparente, clara e em linguagem de fácil compreensão"; "modo a facilitar a análise das informações". Ainda o conceito de serviço público adequado, previsto na Lei 13.460, art. 5º, vai no mesmo sentido: "XIV – utilização de linguagem simples e compreensível, evitando o uso de siglas, jargões e estrangeirismos".

Tudo leva a crer que a transparência significa *bem comunicar.* Este é um dos grandes mistérios da ciência e evidentemente não será em nível legislativo que isto será resolvido. Ocorre, contudo, que mesmo assim é possível gerar conclusões dogmáticas, isto é, pré-programar as decisões que os operadores jurídicos tomarão. Cabe à dogmática dar coerência ao todo do processamento de informações efetivamente caóticas do sistema jurídico. No caso da transparência, significa explorar os referenciais pertinentes no ordenamento e colocá-los de forma coerente ao lado do direito à informação e das demais categorias de Direito Administrativo e Constitucional.

Esta comunicação competente significa *saber jogar os jogos de linguagem*, ou emular as diversas competências interpretativas dos sistemas psíquicos. Os portais devem ser elaborados tendo em vista que serão lidos por

[7] HOMERCHER, Evandro T. O princípio da transparência e o direito fundamental à informação administrativa. Porto Alegre: Editora Padre Reus, 2009.

[8] LIMA, R. M. R. Orçamento e transparência: uma conquista sem fim ou como a gestão pública flerta com a opacidade. Revista da AGU, Brasília, v.15, n.2, p. 251-290, abr./jun. 2016. Disponível em https://seer.agu.gov.br/index.php/AGU/article/view/654/718

[9] LUHMANN, Niklas. La sociedad de la sociedad. México: Herder, 2007.

pessoas com diversas motivações e conhecimentos técnicos[10]. É evidente que os portais não podem solucionar problemas de motivação pessoal das pessoas – a legislação não pode atender quem tem preguiça de procurar um dicionário. Por outro lado, inviabiliza a cidadania obrigar as pessoas a fazerem cursos de Contabilidade Pública e Direito Financeiro para entenderem os portais. É justo pensar que há diversos cidadãos dispostos a se informar e que é o devedor do direito fundamental que tem de se ajustar, e não o contrário, evitados os extremos. O gozo do direito há de ser parametrizado por uma média. Esta média, dada a peculiaridade do direito aqui tratada, deve ser vista como uma grande faixa de falantes de competências de entendimento variadas – razão pela qual a informação tem de ser disponibilizada de diversas formas para produzir transparência.

A linguagem, portanto, há de ser simplificada mediante certos critérios que facilitem as funções instrumentais da transparência, a saber:

- conhecimento;
- legitimidade;
- responsividade (possibilidade de usar a informação para ações posteriores, incluindo o controle social)

Diante do exposto, realmente seria mais correto falar-se em direito à transparência[11]. Assim como a saúde é um estado almejável, a ser realizado mediante políticas e serviços (e não só mediante "disponibilização de remédios", por exemplo), também a informação é um instrumento para se chegar à transparência. Diante da tradição, contudo, prefere-se ainda falar em direito fundamental à informação, desde que informado pelo princípio da transparência.

Acerca desses procedimentos, na Lei de Acesso à Informação, encontra-se de forma mais específica a definição de informação: "Art. 3º.

[10] LOPES, Cristiano Aguiar. Acesso à informação pública para a melhoria da qualidade dos gastos públicos: literatura, evidências empíricas e o caso brasileiro. Cadernos de Finanças Públicas, Brasília, n. 8, p. 5-40, dez. 2007. Disponível em: <http://www.esaf.fazenda.gov.br/a_esaf/biblioteca/arquivosgerais/arquivo.2014-05-21.1477207388 >.

[11] SALGADO, Eneida Desiree. Lei de acesso à informação (LAI): comentários à Lei nº 12.527/2011 e ao Decreto nº 7.724/2012. Vol.33 – Coleção Direito Administrativo Positivo. São Paulo, Atlas, 2015.

Os procedimentos previstos nesta Lei destinam-se a assegurar o direito fundamental de acesso à informação", bem como possui a preocupação de caracterizar a informação: "Art. 4º Para os efeitos desta Lei, considera-se: I – informação: dados, processados ou não, que podem ser utilizados para produção e transmissão de conhecimento, contidos em qualquer meio, suporte ou formato;[12]".

Já a definição de transparência na Lei possui outra conotação, geralmente associada a uma qualidade da informação, voltada aos aspectos de clareza da própria informação. O tratamento, além de ser esparso, aparece em diferentes dispositivos da Lei da LAI[13]. O art. 3º, que trata da necessidade de observância dos procedimentos previstos na Lei em consonância com os princípios da administração pública, determina também a observância das diretrizes, tais como no inciso IV, que alude ao "fomento ao desenvolvimento da cultura de transparência na administração pública"; no art. 5º, no qual novamente a transparência é posta como um atributo à informação, como sinônimo de clareza e linguagem de fácil acesso e compreensão[14]; por sua vez, no art. 6º, afirma-se que é dever dos órgãos e entidades públicas garantir "I – gestão transparente da informação, propiciando amplo acesso a ela e sua divulgação"; e, no mesmo sentido, está o artigo 8ª, "II – registros de quaisquer repasses ou transferências de recursos financeiros"; depois a transparência é referenciada no tratamento destinado às informações pessoais, conforme artigo 31, segundo o qual "O tratamento das informações pessoais deve ser feito de forma transparente e com respeito à intimidade, vida privada, honra e imagem das pessoas, bem como às liberdades e garantias individuais"; por fim, o artigo 41 determina que é de responsabilidade do Poder Executivo Federal designar órgão da administração pública federal responsável ao "fomento da cultura da transparência"[15]

[12] BRASIL, Lei 12.527/2011. Disponível em: http://www.planalto.gov.br/ccivil_03/_ato2011-2014/2011/Lei/L12527.htm#art40. Acesso: 11 agosto de 2018.

[13] Mais adiante serão abordados os principais artigos da LAI para a presente pesquisa e serão analisados cada artigo e inciso com maior nível de detalhamento e crítica.

[14] SCHIAVI, Pablo. Información pública en clave del neoconstitucionalismo. A&C- Revista de Direito Administrativo e Constitucional, Belo Horizonte, n. 57, p.13-45. jul/set 2014, p. 24/25.

[15] SALAS, Filiberto Otero. Teoría General del Derecho de la información, y el nuevo modelo en México. México: Veritatis Verbum, 2017.

A Lei nº 14.129 regula o governo digital no Brasil. Esta lei estatui ser um dos princípios do governo digital a participação (art. 1º), tendo, em seu art. 3º, estabelecido diretrizes tais como a transparência ("IV – a transparência na execução dos serviços públicos e o monitoramento da qualidade desses serviços;), linguagem clara e autosserviço. Novamente transparência aparece como um objetivo, como algo a ser atingido pela informação correta e verdadeira. O próprio art. 4º traz uma definição de transparência: "XI – transparência ativa: disponibilização de dados pela administração pública independentemente de solicitações". O art. 20 estabelece que o poder público estabelecerá plataformas de governo digital, mas não os detalhando. Precisamente o PNCP é uma destas plataformas.

O PNCP é uma novidade estabelecida pela nova Lei de Licitações (Lei nº14.133/2021). No próximo tópico serão estabelecidas as relações entre licitação, valores morais protegidos e controle social. Aqui calha conectar as inovações do PNCP com a transparência.

O PNCP será a forma primária de divulgação das licitações no Brasil na órbita da União, sendo condição de eficácia para o contrato (art. 94). Opcionalmente, o PNCP poderá também servir para as contratações dos Estados-membros, Municípios e Distrito Federal (art. 174). Além das disposições próprias na Lei, a saber, artigos 174 a 176, a Lei também estipula uma série de informações que deverão constar nos portais. Nele estará a integralidade do instrumento convocatório e seus anexos (art. 54). Mesmo as dispensas de licitação, com os respectivos pagamentos, estarão disponíveis no PNCP (art. 75, § 4º). Os cadastros dos licitantes serão realizados de forma unificada no PNPC, concentrado as informações (art. 87). Para além destas disposições, o inciso II do art. 174 estabelece que PNCP publicará os atos obrigatórios presentes na própria Lei de Licitações, o que induz à interpretação de que todos os atos da licitação deverão ser divulgados. O §2º utiliza a expressão "entre outras" informações, reforçando a noção de que o PNCP deverá conter a completude dos atos de contratação pública.

Quando o PNCP estipula que devem ser divulgados os planos de contratações, as dispensas e todos os atos do procedimento licitatório, em compartilhamento com a sociedade (art. 174, VI), tem-se uma noção de completude das informações, o que está em consonância tanto com a LAI como com as normas do Governo Eletrônico. A conjunção destes três diplomas legais, somadas à normas esparsas, como por exemplo a

LC 101 (Lei de Responsabilidade Fiscal), que obriga à divulgação em tempo real da realização das despesas públicas, permite a indução de um regime jurídico de transparência pública. Em hipótese, o Direito obriga a Administração Pública para que ofereça informações verdadeiras, em tempo real, em linguagem acessível e sobre todos os atos e circunstâncias, ou seja, de forma completa, e ainda em protocolos capazes de interoperabilidade.

A primeira parte da hipótese está confirmada, isto é, o levantamento das possibilidades gerais do regime jurídico conjunto destas leis para uma leitura do PNCP orientado ao controle social, com a conclusão de que, de forma geral, sim há um incremento das possibilidades de controle. Será necessário, contudo, pontuar de forma específica o que o controle social pode realizar me contratação pública, o que será realizado no último capítulo. Antes, contudo, há de se anotar o que é precisamente é defendido via controle social e o que isto significa.

2. Controle social e contratação pública

É claro que a Administração Pública é uma organização da sociedade. Em termos rigorosos, qualquer controle é controle social, incluindo o controle realizado via auditorias internas e tribunais de contas. Conforme a teoria tradicional, contudo, o controle social seria aquele realizado por alguma organização que não seja política[16]. Por organizações políticas entendam-se aquelas que possuem a função de gerar decisões vinculantes para a toda coletividade, estando institucionalizadas. Por controle entenda-se a possibilidade de revisão de decisões, ou, melhor dizendo, a possibilidade de substituir uma decisão por outra. O Direito e a Política evoluíram no sentido de possibilitar a existência destes mecanismos, já que eles se configuram como uma forma de reflexão dos sistemas. Com isto, os três sistemas ganham em capacidade de adaptação e, com isto, melhorias nas suas respectivas funções, a saber, o Direito, a Política e as Organizações Políticas, tais como União, Estados e Municípios (e suas organizações internas, ou organizações dentro das organizações, como por exemplo os poderes).

[16] SIRAQUE, Vanderlei. O controle social da função administrativa do Estado: possibilidades e limites na Constituição de 1988. 2004. 212 f. Dissertação (Mestrado em Direito) – Pontifícia Universidade Católica de São Paulo, 2004

Como qualquer fenômeno que exista, as organizações públicas possuem uma diferença entre o que está do lado de dentro da forma e o que está fora[17] - traduzindo: as organizações políticas, tais como a União e os Estados-membros, são sim produtos da sociedade mas ao mesmo tempo conseguem se diferenciar da sociedade. Esta diferença reside no fato de que as organizações políticas geram decisões vinculantes para a toda a coletividade que estão ligadas entre si em forma de rede e hierarquizadas internamente. A sociedade não gera decisões vinculantes diretamente. Sempre é necessário um procedimento interna da organização, a qual reage aos estímulos da sociedade[18]. Em uma perspectiva, uma organização política está dentro da sociedade, já que é um sistema dentro do sistema maior da sociedade; mas, sob outra perspectiva, que é a que interessa para este trabalho, a sociedade é o ambiente das organizações políticas.

O controle social é, assim, uma reação interna da organização política às demandas da sociedade. A organização política recebe demandas de seu ambiente e as traduz. Ela é obrigada a tanto pelo Direito, mas o Direito é um mecanismo a cargo da própria pressão evolutiva da Política. A organização política precisa ser responsiva, precisa gerar expectativas de conexão com a sociedade e ao mesmo tempo ter mecanismos de estímulo à revisão das suas próprias decisões.

Esta revisão das decisões das organizações estimulada pelo ambiente, isto é, o controle social, vai se dar a partir de diversos mecanismos. Direito de petição, recursos, audiências, conselhos, denúncias e mesmo ações judiciais. O Direito brasileiro é fértil em mecanismos de revisão das decisões da Administração Pública.

As decisões, contudo, não podem ser revisadas sem motivo[19]. Mesmo que se esteja diante de um procedimento de cunho político, como um conselho, o Direito acaba por orientar as argumentações que levam à substituição de uma decisão ou outra, ou seja, o controle. Este direcionamento jurídico se dá, é claro, pela consolidação de certas motivações para a decisão de caráter moral e político, que acabam se tornando jurídicas

[17] NAFARRATE, Javier Torres. Luhmann: la Política como Sistema. México: UNAM, 2004.

[18] LUHMANN, Niklas. Organización y decisión: autopoiesis, acción y entendimento comunicativo. México: Anthropos, 1997.

[19] FREITAS, Juarez. Discricionariedade administrativa e o direito fundamental à boa administração pública. São Paulo: Malheiros, 2007

e assim normas, expressando princípios fundamentais valorizados pela sociedade (ambiente das organizações) e que as organizações possuem a pretensão e ao mesmo tempo a obrigação de guardar.

Estes princípios fundamentais são motivações para se considerar uma decisão da organização como inadequada e que aquela decisão, portanto, merece revisão. Claro que os próprios mecanismos internos da organização política podem dar conta de detectar estes parâmetros, mas, por outro lado, dados os vícios característicos de uma observação sobre si mesma, a intervenção da sociedade, no caso, é fundamental para o aumento da variedade. Por variedade entenda-se a geração de novidades. As organizações tendem a não gerar novidades, isto é, normalmente decidem confirmar os mesmos parâmetros. O controle social permite que novas possibilidades de decisões surjam e com isto melhorem o processo de decisão das organizações políticas.

O controle social tem uma dimensão política[20]. Entretanto, é também jurídico, uma vez que é orientado a fins. Estes fins, ou programas finalísticos, estabelecem objetivos a serem alcançados e aparecem na legislação sob a forma de princípios. Há vários princípios de interesse para o controle social, mas na nova Lei de Licitações alguns são muito importantes, e possuem conexão com os princípios constitucionais. Significa dizer, com Dworkin, que os princípios revelam os melhores valores fundamentais de uma da comunidade[21]. Interessam particularmente ao controle social os princípios da impessoalidade, da moralidade, do desenvolvimento nacional sustentável, da igualdade, do interesse público, da probidade e é claro da legalidade, todos presentes no art. 5º da Lei. É claro que os outros princípios também interessam, mas ocorre que eles de certo modo são especificações dos primeiramente citados, como o princípio do julgamento objetivo (uma especificação da igualdade, por exemplo) e da razoabilidade (especificação do interesse público e da legalidade). Tanto o princípio da moralidade como o princípio da legalidade possuem especial *status*. A moralidade expressa uma reflexão intersubjetiva e racional

[20] SECCHI, Leonardo. Modelos organizacionais e reformas da Administração Pública. Revista Adm. Pública. Rio de Janeiro., v. 43, n. 2, p. 347-369., Abril de Apr. 2009. Disponível em <http://www.scielo.br/scielo.php?script=sci_arttext&pid=S0034-76122009000200004&lng=en&nrm=iso>.

[21] DWORKIN, Ronald. *O império do Direito*. São Paulo: Martins Fontes, 2007.

acerca do que é a coisa certa a se fazer. A moralidade é, assim, mais ampla, e seus conteúdos precisamente já estão na lei. A coisa certa a se fazer é ser probo, tornar as coisas públicas, julgar de forma impessoal. Enfim, a moralidade é uma unidade, ela tem por função unificar e legitimar estes diferentes mandamentos que se tornaram direito positivo. Já a legalidade é a forma pela qual as normas decorrentes dos princípios estarão expressas. Sem legalidade não há conteúdo expresso na linguagem competente e o Direito[22], sem o auxílio dos demais princípios, é linguagem vazia. De todo modo, todos os princípios do art. 5º, mesmo aqueles aos quais não foi dado especial destaque, são eles mesmos unidades de diferentes normas. Significa dizer que, por exemplo, sob o princípio da probidade é possível reunir diversos comportamentos desejados expressos em normas jurídicas, sob o interesse público outros tantos, e assim sucessivamente.

O controle social, enquanto fluxo de provocações para a revisão das decisões das organizações públicos, interessam os seguintes princípios, mencionados antes, pelas seguintes razões, particularmente no contexto brasileiro:

- da impessoalidade, pois dá conta da concepção de que os agentes da Administração Pública devem seguir procedimentos padronizados, posto que não podem se beneficiar das benesses da Administração;
- da moralidade, já que se exige dos administradores alto grau de universalidade das suas condutas dentro de uma perspectiva de eficiência[23];
- do desenvolvimento nacional sustentável[24], já que o Brasil tradicionalmente incorpora preocupações com o meio ambiente e com a sustentabilidade financeira em seu Direito;

[22] MELLO, Celso Antônio Bandeira de. Curso de direito administrativo. 33a. ed. São Paulo: Malheiros, 2016.

[23] GABARDO, Emerson. O Princípio da eficiência. Enciclopédia jurídica da PUCSP. Celso Fernandes Campilongo, Alvaro de Azevedo Gonzaga e André Luiz Freire (coords.). Tomo: Direito Administrativo e Constitucional. Vidal Serrano Nunes Jr., Maurício Zockun, Carolina Zancaner Zockun, André Luiz Freire (coord. de tomo). 1. ed. São Paulo: Pontifícia Universidade Católica de São Paulo, 2017. Disponível em: https://enciclopediajuridica.pucsp.br/verbete/82/edicao-1/principio-daeficiencia,-o

[24] SCHIER, Adriana da Costa Ricardo. Objetivos de Desenvolvimento Sustentável: os impactos do combate à corrupção para afirmação da Agenda 2030 da ONU à luz da Teoria do

- da igualdade, já que o Brasil é um país rasgado pelas mais diversas desigualdades, principalmente aquelas oriundas do regime de escravidão que marcou a história do Brasil[25] – herança esta que a Constituição Federal busca fortemente romper, junto com o tradicional patrimonialismo e o jeitinho brasileiro; há de se lembrar, ainda, do princípio clássico de que a licitação serve justamente para que qualquer um que tenha interesse em prestar serviços ou entregar bens para a Administração Pública tenha igual oportunidade, evitando-se os favoritismos e pessoalidades;
- do interesse público[26], uma vez que este princípio orienta as ações da Administração Pública para a geração de benefícios para grupos, ou mesmo a totalidade de cidadãos conforme indicações constitucionais e procedimentos legítimos, ao contrário do tradicional programação da Administração Pública para o favorecimento dos interesses privados;
- da probidade, uma vez que, para além do patrimonialismo, o Brasil é marcado por uma longa história de corrupção, estando o desejo de uma Administração honesta entre as diretrizes primeiras da comunidade, do mesmo modo, a clássica diretriz da escolha da proposta mais vantajosa para a Administração Pública aqui se encontra, já que faz parte da conduta do administrador honesto não gerar escolhas desastradas para a Administração Pública;
- da legalidade, pois se trata de princípio fundamental inscrito na Constituição Federal de 1988, e que possui importância central para a estabilidade da ordem jurídica brasileira.

Desenvolvimento como Liberdade de Amartya Sen. REVISTA BRASILEIRA DE ESTUDOS POLÍTICOS, v. 121, p. 13-48, 2020.

[25] HACHEM, Daniel Wunder. Tutela administrativa efetiva dos direitos fundamentais sociais. Curitiba, PR. Tese de Doutorado. Universidade Federal do Paraná, 2014. 614 p. Disponível em: http://acervodigital.ufpr.br/bitstream/handle/1884/35104/R%20-%20T%20%20DANIEL%20WUNDER%20HACHEM.pdf?sequence=1.

[26] GABARDO, Emerson; HACHEM, Daniel Wunder. O suposto caráter autoritário da supremacia do interesse público e das origens do direito administrativo: uma crítica da crítica. In: BACELLAR FILHO, Romeu Felipe; HACHEM, Daniel Wunder (Coord.). Direito administrativo e interesse público: estudos em homenagem ao Professor Celso Antônio Bandeira de Mello. Belo Horizonte: Fórum, 2010

O regime jurídico de transparência tornado possível pelo PNCP de fato permite que estes programas finalísticos se tornem realidade. Para tanto, diversas oportunidades de controle se abrem nos diferentes momentos da contratação pública. É o que será observado no próximo capítulo.

3. Limites e possibilidades do controle social da contratação pública

Estabelecidos os princípios a partir dos quais será operacionalizado o exercício do controle social, assim como o próprio conceito de controle social, caberá trabalhar de forma pontual quais são as possibilidades emergentes da nova lei de licitações.

O primeiro nível de controle está ligado às escolhas públicas. As organizações políticas são sistemas de decisão que se descrevem como sensíveis às demandas do ambiente. Elas seguiriam, assim, um símbolo de interesse público. É claro que o interesse há de ser procedimentalizado, devendo passar pelos caminhos dos espaços de deliberação pública. Entretanto, uma boa parte das decisões públicas não estão sob escrutínio direto, perdendo-se em camadas inferiores da burocracia. Com a transparência completa das escolhas públicas o cidadão poderá realizar o contraste tanto com os objetivos constitucionais, como também as aspirações do momento. Certas escolhas são inviáveis juridicamente, e poderão ser impugnadas; outras se mostram inconvenientes, e poderão ser objeto de exposição política para a sua alteração.

O cidadão poderá controlar também as prioridades escolhidas pela Administração Pública. Mesmo que seja possível dizer que determinada escolha atende ao interesse público, há de se hierarquizar o cumprimento delas. De fato, com a inteireza dos editais de licitação e concentração de atos em um só local, combinado com a geração de um mapa com o histórico de licitação em um determinado ano, o cidadão terá um espaço de tempo – um episódio – a partir do qual do poderá estabelecer parâmetros. De fato, quando se tem um marco, como por exemplo, um ano, será possível ao controle social verificar que licitações foram realizadas naquele período, podendo o cidadão hierarquizá-las e comparar com a hierarquização de prioridades levada a efeito pela Administração Pública. Isto está intimamente ligado a diretriz de obediência ao interesse público, já que a hierarquia de prioridades está conectada com um julgamento do que é melhor para a comunidade. Assim, poderá existir controle político e, no limite, até judicial. Note-se que a ordem de prioridades inclusive está conectada com a execução orçamentária, de modo que será possível o controle neste aspecto também.

Tradicionalmente o edital vincula o contrato. Uma vez que ambas as informações estarão presentes no PNCP, será possível às organizações interessadas no controle social realizar o controle entre um e outro, ou seja, se efetivamente o contrato firmado está em conformidade com o edital.

Intimamente conectado com a probidade administrativa está o controle dos preços. É sabido que é uma prática comum a do sobrepreço na Administração Pública brasileira. Com a divulgação dos preços pagos pela Administração Pública via PNCP as organizações de controle social poderão contrastar os preços de mercado com aqueles pagos pela Administração Pública de forma muito mais simplificada e centralidade, em confluência com a impessoalidade e a moralidade.

A dispensa e a inexigibilidade também encontram certo grau de subjetividade e peculiaridades locais[27]. A dificuldade em se encontrar fornecedores locais para justificar uma disputa pode efetivamente existir em uma dada localidade, mas pode ser, por outro lado, mera desculpa para fraude em outro. Uma vez que o cidadão interessado no controle social será conhecedor da realidade local existiria também o incremento do controle sobre as dispensas, evitando-se aquelas desnecessárias e mantendo a concorrência.

Um aspecto interessante no PNCP[28] é que ele potencializa o controle social de modo uniforme em todo o território nacional. Significa dizer que tanto o cidadão mais próximo do ente federativo que irá realizar a contratação, ou, no caso da União, do local da obra ou prestação do serviço, poderá realizar o controle social, como também o cidadão de um Município distante, já que os limites físicos para o controle, se bem que ainda influenciam (por exemplo, o controle *in loco* de uma obra), já não se fazem assim tão presentes. Aquele cidadão ou organização de cidadãos que possuir melhores meios, isto é, tempo, mecanismos informáticos e de inteligência artificial, assim como conhecimento técnico, poderá efetivar

[27] PIETRO, Maria Sylvia Zanella Di. *Direito Administrativo*. 29ª edição. Editora Atlas. São Paulo, 2016.

[28] MARÇAL, Thaís; BRAGA, Marcos Vinícius. *Portal Nacional de Contratações Públicas (PNCP) – Uma janela de oportunidade.* Migalhas, informativo 5.107. Disponível: https://www.migalhas.com.br/depeso/342667/portal-nacional-de-contratacoes-publicas-pncp-janela-de-oportunidade

o controle em diversas regiões do país. Abre-se a possibilidade de redes de controle, com inclusive divisão de tarefas entre as diferentes organizações de controle social.

A qualidade do bem e do serviço entregue deverá estar especificado tanto no edital como no futuro contrato, os quais estarão disponíveis no PNCP. O cidadão mais próximo da contratação pública, o qual terá contato com a rua asfaltada, com a escola construída, com o serviço contratado, poderá realizar os contrastes, comparações, entre o que foi efetivamente realizado e entregue com o objeto presente no edital e no contrato. Aliás a própria entrega da obra, do bem ou da continuidade do serviço pode ser objeto de escrutínio, pois o cidadão poderá conferir se efetivamente ocorreram.

O PNCP também deverá listar as empresas já punidas por má conduta perante a Administração Pública. O cidadão poderá conferir, assim, se o ente público está contratando com uma empresa que já foi punida no passado. Tal possibilidade está conectada tanto com a moralidade como com o interesse público em evitar contrações prejudiciais ao erário.

A interoperabilidade é fundamental[29] e grande possibilidade de controle social. A partir de dados abertos, sejam tratados ou brutos, organizações voltadas ao controle social poderão baixar bancos de dados completos e rodar planilhas e programas de inteligência artificial, ou, de preferência, conectando-se em tempo real com o portal. Estas organizações poderão agir de forma independente ou inclusive poderão ser parceiros da própria administração pública. A partir do registro de inconsistências via algoritmos as organizações da sociedade civil poderão filtrar e conferir eventuais erros, desta vez a partir do julgamento humano, e se a inconsistência atinge a legalidade, moralidade e os demais princípios antes citados.

Finalmente, o controle dos procedimentos. Como a totalidade das etapas da licitação, assim como os demais atos, devem estar presentes no portal, será possível o controle de legalidade procedimental. As formas constituem a segurança do processo licitatório, e a inobservância das formalidades geralmente serve para escamotear algum objetivo ilegal. Assim, a legalidade será precisamente protegida a partir da divulgação

[29] ANDREIWID, Corrêa. Interoperabilidade técnica no governo eletrônico. Novas Edições acadêmicas, 2014.

dos procedimentos no PNCP, os quais permitirão o controle social. A mera ausência da divulgação dos procedimentos significará a existência de algum erro ou fraude que merecerá a atenção dos mecanismos de controle social.

Estas possibilidades descritas, que evidentemente não esgotam o potencial da nova Lei de Licitações e do PNCP, já descortinam a confirmação da hipótese. Sim, o Portal abre amplas possibilidades de controle social. Estas amplas possibilidades refletem-se em todos os tipos possíveis de controle social, que ficam com suas capacidades maximizadas. Assim, será possível existir controle social via conselhos, via direito de petição, via denúncias ao Ministério Público, via denúncias ao TC, através de ações judiciais como a ação popular e finalmente mediante a utilização dos recursos previstos na própria Lei de Licitações.

Conclusões

O problema deste trabalho consistia em explorar os limites e possibilidades dos do controle social via portais de contratação pública. A hipótese era a de que a emergência de que as novas possibilidades técnicas fizeram emergir uma série de legislações que, conectadas aos princípios tradicionais do Direito Administrativo, geram uma unidade emergente, ou seja, uma especificidade do Direito Administrativo. Neste sentido, a hipótese é a de que os institutos previstos na nova lei de licitações, particularmente o Portal Nacional de Contratação Pública, permitem maior controle social.

Para tanto, em um primeiro momento, foram abordadas as noções de comunicação e transparência na Administração Pública. Desde 1988 a noção de transparência aparece na Constituição sob a forma de princípio da publicidade. A medida que os ambientes virtuais e sua regulação foram surgindo, a transparência passou a ser uma especificação da publicidade e objeto de regulação em diversas normas, até finalmente se tornar princípio da lei de licitações. A partir da concatenação entre as diversas normas é possível formar um regime jurídico específico da transparência por meio virtual.

Em um segundo momento, estudaram-se relações entre contratação pública e controle social. O controle social foi entendido como uma observação da sociedade sobre as organizações políticas. Especificamente, permite a substituição de uma decisão por outra decisão com base em parâmetros provocados pelo ambiente (a sociedade) do sistema das organizações políticas. Os parâmetros são uma combinação dos valores clássicos da contratação pública com os referenciais contemporâneos das redes.

Finalmente, a hipótese resta totalmente comprovada no último capítulo. As possibilidades emergentes do controle social via portais de contratação pública são inúmeras. A partir dos portais de transparência o cidadão poderá fazer o controle das prioridades da Administração Pública, em uma dimensão material de controle; será possível, ainda, o controle via procedimentos, dos preços, das empresas contratadas, da vinculação do procedimento ao contrato e finalmente se empresas punidas não estão licitando com o poder público. Conclui-se de forma amplamente positiva que os portais de contratação pública são instrumentos que tornam provável o improvável, que é justamente a transparência via portais de contratação pública.

Referências

ANDREIWID, Corrêa. Interoperabilidade técnica no governo eletrônico. Novas Edições acadêmicas, 2014.

BITENCOURT, Caroline Müller; RECK, Janriê Rodrigues. Interações entre direito fundamental à informação e democracia para o controle social: uma leitura crítica da LAI a partir da experiência dos portais de transparência dos municípios do rio grande do sul. *Revista direitos fundamentais & democracia (Unibrasil)*, v. 23, n. 3, p. 126-153, 2018.

BITENCOURT, Caroline Müller; RECK, Janriê Rodrigues. Os horizontes turvos do acesso à informação no Estado Democrático de Direito: uma legislação simbólica em uma cultura de sombreamento. *International Journal of Digital Law*, v. 1, p. 31-54, 2020.

BONAVIDES, Paulo; ANDRADE, Paes de. História Constitucional do Brasil. 3 ed. Rio de Janeiro: Paz e Terra, 1991.

BRASIL, Lei 12.527/2011. Disponível em : http://www.planalto.gov.br/ccivil_03/_ato2011-2014/2011/Lei/L12527.htm#art40. Acesso: 11 agosto de 2018.

DWORKIN, Ronald. *O império do Direito*. São Paulo: Martins Fontes, 2007.

FREITAS, Juarez. Discricionariedade administrativa e o direito fundamental à boa administração pública. São Paulo: Malheiros, 2007

GABARDO, Emerson. O Princípio da eficiência. Enciclopédia jurídica da PUCSP. Celso Fernandes Campilongo, Alvaro de Azevedo Gonzaga e André Luiz Freire (coords.). Tomo: Direito Administrativo e Constitucional. Vidal Serrano Nunes Jr., Maurício Zockun, Carolina Zancaner Zockun, André Luiz Freire (coord. de tomo). 1. ed. São Paulo: Pontifícia Universidade Católica de São Paulo, 2017. Disponível em: https://enciclopediajuridica.pucsp.br/verbete/82/edicao-1/principio-daeficiencia,-o

GABARDO, Emerson; HACHEM, Daniel Wunder. O suposto caráter autoritário da supremacia do interesse público e das origens do direito administrativo: uma crítica da crítica. In: BACELLAR FILHO, Romeu Felipe;

HACHEM, Daniel Wunder (Coord.). Direito administrativo e interesse público: estudos em homenagem ao Professor Celso Antônio Bandeira de Mello. Belo Horizonte: Fórum, 2010

HACHEM, Daniel Wunder. Tutela administrativa efetiva dos direitos fundamentais sociais. Curitiba, PR. Tese de Doutorado. Universidade Federal do Paraná, 2014. 614 p. Disponível em: http://acervodigital.ufpr.br/bitstream/handle/1884/35104/R%20-%20T%20%20DANIEL%20WUNDER%20HACHEM.pdf?sequence=1.

HOMERCHER, Evandro T. O princípio da transparência e o direito fundamental à informação administrativa. Porto Alegre: Editora Padre Reus, 2009.

LIMA, R. M. R. Orçamento e transparência: uma conquista sem fim ou como a gestão pública flerta com a opacidade. Revista da AGU, Brasília, v.15, n.2, p. 251-290, abr./jun. 2016. Disponível em https://seer.agu.gov.br/index.php/AGU/article/view/654/718

LOPES, Cristiano Aguiar. Acesso à informação pública para a melhoria da qualidade dos gastos públicos: literatura, evidências empíricas e o caso brasileiro. Cadernos de Finanças Públicas, Brasília, n. 8, p. 5-40, dez. 2007. Disponível em: <http://www.esaf.fazenda.gov.br/a_esaf/biblioteca/arquivosgerais/arquivo.2014-05-21.1477207388 >.

LUHMANN, Niklas. La sociedad de la sociedad. México: Herder, 2007.

LUHMANN, Niklas. Organización y decisión: autopoiesis, acción y entendimento comunicativo. México: Anthropos, 1997.

LUHMANN, Niklas. Sociologia do Direito I. Rio de Janeiro: Tempo Brasileiro, 1983.

LUHMANN, Niklas. *La ciencia de la sociedad.* Anthropos: México, 1996.

MALUF, Carlos Alberto Dabus. *Introdução ao direito civil.* 2. ed. São Paulo: Saraiva, 2018.

MARÇAL, Thaís; BRAGA, Marcos Vinícius. *Portal Nacional de Contratações Públicas (PNCP) – Uma janela de oportunidade.* Migalhas, informativo 5.107. Disponível: https://www.migalhas.com.br/depeso/342667/portal-nacional-de-contratacoes-publicas-pncp-janela-de-oportunidade

MELLO, Celso Antônio Bandeira de. Curso de direito administrativo. 33a. ed. São Paulo: Malheiros, 2016.

NAFARRATE, Javier Torres. Luhmann: la Política como Sistema. México: UNAM, 2004.

PIETRO, Maria Sylvia Zanella Di. Direito Administrativo. 29ª edição. Editora Atlas. São Paulo, 2016.

SALAS, Filiberto Otero. Teoría General del Derecho de la información, y el nuevo modelo en México. México: Veritatis Verbum, 2017.

SALGADO, Eneida Desiree. Lei de acesso à informação (LAI): comentários à Lei nº 12.527/2011 e ao Decreto nº 7.724/2012. Vol.33 – Coleção Direito Administrativo Positivo . São Paulo, Atlas, 2015

SCHIAVI, Pablo. Información pública en clave del neoconstitucionalismo. A&C-Revista de Direito Administrativo e Constitucional, Belo Horizonte, n. 57, p.13-45. jul/set 2014, p. 24/25

SCHIER, Adriana da Costa Ricardo. Objetivos de Desenvolvimento Sustentável: os impactos do combate à corrupção para afirmação da Agenda 2030 da ONU à luz da Teoria do Desenvolvimento como Liberdade de Amartya Sen. REVISTA BRASILEIRA DE ESTUDOS POLÍTICOS, v. 121, p. 13-48, 2020.

SECCHI, Leonardo. Modelos organizacionais e reformas da Administração Pública. Revista Adm. Pública. Rio de Janeiro. , v. 43, n. 2, p. 347-369., Abril de Apr. 2009. Disponível em <http://www.scielo.br/scielo.php?script=sci_arttext&pid=S0034-76122009000200004&lng=en&nrm=iso>.

SIRAQUE, Vanderlei. O controle social da função administrativa do Estado: possibilidades e limites na Constituição de 1988. 2004. 212 f. Dissertação (Mestrado em Direito) – Pontifícia Universidade Católica de São Paulo, 2004

WITTGENSTEIN, Ludwig. Investigações Filosóficas. Petrópolis: Vozes, 2004.

22. O Direito Penal na Nova Lei de Licitações e Contratos Administrativos

Francisco Monteiro Rocha Jr.

Introdução

Como se sabe, as disposições da Lei nº 8.666 de 1993 (a ainda parcialmente vigente Lei de Licitações)[1] somente serão revogadas em abril de 2023, ou seja, após o decurso de 2 (dois) anos da publicação da nova Lei de Licitações (Lei 14.133 de 2021), conforme dispõe o art. 193, II[2] dessa última.

O inciso I desse mesmo artigo, ao contrário, estabelece as normas que foram imediatamente revogadas, quais sejam, os arts. 89 a 108 da Lei nº 8.666/1993[3], dentre as quais se encontram as figuras penalmente típicas que existiam nesse diploma legal (especificamente arts. 89 a 98). Ao mesmo tempo, e como se verifica do art. 178 da nova Lei[4], foram

[1] Assim como as disposições da Lei nº 10.520 de 2002 (a Lei do Pregão Eletrônico), e os arts. 1º a 47-A da Lei nº 12.462 de 2011 (a Lei do Regime Diferenciado de Contratações Públicos).

[2] Art. 193. Revogam-se: (...) II – a Lei nº 8.666, de 21 de junho de 1993, a Lei nº 10.520, de 17 de julho de 2002, e os arts. 1º a 47-A da Lei nº 12.462, de 4 de agosto de 2011, após decorridos 2 (dois) anos da publicação oficial desta Lei.

[3] Art. 193. Revogam-se: I – os arts. 89 a 108 da Lei nº 8.666, de 21 de junho de 1993, na data de publicação desta Lei; (...)

[4] Em virtude de sua respectiva extensão, que não se transcreverá nessa nota a íntegra desse artigo de lei. Mormente pelo fato de se constituir na temática que será tratada ao longo das páginas do presente trabalho. De todo modo, transcreve-se a parte inicial para se explicitar a mudança topográfica dos crimes licitatórios e em contratos administrativos: "Art. 178. O Título XI da Parte Especial do Decreto-Lei nº 2.848, de 7 de dezembro de 1940 (Código

deslocados para o Código Penal, os agora novos crimes em licitações e contratos administrativos.

Como já se teve a oportunidade de externar em outro espaço[5], vislumbra-se que uma vereda de maior segurança jurídica, previsibilidade e proporcionalidade entre as penas possa ser construída através da previsão de todos os tipos penais em um mesmo instrumento legislativo, qual seja, o Código Penal. É o que ocorreu no caso em tela, com a transferência, para esse Código, da normatização de todos os tipos anteriormente previstos na anterior Lei de Licitações.

Pode-se assim sustentar que há duas linhas mestras nos crimes relacionados às licitações e contratos administrativos: a codificação (deslocamento de todos os tipos penais para o respectivo código) e o aumento de penas (o que ocorreu em quase todos os crimes). A partir dessa perspectiva, e se tendo em conta os limites do presente trabalho, não se pretende analisar cada um das criminalizações agora previstas no Código Penal.

Antes disso, será realizada que se limitará a dois pontos: será debatido aquele que é o novo tipo referente às licitações e contratos administrativos (a omissão grave de dado ou de informação por projetista), e serão verticalizadas as criminalizações que receberam mudanças que faz com que as interpretações que vinham sendo realizadas possam ser modificadas.

De tal sorte, é de se externar que não serão analisados no presente trabalho os tipos penais referentes ao procedimento licitatório propriamente dito, quais sejam, a frustação do caráter competitivo de licitação (art. 337-F), a perturbação de processo licitatório (art. 337-I), a violação de sigilo em licitação (art. 337-J), e o afastamento de licitante (art. 337-K). O objeto de análise, assim, volta-se para as figuras típicas relacionadas ao momento anterior ao processo licitatório (segunda parte do artigo) e para os tipos penais relativos à execução do contrato administrativo oriundo das licitações (terceira parte do artigo) – o que não significa dizer que serão exaustivamente pormenorizados. Ao final, serão lançadas algumas

Penal), passa a vigorar acrescido do seguinte Capítulo II-B: "DOS CRIMES EM LICITAÇÕES E CONTRATOS ADMINISTRATIVOS".

[5] ROCHA JÚNIOR, Francisco de Assis do Rego Monteiro. Aspectos penais da nova lei de licitações. Migalhas, 2021, disponível em: https://www.migalhas.com.br/depeso/343097/aspectos-penais-da-nova-de-licitacoes.

conclusões, que se constituem na quarta e última parte desse trabalho, tudo como se verifica nas páginas a seguir.

1. Tipos penais referentes aos fatos anteriores ao início do processo licitatório

Como acima indicado, o primeiro âmbito de análise do presente artigo diz respeito às figuras típicas que foram introduzidas no Código Penal, através do já referido art. 178 da nova Lei de Licitações, e que contemplam bens jurídicos cuja proteção[6] deve ser dar anteriormente à deflagração do processo licitatório.

a) Patrocínio de contratação indevida

Analise-se inicialmente o patrocínio de contratação indevida nos momentos anteriores à licitação, usualmente entendida como uma modalidade de advocacia administrativa[7], que assim está positivada: *Art. 337-G. Patrocinar, direta ou indiretamente, interesse privado perante a Administração Pública, dando causa à instauração de licitação ou à celebração de contrato cuja invalidação vier a ser decretada pelo Poder Judiciário: Pena – reclusão, de 6 (seis) meses a 3 (três) anos, e multa.*

Comparando-se o artigo em análise, ao tipo penal revogado estatuído no art. 91 da Lei 8.666 de 1993[8], pode-se realizar algumas análises. Primeiramente, pode-se destacar que, à exceção da pena, não houve

[6] Ainda que não seja o espaço para o aprofundamento da temática, pode-se sustentar que há um razoável consenso em torno da ideia de que a função primordial do direito penal é a proteção de bens jurídicos. Sobre o tema, veja-se, por todos: ROXIN, Claus. A proteção de bens jurídicos como função do direito penal. Porto Alegre: Livraria do Advogado, 2009. No Brasil, deve-se fazer referência à D'ÁVILA, Fábio Roberto. Aproximações à teoria da exclusiva proteção de bens jurídicos no direito penal contemporâneo. Revista Brasileira de Ciências Criminais, São Paulo, v. 17, n. 80, p. 7-34, set./out.. 2009 e GRECO, Luís. Breves reflexões sobre os princípios da proteção de bens jurídicos e da subsidiariedade no direito penal. Revista Jurídica do Ministério Público de Mato Grosso, Cuiabá, v. 2, n. 3, p. 249-276, jul./dez.. 2007.

[7] Nesse sentido: GRECO FILHO, Vicente; GRECO, Ana Maria e RASSI, João Daniel. Dos crimes em licitações e contratos administrativos. São Paulo: Thomson Reuters Brasil, 2021, p. 119.

[8] Art. 91. Patrocinar, direta ou indiretamente, interesse privado perante a Administração, dando causa à instauração de licitação ou à celebração de contrato, cuja invalidação vier a ser decretada pelo Poder Judiciário. Pena – detenção, de 6 (seis) meses a 2 (dois) anos, e multa.

qualquer alteração no texto legal: a pena que era de detenção de 6 (seis) meses a 2 (dois) anos e multa foi aumentada para reclusão de 6 (seis) meses a 3 (três) anos e multa. Como decorrência disso temos o deslocamento da competência para se processar e julgar essa espécie de crime – anteriormente, juizados especiais criminais; doravante, justiça comum.

Pode-se partir da conclusão do primeiro ponto para se adentrar na segunda discussão aqui proposta: a competência dos juizados especiais criminais faz com que muitas questões jurídicas relevantes não cheguem a ser debatidas por conta dos substitutos penais previstos nesse tipo de procedimento, como a transação penal e até mesmo a suspensão condicional do processo[9]. Dessa forma pode-se imaginar que algumas questões obnubiladas pela jurisprudência possam ganhar espaço, mormente, os requisitos para a consumação desse tipo penal.

É que, diferentemente da advocacia administrativa prevista no art. 321 do Código Penal[10], que i) demanda a qualidade de funcionário público do autor e o ii) patrocínio de interesse privado perante a administração, na advocacia administrativa referente às licitações e contratos administrativos, i) não há previsão legal de que se trata de crime funcional; ii) é indispensável que em virtude da conduta do autor, seja instaurada licitação ou celebrado contrato[11] e iii) que essa licitação ou contrato sejam invalidados pelo Poder Judiciário[12].

O conjunto de elementos que perfazem a descrição típica do crime ora em análise faz com que haja dificuldades dogmáticas praticamente

[9] Sobre o tema, veja-se NETTO, José Laurindo de Souza; FIGUEIRA JÚNIOR, Joel Dias. Processo penal: modificações da lei dos Juizados Especiais Criminais. 2. ed. Curitiba: Juruá, 2015.

[10] Art. 321 – Patrocinar, direta ou indiretamente, interesse privado perante a administração pública, valendo-se da qualidade de funcionário: Pena – detenção, de um a três meses, ou multa.
Parágrafo único – Se o interesse é ilegítimo: Pena – detenção, de três meses a um ano, além da multa.

[11] Trata-se, nesse sentido, "de crime material vinculado", ou seja, para sua tipificação, é indispensável a concomitância de todo os elementos descritos no tipo (BITENCOURT, Cezar Roberto. Direito Penal das licitações. São Paulo: Saraiva, 2012, p. 219).

[12] Sobre a necessidade da invalidação judicial da contratação para a configuração desse crime, veja-se o HC 114.717/MG, Rel. Ministro NILSON NAVES, Rel. p/ Acórdão Ministra MARIA THEREZA DE ASSIS MOURA, SEXTA TURMA, julgado em 17/12/2009, DJe 14/06/2010.

intransponíveis para a consumação do delito. Elas deveriam ter sido sobrepujadas pelo legislador durante a reforma da lei, contudo, não foi o que ocorreu.

O primeiro óbice à aplicabilidade dessa norma gira em torno da autoria: afinal de contas, trata-se de crime comum, que pode ser praticado por qualquer pessoa, ou próprio, afeto aos funcionários públicos? Os que defendem se tratar de crime comum agarram-se à circunstância de que não há previsão legal de que a condição de funcionário público é condição para a prática do delito[13]. Contudo, deixam sem resposta uma questão: qual seria o bem jurídico que estaria sendo ofendido com o patrocínio, pela iniciativa privada, dos seus interesses perante a Administração Pública? A idoneidade das licitações e contratações, convenha-se, está longe de ser automaticamente conspurcada pela intervenção de um particular. Ao contrário, quanto maior a participação, maior o controle, a transparência e a abertura da Administração Pública para a sociedade. Enfim, trata-se de criminalização que não resiste ao filtro do princípio da lesividade.

De outro lado, há aqueles que, em virtude da debilidade do posicionamento acima, entendem que se trata de crime próprio[14]. A solução, porém, é ainda menos animadora: como se defender a classificação do crime como sendo próprio, se não há previsão legal para tanto?

Como se trata de crime que *deveria* ser próprio, mas que por ausência dessa condição em sua respectiva descrição legal é comum, e, sendo comum, carece de qualquer lógica político-criminal que pudesse fazer com que ultrapassasse as barreiras do princípio da lesividade, aponta-se

[13] Sustentando esse ponto: NUCCI, Guilherme de Souza. Leis penais e processuais penais comentadas. São Paulo: Revista dos Tribunais, 2006, p. 447.

[14] Nesse sentido: GRECO FILHO, Vicente; GRECO, Ana Maria e RASSI, João Daniel. Dos crimes em licitações e contratos administrativos. São Paulo: Thomson Reuters Brasil, 2021, p. 119, defendendo que seria a única solução lógica; JUSTEN FILHO, Marçal. Comentários à lei de licitações e contratos administrativos. 12ª ed. São Paulo: Dialética, 2008, p. 834, sustentando-se no art. 84 da Lei 8.666/1993; BITENCOURT, Cezar Roberto. Direito Penal das licitações. São Paulo: Saraiva, 2012, p. 213, aduzindo que se trata de crime próprio "(...) a despeito de não constar expressamente na descrição típica". Para esse autor, tratar-se-ia de uma "elementar implícita" (idem, p. 215), e Masson, Cleber. Crimes em Licitações e Contratos Administrativos. Método. Edição do Kindle, para quem "Cuida-se de crime próprio ou especial: somente pode ser praticado por funcionário público (...).

para a inaplicabilidade dogmática do tipo em análise. Mas não só por essa razão.

É que o tipo ainda prevê uma inusitada condição para a configuração do crime, qual seja, "a instauração de licitação ou celebração de contrato posteriormente invalidados pelo Poder Judiciário". Parece bastante evidente que por ser condição externa e independente da vontade do agente, deveria se constituir em condição objetiva de punibilidade que, por seu turno, são exteriores ao tipo[15], como ocorre, por exemplo no art. 180 da Lei 11.101 de 2005 (Lei de Falências)[16].

Contudo, e como se trata de condição que integra o tipo[17], deve necessariamente ser abrangida pelo dolo[18] o que redunda na consequência

[15] Explica-nos Prado que "Há nas leis penais momentos objetivos (dem Delikt ganz fremden) – estranhos ao delito – que constituem, em verdade, pressupostos da punibilidade. São condições ulteriores da punição (Die anderweiten Bedingungen der Strafrechte), alheias ao ato delituoso e que, em razão disso, devem ser analisadas em separado. Posteriormente, ao sistematizar as características do delito Ernst von Beling afirmou que as circunstâncias constitutivas de uma condição de punibilidade – objetivas e extrínsecas – não pertencem ao tipo de delito (Delitstypus), distinguindo-se de seus elementos constitutivos por não serem necessariamente abarcadas pelo dolo do agente. (PRADO, Luiz Régis. Apontamentos sobre a punibilidade e suas condicionantes positiva e negativa. São Paulo: Revista dos Tribunais, Jun/2000, vol. 776, p. 442). Ainda sobre o tema é imprescindível se analisar BITTAR, Walter Barbosa. As condições objetivas de punibilidade e as causas pessoais de exclusão da pena: um estudo sobre a responsabilidade do tema na teoria do delito. Rio de Janeiro: Lumen Juris, 2004.

[16] Art. 180. A sentença que decreta a falência, concede a recuperação judicial ou concede a recuperação extrajudicial de que trata o art. 163 desta Lei é condição objetiva de punibilidade das infrações penais descritas nesta Lei.

[17] Em sentido contrário, não adentrando, porém, na discussão referente ao dolo, tem-se NUCCI, Guilherme de Souza. Leis penais e processuais penais comentadas. 3ª ed. São Paulo: Revista dos Tribunais, 2008, p. 819 e Masson, Cleber. Crimes em Licitações e Contratos Administrativos . Método. Edição do Kindle. Esse último aduz que "De modo pouco usual, contudo, o tipo penal contempla uma condição objetiva de punibilidade".

[18] Não se trata do espaço para o aprofundamento da temática, contudo, pode-se afirmar que a configuração do crime doloso depende da presença do dolo, que por seu turno, abarca todos os elementos da descrição típica. Sobre o tema, veja-se: "o conceito de dolo encontra-se relacionado com a vontade de realizar a conduta proibida que é descrita no tipo incriminador (...)" (GALVÃO, Fernando. Direito penal: parte geral. 10ª ed. Belo Horizonte: Editora D'Plácido, 2018, p. 281), e "o dolo, conforme um conceito generalizado, é a vontade consciente de realizar um crime, ou mais tecnicamente, o tipo objetivo de um crime (...)" (SANTOS, Juarez Cirino dos. Direito penal: parte geral. Curitiba: ICPC; Lumen Juris, 2006, p. 132).

de que o autor deve ter o conhecimento de que sua conduta redundará na instauração de licitação ou celebração de contrato que será posteriormente invalidado pelo Poder Judiciário[19].

Não é necessário muito esforço para se poder concluir que se trata de péssima técnica legislativa que poderia ter recebido outro tratamento na reforma. Por exemplo, positivação da invalidação pelo Poder Judiciário, de forma explícita, como condição objetiva de punibilidade – e portanto, exterior ao tipo. De tal forma, essa condição não precisaria ser abrangida pelo dolo (como atualmente é exigível), ao mesmo tempo em que seria necessária para sua respectiva punição.

Pode-se concluir o item se aduzindo que a inconsistência dogmática da redação do crime descambará i) na impossibilidade técnica da incidência do tipo em casos concretos ou ii) em interpretações mal ajambradas para "salvar" o tipo penal, e sua respectiva funcionalidade. Enfim, pode-se sustentar que as questões relativas à autoria, e à impossibilidade de o dolo contemplar todos os elementos da descrição típica fazem com que a norma não possa ser aplicada[20].

b) Omissão grave de dado ou de informação por projetista

Na fase anterior ao início do processo licitatório, há ainda o novo tipo penal introduzido pela Lei 14.133 de 2021, qual seja, o de grave omissão de dado ou de informação por projetista, nos termos do Art. 337-O do Código Penal, assim disposto: *Omitir, modificar ou entregar à Administração Pública levantamento cadastral ou condição de contorno em relevante dissonância com a realidade, em frustração ao caráter competitivo da licitação ou em detrimento da seleção da proposta mais vantajosa para a Administração Pública, em contratação*

[19] É o que tem sustentado BITTENCOURT, Cezar Roberto. Direito penal das licitações. São Paulo, Saraiva, 2012, p. 221 e seguintes. Há críticas sobre o ponto que partem de outros fundamentos (como a da inviabilidade de uma responsabilidade penal objetiva) mas que também sustentam a inviabilidade da aplicação do delito, inclusive asseverando "(...) qualquer persecução a respeito será manifestamente arbitrária." (GRECO FILHO, Vicente; GRECO, Ana Maria e RASSI, João Daniel. Dos crimes em licitações e contratos administrativos. São Paulo: Thomson Reuters Brasil, 2021, p. 120-121).

[20] Como resumiu o mestre paranaense, comentando ainda a antiga legislação: "(...) o art. 91 afigura-se o dispositivo mais despropositado de todos. É virtualmente impossível promover a aplicação da regra". (JUSTEN FILHO, Marçal. Comentários à lei de licitações e contratos administrativos. 12ª ed. São Paulo: Dialética, 2008, p. 835).

para a elaboração de projeto básico, projeto executivo ou anteprojeto, em diálogo competitivo ou em procedimento de manifestação de interesse: Pena – reclusão, de 6 (seis) meses a 3 (três) anos, e multa.

A conceituação de alguns dos elementos contidos no tipo podem ser encontradas no respectivo § 1º[21]. De todo modo, pode-se sustentar se tratar de uma modalidade de falsidade ideológica nos procedimentos pré-licitatórios qual seja, a omissão ou a inserção de informação em descompasso com a realidade em um projeto básico, executivo, anteprojeto, diálogo competitivo ou manifestação de interesse.

A positivação dessa norma, contudo, revela um contrassenso. É que se "A finalidade do legislador foi combater as frequentes e graves ilicitudes praticadas em licitações envolvendo projetos de engenharia"[22], passou despercebido a esse mesmo legislador se tratar de uma forma de fraudar a licitação – conduta já contemplada no art. 337-F[23], inclusive com maior penalização. Não fosse assim, também se poderia sustentar que a própria descrição típica do art. 299 do Código Penal que prevê a falsidade ideológica também poderia abarcar as condutas previstas no artigo em comento. Novamente, também com maior penalização[24]. Assim, a novel positivação destoa do viés punitivista e do aumento generalizado das penas na nova lei.

Passando-se à análise dos desdobramentos jurídicos da positivação desse artigo, tem-se, em primeiro lugar, a sua retroatividade. Por se tratar de lei posterior mais benéfica, e como consequência do

[21] Consideram-se condição de contorno as informações e os levantamentos suficientes e necessários para a definição da solução de projeto e dos respectivos preços pelo licitante, incluídos sondagens, topografia, estudos de demanda, condições ambientais e demais elementos ambientais impactantes, considerados requisitos mínimos ou obrigatórios em normas técnicas que orientam a elaboração de projetos.

[22] "(...) notadamente em obras de construção e reforma de imóveis, e também na compra e venda de tais bens." Masson, Cleber. Crimes em Licitações e Contratos Administrativos. Método. Edição do Kindle.

[23] Trata-se de observação trazida por GRECO FILHO, Vicente; GRECO, Ana Maria e RASSI, João Daniel. Dos crimes em licitações e contratos administrativos. São Paulo: Thomson Reuters Brasil, 2021, p. 180.

[24] Art. 299 – Omitir, em documento público ou particular, declaração que dele devia constar, ou nele inserir ou fazer inserir declaração falsa ou diversa da que devia ser escrita, com o fim de prejudicar direito, criar obrigação ou alterar a verdade sobre fato juridicamente relevante: Pena – reclusão, de um a cinco anos, e multa, se o documento é público, e reclusão de um a três anos, e multa, de quinhentos mil réis a cinco contos de réis, se o documento é particular.

princípio da legalidade[25], eventuais inquéritos policiais, processos penais e respectivos recursos cujo objeto seja a imputação do crime de falsidade ideológica ou fraude à licitação nas circunstâncias previstas na norma em análise, passarão a ser regidos pela norma mais benéfica doravante em vigor.

Um segundo aspecto diz respeito ao fato de que a configuração do crime exige a "frustração ao caráter competitivo da licitação ou em detrimento da seleção da proposta mais vantajosa para a Administração Pública". Além da constatação de que se trata de crime material[26], depara-se com mais um paradoxo na tentativa de intepretação do novo tipo: caso haja a fraude do

[25] Sobre o princípio da legalidade, pouco poderia ser novidade ao leitor. Além de sua constitucionalização em nosso ordenamento através dos incisos XXXIX e XL do art. 5º (XXXIX – não há crime sem lei anterior que o defina, nem pena sem prévia cominação legal; XL – a lei penal não retroagirá, salvo para beneficiar o réu;) há ampla produção doutrinária sobre o tema, podendo no ponto serem citados LUISI, Luiz. Os Princípios constitucionais penais. Porto Alegre: Sergio Antonio Fabris, Editor, 2003; FRAGOSO, Heleno Cláudio. Lições de direito penal: parte geral. Rio de Janeiro: Forense, 1995; TOLEDO, Francisco de Assis. Princípios básicos do direito penal. São Paulo: Saraiva, 1994; BRUNO, Aníbal, Direito Penal. Parte Geral. Tomo 1º, Rio de Janeiro: Forense, 1967. ZAFFARONI, Eugenio Raul. Tratado de Derecho Penal – Parte General I. Buenos Aires: Sociedade Anonima Editora, 2006; SCHMIDT, Andrei Zenkner. O Princípio da legalidade penal no Estado Democrático de Direito. Porto Alegre: Livraria do Advogado, 2001; ROXIN, Claus. Derecho Penal – Parte General. Tomo I – Fundamentos: La estructura de La teoria Del delito. Madrid: Civitas, 2007; BATISTA, Nilo, Introdução crítica ao direito penal brasileiro. Rio de Janeiro: Revan, 2011; MEROLLI, Guilherme. Fundamentos Críticos de Direito Penal: dos princípios e garantias penais. São Paulo: Atlas, 2014; QUEIROZ, Paulo. Direito Penal – parte geral. Rio de Janeiro: Lumen Juris, 2009; REALE JUNIOR, Miguel. Instituições de Direito Penal. Parte Geral. Rio de Janeiro: Editora Forense, 2009; GRECO, Rogério. Curso de Direito Penal – Parte Geral. Rio de Janeiro: Impetus, 2010; JESCHECK, Hans-Heinrich. Tratado de Derecho Penal – Parte General. Berlim: Duncker u. Humbolt, 1988; COSTA, Álvaro Mayrink da. Direito Penal – Parte Geral. Rio de Janeiro: Forense, 1992; PRADO, Luiz Regis. Curso de Direito Penal Brasileiro. Volume I – Parte Geral. São Paulo: Editora Revista dos Tribunais, 2004; HASSEMER, Winfried. Fundamentos del derecho penal. Trad. de Luís Greco. Rio de Janeiro: Renovar, 2002; MESTIERI, João. Manual de direito penal: parte geral. Rio de Janeiro: Forense, 1999; DOTTI, René Ariel. Curso de Direito Penal – Parte Geral. 4ª Ed. rev. atual. e ampl. São Paulo: Editora Revista dos Tribunais, 2012, dentre inúmeros outros que poderiam ser citados no ponto.

[26] Nesse sentido, "A omissão grave de dado ou de informação por projetista é crime material ou causal (...)" Masson, Cleber. Crimes em Licitações e Contratos Administrativos. Método. Edição do Kindle.

caráter competitivo da licitação por meio falsificação ideológica do *projeto básico, projeto executivo ou anteprojeto,* teremos a incidência do crime em tela. Caso a frustação ao caráter competitivo da licitação se dê a partir de outros meios (qualquer outro tipo de fraude com exceção das acima referidas), teremos a incidência do crime do art. 337-F, cuja pena é de reclusão de quatro a oito anos.

Por fim, e seguindo essa linha de raciocínio pode se afirmar que se trata de norma criminógena. Isso porque, se o objetivo do autor é fraudar a licitação, o melhor mecanismo, em termos de custo *versus* benefício será a execução do crime do art. 337-O, cuja pena é significativamente inferior ao do art. 337-F[27].

2. Tipos penais referentes à execução dos contratos administrativos oriundos de licitação

O segundo âmbito de análise do presente artigo diz respeito às figuras típicas que foram introduzidas no Código Penal e que dizem respeito aos crimes relacionados à contratação e à execução do contrato, oriundos de procedimento licitatório. Analise-se-os separadamente nos tópicos abaixo.

a) Contratação inidônea

O primeiro dos crimes a ser analisado no presente tópico se constitui na contratação inidônea, positivado no art. 337-M do Código Penal, nos seguintes termos: *Admitir à licitação empresa ou profissional declarado inidôneo: Pena – reclusão, de 1 (um) ano a 3 (três) anos, e multa.*

Repare-se que ainda deve ser objeto da análise os respectivos parágrafos desse artigo, *verbis: § 1º Celebrar contrato com empresa ou profissional declarado inidôneo: Pena – reclusão, de 3 (três) anos a 6 (seis) anos, e multa* e *§ 2º Incide na mesma pena do caput deste artigo aquele que, declarado inidôneo, venha a participar de licitação e, na mesma pena do § 1º deste artigo, aquele que, declarado inidôneo, venha a contratar com a Administração Pública.*

[27] Perceba-se que tal análise persiste, mesmo na hipótese da incidência da causa de aumento de pena desse crime, que fará com que seja dobrada a pena, nos termos do § 2º do artigo em discussão, que assim dispõe: Se o crime é praticado com o fim de obter benefício, direto ou indireto, próprio ou de outrem, aplica-se em dobro a pena prevista no caput deste artigo.

Analisando-se a norma em referência a partir do revogado art. 97 da Lei 8.666/1993[28] que dispunha sobre o tema, percebe-se alguns pontos que devem ser destacados.

Destaque-se, em primeiro lugar, a reorganização recebida pelo artigo, através da qual, separou-se a conduta de admitir à licitação empresa ou profissional declarado inidôneo (menos grave) da ação humana de celebrar contrato com pessoas físicas ou jurídicos inidôneas (mais grave). Via de consequência, doravante há distintas sanções para condutas que, apesar de diferentes, recebiam a mesma pena de detenção, de 6 (seis) meses a 2 (dois) anos, e multa. Doravante, a pena da admissão à licitação foi aumentada para reclusão de 1 (um) a 3 (três) anos ao passo que a sanção penal para a celebração do contrato foi alterada para o patamar de 3 (três) a 6 (seis) anos de reclusão.

A mesma separação de condutas e penas também passa a ser aplicada ao particular declarado inidôneo que participa de licitação ou que contrata com a Administração Pública, nos termos do § 2º do mesmo artigo acima transcrito. As penas foram igualmente aumentadas: se participa de licitação, receberá a sanção de reclusão de 1 (um) a 3 (três) anos e; se celebra contrato com a Administração, de 3 (três) a 6 (seis) anos de reclusão.

Deve-se verificar que, tal qual ocorria na legislação revogada, a criminalização do particular que foi declarado inidôneo é uma salutar solução político-criminal[29]. Não porque os particulares deixariam de ser responsabilizados sem essa criminalização específica – a abrangência do art. 29 do Código Penal[30] colmataria essa lacuna. É que a ausência dessa criminalização específica para o particular poderia redundar em soluções dogmático-jurídicas pouco compreensíveis ou até mesmo injustas. Pense-se na hipótese em que o particular é a figura central do acontecer típico, o qual contaria com a participação do funcionário público. Caso

[28] Art. 97. Admitir à licitação ou celebrar contrato com empresa ou profissional declarado inidôneo: Pena – detenção, de 6 (seis) meses a 2 (dois) anos, e multa. Parágrafo único. Incide na mesma pena aquele que, declarado inidôneo, venha a licitar ou a contratar com a Administração.

[29] Como nos explica Masson "Trata-se de mais uma exceção pluralista à teoria unitária ou monista no concurso de pessoas." Masson, Cleber. Crimes em Licitações e Contratos Administrativos. Método. Edição do Kindle.

[30] Art. 29 – Quem, de qualquer modo, concorre para o crime incide nas penas a este cominadas, na medida de sua culpabilidade.

não existisse a norma do § 2º, o autor necessariamente deveria ser o funcionário público (apesar de figura menor nos fatos) e o cúmplice seria o particular (apesar de figura reitora nos fatos). Inconvenientes de tal jaez são desde logo afastados com a criminalização do particular declarado inidôneo.

Outro aspecto que deve ser levado em consideração na interpretação diz respeito à hermenêutica da expressão "inidoneidade". Trata-se de lei penal em branco[31], que não pode ser interpretada leiga ou abertamente, senão pela complementação estabelecida pelo art. 87 da Lei 8666/1993[32]. Explique-se.

A declaração de inidoneidade é uma das sanções previstas no art. 87 da Lei 8.666/1993 pela "inexecução total ou parcial do contrato", sendo aplicável, nos termos do § 3o desse mesmo artigo, pelo Ministro de Estado, Secretário Estadual ou Municipal, conforme a competência do contrato em tela, após procedimento administrativo no qual é garantido o direito de defesa[33].

A intepretação restritiva a que está adstrito o direito penal em virtude do princípio da legalidade, faz com que não prosperem interpretações

[31] Segundo afirma Klaus TIEDEMANN, "qualificam-se como leis penais em branco em sentido amplo todos os tipos penais abertos, que não descrevem inteiramente a ação ou a matéria de proibição e se encontram, por conseguinte, carentes de complementação" (TIEDEMANN, Klaus. La ley penal em blanco: concepto y cuestiontes conexas. In: Revista brasileira de Ciências Criminais n. 37, jan-mar de 2002. São Paulo: Editora Revista dos Tribunais, 2002, p. 73). Sobre o tema, veja-se: PAVÓN, Pilar Gómez. Cuestiones actuales del derecho penal económico: el principio de legalidad y las remissiones normativas. In: Revista brasileira de Ciências Criminais n. 37, jan-mar de 2002. São Paulo: Editora Revista dos Tribunais, 2002, SILVA, Pablo Rodrigo Alflen da. A problemática das leis penais em branco em face do direito penal do risco. In: CARVALHO, Salo de. Leituras constitucionais do sistema penal contemporâneo. Rio de Janeiro: Lumen Juris, 2004.

[32] Advirta-se que após o respectivo período de *vacatio legis*, a norma complementadora passará a ser o art. 156 c/c o § 5º desse mesmo artigo, ambos da nova Lei de Licitações (Lei n. 14.111/2021).

[33] Com a entrada em vigor da Lei n. 14.133/2021, a declaração de inidoneidade, nos termos do § 5º do art. 156 respectivo, "(...)será aplicada ao responsável pelas infrações administrativas previstas nos incisos VIII, IX, X, XI e XII do caput do art. 155 desta Lei, bem como pelas infrações administrativas previstas nos incisos II, III, IV, V, VI e VII do caput do referido artigo que justifiquem a imposição de penalidade mais grave que a sanção referida no § 4º deste artigo (...)".

que ampliem a conduta típica aqui analisada para hipóteses para além da declaração da inidoneidade estabelecida na Lei de Licitações e contratos administrativos[34]. Seguindo essa linha, equivoca-se Guilherme de Souza Nucci ao se referir a "exemplos de declaração de inidoneidade para contratar", oportunidade em que sustenta que o tipo receba intepretação ampliativa para comportar as sanções estabelecidas na Lei 8.429/1992 – a Lei de improbidade administrativa. Como se verifica dos incisos do art. 12[35] dessa lei, há ao menos três referências à pena de proibição de contratação com o Poder Público, sanção que evidentemente tem muita semelhança com a declaração de inidoneidade do art. 87, IV da Lei 8.666/1993, mas que com ela não pode se confundir, como inclusive defende Cezar Roberto

[34] Ou seja, se o tipo demanda explícita e especificamente a declaração de inidoneidade, essa exigência não pode ser ampliada para situações semelhantes, previstas em outros dispositivos legais, mas que não regulam a declaração aqui em análise.

[35] Art. 12. Independentemente das sanções penais, civis e administrativas previstas na legislação específica, está o responsável pelo ato de improbidade sujeito às seguintes cominações, que podem ser aplicadas isolada ou cumulativamente, de acordo com a gravidade do fato:

I – na hipótese do art. 9º, perda dos bens ou valores acrescidos ilicitamente ao patrimônio, ressarcimento integral do dano, quando houver, perda da função pública, suspensão dos direitos políticos de oito a dez anos, pagamento de multa civil de até três vezes o valor do acréscimo patrimonial e proibição de contratar com o Poder Público ou receber benefícios ou incentivos fiscais ou creditícios, direta ou indiretamente, ainda que por intermédio de pessoa jurídica da qual seja sócio majoritário, pelo prazo de dez anos;

II – na hipótese do art. 10, ressarcimento integral do dano, perda dos bens ou valores acrescidos ilicitamente ao patrimônio, se concorrer esta circunstância, perda da função pública, suspensão dos direitos políticos de cinco a oito anos, pagamento de multa civil de até duas vezes o valor do dano e proibição de contratar com o Poder Público ou receber benefícios ou incentivos fiscais ou creditícios, direta ou indiretamente, ainda que por intermédio de pessoa jurídica da qual seja sócio majoritário, pelo prazo de cinco anos;

III – na hipótese do art. 11, ressarcimento integral do dano, se houver, perda da função pública, suspensão dos direitos políticos de três a cinco anos, pagamento de multa civil de até cem vezes o valor da remuneração percebida pelo agente e proibição de contratar com o Poder Público ou receber benefícios ou incentivos fiscais ou creditícios, direta ou indiretamente, ainda que por intermédio de pessoa jurídica da qual seja sócio majoritário, pelo prazo de três anos.

IV – na hipótese prevista no art. 10-A, perda da função pública, suspensão dos direitos políticos de 5 (cinco) a 8 (oito) anos e multa civil de até 3 (três) vezes o valor do benefício financeiro ou tributário concedido.

Bitencourt[36]. De outro lado, pondera Cleber Masson que há outras normas que utilizam o mesmo *nomem juris*, razão porque, nessas hipóteses, a criminalização atenderia o princípio da legalidade[37].

Por fim, é de se referir à observação de Greco Filho, Greco e Rassi a respeito dos efeitos da revogação ou anulação da declaração de inidoneidade, por meio de medida judicial ou recurso administrativo. Como o elemento do tipo deixa de existir, também deixa de existir "(...) qualquer providência penal a respeito, inclusive após a sentença penal condenatória transitada em julgado"[38].

b) Contratação direta ilegal

A segunda figura típica a ser analisada nessa seção diz respeito à contratação direta ilegal, assim disposta: *Art. 337-E. Admitir, possibilitar ou dar causa à contratação direta fora das hipóteses previstas em lei: Pena – reclusão, de 4 (quatro) a 8 (oito) anos, e multa.*

Analisando-se o tipo em comento a partir do artigo revogado que anteriormente dispunha sobre o tema[39], pode-se apontar para alguns pontos. Em primeiro lugar, e novamente, tem-se o aumento da respectiva pena. A nova redação impõe sanção de reclusão de 4 (quatro) a 8 (oito) anos e multa, em substituição à revogada pena de detenção de 3 (três) a 5 (cinco) anos e multa.

Num segundo plano pode-se referir à circunstância de se tratar, mais uma vez, de lei penal em branco, que deve ser complementada pelas normas que, *a contrario sensu*, regulam a dispensa ou a inexigibilidade de licitação. É que se o objetivo da norma é censurar penalmente a

[36] BITENCOURT, Cezar Roberto. Direito Penal das licitações. São Paulo: Saraiva, 2012, pg. 348-354.

[37] Trata-se das seguintes hipóteses: Art. 33, V, da Lei 12.527/2011 – Lei de Acesso à Informação; Art. 73, III, da Lei 13.019/2014 – Regime Jurídico das Parcerias entre a Administração Pública e as organizações da sociedade civil; e Art. 46 da Lei 8.443/1992 – Lei Orgânica do Tribunal de Contas da União. (Masson, Cleber. Crimes em Licitações e Contratos Administrativos. Método. Edição do Kindle).

[38] GRECO FILHO, Vicente; GRECO, Ana Maria e RASSI, João Daniel. Dos crimes em licitações e contratos administrativos. São Paulo: Thomson Reuters Brasil, 2021, p. 166.

[39] Art. 89. Dispensar ou inexigir licitação fora das hipóteses previstas em lei, ou deixar de observar as formalidades pertinentes à dispensa ou à inexigibilidade: Pena – detenção, de 3 (três) a 5 (cinco) anos, e multa.

contratação direta ilegal, é de se consultar as normas acima referidas, para que se possa concluir se a contratação em análise se ajusta a tais hipóteses, inclusive como explica o art. 72 da nova Lei de Licitações[40].

Destarte, deve-se analisar as hipóteses legais vigente à época dos fatos de dispensa e inexigibilidade de licitação, atualmente previstas nos arts. 24 e 25 da Lei 8.666/1993, respectivamente. Saliente-se que esse regime jurídico será alterado com a entrada em vigor da Lei 14.133/2021, que com seus artigos 74 (inexigibilidade) e 75 (dispensa), imporá a necessidade de análise dos novos patamares, desde a mirada do princípio da legalidade: se a nova lei trouxer regulamentação legal mais favorável ao acusado, terá efeitos retroativos, ou seja, impactará os fatos que estejam sendo criminalmente apurados, ainda que a ela anteriores. Por exemplo, caso haja processo penal cujo objeto seja a acusação de que o réu dispensou ilegalmente licitação de obra de engenharia que custou R$ 30.000,00 (trinta mil reais), é de se atentar para o fato de que se tal circunstância é ilegal à luz do art. 24, I c/c o art. 23, I, "a" da Lei 8.666/1993, não mais o será após a entrada em vigor da nova Lei, cujo art. 75, I dispensa as licitações para obras de engenharia cujo custos remontem até os valores de R$ 100.000,00 (cem mil reais).

Desse paradigma surge a tormentosa questão de, por exemplo, se instaurar inquérito, condenar acusado ou decretar sua prisão cautelar, a partir de fatos que, se ainda não foram descriminalizados, certamente o serão, bastando para tanto a passagem do tempo e a respectiva entrada em vigor da nova lei. Ao contrário dos que sustentam que a nova lei só poderia passar a produzir efeitos após a sua entra em vigor, é de se concordar com René Dotti quando sustenta que "(...) a lei em período de *vacatio* não deixa de ser lei posterior, devendo ser aplicada desde logo por ser favorável ao réu"[41]. Acrescenta ainda o mestre que a norma constitucional, "quando se refere à lei posterior, não se refere à lei posterior *vigente*"[42], bastante ser ela *existente*. Não seria preciso dizer que para além do exemplo hipotético

[40] Art. 72. O processo de contratação direta, que compreende os casos de inexigibilidade e de dispensa de licitação, deverá ser instruído com os seguintes documentos: (...)

[41] DOTTI, René Ariel. Curso de Direito Penal: parte geral. 4ª ed. rev., atual. e ampl. com a colaboração de Alexandre Knopfholz e Gustavo Brita Scandelari. São Paulo: Editora Revista dos Tribunais, 2012, p. 353.

[42] DOTTI, René Ariel. Idem.

que aqui é referido, existirá um sem-número de outras situações que reclamarão solução justa e constitucional.

Por fim, é de se atentar para a discussão trazida por Greco Filho, Greco e Rassi sobre a incidência de *abolitio criminis* na parte final do tipo em análise. É que o novo tipo não mais prevê a punição "(...) como no crime anterior, da ação de deixar de observar as formalidades legais (...)"[43], que passam a estar previstas no art. 72 da nova lei, mas que não se constituem nas hipóteses de dispensa (art. 75) ou inexigibilidade (art. 74).

c) Fraude em licitação ou contrato

Deve ser também debatido na presente seção a fraude em licitação ou contrato, prevista no art. 337-L do Código Penal, nos seguintes termos: *Art. 337-L. Fraudar, em prejuízo da Administração Pública, licitação ou contrato dela decorrente, mediante: I – entrega de mercadoria ou prestação de serviços com qualidade ou em quantidade diversas das previstas no edital ou nos instrumentos contratuais; II – fornecimento, como verdadeira ou perfeita, de mercadoria falsificada, deteriorada, inservível para consumo ou com prazo de validade vencido; III – entrega de uma mercadoria por outra; IV – alteração da substância, qualidade ou quantidade da mercadoria ou do serviço fornecido; V – qualquer meio fraudulento que torne injustamente mais onerosa para a Administração Pública a proposta ou a execução do contrato: Pena – reclusão, de 4 (quatro) anos a 8 (oito) anos, e multa*[44].

Utilizando-se a perspectiva que anteriormente era traçada pelo art. 96 da Lei 8.666/1993[45], cujos contornos o artigo em comento substitui,

[43] GRECO FILHO, Vicente; GRECO, Ana Maria e RASSI, João Daniel. Dos crimes em licitações e contratos administrativos. São Paulo: Thomson Reuters Brasil, 2021, p. 166.

[44] "Cuida-se de modalidade especial de estelionato, na qual a fraude está inserida no contexto da licitação ou do contrato administrativo, e a lesão é suportada pela Administração Pública. Esta é a razão pela qual o art. 337-L do Código Penal pode ser chamado de "estelionato licitatório""Masson, Cleber. Crimes em Licitações e Contratos Administrativos. Método. Edição do Kindle.

[45] Art. 96. Fraudar, em prejuízo da Fazenda Pública, licitação instaurada para aquisição ou venda de bens ou mercadorias, ou contrato dela decorrente; I – elevando arbitrariamente os preços; II – vendendo, como verdadeira ou perfeita, mercadoria falsificada ou deteriorada; III – entregando uma mercadoria por outra; IV – alterando substância, qualidade ou quantidade da mercadoria fornecida V – tornando, por qualquer modo, injustamente, mais onerosa a proposta ou a execução do contrato: Pena – detenção, de 3 (três) a 6 (seis) anos, e multa.

deve-se trazer algumas observações relacionadas à nova redação, para além da mudança da pena (que era de 3 a 6 anos e passou a ser de 4 a 8 anos).

Destaque-se a relevantíssima inserção da expressão "prestação de serviços" que não era contemplada na antiga redação do tipo – as fraudes aqui contempladas somente se referiam à aquisição de produtos, excluindo-se os serviços. Dessa sorte, a nova redação dos incisos I e IV fará com que haja alteração da hermenêutica que o tema tem recebido dos Tribunais Superiores (anteriormente à promulgação da nova lei) segundo a qual, "(...) a contratação de obras e serviços, não se enquadra no art. 96, I, da Lei 8.666/93, pois esse tipo penal contempla apenas licitação ou contrato que tem por objeto aquisição ou venda de bens e mercadorias (...)" como já se decidiu na Questão de Ordem na Ação Penal 991, relatada pelo Min. Edson Fachin, em julgamento realizado pela Segunda Turma do STF em 28/11/2017 (publicado em 15/12/2017)[46].

De outro lado, e para além da substancial mudança, é de se reparar que a jurisprudência vem entendendo que se trata de crime material, não havendo razões dogmáticas que imponham revisão à questão[47].

[46] No mesmo sentido, do STJ, veja-se: "(...) 5. A jurisprudência do Superior Tribunal de Justiça firmou-se no mesmo sentido de que "o art. 96 da Lei n. 8.666/1993 apresenta hipóteses estreitas de penalidade, entre as quais não se encontra a fraude na licitação para fins de contratação de serviços. O tipo penal deveria prever expressamente a conduta de contratação de serviços fraudulentos para que fosse possível a condenação do réu, uma vez que o Direito Penal deve obediência ao princípio da taxatividade, não podendo haver interpretação extensiva em prejuízo do réu" (REsp n. 1.571.527/RS, Rel. Ministro SEBASTIÃO REIS JÚNIOR, Sexta Turma, julgado em 6/10/2016, DJe 25/10/2016). (HC 485.791/SP, Rel. Ministro REYNALDO SOARES DA FONSECA, QUINTA TURMA, julgado em 07/05/2019, DJe 20/05/2019)".

[47] Sobre o tema, confira-se: "(...) 6. O crime previsto no artigo 96, I, da Lei n. 8.666/1993, pune a conduta de fraudar, em prejuízo da Fazenda Pública, licitação instaurada para aquisição ou venda de bens ou mercadorias, ou contrato dela decorrente: I – elevando arbitrariamente os preços. A conduta de fraudar consiste no ato de iludir, induzir, manter em erro ou enganar, exigindo-se, na denúncia, que seja descrita a conduta do agente que tenha, de qualquer modo, concorrido para a prática de tais atos, colaborando para o efetivo prejuízo aos cofres públicos com a elevação arbitrária dos preços. (...) (RHC 74.812/MA, Rel. Ministro JOEL ILAN PACIORNIK, Rel. p/ Acórdão Ministro REYNALDO SOARES DA FONSECA, QUINTA TURMA, julgado em 21/11/2017, DJe 04/12/2017).

d) Modificação ou pagamento irregular em contrato administrativo

Por fim, calha a análise do crime de modificação ou pagamento irregular em contrato administrativo, estatuído da seguinte forma no art. 337-H do Código Penal: *Admitir, possibilitar ou dar causa a qualquer modificação ou vantagem, inclusive prorrogação contratual, em favor do contratado, durante a execução dos contratos celebrados com a Administração Pública, sem autorização em lei, no edital da licitação ou nos respectivos instrumentos contratuais, ou, ainda, pagar fatura com preterição da ordem cronológica de sua exigibilidade: Pena – reclusão, de 4 (quatro) anos a 8 (oito) anos, e multa.*

Mais uma vez, será feita a análise do novo tipo penal a partir de sua antiga redação (art. 92 da Lei 8.666/1993)[48], para que se possa indicar alterações e permanências no alcance e na aplicabilidade da norma.

Depara-se, como se verifica da comparação entre a redação de ambas as normas, com algumas alterações no *caput* que não se desdobram em maiores impactos[49]. De outro lado, houve a revogação do parágrafo único do antigo art. 92 que impunha a mesma pena para o contratado que tivesse concorrido para a consumação do crime, desde que tivesse obtido vantagem indevida ou benefício. Tal disposição, inclusive, compunha o quadro que fazia com que o crime fosse classificado pela jurisprudência como sendo material, como se verifica da seguinte decisão do Superior Tribunal de

[48] Art. 92. Admitir, possibilitar ou dar causa a qualquer modificação ou vantagem, inclusive prorrogação contratual, em favor do adjudicatário, durante a execução dos contratos celebrados com o Poder Público, sem autorização em lei, no ato convocatório da licitação ou nos respectivos instrumentos contratuais, ou, ainda, pagar fatura com preterição da ordem cronológica de sua exigibilidade, observado o disposto no art. 121 desta Lei: Pena – detenção, de dois a quatro anos, e multa.
Parágrafo único. Incide na mesma pena o contratado que, tendo comprovadamente concorrido para a consumação da ilegalidade, obtém vantagem indevida ou se beneficia, injustamente, das modificações ou prorrogações contratuais.

[49] Se anteriormente as modificações ilícitas eram em favor do adjudicatário, agora passam a ser em favor do contratado. Se antes eram contratos celebrados com o Poder Público, agora passam a ser com a Administração Pública. Se anteriormente se mencionava ilicitude frente ao ato convocatório da licitação, doravante se analisará o edital da licitação. E, por fim, se anteriormente a referência para a preterição da ordem cronológica de exigibilidade de fatura era o art. 121 da Lei 8.666/1993, previsto nas suas respectivas disposições finais e transitórias, a partir de agora não há qualquer outro paradigma senão a ordem de pagamentos propriamente dita. Como acima visto, não há quaisquer desdobramentos que possam ser perceptíveis, à luz dessas mudanças vocabulares.

Justiça: "(...) 1. A jurisprudência do Superior Tribunal de Justiça – STJ firmou o entendimento de que, para a configuração do delito tipificado no art. 92 da Lei n. 8.666/93, deve-se demonstrar, ao menos em tese, o dolo específico de causar dano ao erário, bem como o efetivo prejuízo causado à administração pública. 2. Agravo regimental desprovido. (AgRg no AREsp 1265657/MT, Rel. Ministro JOEL ILAN PACIORNIK, QUINTA TURMA, julgado em 14/05/2019, DJe 20/05/2019)"[50].

Essa alteração pode apresentar dois desdobramentos: em primeiro lugar, o enfrentamento das dificuldades técnico-jurídicas atinentes à imputação da responsabilidade à título de autoria, coautoria ou participação, como já apontado nos comentários do crime de contratação inidônea (acima), para o qual se remete o leitor.

Em segundo lugar, é de se atentar para o fato de que a descrição típica comporta variadas ações humanas, e que nem todas elas podem se adequar à tipologia do crime material. É que não seria equivocado se afirmar que se a modificação do contrato, inclusive por meio de prorrogação, demanda um resultado específico que é a vantagem para o contratado, a parte final da redação do artigo, referente ao pagamento de fatura com preterição da ordem cronológica de sua exigibilidade, por si só, independentemente de qualquer resultado, já é suficiente para o ataque do bem jurídico tutelado, qual seja, a igualdade de todos perante a Administração Pública.

Considerações finais

Na introdução do presente trabalho se fez referência às duas colunas vertebrais que sustentam o espírito da nova legislação ora analisada. Uma dizia respeito ao deslocamento topográfico dos tipos para o Código Penal. E a outra se funda na aposta punitivista que inspirou a reforma, como se pôde constatar na análise de cada um dos tipos penais que aqui foram abordados. Trata-se de explícita aposta no aumento das penas, como se o bem jurídico "higidez dos procedimentos licitatórios e contratos administrativos" pudesse ser melhor tutelado nos casos em que, *posteriormente,* há a imposição de sanções mais duras.

No atual estágio de desenvolvimento das ciências penais, poderia se supor que não haveria a necessidade de se externar que inexiste qualquer

[50] No mesmo sentido: AgRg no AREsp 1279151/RS, Rel. Ministro JOEL ILAN PACIORNIK, QUINTA TURMA, julgado em 05/09/2019, DJe 16/09/2019.

correlação direta entre aumento de penas e maior nível de proteção de bens jurídicos[51]. Mais próximas ao tema, Susan Rose-Ackerman e Bonnie J. Palifka aduzem que um combate mais efetivo a fenômenos corruptivos deve se dar *ex ante*, através do desincentivo dos atos que os propiciem, e não apenas por meio do incremento de estruturas *ex post*, como o direito penal[52]. Dessa forma, antes de aumento de penas, quiçá se pudesse pensar naquilo que defendem as autoras: reformas político-administrativas, mudanças econômico-concorrenciais e ampliação da transparência e competição nas contratações públicas e licitações[53]. Infelizmente a norma ora aprovada que se comenta, sem quaisquer fundamentos que a respaldem, rema no sentido contrário.

No mesmo caminho, Héctor A. Mairal[54] indica que os sistemas de licitação e contratação contribuem para a corrupção, ao invés de preveni-las. Em síntese: o direito penal pode tópica e eventualmente contribuir, mas dificilmente será o elixir que tornará as licitações mais idôneas. O que se receia é que o legislador dê por encerrada a missão, pelo fato de já ter aumentado as penas, e esqueça de todas as imprescindíveis reformas para tornar o sistema mais transparente, participativo, democrático e, via de consequência, íntegro.

[51] Sobre o fenômeno da desigualdade e da seletividade na aplicação da lei penal, que tem como consequências (dentre inúmeras outras) a inexistência de correlação entre aumento de pena e maior proteção de bens jurídicos, muito pelo contrário, veja-se ZAFFARONI, E. Raul; BATISTA, Nilo; ALAGIA, Alejandro; SLOKAR, Alejandro. Direito Penal Brasileiro: primeiro volume – Teoria Geral do Direito Penal. Rio de Janeiro: Revan, 2003, 2ª. ed. O mesmo viés crítico a respeito do aumento de penas para os fins objetivos na norma analisada podem ser verificados em BOZZA, Fábio da Silva. Teorias da pena: do discurso jurídico à crítica criminológica. Rio de Janeiro: Lumen Juris, 2013 e GIAMBERARDINO, André. Crítica da pena e justiça restaurativa: a censura para além da punição. Florianópolis: Empório do Direito Editora, 2015.

[52] Susan Rose-Ackerman, Bonnie J. Palifka. Corrupção e governo: causas, consequências e reforma. FGV Editora. Edição do Kindle.

[53] Susan Rose-Ackerman, Bonnie J. Palifka. Corrupção e governo: causas, consequências e reforma. FGV Editora. Edição do Kindle.

[54] Mairal, Héctor A. As raízes legais da corrupção: ou como o direito público fomenta a corrupção em vez de combatê-la. São Paulo: Editora Contracorrente, 2018.

Referências

BATISTA, Nilo, Introdução crítica ao direito penal brasileiro. Rio de Janeiro: Revan, 2011.

BITENCOURT, Cezar Roberto. Direito Penal das licitações. São Paulo: Saraiva, 2012.

BITTAR, Walter Barbosa. As condições objetivas de punibilidade e as causas pessoais de exclusão da pena: um estudo sobre a responsabilidade do tema na teoria do delito. Rio de Janeiro: Lumen Juris, 2004.

BOZZA, Fábio da Silva. Teorias da pena: do discurso jurídico à crítica criminológica. Rio de Janeiro: Lumen Juris, 2013

BRUNO, Aníbal, Direito Penal. Parte Geral. Tomo 1º, Rio de Janeiro: Forense, 1967.

COSTA, Álvaro Mayrink da. Direito Penal – Parte Geral. Rio de Janeiro: Forense, 1992.

D'ÁVILA, Fábio Roberto. Aproximações à teoria da exclusiva proteção de bens jurídicos no direito penal contemporâneo. Revista Brasileira de Ciências Criminais, São Paulo, v. 17, n. 80, p. 7-34, set./out. 2009.

DOTTI, René Ariel. Curso de Direito Penal: parte geral. 4ª ed. rev., atual. e ampl. com a colaboração de Alexandre Knopfholz e Gustavo Brita Scandelari. São Paulo: Editora Revista dos Tribunais, 2012, p. 353.

FRAGOSO, Heleno Cláudio. Lições de direito penal: parte geral. Rio de Janeiro: Forense, 1995.

GALVÃO, Fernando. Direito penal: parte geral. 10ª ed. Belo Horizonte: Editora D'Plácido, 2018.

GIAMBERARDINO, André. Crítica da pena e justiça restaurativa: a censura para além da punição. Florianópolis: Empório do Direito Editora, 2015.

GRECO FILHO, Vicente; GRECO, Ana Maria e RASSI, João Daniel. Dos crimes em licitações e contratos administrativos. São Paulo: Thomson Reuters Brasil, 2021

GRECO, Luís. Breves reflexões sobre os princípios da proteção de bens jurídicos e da subsidiariedade no direito penal. Revista Jurídica do Ministério Público de Mato Grosso, Cuiabá, v. 2, n. 3, p. 249-276, jul./dez. 2007.

GRECO, Rogério. Curso de Direito Penal – Parte Geral. Rio de Janeiro: Impetus, 2010.

HASSEMER, Winfried. Fundamentos del derecho penal. Trad. de Luís Greco. Rio de Janeiro: Renovar, 2002.

JESCHECK, Hans-Heinrich. Tratado de Derecho Penal – Parte General. Berlim: Duncker u. Humbolt, 1988.

JUSTEN FILHO, Marçal. Comentários à lei de licitações e contratos administrativos. 12ª ed. São Paulo: Dialética, 2008.

LUISI, Luiz. Os Princípios constitucionais penais. Porto Alegre: Sergio Antonio Fabris, Editor, 2003.

Mairal, Héctor A. As raízes legais da corrupção: ou como o direito público fomenta a corrupção em vez de combatê-la. São Paulo: Editora Contracorrente, 2018.

Masson, Cleber. Crimes em Licitações e Contratos Administrativos. Método. Edição do Kindle.

MEROLLI, Guilherme. Fundamentos Críticos de Direito Penal: dos princípios e garantias penais. São Paulo: Atlas, 2014.

MESTIERI, João. Manual de direito penal: parte geral. Rio de Janeiro: Forense, 1999.

NUCCI, Guilherme de Souza. Leis penais e processuais penais comentadas. 3ª ed. São Paulo: Revista dos Tribunais, 2008.

PAVÓN, Pilar Gómez. Cuestiones actuales del derecho penal económico: el principio de legalidad y las remissiones normativas. In: Revista brasileira de Ciências Criminais n. 37, jan-mar de 2002. São Paulo: Editora Revista dos Tribunais, 2002.

PRADO, Luiz Régis. Apontamentos sobre a punibilidade e suas condicionantes positiva e negativa. São Paulo: Revista dos Tribunais, Jun/2000, vol. 776

PRADO, Luiz Regis. Curso de Direito Penal Brasileiro. Volume I – Parte Geral. São Paulo: Editora Revista dos Tribunais, 2004.

QUEIROZ, Paulo. Direito Penal – parte geral. Rio de Janeiro: Lumen Juris, 2009.

REALE JUNIOR, Miguel. Instituições de Direito Penal. Parte Geral. Rio de Janeiro: Editora Forense, 2009.

ROCHA JÚNIOR, Francisco de Assis do Rego Monteiro. Aspectos penais da nova lei de licitações. Migalhas, 2021, disponível em: https://www.migalhas.com.br/depeso/343097/aspectos-penais-da-nova-de-licitacoes.

ROXIN, Claus. A proteção de bens jurídicos como função do direito penal. Porto Alegre: Livraria do Advogado, 2009.

ROXIN, Claus. Derecho Penal – Parte General. Tomo I – Fundamentos: La estructura de La teoria Del delito. Madrid: Civitas, 2007.

SANTOS, Juarez Cirino dos. Direito penal: parte geral. Curitiba: ICPC; Lumen Juris, 2006.

SCHMIDT, Andrei Zenkner. O Princípio da legalidade penal no Estado Democrático de Direito. Porto Alegre: Livraria do Advogado, 2001.

SILVA, Pablo Rodrigo Alflen da. A problemática das leis penais em branco em face do direito penal do risco. In: CARVALHO, Salo de. Leituras constitucionais do sistema penal contemporâneo. Rio de Janeiro: Lumen Juris, 2004.

Sobre o tema, veja-se NETTO, José Laurindo de Souza; FIGUEIRA JÚNIOR, Joel Dias. Processo penal: modificações da lei dos Juizados Especiais Criminais. 2. ed. Curitiba: Juruá, 2015.

Susan Rose-Ackerman, Bonnie J. Palifka. Corrupção e governo: causas, consequências e reforma. FGV Editora. Edição do Kindle.

TIEDEMANN, Klaus. La ley penal em blanco: concepto y cuestiontes conexas. In: Revista brasileira de Ciências Criminais n. 37, jan-mar de 2002. São Paulo: Editora Revista dos Tribunais, 2002

TOLEDO, Francisco de Assis. Princípios básicos do direito penal. São Paulo: Saraiva, 1994.

ZAFFARONI, E. Raul; BATISTA, Nilo; ALAGIA, Alejandro; SLOKAR, Alejandro. Direito Penal Brasileiro: primeiro volume – Teoria Geral do Direito Penal. Rio de Janeiro: Revan, 2003, 2ª. ed.

ZAFFARONI, Eugenio Raul. Tratado de Derecho Penal – Parte General I. Buenos Aires: Sociedade Anonima Editora, 2006.